GREGOR MAURACH

LATEINISCHE DICHTERSPRACHE

W0316967

GREGOR MAURACH

LATEINISCHE DICHTERSPRACHE

WISSENSCHAFTLICHE BUCHGESELLSCHAFT
DARMSTADT

Einbandgestaltung: Neil McBeath, Stuttgart,
unter Verwendung der Aufnahme einer Kasseler griechischen Vase
(T 675, A3 624).

Foto: Staatliche Kunstsammlungen Kassel.

Die Deutsche Bibliothek – CIP-Einheitsaufnahme

Maurach, Gregor:
Lateinische Dichtersprache / Gregor Maurach. –
Darmstadt: Wiss. Buchges., 1995
ISBN 3-534-12811-7

Bestellnummer 12811-7

Das Werk ist in allen seinen Teilen urheberrechtlich geschützt.
Jede Verwertung ist ohne Zustimmung des Verlages unzulässig.
Das gilt insbesondere für Vervielfältigungen,
Übersetzungen, Mikroverfilmungen und die Einspeicherung in
und Verarbeitung durch elektronische Systeme.

© 1995 by Wissenschaftliche Buchgesellschaft, Darmstadt
Gedruckt auf säurefreiem und alterungsbeständigem Offsetpapier
Satz: Fotosetzerei Janß, Pfungstadt
Druck und Einband: VDD – Darmstadt
Printed in Germany
Schrift: Linotype Garamond, 9.5/11

ISBN 3-534-12811-7

Min leiw Lümming,

dat Bauk is nu farig, un’t sall
Di alleen tauhürn as ik sülben ook.

INHALT

Vorwort XV

Literaturverzeichnis XVII

Einleitung (§§ 1–15) 1
Was behandelt und was außer Betracht gestellt wird (§ 2) 1
Begriff und Anschauung (§§ 3–15) 3
Gedicht und Bild (§§ 4–6) 4
Allgemeine und spezifische Anschauung (§§ 7–13) . . 6
Freie und dienende Bilder (§§ 14–15) 9

Hauptteil

I. Das Bildhafte (§§ 16–27) 15
A. Die Arten der Schauanregung (§§ 16–23) 15
1. Grundunterscheidung (§ 16) 15
2. Die generische Anschauung (§ 17) 15
3. Die spezifische Anschauung (§ 18) 16
4. Die komplexe Anschauung (§§ 19–20) 18
5. Anspielung löst Anschauung aus (§§ 21–23) . . 20
a) Anschauungsträchtige Epitheta (§ 22) 20
b) Mythologischer Anreiz (§ 23) 21
B. Die Arten der Anschauung (§§ 24–27) 22
1. Gemischte Anschauung (§ 24) 22
2. Gebrochene Anschauung (§ 25) 23
3. Das Scheinbild (§ 26) 24
4. Verrätselte und unklare Bilder (§ 27) 25
a) Rätselbilder 25
b) Unklare «Bilder» 26

II. Stilmittel: Setzungen und Ersetzungen (§§ 28–156) . . 27
A. Setzen und Interessantmachen des Verbum Proprium
(§§ 28–99) 27
1. Mehr Gewicht (§§ 28–38) 27

a) Eines durch Mehreres ausgedrückt (§§ 28–34) . 27
aa) Hendiadyoin (§ 28) 27
ab) Synonymenreihung (§ 29) 28
ac) Gemination (§ 30) 28
ad) Epanalepse (§ 31) 29
ae) Anapher (§§ 32–33) 30
af) Polyptoton (§ 34) 31
b) Betonung durch Positionsvariation (§§ 35–37) . 32
ba) Inversion (§ 35) 32
bb) Hyperbaton (§ 36) 32
bc) Tmesis (§ 37) 33
c) Umgewichtung *(cuncta viarum)* (§ 38) . . . 34
2. Spiel mit Wort- und Satzteilverstellungen (§§ 39–51) 34
a) Indeclinabilia (§ 39–42) 34
aa) Kopula-Formen (§ 39) 35
ab) Konjunktionen (§ 40) 35
ac) Präpositionen (§§ 41–42) 36
b) Declinabilia (§§ 43–51) 37
ba) Anastrophé der Pronomina (§ 43) 37
bb) Enallagé der Attribute (§§ 44–50) 37
bc) Verstellung von Verben und Appositionen (§ 51) 40
3. Syntaktische Raffinierungen (§§ 52–77) 41
a) Das Substantiv und das Adjektiv (§ 52) . . . 41
b) Das Adverb (§ 53–55) 42
ba) Ersetzungen (§§ 53–54) 42
bb) Verfeinernde Setzung (§ 55) 43
c) Numeralia (§ 56) 43
d) Präpositionen (§§ 57–62) 44
da) Ersetzungen (§§ 57–59) 44
db) Verfeinernde Setzung (§§ 60–62) 45
e) Die Kasus-Syntax (§§ 63–77) 47
ea) Der Vokativ (§ 63) 47
eb) Der Genetiv (§§ 64–66) 47
α) Ersetzungen (§ 64) 47
β) Verfeinernde Setzung (§ 65) 48
γ) Genetivus Definitivus (§ 66) 49
ec) Der Dativ (§§ 67–70) 50
α) Ersetzungen (§ 67) 50
β) Verfeinernde Setzung (§ 68) 51
γ) Dativ des Ziels, Auctoris, Commodi (§§ 69 bis 70) 51

ed) Der Akkusativ (§§ 71–74) 52
α) Ersetzungen (§ 71) 52
β) Verfeinernde Setzung (§ 72) 53
γ) Accusativus Graecus (§§ 73–74) . . . 53
ee) Der Ablativ (§§ 75–77) 55
α) Ersetzungen (§ 75) 55
β) Verfeinernde Setzung (§ 76–77) . . . 56
f) Zum Verbum (§§ 78–93) 57
fa) Das Präsens (§ 78) 57
fb) Das Imperfekt (§ 79) 58
fc) Das Futurum (§ 80) 58
fd) Das Perfekt (§ 81) 59
fe) Das Plusquamperfekt (§ 82) 60
ff) Die Modi (§ 83) 61
fg) Infinitiv-Syntagmen (§§ 84–89) 61
fh) Transitiv – Intransitiv (§§ 90–93) 65
α) Transitivierung (§§ 90–92) 65
β) Intransitivierung (§ 93) 66
fi) «Callida iunctura» (§§ 94–99) 67
B. Ersetzen des Verbum Proprium (§§ 100–156) . . . 70
1. Vorauswahl: Unpoetische Wörter (§ 101) . . . 70
2. Differenzierung (§§ 102–156) 72
a) Übertreffen des Erwartbaren (§§ 102–123) . . 73
aa) Quantitatives Übertreffen des Erwartbaren (§§ 103–117) 73
α) Zerteilung (§ 103) 73
β) Periphrase (Umschreibung) (§§ 104–117) 74
ab) Qualitatives Übertreffen des Erwartbaren (§§ 118–123) 81
α) Auffallende Wörter: Hyperbolé (§ 118) . 81
β) Intensive Wörter (§ 119) 82
γ) Geneuerte Wörter (§ 120) 83
δ) Der «poetische Plural» (§ 121) 84
ε) Altehrwürdige Wörter: Archaismus (§ 122) 86
ζ) Gräzismus (§ 123) 87
b) Zurückbleiben hinter dem Erwartbaren (§§ 124 bis 147) 92
ba) Vorbemerkung (§ 125) 92
bb) Aussparungsformen (§§ 126–137) 93
α) 'Απὸ κοινοῦ (§§ 126–128) 93
β) Syllepse (§ 129) 94

γ) Zeugma (§ 130) 95
δ) Ellipse (§§ 131–136) 97
ε) Brachylogie (§ 137) 102
bc) Prägnanz (§§ 138–147) 103
α) Substantiva, Pronomina (§ 138) . . . 104
β) Adjektiva (§ 139) 106
γ) Verba (§§ 141–147) 111
bd) Metonymie (§§ 148–156) 124
α) Vorbemerkung zu «Metonymie» und «Metapher» (§ 148) 124
β) Gattung und Spezies (§ 149) 126
γ) Ort und Zeit (§ 150) 128
δ) Das Ganze und seine Teile (§ 151) . . 129
ε) Teil- und Gesamtvorgang (§ 152) . . . 132
ζ) Konkretes und Abstraktes (§§ 153–154) . 133
η) Material und Hergestelltes (§ 155) . . . 141
ϑ) Abschließende Bemerkung (§ 156) . . . 142

III. Angleichungen (§§ 157–163) 145
A. Der Vergleich (§§ 158–159) 147
1. Die Formen (§ 158) 147
a) Der Kurz-Vergleich 148
b) Szenische Vergleiche 148
c) Der Mehrfach-Vergleich 149
d) Komparativische Vergleiche 150
2. Die Aufgaben der Vergleiche (§ 159) 151
a) Begreiflichmachen 151
b) Ästhetisch-literarischer Reiz 152
c) Ämulationen 152
d) Erregen 152
B. Das Gleichnis (§ 160) 153
C. Die Parabel (§§ 161–162) 154
1. Die Kurz-Parabel 155
2. Längere Parabeln 155
3. Mehrbezügliche Parabeln 155
4. Abschließende Bemerkung (§ 162) 156
D. Bildliche Beifügungsformen (§ 163) 157
1. Die Zuschreibung 157
2. Die gleichsetzende Apposition 159
3. Zur Wirkweise der Apposition 159

IV. Die Verwandlung (§§ 164–190) 160
A. Substantivische Formen (§§ 165–179) 161
1. Dinge in Menschenwesen (§ 165) 161
2. Dinge in andere Dinge (§§ 166–167) 162
3. Der Mensch wandelt sich (§§ 168–169) 163
4. Innere Vorgänge in äußere verwandelt (§§ 170–174) 165
5. Abstraktes in Sichtbares verwandelt (§§ 175–179) . 168
a) Die sog. Abstrakta (§§ 175–178) 168
b) Kollektivbegriffe (§ 179) 169
B. Verbale Formen (Tun und Leiden) (§§ 180–190) . . 170
1. Dinge verwandeln sich (§§ 181–185) 170
a) In Lebewesen allgemein (§§ 181–183) 170
b) In menschliche Wesen (§ 184) 172
c) In andere Dinge (§ 185) 173
2. Menschen-Tun verwandelt sich (§§ 186–187) . . 174
a) In Dinge oder Tiere (§ 186) 174
b) In ein anderes (§ 187) 174
3. Seelenregungen (§ 188) 175
4. Abstrakta, Kollektiva (§ 189) 176
5. Abschließende Bemerkung (§ 190) 176

V. Fügung und Ordnung (§§ 191–223) 179
A. Ablauf des Satzes (§§ 191–197) 179
1. Arten von Sätzen (§§ 191–192) 179
a) Kurzsatzhäufung (§ 191) 180
b) Asyndetische Sätze (§ 192) 181
2. Unterbrochene Abläufe (§ 193) 182
a) Apostrophé 182
b) Aposiopese 184
c) Anakoluth 185
3. Inkongruenzen (§ 194) 186
a) Numerus-Spiele 186
b) Abstrakt-Konkret-Kombination 188
c) Konstruktionsbrüche 189
d) Wortartliche Inkonzinnität 190
4. Gedankliche Spannung (§ 195) 191
a) Antithese 192
b) Oxymoron 192
5. Verkehrung der zeitlichen Verhältnisse (§ 196) . . 194
6. Verkehrung der natürlichen Verhältnisse (Hypallagé) (§ 197) 195

B. Ablauf der Abschnitte (§§ 198–201) 198
1. Nachweis der Gliederungsmarkierung (§ 199) . . 198
2. Übersicht über die Fermaten (§ 200) 203
3. Funktionsweise der Fermaten («Textorganisation») (§ 201) 204
a) Einschnittsmarkierung 204
b) Überbrückung der Einschnitte 205
c) Kontinuitätsherstellung 206
C. Bild und Gedanke (§§ 202–206) 207
1. Isolation und Wechsel (§ 203) 207
2. Wechsel von Abstraktem und Konkretem, von Ganzem und Teil (§ 204) 208
3. Beherrschende Positionen (§ 205) 209
4. Abbildende Wortstellung (§ 206) 210
D. Laute und Lautmalerei (§§ 207–210) 211
1. Alliteration (§ 207) 212
2. Reimende Fügungen (§ 208) 213
3. Paronomasie (§ 209) 214
4. Lautmalerei (§ 210) 215
E. Variation und Fülle (§§ 211–223) 216
1. Variation (§§ 211–213) 216
a) Lineare Variation (§ 211) 216
b) Vertikale Variation (§ 212) 218
ba) Wortwahl 218
bb) Stilhöhenvariation 218
c) Ernstes und Heiteres (§ 213) 220
2. Fülle (Pleonasmus) (§§ 214–223) 221
a) Syntaktisch verzahnte Wortgruppen (§§ 214–217) 222
b) Kumulierende oder addierende Gruppierungen (§§ 218–219) 225
c) Manierismen (§ 220) 227
d) Wechsel von Fülle und Kargheit (§§ 221–223) . 228

Schlußteil

I. Ennius 233
A. ann. 34–50 233
B. ann. 72–91 235
C. ann. 175–179, 183–190 237
D. ann. 268–286 239

II. Vergil 242
A. catal. 8 242
B. Aen. 10, 260–275 244

III. Horaz 249
A. carm. 1, 4 249
B. carm. 1, 17 253

IV. Statius 264
Theb. 10, 160–169 264

Indizes

I. Sachindex 271

II. Stellenindex 277

VORWORT

> Laß' Dich nicht verdrießen, den Dichter auf solche Weise gleichsam zu zerstückeln; ich kenne nur diesen Weg, um aus der allgemeinen in die besondere Bewunderung zu gelangen.
> Goethe (Weim. Ausg. 4. Abt., Bd. 34, S. 138 [Killy 193]; an Knebel über Lukrez)

Publikationslage

Zwar konnte die freundliche Zustimmung in den wichtigeren Rezensionen des «Enchiridion Poeticum» (M. v. Albrecht, GGA 238, 1986, 30–37; F. Bömer, Gymnas. 97, 1990, 73f.; A. Salvatore, Gnomon 63, 1991, 681–685) den Gedanken nahelegen, es beim «Enchiridion» zu belassen (2. Aufl. 1989; ital. Übersetzung Brescia 1990), aber die ständige Weiterarbeit zeigte dann doch, daß es Fehler enthielt, dazu manche Lücken und eine insgesamt nicht ganz überzeugende Ordnung. Ein neues Buch schien nötig, in das allerdings gute Teile des «Enchiridion» eingearbeitet werden könnten. Die Publikationslage hat sich inzwischen insofern nicht verändert, als es noch immer kein umfassendes Buch über die lateinische Dichtersprache gibt. Allerdings erschienen seither bes. von der Hand W. Görlers und M. Hillens ganz vorzügliche, außergewöhnlich scharfsinnige Einzeluntersuchungen; sie lassen hoffen, daß dieser sehr wünschenswerte Zweig des Positivismus kräftig wachsen möge.

Doch auch dieses neue Buch wird nicht in dem Sinne umfassend sein, daß es eine möglichst große Menge von Belegen aus allen lateinischen Poeten und Poetastern enthielte; zum einen kommen die frühen *vates* kaum zu Wort, denn die etwas groblichen Mittel des Plautus z. B. hat H. Haffter in immer noch mustergültiger Weise behandelt, und zudem ist ein wirkliches Streben nach Kunst in früher Zeit nur bei Ennius spürbar, und er wird denn auch des öfteren zitiert; zum anderen sind die späteren Dichter wie Claudian, Ausonius oder Boethius weitgehend unberücksichtigt geblieben, denn es ging nicht darum, ein quantitativ umfassendes Buch zu schreiben. Worum dann?

Es geht hier vor allem um Klarheit der Unterscheidungen. Dazu gehört, wenigstens hege ich eine solche Hoffnung, daß dieses Buch zur Vereinheitlichung der Terminologie beitragen möge. (Es geht nicht an, daß *tu, tu penes quem*, usw. einmal Anapher genannt wird wie von Töchterle 280, einmal Gemination wie in EP § 12, wobei derselbe Verfasser dann die gänzlich verschiedene Form *si . . . , si . . .* ebenfalls Anapher nennt [zu Sen. Oed. 89ff.].) Möglichst alle «Stilmittel», möglichst alle Erscheinungen sprachlichen Stilwillens und dessen, was das reizbare «innere Auge» des Künstlers erblickt, sollten bedacht und aus alldem sollten klar erkennbare Prinzipien herausgelöst werden, Prinzipien, die nicht selten schon die Alten als solche erkannt hatten. Insbesondere das Element des Anschaulichen, dessen also, was jenes «innere Auge» des Künstlers erblickt und seine Sprachmeisterschaft dann kunstvoll zu formulieren weiß, dieses neben dem Gedanklichen stehende Grundelement aller Dichtung sollte, hier m.W. zum ersten Male in einer altphilologischen Publikation, gründlich gemustert und geordnet werden (wichtige Ansätze z. B. bei Fantham 80f.; fürs Griechische unentbehrlich E. Bruhn in: Sophokles, erkl. von Schneidewin-Nauck, Bd. 8 [Berlin 1899]).

Danksagung

Die handschriftliche Erstfassung und dann auch alle Korrekturen bearbeitete auf dem Computer Frau Sonya Dase in unermüdlicher, geschwinder und kundiger Hilfsbereitschaft; sie hat auch die Indizes hergestellt und zuweilen gar eigene Beiträge geliefert, die in eckigen Klammern mit der Sigle «S. D.» kenntlich gemacht sind: Ihr sei hier herzlich gedankt. Besonders aber sei i h r gedankt, die täglich mich leitete und beflügelte, doch

. . . non vo' parlar sì altamente
ch' io divenisse per temenza vile; ma
tratterò del suo stato gentile
a respetto di lei leggeramente.

LITERATURVERZEICHNIS

v. Albrecht, M. v. Albrecht, Römische Poesie, Stiehm-Verlag 1977.

ALL Archiv für latein. Lexikographie und Grammatik; Leipzig, Bd. 1–15 (1884–1908).

Austin P. Vergili Maronis Aeneidos L. I, Oxford 1971; L. II, 2. Aufl. 1966 = 1973; L. IV (1955), 2. Aufl. 1963 = 1979; L. VI, 1977, with a commentary by R. G. Austin.

Axelson B. Axelson, Unpoetische Wörter. Ein Beitrag zur Kenntnis der lateinischen Dichtersprache, Lund 1945.

Bailey T. Lucreti Cari De Rerum Natura L. VI, 3 Bde., hrsg. und komm. von C. Bailey, 2. Aufl., Oxford 1949 = 1966.

Bardon H. Bardon, L'obstacle: metaphore et comparaison en Latin, Latomus 23, 1964, 3–20.

Barrett Euripides, Hippolytos, hrsg. und komm. von W. S. Barrett, Oxford 1964.

Bednara E. Bednara, De sermone dactylicorum latinorum, ALL 14, 1906, 317ff.

Bömer P. Ovidius Naso, Die Fasten, hrsg. und komm. von F. Bömer, C. Winter-Verl., Heidelberg 1957.

ders. P. Ovidius Naso, Metamorphosen, komm. von F. Bömer, B. 1–15, C. Winter-Verl., Heidelberg 1969–1986.

ders. Beiträge zum Verständnis der augusteischen Dichtersprache, Gymnasium 64, 1957, 1–21.

Bornmann Callimachus, Hymn. in Dianam, hrsg. und komm. von F. Bornmann, Florenz 1968.

Breitenbach W. Breitenbach, Untersuchungen zur Sprache der euripideischen Lyrik, 1934, Nachdr. Hildesheim 1967.

Camps Propertius, Elegies, komm. von W. A. Camps, B. 1, Cambridge 1961; B. 2, ebd. 1967; B. 3, ebd. 1966; B. 4, ebd. 1965.

Clausen Virgil, Eclogues, komm. von W. Clausen, Oxford 1994.

Coffey M. Coffey, The Subject Matter of Vergil's Similes, BICS 8, 1961, 63–75.

Coleiro E. Coleiro, Introduction to Latin Style and Rhetoric, 2. Aufl., Malta 1959.

Coleman Vergil, Eclogues, komm. von R. Coleman, Cambridge 1977.

Courtney	E. Courtney, A Commentary on the Satires of Juvenal, London 1980.
Devoto	G. Devoto, Geschichte der Sprache Roms (italien. 1940), Heidelberg 1968.
Dodds	E. R. Dodds, Euripides Bacchae, 2. Aufl., Oxford 1960 (1992).
Dubois	J. Dubois u. a., Allgemeine Rhetorik, UTB 128, 1974.
Düring	Th. Düring, De Vergilii sermone epico capita selecta, Diss. Göttingen 1905.
Earp	F. R. Earp, The Style of Aeschylus, Cambridge 1948.
Enk	Sex. Propertii Elegiarum L. 1, komm. von P. J. Enk, Brill-Leiden 1956; L. 2, ebd. 1962.
EP	s. Verf., EP.
Fantham	E. Fantham, Comparative Studies in Republican Imagery, Toronto UP 1972.
Fehling	D. Fehling, Die Wiederholungsfiguren und ihr Gebrauch bei den Griechen vor Gorgias, Berlin 1969.
Fraenkel	E. Fraenkel, Aeschylus, Agamemnon, 2. Aufl., Oxford 1962 (1978).
ders.	Horace, Oxford 1957; dtsch.: Horaz, Wiss. Buchges., Darmstadt 1963.
ders.	Plautinisches im Plautus, Berlin 1922 (Elementi plautini, Florenz 1960, ergänzte Aufl.).
Gall	D. Gall, Bilder der horazischen Lyrik, Beitr. klass. Phil. 138, 1981.
Görler	W. Görler, Beobachtungen zu Vergils Syntax, WüJb, N. F. 8, 1987, 69–81.
Gygli-Wyss	B. Gygli-Wyss, Das nominale Polyptoton im älteren Griechisch, Göttingen 1966.
Haffter	H. Haffter, Untersuchungen zur altlateinischen Dichtersprache, Problem. 10, 1934.
Harrison	S. J. Harrison, Vergil Aeneid 10, Oxford 1991.
Herescu	J. N. Herescu, La poésie latine, Brill-Leiden 1960.
Heusch	H. Heusch, Das Archaische in der Sprache Catulls, Bonn 1954.
Heuvel	P. Papinii Statii Thebaidos L. I, komm. von H. Heuvel, Diss. Groningen 1932.
Hillen	M. Hillen, Studien zur Dichtersprache Senecas, Berlin 1982.
Hofmann, LU	J. B. Hofmann, Lateinische Umgangssprache, 3. Aufl. Heidelberg 1951.

Housman — M. Manilii Astronomicon, hrsg. von A. E. Housman, Cambridge (1903–1930), 2. Aufl. 1937.

ders. — M. Annaei Lucani Libri X, hrsg. von A. E. Housman, (1926), 2. Aufl. Oxford 1927 = 4. Aufl. 1950.

Jackson — J. Jackson, Marginalia Scaenica, Oxford 1955.

Janssen — H. H. Janssen, De kenmerken der Romeinsche dichtertaal, Nijmegen-Utrecht 1941.

Jocelyn — The Tragedies of Ennius, hrsg. und komm. von H. D. Jocelyn, Cambridge 1967.

Kayser — W. Kayser, Das sprachliche Kunstwerk, 20. Aufl. Bern 1992.

Kenney — E. J. Kenney, Lucretius De Rerum Natura III, 2. Auflage Cambridge UP 1984 (1991).

Killy — W. Killy, Elemente der Lyrik (1972), dtv 1983.

Kleywegt — A. Kleywegt, Die Dichtersprache des Val. Flacc., ANRW 32.4, (1986) 2448–90.

Klingner — F. Klingner, Virgil, Zürich 1967.

Kroll, Stud. — W. Kroll, Studien zum Verständnis der römischen Literatur (Stuttgart 1924), 1964 (= Lunelli 2ff.).

Kronasser — H. Kronasser, Handbuch der Semasiologie, 2. Aufl. 1968.

KS — R. Kühner–C. Stegmann, Grammatik der lateinischen Sprache, Bd. 2, 2. Aufl. Darmstadt 1962.

Küper — Chr. Küper, Linguistische Poetik, Urban-Buch 243, 1976.

Kugler — W. Kugler, Des Persius Wille zu sprachlicher Gestaltung in seiner Wirkung auf Ausdruck und Komposition, Diss. Berlin 1940.

Langen — C. Valerii Flacci Setini Balbi Argonauticon L. VIII, hrsg. und komm. von P. Langen (1896), Berlin 1964.

Lapp — F. Lapp, De Callimachi tropis et figuris, Diss. Bonn 1965.

Lausberg — H. Lausberg, Handbuch der literarischen Rhetorik, 2. Aufl. München 1973.

Leumann — M. Leumann, Die lateinische Dichtersprache, Mus. Helv. 1, 1946–47 (= Kl. Schriften, Zürich 1959).

Leo, Analecta — F. Leo, Analecta Plautina (1896; jetzt in: Ausgew. Kl. Schriften, Rom 1960, Bd. 1; 71–190).

ders. — Observ. Crit., in: L. Annaei Senecae Tragoediae, Ausg. von F. Leo, Bd. 1 (1878), Berlin 1963.

LHS — Lateinische Laut- und Formenlehre, von M. Leumann, München 1977; Lateinische Syntax und Stilistik, von J. B. Hofmann, neubearb. von A. Szantyr, 2. Aufl. ebd. 1972.

Löfstedt, Synt. — E. Löfstedt, Syntactica. Studien und Beiträge zur historischen Syntax des Lateins, 2 Bde., 2. Aufl. Lund 1956.

LSJ — A Greek Lexicon by H. G. Liddell, R. Scott, Sir H. S. Jones (9. Aufl. 1940), Oxford 1958.

Ludwig — H.-W. Ludwig, Arbeitsbuch Lyrikanalyse, in: Literaturwissensch. im Grundstud. 3, Tübingen 1990.

Lunderstedt — R. Lunderstedt, De synecdoches apud P. Papinium Statium usu, Diss.-Druck Weida 1913.

Lunelli — La lingua poetica latina (Aufsatzsammlung), hrsg. von A. Lunelli, (1974) 2. Aufl. Bologna 1980 = 1984.

Marouzeau, L'ordre — J. Marouzeau, L'ordre des mots dans la phrase latine, Bd. 1–3, 1922, 1935, 1949, Supplem. 1953.

ders., Traité — J. Marouzeau, Traité de stylistique latine, 2. Aufl. Paris 1946.

Martin — J. Martin, Antike Rhetorik. Technik und Methode, München 1974.

Maurach — s. Verf.

Mayer — R. G. Mayer, Horace, Epistles Book I, Cambridge UP 1994.

Merguet — Lexicon Vergilianum, von H. Merguet, Leipzig 1912, Hildesheim 1969.

Mulder — P. Papinii Statii Thebaidos L. II, komm. von H. M. Mulder, Diss. Groningen 1954.

Mynors — Virgil, Georgis, ed. u. komm. v. R. A. B. Mynors, Oxford 1990.

NH — R. G. M. Nisbet–M. Hubbard, A Commentary on Horace, Odes (Oxford), Bd. 1, 1970; Bd. 2, 1978.

Norden — P. Vergilius Maro, Aeneis B. VI, komm. von E. Norden, (2. Aufl. 1916) 4. Aufl. Hildesheim 1957.

OLD — Oxford Latin Dictionary, fasc. I–VII, Oxford 1968–1980.

Petrounias — E. Petrounias, Funktion und Thematik der Bilder bei Aischylos, Hypomnem. 48, 1976.

Poeschl — V. Poeschl, Horazische Lyrik, C. Winter-Verl., 2. Aufl. Heidelberg 1992.

Regula — M. Regula, Besonderheiten der lateinischen Syntax und Stilistik als Vorspiele romanischer Ausdrucksweisen, Glotta 31, 1948–51, 158–198.

Roscher — W. H. Roscher, Ausf. Lexikon der griech. und röm. Mythologie (1884ff.), Hildesheim 1977f.

Rothstein — Sextus Propertius, Elegien, erkl. von M. Rothstein, (2. Aufl. 1920), Berlin 1966.

Schamberger	M. Schamberger, De Papinio Statio verborum novatore, Diss. Halle 1907.
Scherer	A. Scherer, Handbuch der lateinischen Syntax, Heidelberg 1975.
Schmidt, Schema	E. A. Schmidt, Schema Horatianum, WS 103, 1990, 57–98.
Shackleton Bailey	D. D. Shackleton Bailey, Propertiana, Cambridge UP 1956, 2. Aufl. Amsterdam 1967.
Skutsch	The Annals of Ennius, hrsg. von O. Skutsch, Oxford 1985.
Smith	The Elegies of Albius Tibullus, komm. von K. F. Smith (New York 1913, 2. Aufl. 1941), Darmstadt 1971.
Snell	Br. Snell, Die Entdeckung des Geistes (1946), 7. Aufl. Göttingen 1993.
Svennung	Catulls Bildersprache, Uppsala 1945.
Taillardat	J. Taillardat, Les images d'Aristophane, 2. Aufl. Paris (1962) 1965.
Tarrant	Seneca, Agamemnon, hrsg. und komm. von R. J. Tarrant, Cambridge 1976.
TLL	Thesaurus Linguae Latinae, 1900 ff.
Töchterle	L. Annaeus Seneca, Oedipus, hrsg. von K. Töchterle, Heidelberg 1994.
Tränkle	H. Tränkle, Die Sprachkunst des Properz, Hermes Einzelschr. 15, 1960.
Verdenius	W. J. Verdenius, Commentaries on Pindar, in: Suppl. to Mnemosyne (Brill-Leiden) Bd. 1 (Ol. 3, 7, 12, 14; 1987); Bd. 2 (Ol. 1, 10, 12; Ne. 11; Is. 3; 1988).
Verf., EP	G. Maurach, Enchiridion Poeticum, 2. Aufl. Darmstadt 1989.
ders.	Germanicus und sein Arat (Komm. zu v. 1–327), Heidelberg 1978.
ders.	Der Poenulus des Plautus, Heidelberg 1988.
ders.	Der Bau von Senecas Epistulae Morales, Heidelberg 1970.
Walde-Hofmann	Lateinisches etymologisches Wörterbuch, 4. Aufl. Heidelberg 1965.
Wili	W. Wili, Horaz, 2. Aufl. 1965.
Wilkinson	L. P. Wilkinson, Golden Latin Artistry, Cambridge 1970.
Williams	G. Williams, Figures of Thought in Roman Poetry, New Haven-London 1980.
ders.	Tradition and Originality in Roman Poetry, Oxford 1968.
Wöbbeking	R. Wöbbeking, De anaphorae apud poetas Latinos usu, Diss. Marburg 1910.

EINLEITUNG

§ 1 Der Mensch, als solcher, muß doch wohl mit Bewußtheit das tun, womit er sich beschäftigt; und sollte dies gerade die Lektüre eines guten Gedichtes sein, dann sollte er der Mühe des Verfassers dadurch Anerkennung zollen, daß er selber sich die Mühe macht und auch die Freude gönnt, die Arbeitsweise des Meisters zu durchschauen und zugleich die Ursachen für die eigenen Reaktionen zu erkennen. Diese sind, auf den Grund gesehen, durch dreierlei erzeugt: durch die interessante Formulierung, durch den Anreiz zu möglichst reicher Anschauung und durch die angenehme Abwechslung der Komposition sowohl in Klang und Rhythmus als auch in klarer Gliederung und gleitender Kontinuität. Verstand, inneres Auge und dazu Hör- und gleichsam innerer Tastsinn werden angeregt, und dieser Dreiteilung entspringt auch die Gliederung dieses Buches: Sowohl die interessanten Spiele verstärkender, verhüllender oder variierender lateinischer[1] Ausdrucksweise als auch das Bildhafte der Metaphorik und nicht zuletzt die wechselvolle Fügung der Gedanken und Sätze, der Bilder und Vergleiche, der Klänge und der Rhythmen variierter Stilhöhen sollen vorgeführt werden – Spiele, die vom Hochstil bis hinab ins Umgangssprachliche[2] reichen.

Doch zunächst eine Bemerkung darüber, was insgesamt behandelt werden soll und was außer Betracht bleibt, und danach eine Erklärung dessen, was in diesem ersten Paragraphen nur eben angedeutet wurde.

Was behandelt und was außer Betracht gestellt wird

§ 2 Wenn jemand dichten will, dann hat er einen Gegenstand, den er gestalten und für den er Wörter finden will. Er wird sich flexibel an die Regeln der Dichtersprache überhaupt, dann an die der Gattung, also

[1] Zur griechischen Dichtersprache als Sondersprache Arist. Rhet. 3, 2; zum anfänglichen Fehlen einer solchen und zur Annäherung von Prosa und Dichtung im Lateinischen G. Williams Trad. 744 f. (Cic. or. 68).

[2] H. Happ, Die lateinische Umgangssprache und die Kunstsprache des Plautus, Glotta 45, 1967, 60 ff. und Devoto 122 ff. zur Problematik des Begriffs der «Umgangssprache».

an den Gattungsstil halten und innerhalb dieser Grenzen seine eigene Manier[3] finden, wozu auch je nach Temperament charakteristische Vorlieben gehören. Man unterscheide nun die dem Dichter eigene Darbietungsweise des Gegenstandes insgesamt von seiner Technik in der Behandlung der Teile, d. h. der Kleinkunst der Verbergung und Enthüllung, des Verfeinerns des Gewöhnlichen, der Färbung, der Veranschaulichung, der Leserführung. Jenes, die Darstellungsweise des Themas insgesamt und im großen, mit anderen Worten: der «Stil» wird hier außer Betracht gestellt (mit Nachdruck sei hier das bes. feinspürige Buch von M. von Albrecht empfohlen, «Römische Poesie»); eine Stilkunde ist nicht beabsichtigt (z. B. eine Untersuchung des Grausigen in lateinischer Dichtung [dazu etwa Bömer zu Ov. met. 12, 102; 13, 393] oder der Technik der Ekphrasis [Bömer zu Ov. met. 12, 39] oder auch des Tempo-Wechsels, z. B. durch Kurzsätze [s. immerhin § 191] oder verlebendigende Parenthesen [Clausen zu Verg. Buc. 1, 31] usw.); dieses aber, das System der sprachlichen Mittel in dem eben skizzierten «technischen» Sinne, das soll vorgeführt werden. Anders gewendet: Zunächst einmal muß das Kleine und Partikuläre geklärt sein, bevor man sich auf gesichertem Wege dem Großen nähert, dem Stil.

Um nun diese seine «eigene Darbietungsweise» ins Werk zu setzen, bedient der Dichter sich zahlreicher Kunstgriffe, die es ihm erlauben, die vorgegebene lateinische Gemeinsprache so zu biegen und ihr solche Effekte abzugewinnen, wie es ihm teils für den Gegenstand passend, teils dem eigenen Temperament angemessen vorkommt. Genauer gesprochen: Der Dichter hat eine ungefähre Vorstellung von dem, wie er das ihm Vorschwebende gestalten, wie er es ausdrücken und ins Wort bringen könnte; er tastet nach dem Ausdruck. Und der kann, aufs einzelne Wort gesehen, die Gestalt des nach allgemeinem Usus allein treffenden Wortes haben (*verbum proprium*, «mot propre»); er kann den Normalausdruck (s. hierzu EP § 11) aber auch erhöhen, verbergen und ersetzen, sei es durch ein Bild, sei es durch ein anderes Wort, welches das Gemeinte zu erschließen aufgibt. Es wird dies sein, diese Fülle von Möglichkeiten, einer eng umgrenzten Vorstellung Ausdruck zu geben, was hier behandelt werden wird. Kurzum:

[3] Fr. Schiller, Kallias, 28. Febr. 1793 (Über das Schöne und die Kunst, dtv 1984, 40): «manieriert» ist z. B. an einer Zeichnung, was «den eigentümlichen Geschmack des Künstlers» zeigt; «Stil» dagegen fließt aus «formalen Grundsätzen» und ist «von allen subjektiven und allen objektiv-zufälligen Bestimmungen» frei.

keine Systematik des Stils (als Ausdrucksweise eines Ganzen oder des Gemeinten insgesamt), sondern ein System, welches den begrenzten Ausdruck, oft auch nur die poetische Behandlung des lateinischen Einzelwortes verstehen hilft.

Man würde aber zu kurz zielen, wollte man außer acht lassen, daß für den Dichter das Finden des Ausdrucks nicht einzig und allein Sache des nach Regeln organisierenden Verstandes ist; das Finden des rechten Ausdruckes ist auch Sache schauender Phantasie, ist auch Sache bildhaften Vorstellens. Darum muß eine Darstellung der Dichtersprache immer auch das Bildhafte berücksichtigen, denn Dichtung besteht seit jeher aus Begriffs- und Schau-Ausdruck.

Und zuletzt erfreut sich der gleichsam innere Tastsinn am Wechsel glatter oder nach Art eines Reliefs hervorhebender und eintiefender Komposition, die Einschnitte legt, sie aber auch elegant zu überbrükken versteht; die Gedankliches und Bildhaftes angenehm sich abwechseln und dann auch dem inneren Ohr sein Recht werden läßt, indem sie Klangspiele und Lautmalerei dort anbringt, wo es angenehm ist.

Daß in diesem Buche das Anschauliche ausführlich behandelt wird, bedarf wohl einer zusätzlichen Begründung.

Begriff und Anschauung

§ 3 Will der Dichter dem im Prozeß der Invention gefundenen und ihm «vorschwebenden» Gegenstand Ausdruck und Wort verleihen, kann er dies «abstrakt» mittels eines Begriffes tun («traurig» oder «heiter», «Fülle» oder «Treue» usw.) oder aber durch ein Anschauliches[4]. Daß es Klassen von Begriffen gibt und Abstraktionsgrade (Art und Gattung bzw. Spezies und Genus), bedarf hier keines Wortes[5]; wohl

[4] Das Bildhafte der Dichtung ist naturgemäß oft Gegenstand von Untersuchungen gewesen (vgl. im Literaturverz. z. B. Coffey, Petrounias, Svennung, Taillardat und H. Raabe, Plurima Mortis Imago, Zetem. 59, 1974; W. R. Nethercut, CJ 67, 1971, 2; 123–143); aber m. W. wird so gut wie nie danach gefragt, ob es Arten und Grade des Bildlichen gibt oder ob es sich insgesamt wirklich um «Bilder» oder nicht vielmehr nur um Bild-Anreize handelt, welche allererst durch die Phantasie (J. Burckhardt, in: Ästhetik der Bildenden Kunst, Darmstadt 1992, 89 zur «ergänzenden Kraft der Phantasie») vervollständigt werden.

[5] Zu Spezies und Genus etwa das Histor. Wörterb. der Philosophie 3, 311 ff.; J. Hoffmeister, Wörterb. der philos. Begriffe, 2. Aufl. 1955, 242. Auf die Dichtung angewendet wurden diese Begriffe von A. G. Baumgarten, was E. A. Schmidt, Schema 59 bespricht.

aber ist es nötig, die Arten und Allgemeinheitsgrade des Anschaulichen bzw. Bildlichen zu scheiden, was in den Kommentaren so gut wie nie geschieht.

Gedicht und Bild

§ 4 Ein antikes Gedicht läßt etwas verstehen mit der Hilfe des Begriffs (Horaz' *odi profanum vulgus* in c. 3, 1, 1 z. B. ist anschauungslose Begrifflichkeit) oder macht schauen kraft seiner Bildlichkeit (sein *Vides ut alta stet nive candidum Soracte* in c. 1, 9, 1 z. B.). Das Verstehen mag zum intellektualen Begreifen eines mitzuteilenden Sachverhaltes führen; es kann, wie in Hor. c. 1, 4, 1, mit einer Empfindung *(grata vice veris)* verbunden werden; solches Verstehen mag ferner auch Erregung herbeiführen, frohe (*nunc decet . . . viridi nitidum caput impedire myrto*, ebd., Z. 9; treffend v. Albrecht 184 m. A. 49) oder bedrängende *(iam te premet nox*, ebd., 16); sie mag zuletzt ästhetisches Entzücken vermitteln durch verborgene, verfeinerte oder anspielende Formulierungen. Ebenso das Schauen: Oft führt ein Vers zu reiner Anschauung (so, wenn Juppiters Rechte beim Blitzeschleudern rot angeleuchtet wird, bei Hor. c. 1, 2, 2 f., wie Heinze treffend anmerkt: *[Iam satis pater], rubente dextera sacras iaculatus arcis, terruit urbem*), oft auch zu einer, die das Herz anrührt (so hackt bei Hor. c. 1, 1, 11 f. der Bauer mit seiner bescheidenen Hacke das Land, das schon die Väter[6] hatten, bei aller Bescheidung «frohgemut»: *gaudentem patrios findere sarculo agros*), oder ein Ausdruck setzt an die Stelle von Abstraktem eine ästhetisch bes. reizvolle Anschauung, z. B. Pind. Ol. 1, 2, wo er das abstrakte ἔξοχα πλούτου, das «Höchste im Reichtum», ohne Not, allein um der schönen Ausmalung willen[7] mit dem Feuer vergleicht, das sich vom Dunkel der Nacht abhebt: Das Bild erklärt und verleiht dem abstrakten Superlativ anschauliche Schönheit.

§ 5 «Bild» wurde eben gesagt, als ginge es um Malerei – die leichtfertige Ausdehnung des *ut pictura poesis* über das von Horaz Gemeinte hinaus[8] verliert sehr schnell an Überzeugungskraft, wenn man be-

[6] Zum hohen Gefühlswert des *patrios* vgl. c. 2, 16, 13 *(paternum)*; dazu U. Knoche, in: Verf., Ulrich Knoche über Hor. c. 2, 16; Acta Class. 13, 1970, 31, A. 8.

[7] Eine «purely illustrative, not structural, function» nach W. J. Verdenius, Commentaries on Pindar 2, 6.

[8] Hor. a. p. 361, wo lediglich vom näheren oder entfernteren Standort des Betrachters die Rede ist (s. unten A. 17). Demgegenüber bezeichnet die Malerei als «stumme Poesie» Simonides bei Plut. mor. 346 F; vgl. Leonardo da Vin-

denkt, daß ein echtes, ein volles Bild dem Schriftsteller im Unterschied zum Maler allenfalls in langen Beschreibungen möglich ist (in Ekphraseis [s. § 2]) oder in der Bilddeskription (bei Philostrat z. B.), und auch da in beschränktem Umfang; gemeinhin aber hat das poetische Bild wenig Platz und muß sich mit wenigen «Pinselstrichen» nach Art einer Skizze begnügen. Oft ist es nur ein einziges Wort, das Anschauung weckt wie in *neu sinas Medos* – nun folgt nicht *vivere, esse* oder ein anderes anschauungsloses Wort, nein: – *equitare (inultos)* bei Hor. c. 1, 2, 51: Da gehen sie ihrer Lieblingsbeschäftigung nach und reiten frei umher, als ob nichts geschehen wäre. Von «Bildern» kann in der Dichtung also nur in beschränktem Umfang die Rede sein. Und doch wird heute von klassischen Philologen[9] allzuoft von einem «Bild» gesprochen. Ein Beispiel: Catull preist in c. 64, 9 das Schiff Jasons, die Argo: Athene selber hat es gefertigt, *fecit volitantem flamine currum*, als einen vor dem Winde dahinfliegenden Wagen. Ein wahrlich nicht sorgloser Kommentar nennt diese Worte «schönes Bild», ein andermal «Metapher»[10]; dabei ist *currus* für *navis* nur Übertragung des im Griechischen ja leichteren Tausches von ὄχημα für ναῦς[11], ist intellek-

cis «Buch von der Malerei» (ed. H. Ludwig, Wien 1882, T. 1, Nr. 15, S. 24). Zur Geschichte des Schlagworts, von dem Goethe nichts hielt (Althaus 87), H. Althaus, Laokoon, Bern–München 1968, 123, A. 11; K. May, Germanist. Stud. 25, 1923, 64. Zur Frage des Rangunterschiedes zwischen Malerei und Poesie s. A. Colantuono, Art Bullet. 73, 1991, 240; zur Affinität von Malerei und Wortkunst zuletzt H. J. Raupp, in: Die Macht des Wortes, Ars Rhetorica 4, 1992, 149–163.

9 In der Germanistik, angefangen von H. Pongs, Das Bild in der Dichtung (4 Bde., Marburg 1927 ff.), und der Anglistik ist viel hierüber gearbeitet worden (eine nützliche Textsammlung bei H.-W. Ludwig 149 ff.). Wie nötig hier klare Urteile sind, zeigt z. B. der Kommentar von Töchterle S. 148 zu Sen. Oed. 8 *alta ventos semper excipiunt iuga*; «unmittelbares Vorbild» sei Hor. c. 2, 10, 9 ff. Aber dort ist von «besonders großen Pinien», «hohen Türmen» und «höchsten Bergen» die Rede, was alles von Sturm, Einsturz und Blitz bedroht ist; bei Seneca wird nicht nur «verknappt», das «Bild verliert an Anschaulichkeit» nicht nur, es ist gar kein Bild, sondern bloße Begriffsreihung, die allenfalls eine Vorstellung anregt.

10 H. P. Syndikus, Catull 2, 121 mit A. 87. Eine Metapher ähnlicher Art schon bei Ennius: *transnavit . . . per teneras caliginis auras* (ann. 18 Sk.), imitiert von Lucr. 4, 177; variiert von Verg. Aen. 4, 245 f. – Zum «Fliegen» von Schiffen Skutsch zu Enn. ann. 376 Sk. (s. A. 22).

11 Ὄχημα («Fahrding») ist wegen seiner Endung offener für solche Vertauschung als das bestimmtere ὄχος (das darum auch viel seltener fürs Schiff steht). *Currus* ist hier «Speziesvertauschung» (§ 149), d. h. Übersprung von

tuell-metonymisches Vertausch- und Verbergspiel, keineswegs ein «Bild».

§ 6 Aus dem bisher Gesagten hat sich ergeben, daß es sich bei dem dichterischen Bilde um keine «ausgemalten» Wort-Gemälde handelt, sondern eher um Andeutungen, um Anregungen[12] zu Bildern, die der Leser sich selber malt. Aber es ist noch eine weitere Klärung nötig, nämlich die von allgemeiner und spezifischer Anschauungsanregung (§§ 7–13) und danach (§ 14) von freien und dienenden «Bildern», bevor die Wirkweise[13] des Bildhaften untersucht wird.

Allgemeine und spezifische Anschauung

§ 7 Daß die beiden Winterschilderungen des Horaz, epo. 13 und c. 1, 9, zusammengestellt werden, geschieht oft und ergibt sich von selbst; zunächst epo. 13, 1 ff.:

Horrida tempestas caelum contraxit et imbres
nivesque deducunt Jovem, nunc mare, nunc silvae
Threicio' Aquilone sonant . . .

und c. 1, 9, 1 ff.:

Vides ut alta stet nive candidum
Soracte, nec iam sustineant onus
silvae laborantes geluque
flumina constiterint acuto . . .

Die gedruckten Verlautbarungen hierüber achten viel zu wenig auf das Bildliche. Das ist so gemeint: Während die Ode klare Bildelemente vors Auge stellt, bleibt die Epode im nur scheinbar Sinnfälligen. Diese Unterscheidung bedarf der Erläuterung.

§ 8 Epo. 13 beginnt mit dem Ausdruck *horrida tempestas*, «rauhes Wetter». *Tempestas* ist ganz allgemein die Wetterlage, und auch *horrida*

einer Spezies der Gattung «Fortbewegungsmittel», nämlich der auf dem Lande, in die andere (s. unten § 149).

[12] Zutreffend vermerkt der Kommentar von Kiessling-Heinze (Hz.) zu dem in § 4 Ende genannten Ausdruck bei Hor. c. 1, 2, 2 f. *rubente dextera*, es «regt dieser kleine Zug . . . die Phantasie zum Sehen an», zum inneren Sehen, wie der rotglühende Blitz die Hand, die ihn hält, rot aufleuchten läßt.

[13] Die Erforschung der Funktion von poetischen «Bildern» (z. B. Gall, bes. 18; s. C. Day Lewis, The Poetic Image, London 1947) überwuchert alles andere, was hier zu erforschen wäre: «Die neuere Bildforschung ist geprägt von einer funktionalen Betrachtungsweise», Ludwig 152.

deutet in Verbindung mit «Wetter» nichts Genaues an, es reicht an sich vom eigentlichen und übertragenen «rauh» bis zu «Angst einjagend»[14], und auch wenn man das Wort kausativ faßt, wie im OLD geschehen (6), es also als «Angst einflößend» versteht, ergibt es keine sinnlich-genaue Vorstellung. *Horrida* ist ein offenes Wort, es eröffnet viele Möglichkeiten des Konkretisierens (kalt, regnerisch, stürmisch, gewittrig, usw.). Nun *caelum contraxit*: Der alliterierte Ausdruck ist nicht sofort verständlich; Porphyrio und Acro hielten ihn für erklärungsbedürftig, beide hielten ihn für *pro nubibus* gesetzt. Also: Die Wolken sind zusammengezogen, der «Himmel ist zugezogen», das Äther-Blau ist verschwunden (vgl. Solon, fr. 13, 22, G.-Pr.). *Caelum* für seine Wolken ist eine bis heute immer wieder hervorgehobene, immer wieder anders erklärte[15] Metonymie – ein künstlicher Ausdruck, der nicht in schlichter Weise ein Sinnlich-Genaues gibt, nicht eine einfache Naturerscheinung einfach ausdrückt. Kurzum: Die gekünstelte Metonymik ergibt kein deutliches Bild.

§ 9 Regen und Schnee «bringen Juppiter herab», man könnte verstehen: den Himmel; jedoch wird *Juppiter* als «Himmel» sonst immer nur qualifiziert, d. h. als eine bestimmte meteorologische Situation des Himmels verwendet (naß-kalt bei Verg. Georg. 2, 419; wolkig bei Hor. c. 1, 22, 20 [s. Hz.]; blau, naß, offen bei anderen). *Deducere Jovem* mag den Gott selber zürnend herabkommen lassen, wie NH andeuten, mag nach Lucr. 6, 291 dem gleichsam zu Wasser werdenden Äther nahekommen (Hz.), eines ist klar: Eine eindeutige Vorstellung, ein unmittelbar sinnfälliges Bild liegt nicht vor. Vielmehr nähert sich der Ausdruck, c. 1, 22, 19f. legt das nahe, einer tautologischen Spaltung (s. §§ 24 und 103): Juppiter i s t ja die Wolken- und Regenmasse, und es ist kein wirklicher Unterschied zwischen Schnee-Regen und *malus Juppiter*: Ein Identisches wird künstlich gespalten (was Dichter ja oft genug versuchen).

§ 10 Meer und Wälder «tönen»; *sonare* meint den Laut, den Regen, Quelle, Fluß, den aber auch Tür und Münze verursachen, es bedeutet auch den Ton der Stimme und den der Musikinstrumente (von Trommel bis Flöte), bis hin zum Knistern und Knattern des Feuers, dem Schwirren des Vogels, dem Knirschen von Tauen – das Wort meint ein

[14] Vgl. Plin. n. h. 18, 349 *horrida tempestas* (aus Varro; Bonniec-Le Boeffle: «terrible»); s. TLL 7, 2, 3; 2994, 5f. und 44f., öfter von rauhem Winter (Ov. Pont. 4, 10, 38: *hiems*) und unwegsamem Wald (Liv. 22, 16, 4) usw.

[15] Hz. dachte gar an vertikale Verengung, die Wolken hingen tief herab; im TLL 3, 82, 38ff. wird an ein Zusammenziehen mit der Folge gedacht, daß der Himmel (im eigentlichen Sinn des Blaus) verschwände.

Allgemeines, Offenes, es meint ein Geräusch, das – auf unsere Horaz-Stelle gesehen – eher auf das Donnern der See zutrifft *(mare sonat* bei Plautus, Rud. 206) als auf das Rauschen des Waldes, aber «Rauschen» ist angesichts der Varianzbreite von *sonare* schon zu genau. Der Sturm erhält ein griechisches Attribut, wird in griechischen Hiat[16] gesetzt, was also an griechische Literatur erinnern soll; sein Name wird lateinisch gegeben, wie Horaz ja gern und oft eine griechisch-römische Zwischen- und Phantasiewelt erschafft, allein mittels der Namen; aber der Name erhält nur ein allgemein-auditives Verb, das beides deckt, das Toben der See und das Wüten des Sturmes im Walde: vieles ist hier also wie in Z. 1 vorstellbar, nichts ist genau bezeichnet.

§ 11 Anders c. 1, 9: Es beginnt sogleich mit einem Hinweis auf das Schauen: *(vides ut)*, gleich, ob Frage (so NH) oder Feststellung; dann die Details: Der Soracte «steht» unter tiefem Schnee hoch und weiß da; hier (vor dem Hause) vermögen die Bäume kaum noch die Schneelast zu tragen, sie «mühen» sich (gebeugt) ab; und vor scharfem Frost sind die Bäche erstarrt «stehengeblieben». Schön, wie Horaz den präzisen Bild-Elementen (weißer Berg, tiefer Schnee, niedergebeugte Bäume, erstarrte Bäche) eine über die Phänomenbezeichnung hinausführende Empfindung unterlegt hat: Die Verba *stet* und *constiterint* erwecken den Eindruck der Starre, sie umrahmen *laborantes*, die Vermenschlichung der «armen», sich abmühenden Bäume.

§ 12 Wie soll man nun die Unterschiede nennen, den Unterschied in der Bildhaftigkeit? Der Ausdruck *horrida tempestas* verdient, dem Grade seiner Anschaulichkeit entsprechend beurteilt, nur die Bezeichnung «umfassend-verallgemeinernd», er bewirkt einen «Gesamteindruck»; wohingegen *alta nive candidum* als «vereinzelnd» oder «besonders» zu kennzeichnen wäre und einen Detail- oder Einzeleindruck vermittelt, ein veritables Bild-Element malt: Der mittelitalienische Berg ist ja damals wie heute nur dann ganz weiß, wenn der Schnee hoch genug liegt, um nicht gleich dunkle Schmelzflecken aufzuweisen. Dagegen wirken die Wortkombinationen *caelum contrahere* und *imbres Jovem deducunt* gekünstelt und unanschaulich, weil es zu keiner unmittelbaren Vorstellung kommt, es vielmehr eines intellektuellen Schrittes bedarf vom Erkennen der Metonymie bzw. Identitätsspaltung zum gemeinten Sinnlichen hin: Aus *caelum contraho* muß man sich ein *nubes contraho* ja erst erschließen.

[16] NH zu c. 1, 28, 24 über den Hiat: «Greek in feeling». Vgl. Harrison zu Verg. Aen. 10, 136.

Wieder anders *non iam sustinent silvae onus ‹nivis› laborantque*: Die Ergänzung des Schnees einmal gestattet, bietet die Zeile eine Vermenschlichung der Natur, sie soll nicht die Natur abschildern, sondern das Gemüt bewegen, dies jedoch durch ein genaues Bild-Element, die schneegebeugten Bäume: Man sieht sie belastet dastehen und vermeint zu sehen, wie sich die Zweige heben und senken im Winde (vgl. Z. 10), vermeint, sie sich mühen zu sehen; und so verwandelt sich das Holz zu einem leidenden Wesen (über dies Verwandeln ausführlich §§ 164ff.). Anders wieder v. 3f.: *gelu acuto flumina constiterint* ist keine Anschauung, sondern nur die begriffliche Feststellung einer Naturgegebenheit.

§ 13 Die so oft undifferenziert verglichenen Gedichtanfänge, die auch Hz. S. 48 «sehr ähnlich» nannte, erweisen sich deswegen als recht unähnlich, weil die Epode intellektuell verrätselt und verkünstelt ist und so die Anschaulichkeit verbirgt, die Ode hingegen vorwiegend reine Anschauung gibt und durch sie ein sinnliches Empfinden bewirkt («starr» und «schwer»), in dieser Zweischichtigkeit Alkaios überbietend (338 LP). Statt etwas unbedacht allzuoft von «anschaulich» – Hz. nennt gar *caelum contraxit* anschaulich! – und von «Bild» und «bildlich» zu sprechen, gilt es vielmehr, die Grundlage für alles Reden von Bildlichem zu schaffen und die Grade der Anschaulichkeit und die Arten des Bildhaften zu bestimmen. Doch zuvor muß auch dafür noch der Grund zubereitet werden und muß auch hier gesagt werden, was analysiert und was beiseite gelassen wird.

Freie und dienende Bilder

§ 14 Das Bildliche in der Dichtung – zunächst sei das freie von dem unfrei-zweckorientierten Bilde unterschieden. Epische Schlachtbeschreibungen haben ihren Zweck in sich selber und dürfen frei genannt werden, ebenso die Schilderung des Palastes, den Odysseus auf der Insel der Phäaken bestaunt (Od. 7, 86–131), oder das Sommer-Bild in Hor. epo. 2, 23–28; in diesen Bildern wird ein Geschehen oder ein Gegenstand von mehreren Seiten recht genau und geruhsam geschildert und gleichsam gemalt[17]; derlei wird hier nicht behandelt, denn die Bildführung solch doch recht freier Schilderungen ist – dies sei betont –

[17] Man erinnert sich des horazischen Wortes *ut pictura poesis* (a.p. 361 [s. oben A. 8]); vgl. aus jüngerer Zeit: M. Doglio, Giorn. stor. letter. ital. 159, 1982, 527ff.

ebenfalls (s. § 2) Sache der Stil-Analyse im großen, die hier nicht betrieben wird.

§ 15 Um einen Grad unfreier, d. h. dienender wären die immer noch verhältnismäßig breiten Schilderungen, die auf etwas außer ihnen hinführen sollen; sie können Personen beschreiben, die sehr bald Wichtiges tun werden[18], oder auch Gegenstände, die gleich darauf Bedeutung gewinnen sollen; sie können eine Lage oder einen Ort darstellen, worin etwas geschehen[19], eine Situation darlegen, die zu allerlei Gedanken anregen wird[20]; sie können auch Verhaltensweisen verdeutlichen, die Götter- oder Menschengestalten kennzeichnen[21], die alsbald bedeutsam handeln sollen. Doch auch diese noch relativ freien «Bilder» bleiben außer Betracht, denn sie dienen fast nur sich selbst, sind breit, ja schier beliebig ausweitbar und gehören somit ebenfalls ins Gebiet des Stils, und der ist oft und eingehend untersucht (z. B. bei v. Albrecht, Kap. III). Anders die kurzen, oft nur eben angedeuteten, «hingetupften» Bilderskizzen oder gar nur Bild-Teilchen, die weitgehend der Analyse und Definition entbehren; ein Beispiel (Hor. c. 1, 23):

Vitas inuleo me similis, Chloe,
quaerenti pavidam montibus aviis
matrem non sine vano
aurarum et silvae metu.
Nam seu mobilibus veris inhorruit[22]
adventus foliis seu virides rubum
dimovere lacertae,
et corde et genibus tremit.

[18] Z. B. Call. hy. Dian. 51–71: Die grausen Kyklopen werden nur geschildert, um die göttliche Furchtlosigkeit der kleinen Artemis im Angesicht der Unholde zu zeigen; Cat. 64, 305 ff. werden die Parzen beschrieben, weil sie gleich das so wichtige Schicksalslied singen sollen.

[19] Eur. Ba. 1051–7: der Ort, an dem Pentheus allsogleich seine Bestrafung erleiden wird, nachdem er seine Heiligkeit verletzt hat (Dodds: «picture»); Hor. epi. 1, 16, 5 ff.: der so viel bessere, weil heilende Lebensraum.

[20] Noch einmal Hor. c. 1, 9, 1 ff.: Es ist das Wetter, das zu Gedanken über die Lebensgestaltung Anlaß gibt; Alc. 357 LP treibt die Schilderung der herrlichen Waffen mit Temposteigerung auf eine Mahnung zu (s. Verf., Hermes 96, 1968, 15–20).

[21] Z. B. Hor. c. 1, 8, 3 ff.: was Sybaris alles nicht mehr tut – Symptome des gänzlichen Verfallenseins an die Liebe (vgl. C. Echinger – G. Maurach in: Acta Class. 27, 1984, 71/82).

[22] Hier in v. 5 wird immer wieder der Text geändert, weil manche Interpre-

Der Vergleich *(similis)* ist uralt, er gehört Anakreon; er soll das vorgebrachte erotische Anliegen dezent verhüllen, es mittels eines Bildes ausdrücken, des Bildes eines ängstlichen Kitzes, das fernab aller abhärtend-unruhigen Jagdlandschaft beim Äsen in entlegenen Bergen furchtsam, auch schon bei harmlosestem Geräusche zitternd, die Nähe der Mutterricke sucht. Vieles wäre an einem Rehkitz abschilderbar, seine feingliedrige Schönheit, sein übermütiges Tollen usw.; hier aber wurde nach Maßgabe des Hauptthemas eng ausgewählt[23], das Ausgewählte in den Dienst des Ganzen gestellt. Was ist hier bildhaft? Da wird der Hintergrund angedeutet durch *montibus aviis*; wo und wie das Berggebiet «entlegen» ist, auch das – vom Menschen her – «Unwegsame», muß die Phantasie sich ausmalen, die Verspartie wird nicht zu einem Gemälde der «Düsseldorfer Schule». Wird das Kitz abgebildet? Keineswegs, nur seine Bewegung (Suchen der – selber ängstlichen, stets sichernden – Mutterricke); dieses Sichern wird dabei, recht einseitig, als Ängstlichkeit hingestellt, und ebenso einseitig wird der Mutterkontakt als Über-Ängstlichkeit bezeichnet. Übrigens: Keine Stimmung wird erzeugt, die ihr Ziel doch nur in sich selber hat (zu ihr Interessantes bei Killy 141 ff.), sondern eine Bewegung (*quaerenti*: das Hindrängen) wird als Ausdruck einer unberechtigten Haltung oder Einstellung nur eben angedeutet (es ließen sich ja genauere Ausdrücke als das *quaerere* denken), und diese Bewegung wird ausgedeutet, wobei deren Ungerechtfertigtsein dann durch ein rührendes zwar, aber auch zum Lächeln anregendes, wiederholtes Geschehen gezeigt wird: durch das Zusammenfahren. Kein wirkliches «Bild» also, sondern die

ten nicht glauben mögen, daß «Frühlingsankunft im Laube erschauert», d. h. das Abstrakte fürs Konkrete gesetzt ist, die Frühlingsankunft für *Favonius* (c. 1, 4, 1) den Frühling-bringenden Wind; dabei fürchtet beim selben Horaz (epo. 1, 20) die Vogelmutter «den Anschlich der Schlange» statt der herangleitenden Baumschlange usw. (EP § 104); vgl. schon Enn. ann. 376 Sk. *volat . . . impetus* (s. unten § 24).

[23] D. Gall 35 wählte, weil sie zu wenig auf die Form der von ihr (übrigens zumeist vorzüglich) besprochenen Bilder achtete, ein unzutreffendes Attribut, wenn sie von «umfassender Allegorie» schrieb. Es handelt sich hier um kein Umfassen, sondern um Auswahl eines bestimmten Details. Überhaupt muß bei der Untersuchung von Schilderungen viel genauer auf die Auswahl der Details geachtet werden; z. B. Hor. c. 1, 1, 1 ff.: Ausgewählt wird bei der Beschreibung des Wagenrennens dreierlei, die zwei schwersten Hindernisse (der sichtbehindernde Staub und die gefährliche Wendesäule) und der Palmzweig (statt der Siegerehrung), also Mühe, Gefahr, am Ende der Sieg. Vgl. § 19; zum Text jetzt WüJb. 18, 1992, 205.

Andeutung einer sich oft wiederholenden, eine Haltung bezeichnenden Bewegung eines Kitzes in bergiger Gegend, durchzogen von Ausdeutungselementen (von den Knien wird aufs «Herz» geschlossen). Es sind also bildhafte Elemente gegeben, welche die Phantasie sich zu einer Szene ergänzt. Hier ist beim Kitz nur ein Anschauungs-Element gegeben, voller ausgemalt ist im Gegensatz dazu die grüne Eidechse, die rot-schwarze Beeren beiseite drückt – ein übrigens, aufs Ganze gesehen, unwichtiges Detail. Solchen Klein-, Auswahl- oder auch verkürzten, ja unechten[24] Bildern sei hier nachgegangen. Das sind für den Kenner Selbstverständlichkeiten, für viele dagegen nicht so; auch wenn die «Geschosse des Dichters» (Pind. Ol. 2, 85) immer noch klingen, so sind sie doch damals wie heute
φωνᾶντα συνετοῖσιν, ἐς δὲ τὸ πὰν ἑρμανέων χατίζει.

[24] So arm an Konkretem, daß man kaum mehr von einem Bildartigen, geschweige denn von einem Bilde sprechen kann, ist z. B. Pind. Ol.1, 13: Hieron pflücke (vgl. Nem. 2, 9) «das Haupt aller Tugenden» (die κορυφαὶ ἀρετᾶν). Ist dies eine «Metapher» (D. E. Gerber, Pindar's Olympian One, Toronto 1982, 35)? Kaum, denn der Bereich, aus dem das Wort übertragen wäre, ist nicht zu erkennen (richtig W. J. Verdenius 12). Es handelt sich lediglich um ein Ersatzwort für das «Beste», ohne jede Konkretheit des Vorstellens; also nicht um eine Metapher, um kein Bild oder Bildähnliches (G. Norwood, Pindar, Berkeley–Los Angeles 1956, 144), eher um ein «Scheinbild» (s. § 26).

HAUPTTEIL

I. DAS BILDHAFTE

A. Die Arten der Schauanregung

1. Grundunterscheidung

§ 16 Entsprechend dem in §§ 2f. Gesagten wird das Wort «Bild» gemieden; es wird auch nicht geschieden zwischen Anregung zu Erinnerungs- bzw. (auf Realem beruhenden) Erfahrungsanschauung und der (fiktiven) Phantasie-Vorstellung. Die Grundunterscheidung, die sogleich getroffen werden muß, ist vielmehr die von Bildhaftem, von Bildanzeigendem und von weitgehend unanschaulichem Gesamteindruck, dazu von reiner und (mit Gedanklichem) vermischter [s. § 24] Anschauung. Wirkliche Anschauung, oder auch: echt Bildhaftes liegt in der horazischen Beschreibung des Böckchens vor, das der Quelle Bandusia geopfert werden soll. C. 3, 13, 4/6: *(haedus), cui frons turgida cornibus primis* (*et Venerem et proelia destinat – frustra* usw.); die vom ersten Hörnertreiben knubbelig «aufgeschwollene» Stirn sieht man und vermeint, sie zu spüren, dann erst mischt sich Gedankliches ein. Nicht gleichsam sichtbar Bildhaftes, vielmehr nur zu solchem Anreizendes ist die Fortsetzung. C. 3, 13, 9f.: *te flagrantis atrox hora Caniculae nescit tangere*, unberührt also von der Julihitze – wieso? Wir malen uns aus: schattig, vielleicht unter steilem Fels, vielleicht unter dichten Laubbäumen (einer *patula fagus* wie in Verg. Buc. 1, 1), aber schon das «vielleicht» macht klar, daß es sich hier nur um eine Anregung zum Verbildlichen handelt, nicht schon um Bildliches selbst; Anreiz der Phantasie also, die in v. 14f. zu einem endlich vollständigen Bilde gelangt und über ein «vielleicht» hinauskommt: eine schattende Eiche über vorkragenden Felsen (wodurch erneut Schatten zustande kommt).

2. Die generische Anschauung

§ 17 Der «Gattung» beim Begreifensprozeß entspricht die allgemeine, unbestimmte Anschauungsform, welche ein Ausdruck wie *horrida tempestas* weckt (Hor. epo. 13, 1; s. oben § 8). Ein solch weitgehend undefinierter Gesamteindruck kann durch Wortkombinationen *(horrida tempestas*[25]*)* oder auch nur durch ein einzelnes Wort vermittelt werden, z. B. «häßlich», *candidos turparunt umeros . . . rixae* (Hor. c. 1, 13, 9 f.): häßliche Male auf der weißen Schulter, doch welche? Blaue Flecke, oder waren es Biß- oder Kratzmale? Ein generisch-offenes Verb (im Unterschied zum Bißmal in v. 11 f.), das in Verbindung mit *rixa* immerhin drei klare und spezifisch-genaue Ausmalungen wenigstens ermöglicht und zuläßt. Ähnlich ist das offen-generische Wort: Die «wechselnden Fluten» bei Seneca (Ag. 65 *alternos fluctus*) können, offen wie bei Prop. 2, 12, 7 *alterna . . . unda*, den Wechsel der Gezeiten oder den von Wellenberg und -tal anzeigen (s. Tarrant zu v. 439), d. h., «wechseln» ermöglicht keine spezifische Anschauung. Pindars «neidvolles Hoffen umhängt der Sterblichen Sinn» (Is. 2, 43 b; s. Verdenius zu Ol. 6, 74) ließe an Vorhänge o. dgl., besser an Wolken denken; aber woran genau, war dem Dichter unwichtig, es kam ihm nur auf den generischen Eindruck des Verhängten an.

Es kommt den Dichtern hier also nicht aufs Erregen einer genau bestimmten Vorstellung an, sondern auf einen Allgemeineindruck wie «häßlich», «wechselnd» und «verhängt». Die Struktur «generischer» Anschauung ist stets ein Genus mit einem Attribut, das gleichfalls so allgemein gehalten ist, daß keine Spezies vors innere Auge tritt, ist also eine *belua multorum capitum*, um ein weiteres Beispiel einer generischen Anschauung als Strukturtypus zu nennen (Hor. epi. 1, 1, 76).

3. *Die spezifische Anschauung*

§ 18 Horaz nimmt eine homerische Kennzeichnung Apolls (Il. 5, 186) mit *nube candentis umeros amictus* auf (c. 1, 2, 31), «die weißen Schultern mit einer Wolke umzogen»; ob man nun an die leichten Schulterumhänge an Apoll-Statuen[26] als Vorbild für den Ausdruck

[25] Das Gegenstück wäre etwa Pindars μελιτόεσσα εὐδία, das «Honigwetter» aus Ol. 1, 98, ebenfalls generisch-offen: Denn es gibt mancherlei Wetterarten, welche dies Lob verdienen; ähnlich Aesch. Pers. 300 f. von der Königin, die vom Boten hört, der König lebe: «Meinem Hause hast du großes Licht und hellen Tag nach dunkler Nacht gesagt» (vgl. Ag. 900) – nur der Helligkeitseindruck war wichtig, nichts Einzelnes (wie bei Pind. Ol. 1, 23 b: «es strahlt ihm der Ruhm», welcher usw., das ist nicht erheblich an dieser Stelle). Vgl. Hor. c. 3, 2, 24: *Virtus* hat eine *fugiens penna*: Naturgenaue Anschauung ist nicht möglich, nur der generische Eindruck unsteten Fliegens und Fliehens ist intendiert.

[26] S. das Innenbild einer Schale des Penthesilea-Malers (E. Simon, Götter d.

denken mag oder nicht, die Vorstellung ist eindeutig (der schöne Gott, der im Himmel west, ist nackt bis auf ein zierliches Wölkchen an der Schulter), und sie wird durch eine direkte Formulierung ohne Beimischung von Begrifflichem provoziert. Zu unterscheiden ist hier die vereinzelte Detailvorstellung («wolkenumzogene Schulter») von der umfassenden, sei es einer statischen, sei es einer bewegten Vorstellung eines Geschehens aus mehreren Phasen. Man erinnert sich (§ 15 Ende) an das einzige ganz genaue Anschauungselement in Horaz' Chloe-Gedicht, an die grünen Eidechsen, die am Boden die Brombeerranken beiseite schieben (c. 1, 23, 6f.; s. § 15 Ende): auch dies eine «spezifische Anschauung».

Das richtige «Ansprechen» oder Bestimmen einer Anschauungsform («Generisch» oder «Spezifisch») genügt freilich nicht. Immer muß auch nach der Art der Einbettung gefragt werden. Horaz z. B. nennt Mars einmal den Gott, den u. a. «der scharfe Blick des maurischen [oder marsischen] Fußkämpfers auf den blutigen Feind» erfreut (c. 1, 2, 39f.), der Blick der siegreich abziehenden Schweizer Hodlers nach der Schlacht von Murten oder, näher an Horazens Zeit, der Blick des Unterliegenden auf dem Florentiner Amazonensarkophag[27] – aber an den Krieger-Blick auf einem Gemälde brauchte der ehemalige Soldat Horaz nicht gedacht zu haben. – Von solchen einfachen Vorstellungsanreizen ist die Dichtung voll, seien es statische (*viridi membra sub arbuto stratus*, Hor. c. 1, 1, 21 f.) oder bewegte (*trahunt . . . siccas machinae carinas*, Hor. c. 1, 4, 2).

Im c. 1, 2 ist nun aber eine dem c. 1, 23, 6 vergleichbare Bewegung vom Allgemein-Unbestimmten zu immer Spezifischerem (wenn dies Wort überhaupt einen Komparativ zuläßt) zu beobachten: *longus ludus* (v. 37) – das ist des Gottes «Spiel» – doch welches? *Clamor* (das kann noch vieles sein), dann aber gleißende, geglättete Helme und der Blick

Griechen, München 1985, 145), man denkt an den Apoll des Westgiebels am Zeustempel in Olympia und den «Apollo Belvedere» usw.

[27] Aus Tarquinia, z. B. in: Die Griechische Kunst Bd. 4, München 1971, S. 108; O. Brendel, Etruscan Art, Penguin 1978, 341 ff. – Drei Details zeigen, daß Horaz möglichst konkret schreiben wollte: «maurisch» bzw. «marsisch», «Fußkämpfer» und «blutig»; bes. das letzte ermöglicht genaue Ausmalung. Es wäre wünschenswert, wenn mehr auf die Farben geachtet würde. Ennius war «ein Dichter mit einem Auge für Farben» (Skutsch S. 428 unten, 685 oben und zu fr. 361 [Bömer zu Ov. met. 3, 423], 377f.; 387; 415 [Skutsch S. 580!], 535 ff.); zu Vergil Verf., Gymnas. 99, 1992, 237f. [Aen. 2, 206 ff.]; zu Seneca Töchterle 318 Mi. und zu Oed. 94. Das Beobachten der Farben führt nicht selten zu besserem Verstehen des Textes.

der Kampfeswut: Immer genauer wird es (am Ende sieht man, was dem Gotte Spiel war, ist für den Mann tödlicher Ernst), aber immer noch so, daß nur Bild-Elemente gegeben werden, welche die Phantasie sich ergänzt.

4. Die komplexe Anschauung

§ 19 Schon eher von Bildern im volleren Sinne, seien es statische, seien es bewegte, könnte man im Falle der z. B. von Horaz gern verwendeten «Drei-Elemente-Anschauungen» (vgl. Hz. zu c. 1, 2, 6) sprechen, z. B. c. 1, 1, 3–6 [vgl. A. 23]: Aus dem (die Sicht behindernden, also gefährdenden) Staubaufwirbeln, dem (nicht minder gefährlichen engen) Umrunden der Säule und dem (endlich erreichten) Palmzweig stellt Horaz, alle anderen, oft nicht weniger wichtigen Details wie etwa die Kraft der Pferde usw. fortlassend, ein komplexes Geschehen vor Augen; ähnlich gibt er gleich in v. 23f. mit dem Lagerleben, dem bevorstehenden Angriff und dem «den Müttern verhaßten» (d. h. verlustreichen) Krieg einen solchen Komplex aus drei Elementen.

§ 20 Man wird solche Bildkomplexe als Ausmalungen bezeichnen (so Hz. zu Hor. c. 1, 2, 6–12), aber auch als dienende, weil sie ein allgemeines Signalwort (z. B. in Hor. c. 1, 2, 1f. *satis nivis atque grandinis*, d. h. so etwas wie «Sintflut») in mehreren Schritten mit Leben erfüllen[28]. So fällt z. B. das Signalwort *Saturno . . . rege* bei Tibull 1, 3, 35, und schon folgen drei Details:

Quam bene Saturno vivebant rege priusquam
Tellus in longas est patefacta vias!
Nondum caeruleas pinus contempserat undas
effusum ventis praebueratque sinum,
nec vagus ignotis repetens compendia terris
presserat externa navita merce ratem.

Das Signal-Wort «Saturn» ist gefolgt vom «langen Marsch» (z. B. der Legionen), welche die (heilige) Erde «öffneten», von der Verachtung (des Rechts auf Unberührtheit) der Wogen durch das Schiff, das

[28] Man überlese hier allerdings nicht den Anflug heiterer Launigkeit (man achte bes. auf v. 19f. *uxorius*; vgl. *ridens* in 33f.), von der sich das Gedicht dann zu hohem Ernst hinbewegt; man könnte sagen, daß zu Beginn das *visere* in v. 8 fast scherzend wirkt («besuchen, um zu sehen», wollte Proteus die Berge nicht) und daß auch das *haesit* in v. 9 («sich verheddern») dem nicht unähnlich ist, wohingegen das angstvolle Treiben der Rehe im steigenden Wasser nur noch gräßlich wirkt. Vgl. erneut c. 3, 13, 14–6: allgemein *nobilis fons*, dann drei Details: Höhle, darüber eine Eiche und drunten die sprudelnde Quelle.

seinen «Bausch» den Winden überläßt, und vom Handelsmann, der da in unbekannten Gegenden auf seinem Schiffe unstet dem Import nachgeht. (Also Land – Wasser – Wind, dann abschließend Land und Wasser.) Das «Öffnen der Erde» regt zu einer konkreten Vorstellung an, das Verachten tut's nicht, der Segelbausch gibt demgegenüber ein spezifisches Bild, das Beladen des Schiffs regt am Ende wieder zu einem Bilde an. Und alles zusammen bildet einen Komplex, gemischt aus Begrifflichem, Anschauungsreiz und Bildhaftem (s. § 16). – Eine Fülle von Bildhaftem findet sich naturgemäß in der Beschreibung.

Beschreibungen sind in der lateinischen Literatur von Anfang an[29] so zahlreich wie in der griechischen, seien sie eng eingefügt oder seien sie als Ekphrasis episodenhaft zugesetzt. Man scheide jedoch klar zwischen zwei Typen: Der eine, um den es hier geht, ist die Ausmalung und Entfaltung eines Wortes oder Begriffs («Signalwort»); der andere ist die freie, nur von der allgemeinen Thematik her erwartbare Schilderung.

Allein vom Generalthema her gerechtfertigt und nicht von einem Einzelwort ausgelöst ist z. B. die epische Beschreibung des Sonnenaufganges; sie ist allein von der Situation bedingt und somit in dem angedeuteten Sinne (relativ) «frei», anders bei Horaz c. 1, 1, 27f.: Hier ist das Draußenbleiben des Jägers damit motiviert, daß der Jagdbesessene die Frau daheim vergißt *(immemor)*; dies wird jetzt erklärt: Ein Hirsch ist von der Meute aufgespürt und (zu lange) verfolgt worden, oder ein Eber hat das Netz zerrissen (das sofort geflickt werden müßte)[30]. Hier

[29] Ennius beschrieb den Herbsteinbruch (ann. 245 Sk. *russescunt frundes*, s. Skutsch S. 428) oder das von gleißenden und hochragenden Lanzenspitzen starrende Heer vor dem Angriff ann. 384f. Sk. Seneca beschreibt im Agamemnon mit drei Details die Amazonen (217f.; bunte Köcher, Kampfaxt [*securiger* nach Ov. her. 4, 117], Halbmondschild), das Absegeln der Griechen (423/6: drei Details: Gepäck- und Schildabwerfen, Anpacken der Riemengriffe); wenn aber Tarrant die «Beschreibung» des Erwachens und Wieder-Einschlafens der Eos (823/5: *aurora movit ad solitas vices caput et relabens imposuit seni collum marito*) eine «realistic vignette» nennt (327), übersieht er, wie sehr Seneca das Abstrakte vorherrschen ließ: *movit* – wie?, *solitas vices* (Auf- und Untergang) verlangt, die mythologische Koiné zu kennen, *seni*: das Gesamt statt Brust oder Arm, auf die (oder: den) sie ihren Nacken legt (s. Ov. met. 6, 291: Eine Niobide legt ihr Haupt «auf den Bruder», auch hier kein Körperteil genannt). Und noch Boethius beschreibt schön und ausführlich den Sonnenaufgang: Cons. 1, c. 3 (Bieler S. 4).

[30] Situationsbedingt wäre etwa Hor. c. 3, 17, 10 ff: (die Schilderung eines scheußlichen Herbsts von der Thematik her erwartbar); von einem abstrakt-allgemeinen Begriff als Entfaltung ausgelöst ist hingegen das Bild in c. 3, 16, 1–8

ist der doppelte Bildanreiz (s. § 16 zu diesem Begriff) insofern «unfrei», als er eine Begründung darstellt. Da es sich hier um vergleichsweise selten getroffene Unterscheidungen handelt, noch einmal eine Klärung der Begriffe «frei» und «unfrei», danach sei der Begriff des Anreizes noch etwas genauer erklärt.

Das Wort «unfrei» kann auch ersetzt werden durch «notwendig»: Wenn ein Bildhaftes begründet, dann kann man seiner nicht entraten; wenn aber statt eines simplen «Die Sonne ging auf» der Mythos von Aurora und Tithonus bemüht wird, dann ist das verschönendes Spiel, das zur Erhellung des Sachverhaltes nicht unabdingbar ist. Nun einige Bemerkungen zu den Begriffen «Anreiz» bzw. «Anschauungs-Auslösung».

5. *Anspielung löst Anschauung aus*

§ 21 Wenn man sagen kann, daß zuweilen ein «Signalwort» allgemeiner oder abstrakter Art eine bildhafte Entfaltung anregt, dann dürfte man auch die Anspielung so verstehen, die ja mittels eines zur Anschauung aufreizenden Details wirkt, das auf Bekanntes verweist, zuweilen aus dem Mythos stammt. Dabei regt die Anspielung dazu an, nach Maßgabe eines Einzelzuges sich das leicht erschließbare oder vorgewußte Ganze vorzustellen; doch er kann so nur dadurch wirken, daß er gleichsam Bild-trächtig ist. Solcher Einzelzüge gibt es wohl zwei Arten:

a) Anschauungsträchtige Epitheta

§ 22 Horaz widmet in c. 3, 22, 5 der Diana eine Pinie, u. zw. diejenige, die seine Land-Villa überragt und ihre Äste zu ihr herabsenkt; er nennt sie *imminens*. Hz. spricht von einem «anschaulichen Bild»; das ist es nicht, man muß sich ja doch zu vieles hinzuvorstellen: alleinstehend, hoch, nahe dem Haus, breit ausladend, die Äste übers Haus oder zu ihm hin gesenkt. Es handelt sich vielmehr um einen Anreiz, welcher die innere Ausmalung anregt.

Die Belege für diesen Typus sind Legion, aber es gilt, sehr genau zu unterscheiden. In Aesch. Pers. 567 floh der Perserkönig durch Thrakien auf «winterschlimmen Wegen»: Auf wie vieles spielt diese Formulierung an, die Euripides (Ba. 15) wieder aufleben ließ! Ebenso εὐδείε-

(*inclusam* wird spezifiziert), Pind. Py. 8, 83 f.: νόστος (οὐκ) ἔπαλπνος wird «ausgemalt».

λον Κρόνιον, «der schönbesonnte Kronoshügel» (Pind. Ol. 1, 111; vgl. Verdenius' Korrektur von LSJ): Wieviel mag sich da erinnernde Phantasie auszumalen, wenn das Ohr einen solchen Gesamteindruck an sie weitergibt! Ganz anders das Folgende: Cacus ist *timens turbatusque oculis* (Verg. Aen. 8, 222f.; den Abl. verteidigt Eden) – man hat sich den angstvollen Blick so hinzuzuimaginieren wie die drei verschiedenen Laute in Buc. 5, 82/4 (Brausen des nahenden Südsturmes, Brandung und Tosen des Sturzbachs) oder wie das kriegerische Tun in Hor. c. 1, 1, 23[31] (Lagerleben, Gedröhn von Trompete und Fanfare vor der Schlacht, der leidwirkende Kampf selber). Der Zusatz *turbatus oculis* hebt den Ausdruck vom Generischen (*timens*: Hier sind sehr viele Manifestationen von Furcht vorstellbar) deutlich ab, ebenso die Kennzeichnung des Süds in der Ekloge als erst «nahenden» *(veniens)* oder die des Flußlaufes als *saxosas inter vallis*, wodurch ja ein sehr spezielles Geräusch entsteht, das man sich, angeregt von der Andeutung der geographischen Gegebenheit, vorstellen kann.

Es wäre sehr zu begrüßen, wenn unsere Kommentatoren und Interpreten die *studiosa iuventus* das Unterscheiden von viel- und nichtssagenden Epitheta (Attributen) lehrten. *Liquidae,* zu *undae* gesetzt (Cat. 64, 2), stellen nur etwas aus dem Vorstellungsumkreis «Meer», oder enger: «Welle» heraus, was sich von selber versteht, also nichts (Besonderes) sagt (vgl. v. 6 *vada salsa)*; *levi* aber, zu *flamine* (in v. 9) hinzugefügt, sagt mehr, legt den Eindruck des Sanft-Angenehmen nahe. In 64, 44 ist *fulgenti* tautologisch verstärkendes Beiwort; *celeri (cum classe* [= einzelnes Schiff, s. § 194 a] «flieht» Theseus) dagegen scheint nicht nur «epitheton ornans», da Ariadne «natürlich die Schnelligkeit, mit der er sich entfernt», besonders stark empfindet (Kroll) usw.

b) Mythologischer Anreiz

§ 23 Eine Anspielung, die Erinnerung an Erfahrenes anregt oder längst Gewußtes aktiviert, ist auch die Anspielung auf Mythisches.

[31] Man könnte, wollte man ganz fein sondern, verschiedene Subspezies konstituieren, z. B. den Typus des Anreizes, der auf allgemein bekannte Realien anspielt (etwa das Spiel, bei dem die Kinder *rex eris!* riefen: Hor. epi. 1, 1, 59f.; oder die Geographica in c. 3, 29, 6ff.). Man muß Tivoli, «Aefulae» und Frascati kennen, muß in c. 3, 23, 1 Gebetshaltungen vor dem inneren Auge sehen (z. B. am Berliner «Betenden Knaben» [Die Griech. Kunst 4, Abb. 253]); oder den Typus der philosophischen Chiffre (*erectus*, ὀρθός, Hor. epi. 1, 1, 69; überaus oft in Senecas Briefen).

Pindar liebt sie, z. B. Ol. 1, 26ff.: «Pelops wurde nach der Entbindung aus dem Bade gehoben, und siehe – er hatte eine elfenbeinerne Schulter; doch viele reden über Gebühr», und damit ist indirekt auf den Zerstückelungsmythos angespielt[32] und die ungebührlichen Reden darüber. Es war dies ja ein sehr besonderes Aus-dem-Badtrog-Heben, denn das Kind war zerstückelt hineingelegt worden, und dann das Wunder: Sich die Szene so vorzustellen, dazu regt die mythische Anspielung an. Oder Cycnus heißt «schneeig(weiß)», weil er sich ja später in einen Schwan verwandeln wird (Sen. Ag. 215), das mußte man wissen; und Catull (64, 291) nennt Phaethon kurz *flammatus*, den Rest muß man aus dem Mythos anschaulich hinzuphantasieren.

B. Die Arten der Anschauung

Bisher wurden die Arten der Anschauung genannt (generische und spezifische) und die Arten ihrer Auslösung (Signalwort, Anspielung); jetzt werden die Strukturen solcher Anschauung unterschieden.

1. *Gemischte Anschauung*

§ 24 Gemischt (s. die Vorankündigung in § 16) nenne ich eine vom Text vermittelte Anschauung dann, wenn ihr Begriffliches beigegeben ist wie in «die Zeit fliegt» (dies die einfachste Form): Das Fliegen läßt ein Geflügeltes, genau vorstellbares Lebewesen erwarten; was jedoch dazugestellt wird, ist ein Abstraktum. Eine andere «gemischte» Formulierung war (§ 22 Mitte) des Aeschylus «winterschlimm»: «Winter» läßt an recht Objektiv-Konkretes denken (Kälte, Regen, aufgeweichte Straßen), «schlimm» erinnert an Subjektives, an die resultierenden Leiden, gibt aber keine genaue Anschauung, weil «schlimm» ein generisches Wort ist (§ 17). Pan als *Nympharum amator* (Hor. c. 3, 18, 1) ist einigermaßen abstrakt bezeichnet; ganz anschaulich aber wird die Zeile erst durch den Zusatz *fugientum*: Die Vorstellung wird in eine bestimmte Richtung gelenkt – notabene: gelenkt, sie wird nicht breit beschreibend als Bild vors innere Auge gestellt. Es mischt sich Abstraktes (*amator*, was die Frage nach dem «Wie?» aufwirft) und Besonderes. – So verbindet Ennius (ann. 376 Sk.) das «Fliegen» *(volare)* des Schiffes

[32] Die Diskussion ist hier immer noch lebhaft, s. A. Köhnken, Cl. Ant. 2, 1983, 66ff.; Verdenius 17 n. Mi.

übers Meer nicht mit dem «mot propre» wie *navis* oder auch mit *velum* oder *palma* (s. Skutsch z. St.), sondern mit dem abstrakten *impetus*, «Impuls» oder «Schub» (s. oben A. 22): Das Bild ist, wenn man so will, aus Allgemeinem und Besonderem «gemischt»[33]. Sehr reizvoll ist eine solche Mischung bei Hor. c. 1, 2, 13/20: Tiber ist blond bzw. gelb: als Fluß mit Hochwasser, das Schlamm führt, gelb; als Gott blond; *retortis . . . undis* ist ganz strömungskundlich-genau, *ire deiectum* und *uxorius* ganz anthropomorph; der Fluß ist eben halb Wasser, halb göttlich, was Horaz voller Scherzhaftigkeit, die sich den Kommentatoren gern entzieht, ausnützt. Gemischt ist auch der nicht selten vorkommende Ausdruck für das Schließen der Lider eines Toten: *condere lumina* u. ä. (Prop. 4, 11, 64; Ov. ars 3, 742; her. 10, 120; trist. 3, 3, 44; Sen. Tro. 788). Hier mischen sich zwei Bereiche zu etwas Komplexem: *(claudere) lumina* (die Augen) und das Bestatten des Körpers (*condo* OLD 4). Vgl. § 64, Abs. 2.

2. *Gebrochene Anschauung*

§ 25 Im ersten Stasimon der «Bakchai» ruft der Chor Ὁσία an, die Personifizierung der genauen Beobachtung vorgeschriebener Riten: «. . . die du über die Erde hin goldenen Flügel trägst» (370/2). Die eigentliche, naturgetreu-«echte» Anschauung wäre, daß Hosia vom Flügel dahingetragen w i r d; hier aber herrscht weniger eine «artificial variation» (Dodds S. 119 unten) als vielmehr «Verkehrung des Natürlichen»[34]. Horaz schreibt in dem seltsamen, gewiß sehr frühen Ge-

[33] Vgl. Euripides' «Ringkampf mit dem Zwang» (Ba. 552). Zu Prop. 2, 4, 3 *saepe immeritos corrumpas dentibus ungues* zitiert Enk viele Stellen, alle zeigen konkrete Verba (*rodere* u. ä.), Properz aber «brach» das Bild durch das allgemeine «verderben» (Properz liebte es auch, statt eines mehr oder weniger konkreten Subjekts ein allgemeines zu setzen: *ira* statt *iratus* gleich nach der eben genannten Stelle, v. 4; Sh. Bail., Pr. zu 1, 15, 20. Umgekehrt AP 12, 101 φρύαγμα . . . σοφίας ποσσὶ πατῶ: «mit Füßen treten» läßt eine Fortsetzung des genau Vorstellbaren erwarten, und doch kommt erst Inkompatibles (denn «hochnäsiges Schnauben» kann man nicht «treten»), dann Abstraktes (σοφία, fast: «Besserwissen»). Wie genau man analysieren muß, zeigt Sen. Oed. 280f.: Der zwiegipfelige Parnaß wird beschrieben, und da seine sanft ansteigenden Hänge. Töchterle würdigt Senecas Anschaulichkeit zu Recht, denn dies Detail war nicht «nötig»; aber zugleich muß man sehen, wie unanschaulich sein Verb ist: *dementer acto colle* sagt er, worin *acto* ganz anschauungsfrei gelassen ist.

[34] Vgl. unten § 197; schon bei Pindar: Verdenius zu Ol. 1, 19 und 53; weiteres bei Dodds zu Eur. Ba. 621; S. 154 Mi., der allerdings den Typus (EP § 143) nicht erkannte.

dicht c. 3, 24, ebenfalls die natürlichen Verhältnisse verkehrend, von den Skythen, daß deren Wagen «die nomadisierenden Heimstätten ziehen» (v. 10), wo doch die Wagen selbst die «Heimstätten» sind, und nicht die Wagen ziehen, sondern die Zugtiere der Skythen: Es liegt eine «Spaltung eines Identischen», eine «tautologische Spaltung» vor (s. oben § 9); die verbale Artistik des «Falschen Agens» bricht zudem das Bild zusätzlich. Man betrachte von diesem Standort aus einmal Properz' antizipierende Beschreibung der eigenen Bestattung in 2, 13, 19–22:

Nec mea tunc longa spatietur imagine pompa,
nec tuba sit fati vana querela mei,
nec mihi tunc fulcro sternatur lectus eburno,
nec sit in Attalico mors mea nixa toro.

Hier muß man das *longa imagine* erst entschlüsseln, um zum Gemeinten, zum «langen Zug mit vielen Masken» zu kommen, muß aus *nec tuba sit querela* ein «die Tuba soll kein Trauergetön machen» heraushören und sowohl *mors mea* als «ich als Leiche» verstehen als auch *Attalicus* (vgl. Hor. c. 1, 1, 12) als «‹attalidisch'› reich» (wobei der Unterschied zwischen v. 21 und 22 im Sachlichen schwer erkennbar ist: Dehnung durch eine Art Vers-Hendiadyoin). So viele intellektuelle Dekodierung bricht die Anschaulichkeit: Viermal wird echte, unmittelbare Anschauung durch Metonymien oder Kasusspiele verhindert (*imagine, tuba, mors* und in v. 23 auch noch *ordo lancibus* statt *lancium*). Bildzerstörung mittels Metonymie liegt z. B. auch bei Prop. 2, 10, 9 vor: *subducto .... vultu* ist nur zu verstehen, wenn man für *vultu* («totum pro parte») *supercilio* einsetzt. Ähnlich ist *sceptra lapsa* gar kein «sehr konkretes Bild» (Töchterle zu Sen. Oed. 513), denn *sceptra* ist – so Töchterle selbst – Metonymie für «Reich».

3. Das Scheinbild

§ **26** Man kann die «tote Metapher»[35] hierher ziehen, eine Ausdrucksweise also, die Elemente enthält, welche irgendwann einmal Anschauung erweckten, z. B. *incumbere*; da sah bei *incumbere in Macedoniam* oder *studio* in klassischer Zeit niemand mehr eine Bewegung des Körpers. Aber das Gebiet des scheinbaren Bildes reicht weiter: Venus kann Liebende aneinander binden, *iugo cogit aeneo* (Hor. c. 3,

[35] Vgl. Earp 93 f.

9, 18; vgl. 1, 33, 11); hier scheint *iugum* eine bildhafte Ausdrucksweise zu sein wie das vielfach auf Unsichtbares und Inneres angewendete ζυγόν, aber *aeneus* zerstört diese Illusion: Keine Vergleichsmöglichkeit mit Zugtieren bietet sich an, denn es gibt keine «eherne», also metallene Joche; «ehern» ist «eine von Horaz eingeführte und bevorzugte Hyperbel [man sollte das eher «allegorisch» nennen] für ‹hart›, die sich aber nicht durchgesetzt hat»[36]. Aeschylus (Ag. 389) nennt σίνος (die Untat, die sich nicht verbergen läßt, vielmehr deutlich hervortritt) ein φῶς αἰνολαμπές, ein «schreckenstrahlendes Licht»; «image» nennt Fraenkel (S. 202, Z. 5) das, aber ist es ein «Bild»? Die schrittweise Entfaltung des ganzen Komplexes hat Fraenkel sicherlich richtig beschrieben, aber αἰνο – macht echte sinnliche Anschauung unmöglich (vgl. sein «winterschlimm» in §§ 22 und 24 zu besserer Klärung: «Winter» und «schlimm» stimmen im Kontext von «Flucht durch das winterliche Nordgriechenland» zueinander, «Sünde» und «Strahlen» gehen nur mittels intellektueller Manipulation zusammen).

4. *Verrätselte und unklare Bilder*

§ 27 Zuweilen weiß man so wenig, wo die Grenze zwischen absichtlich verrätselten und undeutlichen Anschauungsreizen verläuft, daß man glauben möchte, der Dichter habe sich um Klarheit gar nicht bemüht.

a) Rätselbilder

Horaz spielt auf die im Hofe gepflanzten, also vom Peristyl umschlossenen Bäume an[37]: *nemus inter pulcra satum tecta* (c. 3, 10, 5 f.). Von wirklichem Wald kann keine Rede sein, *inter* ist ebenfalls nicht eindeutig, aber das Ganze, das ja mit dem sturmumheulten *Hause* zu tun hat, ist erschließbar; schwieriger ist die Entzifferung in c. 3, 17, 7 f.: Lamus habe über den *innantem Maricae litoribus* . . .

[36] Hz. zu c. 1, 33, 11 (besser als NH); vgl. c. 3, 3, 65, wo man umgangssprachlich verdeutlichend mit «meinetwegen sogar eine eherne Mauer» paraphrasieren kann.

[37] Zu Bäumen im Peristyl bzw. Impluvium s. die Kommentare zu Hor. epi. 1, 10, 22 und c. 3, 10, 5, bes. H. Mielsch, Die römischen Villen, München 1987, 121 ff.; P. Zanker, Jahrb. DAJ 94, 1979, 403 ff.; W. F. Jashemski, The Gardens of Pompei, New York 1993 (zu gemalten Gärten dieser Art Bd. 2, 11 ff.).

Lirim geherrscht; d. h., er habe denjenigen Liris-Teil (samt umliegenden Ländereien) beherrscht, der zwischen den Ufern floß, welche der Göttin Marica gehörten – es gehört einige Umwandlung dazu, um das Gemeinte vor Augen zu sehen. Doch wird man zögern, von achtloser Unklarheit, von einem Mangel an bildhafter Ausdrucksfähigkeit zu sprechen; eher wird man hier wie bei c. 3, 10, 5f. an absichtliches Interessantmachen denken, das durch Verbergung und Verrätselung das uralte Widerspiel von Suchen und Finden weckt, das beim Vergleich, bei Kenning und Metapher bzw. Metonymie seit alters wirksam ist.

b) Unklare «Bilder»

Seneca beschreibt die Fahrt der siegreichen Griechen von Troja nach Hause; die See *splendet classe* und doch «ist sie zugleich verborgen» (*pariter latet*, Ag. 434): Rätselspiel? Übertreibung der Verrätselung bis ins Obskure? Die See gleißt «kraft der Flotte» – ist die Bugwellengischt gemeint? Und wie ist sie «zugleich verborgen»? Indem das Schiff oder die Flotte sie unterpflügt? Indem das Wasser zwischen den vielen Schiffen zu verschwinden scheint? Die Unklarheit ist groß. Vgl. ferner NH zu Hor. c. 1, 3, 17 *(mortis gradus)* und die Kommentare zu c. 3, 10, 10: *currente retro funis eat rota* (hier liegt es wohl eher an unserer Unkenntnis antiker Technik, daß der Vers unklar blieb).

II. STILMITTEL: SETZUNGEN UND ERSETZUNGEN

A. Setzen und Interessantmachen des Verbum Proprium

Wir verlassen jetzt für eine Weile das Bildhafte, um uns der anderen Seite der Dichtersprache zuzuwenden, nämlich den sprachlichen Bedingungen, unter denen ein Wort oder Wortkomplex gesetzt und verfeinert (§§ 28–99) bzw. ersetzt und nur angedeutet werden kann (§§ 100–109), kurzum: Wir verlassen die Bildlichkeit, um die Stilmittel im engeren Sinne der Wortbehandlung (s. § 2) zu ordnen. Das hier befolgte Prinzip, daß ein selbstverständlich Erwartbares gern ersetzt, und wenn doch gesetzt, dann verfeinert wird, ist dabei nicht dem Material übergestülpt, sondern aus der Sprache selbst gewonnen, an ihr abgelesen als Kennzeichen jeglicher Imponiersprache, was ja auch die Dichtersprache unzweifelhaft ist.

Überraschende Setzung des Erwartbaren: Wenn der Dichter, wie oben (§ 3) imaginiert, nach dem Ausdruck für das ihm Vorschwebende sucht, überprüft er das, was die Gemeinsprache an Wörtern zu bieten hat, darauf hin, ob sie das von ihm Gemeinte treffen könnten. Er kann da z. B. dasjenige wählen, welches sich als das am genauesten treffende anbietet, das Verbum Proprium («Pferd» für das Reittier des Kavalleristen usw.). Er hat, wenn das bloße «mot propre» ihm zu fade scheint, zwei Möglichkeiten, es ungewöhnlich anzuwenden: Er kann ihm mehr Gewicht geben, als es gewöhnlich trägt («Roß»); er kann es auch auffälliger und interessanter in den Kontext stellen, als es sonst geschieht (z. B. «windschneller Araber»: qualitative Metonymie).

1. Mehr Gewicht

a) Eines durch Mehreres ausgedrückt

aa) Hendiadyoin

§ 28 Unsere Formel «Das ist gut und schön, aber . . .» gibt dem einräumenden Gliede durch Doppelung viel Gewicht (Entgegenkommen, «Captatio Benevolentiae»). Dies kann im Lateinischen auf zwei Arten geschehen, durch Hendiadyoin und durch Synonymenreihung.

Sanus et salvus (Plaut. Ep. 563; s. LHS 786 B) ist zwar nachdrücklich, aber keineswegs spezifisch poetisch, auch wenn dieses Mittel seit alters von Dichtern des Nachdruckes halber gern verwendet wurde

(Lucr. 2, 934 *planum facere atque probare*). Hervorzuheben sind hier die verfeinerten Formen, z. B. die Positiv-Negativ-Form (Typus: *vivus atque incolumis*, Cic. Verr. 2, 1, 12; *Sordida res et invenusta*, Cat. 12, 5; vgl. EP S. 20 oben; unten § 199, Abs. 3) oder die, welche auf ein simples Verbum Proprium ein ausgefallenes folgen läßt, wie in *dei et caeli numina* («Götter und Herrn des Himmels» etwa), Luc. 1, 452 (vgl. Verg. Aen. 10, 10 *arma sequi ferrumque lacessere*, worin das zweite Glied nach Harrison «more unusual» ist; s. ferner EP § 22); oder die umgekehrte Form, welche zunächst ein nur schwer verständliches Wort setzt, das nur mit einiger Mühe als «mot propre» begriffen werden kann, dann aber von einem erklärenden gefolgt ist wie bei Verg. Aen. 6, 325 *inops inhumataque turba: inops turba*, d. h., «schwache Schar» für die Schatten von Unbeerdigten bliebe undeutlich, würde es nicht durch «unbegraben» aufgeklärt. Ans Absurde grenzt Prop. 3, 1, 31 f., wo *Ilion et tu, Troja* so gesetzt ist, als handele es sich um zwei verschiedenen Städte («to give weight to the language», Camps): «tautologische Spaltung», vgl. §§ 9, 25 und 103.

ab) Synonymenreihung (EP § 26, bes. LHS 785/90)

§ 29 Sie ist vorwiegend altlateinisch (Plaut. Aul. *perii, interii, occidi*, s. Haffter 65 ff.; Hofmann LU § 87); Lukrez schätzt dies Mittel noch (4, 886 ff. [*ire inque gredi*], LHS 788 n. Mi.), danach klang es den verfeinerten Ohren schwerfällig und altertümlich, Catull geht schon damit sparsamst um (vgl. 14, 18 f. [z. St. s. E. Fraenkel, WS 69, 1956, 281, A. 10; Leo, Anal. Plaut. 3, 19]), die Klassiker verabscheuen die Synonymenreihung (Haffter 78, LHS 788).

Man sei sich aber darüber im klaren, daß die Grenzen zwischen Hendiadyoin und Synonymenhäufung dort, wo nur zwei Synonyma eingesetzt sind, verschwimmen (EP § 20 Ende überzeugt nicht).

ac) Gemination (EP § 12)

§ 30 Wiederholungen wie *iam iam* oder *age, age!* sind nicht spezifisch dichterisch; eher sind dies getrennte Geminationen: *heu – nefas! – heu* (Verg. Aen. 2, 644; Hor. c. 4, 6, 17; Smith zu Tib. 1, 1, 25 f.; Ov. trist. 1, 1, 44 [Luck belegt nur *iam iamque*, ohne auf die seltenste Trennung zu achten]). Es ist klar, daß diese Ausdrucksweise[38] dem «mot propre» Eindringlichkeit verleiht: *o cives, cives!* (Hor. epi. 1, 1, 53; vgl. Aesch. Ag. 1077) mahnt eindringlich; die getrennte Gemination von *fratres* bei Stat. Theb. 8, 69ff. (*atque adeo fratres – nostrique haec omina sunto/prima odii! –, fratres . . .*; diese Form der versübergreifenden Gemination wird in § 31 als Sonderform besprochen) betont die Paradoxie: Die gegeneinander wild Kämpfenden sind doch Brüder. – Es genügt also nicht, das bloße Vorhandensein der Gemination festzustellen; es ist jedesmal nach dem Grunde zu fragen, warum der Dichter geminiert: *vidi, vidi* ganz am Ende des Liedes in Sen. Ag. 656 betont und prägnant gebraucht: «Und dann mußte ich es sehen, mußte sehen, wie gar König Priamos niedergemetzelt wurde!» Dadurch ist verdeutlicht, daß es das Mitansehen-Müssen war, das so stark erschütterte.

ad) Epanalepse (EP § 13)

§ 31 Wird ein Wort (oder eine Wortgruppe; A. 39) so geminiert, daß es wie in dem in § 30 zitierten Statius-Vers zum ersten Male im ersten, zum zweiten Male im folgenden Vers auftritt, dann spricht man von «Wiederaufnahme» (Epanalepse): *te, te* [Gemination, § 30] *cruenta sceptra qui . . . geris,/te . . .*, Sen. Oed. 642f., oder *omnes/procubuere, omnes* (Stat. Theb. 3, 62f.). Diese Figur, «in erster Linie dichterisch» (LHS 811), soll als Geminationsform beeindrucken und soll «bewegen» (Ps.-Plut., De Hom. 32), wie z. B. die epanaleptische Wiederholung des schönen Namens *Aegle* (Verg. Buc. 6, 20f. [hierzu s. Clausens Material]), des Namens der «schönsten der Naiaden»; zwei Hirten fesseln den trunkenen Silen, ihnen kommt Aegle zu Hilfe: *addit se sociam timidisque supervenit Aegle, / Aegle, Naiadum pulcherrima* (weiteres bei Bömer zu Ov. met. 12, 172f.). Sie kann aber auch des glatteren Übergangs von Vers zu Vers wegen angewendet werden: Smith zu Tib. 1, 3, 4f.[39] (vgl. § 32 Abs. 1).

[38] Der späte Euripides ist voll von solchen Wiederholungen (Ba. 655 z. B.) ebenso wie z. B. Lukrez, s. Dodds zu Ba. 107, bzw. Bailey, Bd. 1, Proleg. VII § 21. Zu Kunstformen dieser Wortsetzung s. E. Huttner, Jahresber. des Christian-Ernestinum Bayreuth 1965. Weitere Literatur EP S. 11.

[39] Die Wiederholung von ganzen Wortgruppen (EP § 14) hat schweres Gewicht und ist darum der feineren Dichtung fern (z. B. Lucr. 1, 835). Zur zweifachen Wiederholung («Triplikation», LHS 810; EP S. 13, ZS) vgl. Plaut. Men. 1015 [*vos*]; Ter. Eun. 910f. [*quid*], auch die Diskussion um Soph. OC 210 (bes. Kammerbeeks Komm.).

Die Gemination wiederholte Wörter auf engem, die Epanalepse auf etwas weiterem Raum, beide waren nicht an bestimmte Örter im Vers oder Satz gebunden; fest an Satz- oder Satzteil-Anfänge ist dagegen die Anapher gefesselt.

ae) Anapher (EP § 15–18)

§ 32 Wenn der Schriftsteller, gleich ob Prosaiker oder Dichter, ein bereits gefallenes Wort am Beginn eines neuen Satzes bzw. Satzteils oder auch Verses wiederholt, spricht man von «Wiederanbringen», von Anapher[40]. Dem sakralen Bereich entstammend (Norden, Agnostos Theos 149ff.; Hz. zu Hor. c. 1, 10, 6ff.), wurde diese Möglichkeit von jeder Sprachschicht oft und gern genutzt (Hofman LU 61), und zwar um Nachdruck zu verleihen oder (vgl. § 31 Ende) um Ordnung zu schaffen.

Schwerer Nachdruck am Satzteilbeginn: *Me doctarum hederae praemia frontium dis miscent superis, Me gelidum nemus . . . secernunt populo* (Hor. c. 1, 1, 29ff.; vgl. 1, 17, 13 und Kroll zu Cat. 77, 5). Prop. 1, 10, 15ff. verfeinert die Anapher durch Einrücken des zweiten Gliedes: *possum ego diversos iterum coniungere amantes / et dominae tardas possum aperire fores*. Horaz ist mit Anaphern sehr zurückhaltend, wie Fraenkel, Horaz 244 und Syndikus 1, 195 betonen[41].

Ordnung schafft die Anapher dadurch, daß Sätze oder Verse durch den anaphorischen Gleichanfang aufeinander bezogen sind. So bewirkt bei Cat. 64, 387/90/94 die Anapher über zwei Verse hinweg, daß der Leser das Gemeinte – die oftmaligen (*saepe* dreimal gesetzt) Besuche der Götter bei Menschen früherer, frömmerer Zeit – im Gedächt-

[40] Material bei LHS 69ff.; R. Wöbbeking, De anaphorae apud poetas latinos usu, Diss. Marburg 1910; Smith zu Tib. 1, 1, 23; griechisch: Verdenius zu Pind. Ne. 11, 4. Man sollte sich aber nicht darauf kaprizieren (dazu EP § 18), von Anapher nur dann zu sprechen, wenn die Wiederholung streng an der ersten Stelle von Satz oder Kolon geschieht; auch die Iteration an zweiter oder dritter Stelle kann so genannt werden, vgl. Hor. c. 1, 13, 1f. (dreimal der Name, nur «Wiederholung» genannt bei Hz., «repetition» bei NH; vgl. Verf. Gymn. 99, 1992, 502, A. 3).

[41] Raffinierte Formen: Ov. met. 14, 832: *O et de Latia, o et de gente Sabina* verwendet Anapher mit Kopula, was nach LHS 695 «ausgesprochen dichterisch» ist (s. L. Otto, De Anaphora, Diss. Marburg 1907, 80f.; Wöbbeking [Literaturverz. und A. 40] 82, 89ff.). Anapher rahmt den Vers: *ulmus amat vitem, vitis non deserit ulmum* (Ov. am. 2, 16, 41f.; U. Knoche, Rh. Mus. 85, 1936, 15). – Zwölfmalige Anapher: Mart. 9, 97.

nis behält, indem er die drei gleich beginnenden Sätze verknüpft[42]: *saepe pater divum* (387) – *saepe vagus Liber* (390) – *saepe . . . Mavors* (394).

§ 33 Eine besonders eindrucksvolle Form der Anaphora ist die sog. Priamel (EP § 18 Ende), die «positive» («Die einen lieben dies, die anderen das, ich aber . . .»: Sappho 16 LP) oder die «negative» («Nicht so warb um ihren Geliebten diese, nicht so jene, sondern . . .»: Prop. 1, 2, 15)[43]. Berühmt ist Horaz' Priamel c. 1, 7 (NH zu v. 1 zitieren Parallelen, Clausen zu Verg. Buc. 2, 63–5 führt Literatur an, vgl. Fraenkel zu Aesch. Ag., S. 407, A. 3; Gerber zu Pi. Ol. 1, 1–7 bes. ausführlich). Zuerst Hes. fr. 274 M.-W.

Eine einfache, dreigliedrige Form ist z. B. Sen. Oed. 37/9 *non . . . non . . ., sed . . .* (Töchterle S. 168 mit A. 54 f.); eine breitere, fünfgliedrige, ebenda v. 600/7 *non tot . . ., nec . . . tot . . ., non tot . . ., nec tanta* [entspricht *tot*, s. Töchterle zu 604 f.] . . . *quot*.

af) Polyptoton (EP § 19)

§ 34 Wird ein Wort in der Weise wiederholt, daß es in verschiedenen «Fällen» (ptoseis, *casus*) auftritt (z. B. Cat. 64, 19/21 *tum Thetidis . . . / tum Thetis . . . / tum Thetidi*), spricht man von Polyptoton; dieses kann als Anapher am Satz- oder Satzteil-Beginn auftreten (Lucr. 1, 6/8): *te – te – te- tibi* (typisch fürs Gebet; Norden, Agnostos Theos 149 ff.: «Du-Stil»); Hor. c. 2, 19, 17/29: *tu* dreimal, dann *te*[44], was in hymnischen Gottesanrufungen geläufig ist (s. § 40 Anf.); es kann aber auch so auftreten, daß es irgendwo, auch mitten im Satz in der Form *pes premitur pede* (Enn. ann. 584 Sk.[45]) vorkommt; doch wird es sich hier doch wohl um grundverschiedene Strukturen handeln, nicht nur

[42] Eine Untersuchung allein der Anaphern in Catulls Hochzeitsgedicht vermag über das hohe Maß an Manieriertheit dieser längeren Poeme zu belehren.

[43] Zur positiven Priamel NH zu Hor. c. 1, 1 (S. 2 f.), wo W. H. Race, The Classical Priamel from Homer to Boethius, Leiden 1982; Verf., Würzb. Jb. 10, 1984, 93 ff. hinzuzufügen wären.

[44] Verf., Philol., 138, 1994, 90 unten; Jocelyn zu Enn. scaen. 4, S. 170, NH zu Hor. 1, 10, 9, vgl. v. 5, 9, 13, 17.

[45] Vgl. Aesch. Cho. 461; s. unten § 96. Diese Fügung hatte Fortüne (Fur. Bibac. fr. 10 Morel^2; Verg. Aen. 10, 361, Schopenhauer ordnete sie unter die «Kürze des Ausdrucks» ein, der hier «inhaltschwer» sei (1820; Metaphysik des Schönen, z. B. Serie Piper 415, 1985, 188). Vgl. weiter Ov. trist. 1, 2, 51; Sen. Oed. 180 f.

um eine serielle und eine gruppenkompakte Spielart derselben Gattung. Die Polyptoton-Reihung meidet die langweilige Gleichartigkeit ausgedehnter Anaphern, die Gruppe *pes pedem premit* ist dagegen eine «abbildend»-kompakte Gruppierung (s. unten § 206). Das Polyptoton ist also ein Mittel, das teils den Eindruck des Gedrängten erwecken, teils nur reizvoll klingen soll und den Charakter des Künstlichen hat (LHS 798, a), auch wenn sie aus so Prosaischem wie *alius alium monet* hervorging (EP § 18 oben).

Bisher ging es um die Betonung des Verbum Proprium durch Wiederholung desselben; es wird jetzt gezeigt, wie es durch seine Stellung im Satz und durch Dehnung bekräftigt wird.

b) Betonung durch Positionsvariation (EP § 65 b, 126–144)

ba) Inversion

§ 35 In Vergils erstem Aeneis-Vers *Arma virumque cano, Troiae qui primus ab oris . . . Laviniaque venit litora* ist die Spätstellung (Inversion) des Relativs[46] nicht als solche wichtig, sondern als Mittel zur Hervorhebung von *Troiae* (EP S. 93 Mi.); ähnlich Hor. c. 1, 2, 17f. *(. . . Iliae dum se nimium querenti / iactat ultorem . . . uxorius amnis)* Hervorhebung von *Iliae* durch Inversion von *dum*: Der Gott tobt (v. 14 *violenter*) und wirft sich auf zum Rächer seiner Frau Ilia, welche die Römer einst in ihn warfen (NH S. 26, besser als Hz.) – ein ironisches Spiel, das den Flußgott zum aufgebrachten, hörigen Ehemann macht (*uxorius*, v. 19f. [s. A. 28; Syndikus spricht nicht über den Humor; NH: «frivolous»]). Das Überraschende, daß Ilia hinter dem Tosen steckt, wird durch die Inversion besonders auffällig. Vgl. auch § 55 zu einer anderen Art von «Betonung durch Position». (Eine Liste solcher Einrückungen in §§ 39ff.)

bb) Hyperbaton

§ 36 Die «Sperrung» *m a g n a s habebas omnibus dis g r a t i a s* (Plaut. Asin. 143) ist ein einfaches Mittel der Emphase in nicht stark akzentuierenden Sprachen (Griechisch, Lateinisch, Russisch usw.). Sie

[46] Das Relativ hat zuerst Lukrez invertiert (s. § 43; zum Fachausdruck EP § 65 b; 127 OR), s. Norden zu Verg. Aen. 6, 792f.; vgl. J. Vonlaufen, Studien

ist an sich nicht dichterisch, wohl aber haben Dichter sie verfeinert, sei es durch weite Dehnung, auch über die Versgrenze hinweg, sei es durch Doppelring um das Trennelement (Enn. ann. 309 Sk.: *Africa terribili tremit horrida terra tumultu*: Um *tremit* legen sich gleich zwei Hyperbata, *Africa – terra* und *terribili – tumultu*; Hor. epo. 2, 43) und ähnliche Finessen[47]. Um diese geht es hier nicht im einzelnen, sondern es ist allgemein festzuhalten, daß es sich ursprünglich um eine Emphasenfigur handelte.

bc) Tmesis (EP § 130)

§ **37** Wird die Präposition vom zugehörigen Nomen oder gar das Präfix vom Verb getrennt, spricht man von Tmesis, «Schnitt». Ihr Sinn ist oft, das trennende Wort deutlich hervorstechen zu lassen. Im Griechischen ist diese Erscheinung seit Homer geläufig (Il. 9, 92 ἐξ ἔϱον ἕντο), Kü.-Gerth 1, 530/8; Fraenkel zu Aesch. Ag. 1215 f.; Gerber zu Pind. Ol. 1, S. 36 («anastrophe»); Barrett zu Eur. Hipp. 548–549. In Verg. Aen. 2, 131: *(quae sibi quisque timebat,) unius in miseri exitium conversa tulere* wird *miseri* auf diese Weise in Relief gebracht[48]. Spielform: Ov. Ib. 5 f. *artificis periit c u m caput a r t e sua* (EP S. 95 Mi.).

Dieses Mittel dient jedoch keinesfalls immer der Betonung (EP § 130); mit *seiungi seque gregari* will Lukrez (1, 452) ennianischen Stil nachahmen (ann. 371 Skutsch [*de me h o r t a t u r*], der S. 66 die Tmesis bespricht, vgl. ferner zu 542 und S. 788), ähnlich steht es mit Vergils Tmeseis (Harrison zu Aen. 10, 794). Horaz trennt in anspruchsvoller

über Stellung und Gebrauch des lateinischen Relativsatzes, Fribourg 1974; an 5. Stelle im Satz Germ. Arat. 208.

47 Zur Weite der Sperrung vgl. die Diskussion um Eur. Ba. 421: zehn Trennwörter (!) ἴσαν-τέϱψιν, s. aber Dodds Zweifel an ἴσαν, was Kopff allerdings druckte; zur Sperrung als Versrahmung s. Ov. met. 8, 395 (LHS 691 Mi.); Housman zu Manil. 1, 58 f.: Hyperbaton-Schachtelung; Attribut und Nomen in verschiedenen Kola: Skutsch zu Enn. ann. 186, S. 351 zu 186.

48 Uraltes Mittel (Il. 17, 542 z. B.), wurde es im Lateinischen früh nachgeahmt bis zu Albernheiten (z. B. soll Lucilius, durch Ausonius, epist. 16, 36 ff. Peip., bezeugt, *Lucani – mox potieris – aco*, «Du wirst das Haus in Lugaignac erhalten» geschrieben haben, vgl. jedoch R. P. H. Green, The Works of Ausonius, Oxford 1991, 636 [vielleicht gefälscht]; leichter ist Verg. Buc. 6, 6; Georg. 3, 381 *Septem-Trioni*), vgl. Skutsch zu Enn. fr. spur. 5 (609 V.), S. 788. E. Bernhard, Die Tmesis der Präpositionen in lateinischen Verbalkomposita, Winterthur 1960; LHS 200, 217 d; Verf., Germ. zu v. 208 f.; Housman zu Manil. 1, 355.

Dichtung allein das verallgemeinernde *cumque* (vgl. c. 1, 6, 3; 1, 7, 25), sicherlich der Entschwerung wegen.

c) Umgewichtung (*cuncta viarum*; EP § 65 a, 2 unten, § 123 Ende)

§ 38 Ursprünglich diente die Ausdrucksweise *truculenta pelagi* (Cat. 63, 16) statt *truculentum aequor* (Cat. 64, 179) dazu, dem Adjektiv, hier also dem Ausdruck des Wilden, mehr Gewicht zu geben, als es an der Rangstelle eines Attributes gehabt hätte (so auch im Griechischen: Eur. Phoen. 38; Kühner-Gerth 2, 1; 278; Jackson 18, A. 1). Seit Enn. ann. 84 Sk. (s. Skutsch S. 232) wird diese schöne Möglichkeit zur Manier, so in *cuncta* bzw. *omnia* mit Genetiv (Lucr. 5, 739f. [Bailey 1, 91f.]); Hor. c. 2, 1, 23; *cuncta rerum* bei Stat. Theb. 3, 548 wirkt nur noch albern. Immer aber ist das Griechische mitzuhören, ja oft als genaues Vorbild feststellbar, vgl. *summa pedum* Ov. met. 4, 343 (für «Knöchel») nach Soph. OT 718, ἄρθρα ποδῶν.

Wenn der Dichter sein Verbum Proprium setzte, konnte er es (wie ausgeführt) durch Wiederholung, hervorhebende Stellung und Hendiadyoin beschweren; er konnte es auch verfeinern, d. h. interessant und auffällig machen dadurch, daß er es an einen ungewohnten Ort im Satz verstellte oder in eine syntaktisch ungewöhnliche Verbindung brachte. Wir betrachten also noch einmal (s. §§ 36–38) Stellungsvarianzen, dieses Mal jedoch keine nachdrücklich hervorhebenden Verstellungen, sondern eher spielende, welche das Übliche vermeiden[49], dann auch Verstellungen, die zwar ebenfalls das Ungewöhnliche suchen, aber auch potentiell sinnträchtig sind, wie z. B. das Oxymoron.

2. *Spiel mit Wort- und Satzteilverstellungen*

a) Indeclinabilia (EP § 128–130)

Im folgenden sei lediglich eine Liste von Kopulae, Negationen und Konjunktionen gegeben, die in auffälligen Spätstellungen erscheinen (hierzu als neoterische Manier Norden zu Verg. Aen. 6, Anhang 3, 3).

[49] Treffend Düring 74: Die Dichter wagten derlei, «ut dictionem cottidianam ut nimis siccam evitarent». Zur Meidung des Üblichen in der Kunstsprache s. Arist. Rhet. 1412 a 18 ff.

aa) Kopula-Formen

§ 39

et: invertiert seit Vergil, LHS 484, Töchterle zu Sen. Oed. 96, 116 usw., an 2. Stelle im Satz häufig (Hor. c. 1, 13, 6; LHS 484 n: «dichterisch»), an 5. Stelle: Ov. pont. 1, 4, 20.
-que: Marouzeau, Ordre 3, 70f.; EP § 129 Anf.; an zweiter Stelle seit Lucr. 2, 394 (s. Bailey); an 3. Stelle Prop. 3, 21, 16 (s. Camps). Zuweilen fügen Dichter *-que* an Wörter, zu denen es logisch nicht gehört (statt *iamque propius*, «schon näher» bei Manil. 1, 11 *iam propiusque)*, s. Hz. zu Hor. sat. 2, 2, 84; Bömer zu Ov. met. 12, 109, S. 46 unt. – Zu *atque* Tarrant zu Sen. Ag. 418.
nec: an 2. Stelle Verg. Aen. 4, 551 (Austin zu 4, 33); an 4. Stelle Prop. 2, 6, 3, bei Horaz höchstens an zweiter (Norden, Verg. Aen. 6, S. 404; EP § 129; Kroll zu Cat. 91, 5).
non: EP § 130 Ende mit Beispielen, an denen die sonst übliche Kontaktstellung von Negans und Negatum gelöst ist.

ab) Konjunktionen

§ 40

sed: Marouzeau, Ordre 3, 98ff.; LHS 488f.: «Die Nachstellung ist dichterisch.»
at: nachgestellt «nur bei Dichtern seit Catull», LHS 489, Zus. b. Zu *ast* s. TLL 2, 992, 67ff., 78ff.; seit Val. Flacc. nachgestellt. (Zu verstelltem *tamen* s. Ov. met. 12, 105 [Sinn: «Obwohl alles bisher umsonst gewesen, gibt er dennoch nicht auf und sieht nach . . .»] und gleich wieder [Verf., Glotta 53, 1975, 244ff.; EP § 29, 155] v. 125.)
cum: LHS 399 Mi.; EP 94, A. 75; 5. Stelle Lucr. 1, 62; 6. Stelle Germ. Arat. 351; Ov. met. 12, 11.
quod: 7. Stelle schon Lucr. 6, 790 (statt *quod, cum . . . venere, e regione cadunt)*, vgl. die Verschachtelung in 6, 742 (öfters angezweifelter Vers).
nam: an 2. Stelle Cat. 23, 7 (s. Kroll; Aen. 10, 584f.; hier wohl auch, um *iaculum* hervorzuheben [Harrison, vgl. Norden zu Verg. Aen. 6, Anh. 3 B 3]; D. O. Ross, Style and Tradition in Catullus, Cambridge/Mass., 1969, 67ff.)]; an 3. Stelle bei Hor. c. 1, 18, 3 (s. NH m. Lit.); *namque* an 3. Stelle Norden zu Aen. 6, S. 403 Mitte; an 5. Stelle Cat. 66, 65; an 6. Stelle Verg. Buc. 1, 14 (s. Clausen).
quando: 3. Stelle Verg. Aen. 11, 509; 4. Stelle ib. 6, 50.

quoniam: 4. Stelle: Verg. Aen. 4, 324.
ut: LHS 399 Mi.; schlicht «verrückt» Lucil. 1221 Mx.: . . ., *laniorum immanis canes ut, /* . . . (wie ein riesiger Fleischerhund). *Utinam* invertiert bei Verg. Aen. 2, 110; Ov. met. 2, 435 usw.
si: uralt (XII – Tafeln, s. Töchterle zu Sen. Oed. 211); LHS 399 Mi.
ubi: Skutsch zu Enn. ann. S. 438 zu fr. 255.
postquam: an 4. Stelle schon Enn. ann. 461 Sk.

ac) Präpositionen

§ **41** Vielleicht war Lukrez (3, 1088) der erste, der Präpositionen nachstellte (LHS 216 b), nach dem Muster «unechter» Präpositionen wie *penes* (Plaut. Trin. 822)[50]. Zum Typus *timores inter et iras* (Hor. epi. 1, 4, 12: eine Präposition gehört zu zwei Nomina) s. Hor. c. 3, 23, 10; Hz. zu 3, 25, 2.

Zu späteren Extravaganzen vgl. § 212, 2a (Ende) und Smith zu Tib. 1, 6, 30; Enk zu Prop. 1, 21, 9 (Versgrenze zwischen Präposition und Nomen wie 4, 2, 3; sehr ungewöhnlich war es, wenn Vergil eine Präposition nicht wie Hor. epi. 1, 4, 12 zwischen gleichwertige Nomina stellte, sondern zwischen das von der Präposition regierte Nomen und sein Genetivattribut: Paris zielt auf Achill, den Aiakiden: *corpus in Aeacidae* [Aen. 6, 58, s. Norden z. St.]).

§ **42** Zusatz: Angesichts solcher Spätstellungen darf man sich nicht mit der bloßen Feststellung der Einrückung begnügen, sondern muß sich stets nach der Ursache erkundigen. Diese kann gewiß die Absicht auf das Ungewöhnliche sein, bes. bei so outrierten Stellungen wie am 5. oder noch späteren Satzort; zuweilen spielt die metrische Bequemlichkeit herein (Kroll zu Cat. 10, 30; 30, 11 z. B.), manchmal das Bestreben, hellenistische Finessen nachzuahmen (z. B. Harrison zu Verg. Aen. 10, 133), und mitunter weiß man nicht, ob die Hervorhebung eines Worts durch Einrückung z. B. einer an sich am Satz- oder Verskopf zu erwartenden Konjunktion die Hauptursache der Stellungsvariation war oder das bloße Spiel.

[50] Bei den scheinbar spielenden Verstellungen von *per* handelt es sich zunächst um sehr alte Schwurformen (OLD s. v. 10, a), später wird dann in der Tat nur noch gespielt: Prop. 2, 20, 15 *(o s s a tibi iuro p e r matris)*. Zur Anastrophe zweisilbiger Präpositionen s. Norden, Aen. 6, S. 226f.; Fedeli zu Prop. 1, 16, 13.

b) Declinabilia

ba) Anastrophé der Pronomina

§ 43 Relativpronomen: Verg. Aen. 1, 1; 6, 57 usw., s. Austin zu Aen. 1, 1; S. 28 und LHS 399 β; Kroll zu Cat. 68, 131; Norden zu Verg. Aen. 6, 792f.; EP 93 BG. An 4. Stelle Verg. Buc. 3, 41f.; Ov. met. 3, 714 (s. Bömers Komm.); an 5. Stelle: German. Arat. 208; s. oben A. 46 und E. Schünke, De traiectione coniuncitonum et pron. relat. ap. poetas lat., Diss. Kiel 1906.

Reflexiva: EP § 137 LT.

bb) Enallagé der Attribute

§ 44 Gern wird das Attribut vom zugehörigen Nomen so getrennt, daß es seiner Endung nach zu einem Substantiv tritt, zu dem es der Sache nach nicht gehört. Diese Erscheinung gehört nicht mehr ins Gebiet simpler Wortfolgeveränderung, sondern in den Bereich des Bezugswechsels, allerdings – wie gesagt – des Wechsels des durch die bloße Endung hergestellten syntaktischen Bezuges. Auch hier gilt, was oben (§ 42 Ende) gesagt wurde: Die Verstellung des Attributs kann mehrere Gründe haben, und mit der bloßen Feststellung, ein Adjektiv sei verschoben, ist nichts getan; es gibt folgende 6 Arten zu unterscheiden: Da wäre 1. die metrische Bequemlichkeit (Rothstein zu Prop. 1, 12, 14 nennt Belege, die aber nicht alle gleicher Art sind; EP S. 97, c); da wäre 2. die Vermenschlichung (zuerst im Lateinischen bei Lukrez, s. unten § 165), ferner 3. die «attributkumulierende Enallagé» genannte Verstellung, die es ermöglicht, einem Nomen zwei Attribute zu geben, was sonst verpönt ist (§§ 45ff.; EP S. 97, d); dann 4. diejenige, welche hilft, einen häßlichen Klang zu vermeiden (EP a. a. O., b); 5. die gedoppelte (§ 50) und 6. schließlich die rein spielende (§ 49). Doch sind hier scharfe und eindeutige Unterscheidungen nicht immer und überall möglich.

§ 45 1. Personifizierende Enallagé (EP § 63): Im Griechischen seit Aeschylus geläufig[51], erscheint sie im Lateinischen erst bei Lucr. 1, 475 (*saevi belli*; Norden zu Verg. Aen. 6, S. 112 u. a. auch zum Typ der

[51] Ed. Fraenkel zum Agam., S. 258 oben; V. Bers, Enallagé and Greek Style, Mnemos. Suppl. 29, 1974; M. Griffith zu Prom. 358. Zu Pindar Gerber zu Ol. 1, 48 (mit zutreffender Warnung vor zu leichtfertiger Etikettierung, s. auch Verdenius zu Ol. 11, 3), aber gesichert sind Ne. 6, 52f. Sn.-M. : «wutentbranntes Schwert» (zur Verlebendigung der Waffe s. § 165, 1). Wie vorsichtig man beim Ansetzen von Enallagai verfahren muß, lehrt E. Williger, Sprachl. Unters. zu den Komposita der griech. Dichter des 5. Jh., Göttingen 1928, 22f.;

«geographischen» Enallagé *Phrygio . . . pectore* ; EP § 63 LT). Eindeutig z. B. Verg. Aen. 11, 35: die Trojaner trauern um Pallas, die Männer *et maestum Iliades crinem de more solutae* statt *maestae;* Stat. Theb. 1, 20: *coniurato deiectos vertice Dacos* will er besingen statt *coniuratos* (s. Bömer zu Ov. met. 12, 6 [S. 13 unten] zu Provenienzen); umstritten Prop. 2, 23, 22 (vgl. Schusters Ausg. S. 192f.; Camps spricht von Vertauschung, Enk warnt: Eine genaue Betrachtung der Diskussion ist lehrreich). Vgl. unten A. 80.

§ 46 2. Attributkumulierende Enallagé (EP S. 97 d): Zwei asyndetische Attribute sind Kennzeichen sakraler Sprache (Enn. ann. 22 Sk., s. Skutsch S. 181, ferner S. 297 zu fr. 141), finden sich aber auch bei älteren, vorklassischen Dichtern, z. B. bei Egnatius (Zeitgenosse Catulls; frg. 2: *noctivagis astris labentibus*) oder bei Lukrez (Bailey zu 5, 13), werden aber sonst von Dichtern seit Ennius (Skutsch S. 297) gemieden. *Series orbarum excisa domorum* (Stat. Theb. 3, 74) gibt das partizipiale Attribut *excisa* der *series*, obschon das PPP sinngemäß zu *domorum* gehört, und ermöglicht so die doppelte Bestimmung der *domus* und schöneren Klang (*excisarum . . . domorum* vermieden). Auch später sind Doppelattribute wie Prop. 1, 20, 33f. (*grata domus Nymphis umida Thyniasin* gibt der *domus* zwei Attribute) sehr selten.

§ 47 3. Metrische Enallagé (EP S. 97 c): Sicherlich metrumbedingt sind Ersetzungen kretischer Wörter ohne Synalöphenmöglichkeit im Hexameter (Norden, Aen. 6, S. 112 unten zu v. 57 *Dardana qui Paridis derexti tela* statt des kretischen *Dardani*, ferner Austin zu Aen. 6, 2; Bednara ALL 14, 1906, 577; Erren, Listy filol. 97, 1974, 196).

§ 48 4. Kalophone Enallagé (EP S. 97 b): Zur Vermeidung gleichklingender Endungen nebeneinanderstehender Wörter durch Vergil vgl. Norden zu Aen. 6, S. 406 n. Mi.; 407, Abs. 1 Ende und A. 2.

Wenn Properz (3, 21, 28) statt «(ich will studieren) *librorum tuorum, docte Menandre, sales*» sagt *librorumque tuos . . . sales* (die Enallagé akzeptiert von Schuster; Shackleton Bailey, Propertiana 209; Fedeli), dann vermeidet er zweimaliges *-orum* (ähnlich meidet er den Endgleichklang *totum vinctum* durch das sinnwidrige *toto*)[52], nimmt aber – bei Ernstnehmen der Endungen – grammatischen Unsinn in Kauf; vgl. Hor. epo. 10, 12 (Hz.: «des bequemeren Ausdrucks wegen» statt *Graiorum victorum*, s. zu c. 3, 1, 42: statt *purpurarum – clariorum*).

zur Tragödie: Kannicht zu Eur. Hel. S. 73, Abs. 2. Deutsche Beispiele EP S. 47, A. 35.

[52] Hor. c. 1, 2, 25f. in EP § 134b als kalophone Enallagé bezeichnet, wird bes. von NH gut auch ohne Enallagé erklärt.

§ 49 5. Doppelte Enallagé (EP § 136): Vergil zitiert in Aen. 10, 230 den Beginn von Catulls c. 64 abändernd und sagt: *Idaeae sacro de vertice pinus*, doch so, daß eigentlich *Idaeus* zu *vertex*, *sacer* zu *pinus* gehört hätte, also dachte Harrison an «double hypallage». Vergil hatte schon in Buch 6 eine «Doppelenallage» (LHS 160 Mi.) gewagt: *ibant obscuri sola sub nocte* (v. 268), wo doch eigentlich die Männer *soli* sind, die Nacht *obscura* ist (weiteres bei Bömer zu Ov. met. 1, 39; Austin zu Aen. 6, 2; O. Skutsch, Gymnas. 82, 1975, 339).

§ 50 6. Spielende Enallagé (EP S. 97 a): Nichts als (Hellenistisches nachahmendes) Spiel ist Catulls (7, 5) *oraclum Jovis . . . aestuosi*, worin Juppiter statt seines Landes zum «sonnendurchglühten» wird, in *gemina teguntur/lumina nocte* (51, 11) mag die Enallagé auch metrisch bedingt sein, in *priscis hominum . . . figuris* (64, 50) ist sie es keineswegs (*priscor[um]* wäre möglich auch ohne Kakophonie) wie in Lucr. 1, 10. Düring 74 ff.; Norden a. a. O. S. 112 n. Mi. haben gezeigt, wie z. B. Vergils Spiele mit Enallagai immer gewagter werden[53] (vgl. Eden zu Aen. 8, 267), bes. auffällig ist die gedoppelte (§ 49). Solchen Verstellungen sind mehrere neuere Untersuchungen gewidmet (s. Görler, Hillen 148 ff.). Man kann von stilistischen Verschiebungen z. B. dann sprechen, wenn anschauungsarme Präpositionen vermieden werden (Görler 72), etwa bei Verg. Aen. 11, 625: statt *«pontus undam super scopulos iacit»* sagt der Dichter, das Meer *scopulos . . . superiacit unda* (Görler 71). Wann solche En- oder Hypallagai – Görler 78, A. 26 kritisiert mich zu Recht – verdichtende Absicht zeigen, wann bloßes Stilspiel, ist nicht immer bestimmbar. Rein stilbedingte Verkehrungen (z. B. Görler 78 unten) behandeln unten die §§ 196 f.; von «Verfremdungseffekt» spricht auch Görler 72 unten, warnt aber berechtigterweise davor, von festen und fixen «Figuren» zu sprechen (77, A. 25). Man wird sich davor hüten, in alli und sämtlichen Enallagaen besonderen «Sinn» erspüren zu wollen, sie gehören ganz einfach zum hohen Stil: *assiduis rastris* (Verg. Georg. 1, 155) wird man zwar einordnen («personifizierend»), aber nicht als irgendwie sinnschwer ansehen können (vgl. Sen. Oed. 168: Töchterles Parallelen zeigen, daß Dichter seit Vergil *assiduus* gern und stilbedingt enallaktisch einsetzten). – Spielende Enallagé als Abschluß: Mynors zu Verg. Ge. 1, 59.

[53] Literatur EP § 32 LT; LHS S. 160 unten.

bc) Verstellung von Verben (EP § 135) und Appositionen

§ 51 In «Und da *klang* es wie von Flügeln, da bewegt sich's wie *Gesang*» (Goethe, Wilh. Meisters Wanderjahre 3, 1) sind die Verba ausgetauscht wie in Ennius' *statuasque sepulcraque quaerunt, aedificant nomen* (ann. 404 Sk.; Skutsch 567: «the verbs having exchanged their objects») und Verg. Aen. 6, 847f.: *excudent ... aera ... ducent de marmore voltus* (s. F. Bömer, Hermes 80, 1952, 117ff.; ebd. 93, 1965, 130f.; F. Burckhart, Gymnas. 78, 1971, 407ff.).

Normal ist es, die Wortapposition (zu ihr § 163; zur Satzapposition Hz. zu Hor. c. 3, 20, 7) unmittelbar auf das Bezugswort folgen zu lassen: *Romani, gens clara* (LHS 409 Mi.). Schon die Umstellung *gens clara, Romani* ist ungewöhnlich (Quint. inst. 9, 3, 8; Fraenkel zu Aesch. Ag. II S. 71f.: erst hellenistisch) und um der Betonung, meist des Attributs, willen gewählt (LHS a. a. O.). Besonders raffiniert-verspielt ist die Zertrennung zweier eng zusammengehörender Wörter durch eine dazwischengestellte Apposition.

Eine solche raffinierte Stellung wäre z. B. Hor. c. 4, 8, 31 *clarum, Tyndaridae, sidus*, mehr bei Bömer zu Ov. met. 2, 515; 12, 89 (S. 40 unten). Ferner Prop. 1, 11, 30; Stat. Theb. 3, 36f.: *ima flagellatis – signum lugubre malorum! – ponderibus trepidavit humus*; vgl. Ov. met. 12, 103f.: *inritamina cornu/puniceas vestes; ... sentit*; Luc. 7, 290f.: *quod si – signa ducem numquam fallentia vestrum! – conspicio faciesque truces oculosque minaces, vicistis*: «Ihr habt schon gesiegt, da ich wilde Gesichter und drohende Augen erblicke – Zeichen, die euren Führer nie trügen» (so die Interpunktion Housmans). Derlei versteckende Verstellungen dürften Kennzeichen des Spätstils sein. Vgl. O. Skutsch, Rh. Mus. 99, 1956, 198; Norden, Aen. 6, S. 116f.

Entsprechend der orientierenden Zwischenbemerkung vor § 28 wird jetzt das Gebiet der syntaktischen Verfeinerung behandelt: Der Dichter konnte, wenn er ein Verbum Proprium setzte, ihm einen ungewöhnlichen Satzort geben (das war das Thema der §§ 39–51), er konnte es in eine ungewohnte syntaktische Beziehung bringen (dies wird der Gegenstand der §§ 52–99 sein), oder er konnte es ersetzen (§§ 100ff.).

3. *Syntaktische Raffinierungen*

a) Das Substantiv und das Adjektiv

§ 52 Für die Kenntnis der lateinischen Substantiv-Spiele mögen drei, allerdings keineswegs auf die Dichtersprache beschränkte, «Lizenzen» wichtig sein, die Verwendung als Attribut, die Kongruenz der Kollektiv-Substantive und die Genusvariation. Dazu drei kurze Hinweise.

1. Attributive Substantive: Seit alters konnte der Lateiner das Geschlecht eines Tieres durch den Zusatz von *femina* bestimmen *(lupus femina*, Enn. ann. 66 Sk., s. OLD s. v. 3); viel raffinierter Hor. c. 1,4,16 *fabulaeque* [wahrscheinlich «schreckende Erzählungen», entfernt vergleichbar Hom. Il. 6,358 ἀοίδιμοι] *Manes* ; vgl. Fedeli im App. zu Prop. 1,19,13. – Vgl. KS 2,1; 232,6 dazu: «Die Dichter gehen hier sehr weit.»

2. Kollektiva: Kollektive Singulare (*miles* [TLL 8, 945, 17ff.] wie bei uns: «Der Soldat hat zu gehorchen») sind althergebracht und vielfach umgangssprachlich (LHS § 20); man hat also zu beobachten, was einen solchen aus dem Gewöhnlichen heraushebt; bei Enn. ann. 514 Sk. *homo Romanus* ist es der pleonastische Zusatz; bei Hor. c. 4,5,25 *Scythen* die griechische Endung; bei Sen. Oed. 588 *dente* die poetische «Absurdität» usw. (vgl. Ps.-Longin., Sublim. 24,1). Kollektiva konnten dem Sinn gemäß als Pluralia konstruiert werden, seit Plautus (LHS 436, A) und Enn. ann. 69f. Sk. *pars . . . iactant*, vgl. Cat. 64,256 (von Heusch 143 als Berührung von Hoch- und Umgangssprache gewertet); s. Verf., Komm. zu Plaut. Poen. 619 (vgl. auch engl. «police» mit Plural der Verbform). Insgesamt ist zu sagen, daß auch hier zwischen Prosa und Dichtung nur ein Gradunterschied der Freiheit besteht («Kühner vielfach noch bei Dichtern», KS 2,1;23 unten, z. B. Verg. Aen. 6,580, 660 usw.).

3. Genus-Varianzen: z. B. Verg. Aen. 10,467 *stat sua cuique dies* (wenig hilfreich Harrison, aber vgl. LHS § 18 a) im Unterschied zu Prop. 2,28,32. Das muß nicht unbedingt um eines «valeur poétique» willen versucht worden sein oder um durch das Femininum des Attributs eine Kürze zu gewinnen, sondern derlei Variationen werden die allgemeine Unfixiertheit des Lateinischen widerspiegeln (vgl. unser der/das «Draht», der/das «Bord» usw.).

Eine Eigenart der Dichtersprache ist die Formung von Adjektiven aus Namen, z. B. Verg. Buc. 6,76 (vgl. Clausen); Aen. 10,156f. (s.

Harrison); Prop. 1, 11, 30 (mit Fedeli S. 285). – Auf das Adjektiv wird im folgenden des öfteren zurückzukommen sein (§§ 53–56, 64).

b) Das Adverb (EP §§ 144–147)

ba) Ersetzungen

Das Adverb galt als an sich unpoetisch (Axelson 62); also wurde es ersetzt oder wenn gesetzt, dann ungewöhnlich[54].

§ 53 Adjektiv statt Adverb, allgemein (EP § 145): Ersetzt konnte das Adverb auf *-e* oder *-ter* so werden, daß man die Adjektivform, aufs Subjekt bezogen, an seine Stelle setzte. Bei Adjektiven räumlicher und zeitlicher Bedeutung, dazu bei Gemütsstimmung anzeigenden war das seit alters geläufig (LHS 172 oben); eine starke Ausweitung erfuhr diese Lizenz seit Vergil, gespeist auch von griechischen Gebräuchen (Kühner-Gerth 2, 1; 273 ff.; Bornmann zu Call. hy. Dian. 27); z. B. Verg. Aen. 10, 55 f.: *(quid iuvit [Ascanium]) Argolicos medium fugisse per ignis* (wir sagen: «mitten durch . . .»), worin «the adjective *medius* . . . is used adverbially» (Harrison), also so, daß Ascanius in der «Mitte» zwischen den Flammen gleichsam die «Flammenmitte» ist; vgl. Aen. 10, 242 (*primus* statt Adverb) und *arduus insurgens* (Aen. 11, 755); vgl. Mayer zu Hor. epi. 1, 2, 10; kühner die personifizierende Wendung bei Prop. 4, 8, 49: *rauci sonuerunt postes* (Löfstedt, Synt. 2, 369). Mehrfach (Aen. 1, 682; 10, 239; 10, 402) verwendet Vergil *medius* für «in der/die Mitte», also adverbial (Austin zur ersten Stelle) im Sinne von «intervening» (Harrison zur zweiten). Eine konsekutive Nuance («so daß sie . . .») ist nicht zu überhören. Zum temporalen Gebrauch zu Verg. Ge. 1, 12: *primus* statt „zuerst“. – Nun zu einer Sonderform.

§ 54 Neutrumadjektiv statt Adverb (EP § 146): Ennius wollte sagen: «Obschon ich oft meine Hände zum Himmel erhob» (ann. 48 Sk.), aber statt des sich anbietenden *saepe* bot sich ihm der Gräzismus (Skutsch S. 201 nach Löfstedt, Synt. 2, 412) *multa* an, also πολλά: *multa manus ad caeli caerula templa/tendebam*. So schrieb auch Catull

[54] Zum Adverb LHS 172; bes. Löfstedt, Synt. 2, 368 ff.; Austin zu Aen. 6, 17; KS 2, 1;235 f.; gewagt, weil an der Oberfläche ganz irreal, ist Cat. 64, 111: *vanis iactantem cornua ventis* (ähnlich Luc. 4, 726); *vanis* wird, statt es als Adverb zu setzen, als Adjektiv zu den Winden gestellt, obschon es Minotaurus ist, der *vanus*, nicht der Wind. Möglicherweise benutzte damals niemand das Adverb *vane* (erst bei Apuleius belegt).

(51, 5 *dulce ridentem*; s. Verg. Aen. 9, 794 *acerba tuens* nach Lucr. 5, 33; Aen. 10, 273 *lugubre rubent)*, Horaz wagte (c. 2, 19, 6) *turbidum laetari*, Ovid (met. 9, 661) *lene spirare* für *leniter*[55]. Der Plural ist hier seltener und gesuchter als der Singular und in guter Zeit fast ausschließlich poetisch (Löfstedt, Synt. 2, 418). Man sollte hier, spricht man von Gräzismus, nicht die Analogie *facile* vergessen. Extrem dann Stat. Ach. 1, 323 *laetum rubens* und *turmale fremere* (Theb. 4, 10: «brüllen wie eine ganze Schwadron»: Heuvel zu Theb. 1, 604; Tarrant zu Sen. Ag. 331 bieten weitere Überspitzungen).

bb) Verfeinernde Setzung

§ 55 Selten in der Prosa (Cic. Pis. 21), selten auch im Altlatein (vgl. Plaut. Poen. 725 *saepe leges*; Ter. Andr. 175 *semper lenitas*), wird der Gebrauch des Adverbs, das nicht ein Verb, sondern ein Nomen bestimmt, bei den Dichtern häufig, z. B. Lucr. 5, 1371 *infra locus* statt *inferior* oder Verg. Aen. 1, 21: Es wird ein Volk nach Libyen zu dessen Verderben kommen, das weithin einst herrschen soll: *populum late regem* statt *late regnans* (s. LHS 171 b); so auch Hor. c. 3, 17, 9 *late tyrannus* (weiteres bei LHS 171 b; Williams zu Stat. Theb 10, 3). Andererseits konnte ein Adverb auch in der Weise ungewöhnlich verwendet werden, daß es ein Akkusativobjekt vertritt: *possidere latius* (Ov. met. 5, 130f.) statt «latiores possessiones habere» (so Housman zu Man. 1, 25). Eine andere Art verfeinernder Setzung wäre die auffällige Position im Vers; Vergil liebt es, unscheinbaren Adverbien (vgl. oben § 35 Ende) den letzten und betonten Platz im Vers zu geben, z. B. *adveniet . . . tempus, cum fera Karthago Romanis arcibus olim / exitium . . . immittet* (Aen. 10, 11/13; s. Harrison zu dieser Stelle und zu v. 40).

c) Numeralia

§ 56 Die multiplikative Zerlegung, etwa der oft metrisch unbequemen Kardinalia wie *duodecim* o. ä., ist spätestens seit Enn. ann. 88 Sk. Requisit der Dichtersprache *(ter quattuor)*, *bis sex* bei Enn. ann. 311 Sk.; *bis septem* Verg. Aen. 1, 71; aber *bis seno labore* (Sen. Ag. 812, s. Tarrant; Töchterle zu Sen. Oed. 251), also *bis* mit Singular eines

[55] B. Snell, Entdeckung des Geistes, 7. Aufl. 14; F. W. Lenz, Mnemos. 22, 1969, 380ff.; J. Delz, Mus. Hebr. 28, 1971, 50f.; LHS 40; 161 c; Scherer 44.

Distributivs, ist späte Übersteigerung (weiteres Material bei KS 2, 1; 661, a und b).

Der Ersatz der Kardinalia durch Distributiva *(bini, terni)* ist zunächst vornehmlich poetisch, z. B. *findi in bina*, «entzwei schneiden», Lucr. 1, 533 *in bina secare* (KS 2, 1; 661, c). Zu *geminus* für «zwei» s. TLL 6, 1; 1743, 82ff. (z. B. Verg. Aen. 7, 450). – Insgesamt ist zu sagen, daß diese Erscheinungen spezifisch lateinisch sind, s. Tarrants Komm. zu Sen. Ag. 812.

d) Präpositionen

Manche Präpositionen, um das Grundsätzliche gleich zu Beginn auszusprechen, waren in der Dichtung aus Gründen des Klanges oder der Versbequemlichkeit unbeliebt und mußten ersetzt werden (Axelson 77ff.; Tränkle 85ff.); in anderen Fällen war es die Kühnheit des Neuerers, die auch vor Präpositionen nicht haltmachen wollte (Görler 72f.). Im folgenden eine Auswahl von Belegen für diesen Grundsatz.

da) Ersetzungen

§ 57 Wenn irgend etwas von irgendwoher kommt, steht für gewöhnlich *ab*; will man das Erwartete vermeiden, kann man den bloßen Ursprungsablativ nehmen: *canis fluit unda capillis*, Ov. met. 1, 266; Bömer im Komm. S. 104 Mitte; Prop. 1, 4, 2 *(me) domina cogis abire mea* («selten und dichterisch ist der Abl. von Personen», LHS 103 unten). – Die Richtung (außer bei Ortsnamen und *domum*, das Feinere bei LHS 49f.) gibt *in* mit Akk. an; seit Lukrez wird der Leser zuweilen durch das Fehlen von *in*, d. h. durch die Ausweitung der Lizenz *domum = nach* Hause überrascht: *ea loca cum venerunt* u. dgl. (6, 742) wird jetzt geläufig (LHS § 50 a [s. auch unten § 72]). Einen kleinen Schritt weiter geht *(aethera) tendit* (Luc. 7, 477: «Gräzismus», LHS a. a. O., zweifelhaft: Zumindest liegt eine doppelte Wurzel vor, eine griechische und eine urlateinische: *domum* usw.); s. § 123. Zuweilen wurde richtungsangebendes *in* + Akk. durch den Dativ ersetzt, vgl. § 69 (EP § 157).

§ 58 Ein Grenzfall zwischen Ersetzung und Raffinierung ist die Vertauschung, in welcher eine Präposition, die von dem verwendeten Nomen her zu erwarten wäre, nicht gesetzt wird, wohl aber eine andere Präposition verwendet ist, dann aber in ungewöhnlicher Weise: Juppiter wirft Aeneas in Verg. Aen. 4, 233 einen Mangel an Ruhmstrebigkeit vor: «wenn ihn der Ruhm der Rom-Gründung nicht entflammt und wenn er schon für seinen eigenen Ruhm nicht Mühe auf sich nehmen will» usw.: *nec super ipse sua molitur laude laborem*; hier ist *super* nicht einfach «für *de* ‹in betreff›» gesetzt (LHS 281 liefert Belege), sondern für *pro* (Servius, s. Pease) – eine leichte Variation, die den Gebrauch über das Umgangssprachliche hinaushebt. Vgl. Bömer, Gymnas. 64, 1957, 1ff.

Bei Statius (Theb. 3, 179ff.) tröstet der greise Aletes die Trauernden mit der Erzählung früherer Verluste: Als Niobe ihre Kinder verlor, kamen die Menschen ebenso aus der Stadt und *bina per ingentes stipabant funera portas* (198); von *portas* her gesehen, wäre *ad, propter* o. ä. angebracht gewesen, doch vertauscht der Dichter das Erwartbare mit *per* = «bei» (was später geläufig wurde: LHS 240 nach Mitte), «at each gate», Mozley in der Loeb-Ausgabe. Eine ähnliche Entwicklung nahm κατά c. acc., s. Schwyzer 2, 477 oben, die mögliche Dependenz sei hier nicht untersucht.

§ **59** Zuweilen werden Präpositionen gesetzt, wo man vom bereits Gesagten her keine erwarten würde; sehr gut hat Tränkle 89 den Vers Prop. 2, 16, 21 besprochen: «gäbe es in Rom keine Reichen, wären die Mädchen nicht für Lohn käuflich», *numquam venales essent* – jetzt erwartet man (etwa nach Hor. c. 2, 16, 7f.) einen Ablativ, doch Properz setzt *ad munus*, etwa wie *ad nutum* (etwas anders Tränkle nach Rothstein: Pate gestanden haben *praesto ad*): *ad munus* erklärten Butler-Barber mit «in presence of a gift, i.e. for», was Enk unwidersprochen ließ; Camps legt «with a view to . . .» nahe – jedenfalls eine verblüffende Neuerung (vielleicht *ad munus* = «ad munus oblatum», was jedoch die Überraschung kaum verringern würde). Vgl. die Diskussion um Prop. 3, 25, 5 (24, 25 bei Fedeli): *ab arte*, bes. die Erklärung von Camps. Derselbe Properz wagte «das poetisch kühne und vor jedem Mißverständnis gesicherte» (Heinze zu Hor. sat. 2, 3, 294) *in herboso concidit Apidano* (1, 3, 6), wo *in* steht für «im Ufergras von» («die gewöhnliche, abgenutzte Konstruktion soll durchbrochen werden», Tränkle 88): *in* c. abl. für *ad* (s. EP S. 76 A. 57).

db) Verfeinernde Setzung

§ **60** Schien dem Dichter eine Präposition zu abgegriffen, konnte er sie zwar setzen, zugleich aber in ungewohnt auffälliger Weise. So scheint *adversum* in der Dichtersprache unbeliebt gewesen zu sein, dennoch steht die Präposition bei Horaz, und da ausgerechnet in der durchgefeilten Eingangsepistel zum ersten Buch (1, 1, 74f.): *quia me* *vestigia terrent / omnia te adversum spectantia, nulla retrorsum*. Doch wie raffiniert steht sie hier: Horaz hat sie in Korrespondenz zu *retrorsum* gestellt und in Postposition. Er verwendet sie also der Stilhöhe der Episteln entsprechend, aber verfeinert. Ovid schreibt her. 12, 60 statt *acta est lacrimis nox* o. ä. *per lacrimas* mit einer Mischung von temporaler und instrumentaler Bedeutung. Sehr seltsam auch her. 10, 128 vom Labyrinth: Die *saxea tecta* (das Stein-Haus, das Haus im Fels) sei *secta per dubias vias*: «in Form von unübersichtlichen Gängen» (s. Palmers Komm.).

Ein weiteres, besonders belehrendes Beispiel: Ovid erzählt, wie die Sieger der Pythischen Spiele geehrt wurden; da es noch keinen Lorbeer gab, erhielten sie einen Eichenkranz aus der Hand des Schirmgottes Apoll (met. 1, 450f.): *nondum laurus erat, longoque decentia crine tempora cingebat de qualibet arbore Phoebus*, und dann wird der nachfolgende Einschnitt durch die Wiederaufnahme eines Wortes aus dem Vers vor ihm überbrückt *(Phoebus – Phoebi)*. Dieses *de* ersetzt einen Instrumentalis (LHS S. 125, Zusatz g), und diese Verwendung der Präposition herrscht dann später vor. An der Ovid-Stelle ist der Grund jedoch nicht in einer Sprachentwicklung, in etwas Allgemeinem zu suchen, sondern in der konkreten Situation: Apolls Schläfen waren «schön», und zwar «durch langes Haar»; hier verwendet Ovid einen Instrumentalis in nicht ungewöhnlicher Weise. Wenn er nun aber im Sinn hatte, die göttlichen Schläfen auch noch «durch jedweden Baum bekränzt» sein zu lassen, d. h. durch dessen L a u b, dann wäre ein erneuter Instrumentalis unschön gewesen, und flugs nimmt der feinspürige Dichter *de*, er gewinnt eine neue («singuläre», Bömer) Verwendung der Präposition und erreicht damit zugleich, daß der Hörer nun die Bewegung des Herabnehmens, des Abbrechens vor Augen hat (LHS S. 262 Mitte merken gut an, daß «zunächst überall die lokale Bedeutung von *de* noch durchschimmert»). Hier war also weder Verszwang noch Sprachentwicklung von Bedeutung, die seltene Verwendung der Präposition scheint rein poetischen Ursprunges, wenn naturgemäß auch die Ausweitung der Präposition *de* im allgemeinen diese spezielle Anwendung mit ermöglicht hat.

§ 61 Finales *in* (EP S. 108): Spätestens seit Terenz ist *prodire in funus* belegbar (Andr. 115), «zur Beerdigung»: Hier wird Räumliches noch eine Rolle spielen (Sich-Einreihen o. ä.); viel weniger schon bei Cato, agr. 29 *(stercus) in pratum reservato,* «für die Wiese»: Hier herrscht die Zweckangabe vor. Diese Möglichkeit (u. a. der Vermeidung eines beschwerlichen *ut*-Satzes) nutzten die Dichter, z. B. *ardere in proelia* bei Verg. Aen. 2, 347 (TLL 2, 1257, 13; Tränkle 87); *in clas-*

sem fällt der Wald, «zum Bau einer Flotte» bei Luc. 1, 306; schwieriger schon Hor. epo. 1, 24: Der Dichter will jede Kriegsgefahr auf sich nehmen, *in tuae spem gratiae,* «mit dem Ziel, auf dein Wohlwollen hoffen zu dürfen». *Furere in tela* (Luc. 7, 295: «rasen im Verlangen nach Waffen» für «wütend nach Waffen verlangen») strapaziert diese Lizenz ebenso wie Sen. Ag. 99f.: *in vulnus* (s. Tarrant) oder Manil. 2, 632 (s. Housman); vgl. auch Bömer zu Ov. met. 12, 21 mit Lit. Zuweilen bedeutet ein solches *in* auch «zu jemandes Gunsten», s. Ov. her. 4, 16; 18, 60.

§ **62** Ablativisches *in* (EP S. 108, c): *In* c. abl. im Sinne von «bezüglich» (Ter. Eun. 567 *in hac commotus sum)*; von da dann *ardeo in* mit Abl. der geliebten Person, z. B. bei Ovid (her. 4, 99) als neuernde Variation zu *ardeo* mit bloßem Ablativ (Hor. epo. 14, 9; s. LHS 133, Zus. a). Auch *temptabat in arcu* (Penelope stellte die Freier auf die Probe «am» Bogen [Ov. am. 1, 8, 47]) ist noch gut verständlich, aber Stat. Theb. 1, 711 f. («Dich fürchtete Python») *ovantem in pharetris* ist ganz ausgefallen statt *ovans* c. abl. (Verg. Georg. 1, 423) gesetzt (s. Heuvel)[56].

e) Die Kasus-Syntax (EP §§ 153–166)

ea) Der Vokativ

§ **63** Ein interessanter Gräzismus liegt in Cat. 77, 1 vor; in *Rufe, mihi frustra . . . credite amice* würde man *amicus* erwarten (Kroll), aber Catull ahmt hier spielerisch Griechisches (LHS 26 oben) nach, s. KS 2, 1; 255, A. 3. Das wagt noch Seneca (Oed. 1011, s. Töchterle m. Lit.).

eb) Der Genetiv (EP §§ 153–155)

α) Ersetzungen

§ **64** Im Griechischen gehört das possessive Adjektiv («herkulische Kraft» für «Kraft des Herkules»; Kühner-Gerth 2, 1; 262) zum «gehobenen poetischen Stil» (Löfstedt, Synt. 1, 108); im Lateinischen waren Fälle wie *erilis filius* (LHS 60, Zus. α), also possessive Adjektive der Familienzugehörigkeit[57], ererbt. Ausweitungen aber sind poetisch

[56] Verfeinerung von *ab*: Camps zu Prop. 3, 2, 25: zur Raffinierung von *ad* (= *adversus)* s. Camps zu Prop. 3, 4, 1.

[57] Wichtig EP S. 110, A. 84

(Löfstedt a. a. O. 121) seit Enn. Med. 208 Joc.; *in nemore Pelio* (Ausweitung auf Ortsangaben, s. Jocelyns Komm. S. 352). Catulls (68, 97f.) *cognati cineres* bleibt mit dem Adjektiv im Bereich der Familienbezeichnung, mit *cineres* verläßt er den Prosagebrauch. Aber: Wenn Horaz (c. 1, 3, 36) sagt: *perrupit Acheronta Herculeus labor*, dann genügt es nicht, auf Hom. Od. 11, 601 zu verweisen: Das possessive Adjektiv läßt *labor* stärker hervortreten als etwa *Hercules laboriosus* (cf. epo. 16, 60, *laboriosa cohors Ulixei*).

Überspitzt wird derlei dann dadurch, daß nicht ein Genetivus Possessivus durch ein Adjektiv ersetzt wird, sondern ein Genetivus Objectivus: Man wird *Rutulae caedis acervi* bei Verg. Aen. 10, 245 so auffassen («Haufen von Mord an Rutulern», d. h. Haufen getöteter Rutuler; Harrison verweist auf Griechisches; übrigens eine aus Bildlichem [*avervi*] und Abstraktem [*caedes*] «gemischte» Anschauung, s. § 24), oder *rapinae hostiles* bei Luc. 1, 162 sind nicht die Beute der Feinde, sondern die bei den Feinden gemachte Beute (vgl. *metus hostilis*, die Furcht vor den Feinden, bei Sall. Jug. 41, 2; s. Köstermanns Komm.), ferner Verg. Georg. 3, 318f., «the adjective being aequivalent to *hominum* (Mynors, Virgil Georgics [1990] 230); Ov. met. 3, 128; «i. q. pacis fratrum», Bömer.

β) Verfeinernde Setzung

§ 65 In der Dichtersprache wurden also zuweilen allzu simple Genetivsyntagmen eliminiert um des Ungewöhnlichen willen. Wenn aber ein Genetiv gesetzt wurde, dann nicht selten in unüblicher Weise. *Patiens frigoris* kennt jedermann, *metuens poenae* dagegen ist höchst selten (Heuvel zu Stat. Theb. 1, 578; Mulder zu Theb. 2, 274).

Der Genetivus Qualitatis war ursprünglich auf Maß und Zahl von Sachen beschränkt; doch Horaz (epi. 1, 20, 24: Er sagt von sich, er sei gewesen *corporis exigui*) und Ovid (met. 3, 56) weiten diese Möglichkeit auf Personen aus (*spatiosi corporis hostem*, Bömer zu met. 2, 403f.).

Miser animi (Genetiv des Sachbetreffs, Löfstedt, Synt. 1, 172ff.; LHS S. 75 β) ist eine im Altlatein geläufige Redeweise; Vergil machte daraus *egregius animi* (Aen. 11, 417: eine Art von Genetiv des Betreffs), Statius (Theb. 3, 99) *egregius fati* sogar: «Die Auffassung von *animi* als einem vagen Genetiv der Determination war der Ausgangspunkt für eine Reihe von Analogiebildungen bei Dichtern», LHS S. 75. Interessant dann auch die Wucherungen: Schon Hor. sat. 1, 9, 11 verwendet *felix* c. gen. nach dem Muster von *miser animi* (s. Heinze z. St.): *cerebri felicem*, «glücklich, weil klaren Kopfes» nennt er den Bolanus.

γ) Genetivus Definitivus

§ 66 Er entstand aus Ortsangaben (LHS § 54) wie *Fons Bandusiae* (Hor. c. 3, 13, 1), wo ursprünglich ein Possessivus vorlag. Die Gründe, einen solchen Definitiv zu verwenden, sind oft schwer zu erraten, doch vgl. Enn. ann. 18 Sk.: *per teneras caliginis auras* fliegt jemand; hier vermeidet der Genetiv ein zweites Attribut (s. oben § 47), etwa *caliginosas*. Schwerer verständlich sind dagegen Ausdrücke, in denen der Definitivus aus einem attributiven Ausdruck besteht. *Siculae classica bella fugae* (Prop. 2, 1, 28): «die Seeschlacht, welche jene Flucht bei Sizilien war» (vgl. Camps zu 3, 3, 48). Hierher gehört auch der poetische Gen. identicus vom Typ *saeclorum tempus* (Cat. 64, 22), worin die Wörter ebensowenig begrifflich unterschieden werden wollen wie in Prop. 1, 4, 7 *temporis aetas* (s. Kroll im Catull-Komm. S. 147 vor Mi. Zur Properz-Stelle spricht Fedeli von Gen. inhaerentiae; LHS 63b setzen Genet. inhaer. und identicus gleich; vgl. Töchterle zu Sen. Oed. 57; Hillen 21 ff.); vgl. § 103.

Hieran schließt sich ein Ausdruck wie *pugna Phlegrae* statt *pugna apud Phlegram commissa* (Liv. 23, 43, 4; Stat. Theb. 11, 7 f.). So auch Ov. met. 1, 408: Teile der Urmaterie sind *versa ... in corporis usum*, «um Körper entstehen zu lassen», worin der Genetiv fast schon nicht mehr als Definitivus erkennbar scheint. Man fragt sich, ob nicht schon hier eine finale Nuance, die LHS 72 Mi. erst für Palladius im 4. Jh. n. Chr. gelten lassen, vorliegen könnte (vgl. Bömers Parallelen).

Die in der Prosa ebenfalls geläufige Ausdrucksweise *navis auri* für *navis aurum vehens* (Cic. fin. 4, 76; wir sprechen von Kohle-Schiffen, Milch-Auto usw.; vgl. LHS 63 ob.) wird zu Gebräuchen wie *Saeptorum nefas* an Stelle von *nefas commissum in Saeptis* (Luc. 7, 306; RE 4, 1548, 7 ff.) verfeinert; Lukan wiederholt diesen Kunstgriff gleich noch einmal mit *Clausi proelia Campi* für *ein proelia in Clauso Campo commissa* (Mommsen RG dtv 3, 342).

Das Altlatein, später die hohe Dichtung der Augusteer, kennt einen «Genetivus abundans» beim Superlativ wie Verg. Aen. 7, 602 f. *maxima rerum / Roma* oder Ov. met. 12, 502 f. *fortissima rerum ... animalia* (etwa «das Größte von allem, Rom» bzw. «die stärksten Wesen von allen», worin «von allen» genauso abundiert [s. Bömers reichen Komm. S. 164 n. Mi.] usw.). Dieser Genetiv ist von *quid rerum agis?* (s. Plaut. Aul. 54; Lodge 2, 552 li. ob.) strikt zu trennen (zu Hor. sat. 1, 9, 4 s. Bömer a. a. O. S. 164 unten überzeugend: in *quid agis dulcissime rerum* ist *quid* mit *rerum* zusammenzustellen, *rerum* gehört nicht zum Superlativ).

εε) Der Dativ (EP §§ 156f.)

Wenn man so sagen darf, ist der Dativ das Stiefkind der lateinischen Sprache, überall erfuhr er seit früher Zeit Einbußen. Zum Eindringen des Akk. in urspr. Dativstrukturen LHS 32b (auch hier waren Dichter stark mitbeteiligt), zum Eindringen des Genetivs LHS 87 unten; zuletzt wurde er überhaupt aufgegeben. Dagegen haben die Dichter die selteneren Dativsyntagmen weit ausgebreitet, so daß sich hier ein Bild ergibt, das dem vom Genetiv entworfenen nicht unähnlich sieht[58].

α) Ersetzungen

§ 67 Lukrez (6, 387ff.) will mittels der offenbaren Ziellosigkeit des Blitzschlages nachweisen, daß es eine Providenz Juppiters nicht gibt: *cur ipse* (d. h. Juppiter) *sinit neque parcit in hostis?* (399): «Warum läßt Juppiter diese Ziellosigkeit zu und warum spart er die Blitze nicht für die Feinde auf?» Hier war dem Dichter der Dativ nicht scharf genug, er wollte das «gegen» deutlicher aussprechen und verfiel so auf die unerhörte Konstruktion (LHS 33 unten rechnen lediglich mit «Analogien», also mit dem Willen zur Verfeinerung; dennoch ist hier der emotive Grund der Neuerung deutlich genug; Bailey zitiert nur eine Vergil-Stelle, die den Dativ aufweist). Zur Präpositionalersetzung des Dativs allgemein Löfstedt, Synt. 1, 187ff.

Properz wagt in 4, 7, 23 beim Ersetzen eines Dativs einmal ganz Unerhörtes: Er stellt sich vor, er liege auf dem Totenbett, und niemand kümmere sich um ihn, z. B. *mihi non oculos quisquam inclamavit euntis* [= *morientis*] – nach *mihi* ein Genetiv als Komplement, nach griechischem Vorgang (Tränkle 75; man denkt an das Auftreten eines Akkusativs trotz Bezuges auf ein Wort im Genetiv oder Dativ, K.-G. 2, 2; 112 oben), um der Raffinesse willen (vgl. LHS S. 95, Zusatz; Löfstedt, Synt. 1, 235: Der Grund liegt in der inneren Verwandtschaft der Dativstruktur dieser Art mit dem Possessivgenetiv, was hier raffinierend verwendet wurde).

Häufig scheint in gehobenem Stil der Ersatz eines Dativus Finalis durch bloßen Nominativ zu sein (also nicht «er gereicht zu . . .», sondern «er ist . . .»), vgl. schon Enn. scaen. 61 Joc. (vgl. dessen Komm. S. 227 Ende; Löfstedt, Synt. 1, 194–9). Der Grund ist natürlich, zwei Dative nebeneinander (finalis + commodi) zu vermeiden: Statt *eum esse*

[58] R. Laborderie, Pour une histoire du datif latin, REL 12, 1934, 278ff.; E. Löfstedt, Syntactica 1, 175ff., 225/237 zum «Sympatheticus». – Zum Dativ als Ersatz des Abl. comp. s. § 75.

exitio Troiae schrieb Ennius daher *eum esse exitium Troiae*; diese Metonymie (Abstr. pro concr.) bleibt bis Apul. rein poetisch (TLL 5,2; 1531, 37/46), denn auch Pl. Ba. 1054 (überl. *-ium*, oft zu *-io* geändert); As. 133 stehen in hochstilisierter Umgebung. Der Dativ bei *consuevi* und *assuetus* war Dichtern (vgl. allerdings auch Cic. de or. 3, 58 mit Wilkins' Komm.) zu gewöhnlich geworden, daher sannen sie auf Ersetzungen (LHS 121 oben). Ersetzungen des Dativus Auctoris durch den Ablativ besprechen LHS 122 d (vgl. hier § 70).

β) Verfeinernde Setzung

§ **68** Im Griechischen konnte der Dativ für den Gen. poss. eintreten (Eur. Phoen. 17; Schwyzer 2, 153), Seneca griff das auf; in Ag. 8 schrieb er: *hinc auspicari regium capiti decus mos est*, «von diesem Palast aus ist es Brauch, die Königswürde eines (Herrscher-)Hauptes unter günstigen Vogelzeichen seinen Anfang nehmen zu lassen.» Hier wäre der Genetiv erwartbar gewesen (Tarrant z. St.). Man muß aber noch genauer argumentieren: «von hier aus nimmt *regium capitis decus* seinen Anfang» ließe zwei Possessiv-Strukturen (possessives Adjektiv und Gen. Poss.) aufeinanderfolgen und ergäbe somit einen fest in sich geschlossenen Ausdruck, in dem *capitis* Attribut zu *decus* wäre, *decus* also die wichtigste Stelle einnähme; *capiti* aber ist Dativ-Objekt zu *auspicari* und lockert Hyperbaton-ähnlich *regium . . . decus* auf, zudem trägt jetzt dieses *capiti* den Hauptakzent.

γ) Dativ des Ziels, Auctoris, Commodi

§ **69** *Undique conveniunt . . . tela tribuno* schrieb schon Ennius (ann. 391 Sk.), «dative of direction» (Skutsch 560; er zitiert Verg. Aen. 5, 451 *it clamor caelo*); Ennius schrieb auch *strata terrae* statt *in terram* (Telam. 276 Joc.). Derlei hatte alte Vorbilder, z. B. das persönlich gedachte *Morti* oder *leto dare aliquem* (KS 2, 1; 320) oder *manus tendere alicui* (LHS 100); aber Dichter erweiterten diese Lizenz, z. B. *occumbo morti* (Verg. Aen. 2, 62; vgl. Austin; vorher nur Enn. frg. incert. 398 Joc., aber durch *obviam* gestützt: *morti occumbant obviam*) oder *vanis iactare cornua ventis* Cat. 64, 111 (*vanis* statt Adverbs [s. oben § 53, bes. A. 54–59; «Dativ der Richtung», Kroll); Prop. 1, 15, 8: Eine Schöne geht zu einem neuen Liebhaber, *novo . . . parat ire viro*. Daß derlei als spezifisch dichterisch galt, zeigt Cicero dadurch, daß er (div. 2, 64) *luci edere* in einem Vers schrieb (s. Tu. 2, 20)[59].

§ 70 Der Dativus Auctoris erfährt ebenfalls eine Ausweitung (vgl. § 67 Ende): Bis zu den augusteischen Dichtern war sein Gebrauch deutlich beschränkt (LHS 97), dann wird er zu Verben passiver Bedeutung gestellt, die an sich intransitiv sind: *Catulo iacuit* für *a Catulo prostratus iacuit* (Luc. 2, 547; KS 2, 1; 325, A. 12; Scherer 48: «nur dichterisch»)[60].

Der Dativus Commodi wird in gleicher Weise ausgenutzt (Löfstedt, Synt. 1, 210ff.): Wahrscheinlich verdankt eine Fülle poetischer Dative ihre Existenz einer analogischen Ausbreitung des Commodi: *crudelis* mit Dat. statt *in* und Akk. bei Properz 2, 26, 45 (Tränkle 65); «Kühneres wagen die Dichter», vgl. etwa Ov. fast. 6, 173: *piscis adhuc illi populo sine fraude natabat*, LHS 93 oben, wo man paraphrasieren könnte: «jenes Volk ließ die Fische, noch ohne sie mit Netzen zu trügen, ruhig schwimmen». *Levamen aerumnis datur* statt *aerumnarum* bei Sen. Ag. 491 usw.

ed) Der Akkusativ (EP §§ 158–163)

α) Ersetzungen

§ 71 Der Akkusativ war in der gemeinlateinischen Sprache ein zunehmend beliebter Kasus (J. Perret, REL 35, 1957, 152ff.); schien dagegen einem Dichter eine Akkusativsyntaxe zu geläufig, ersetzte er sie. So ersetzte Catull (109, 5 *liceat nobis tota perducere vita / aeternum . . . foedus*) einen Akkusativ der Zeiterstreckung sogar neben *per-(ducere)* durch den Ablativ (Kroll meinte gewiß zu Recht, Catull habe so den zweiten Akkusativ in diesem Satz vermeiden können; s. Slotty, Glotta 11, 1921, 62; LHS 41 Mi.). Derlei wurde ohne den Zwang, dem Catull sich ausgesetzt sah, als Manier später geläufig, z. B. Prop. 1, 1, 7 *mihi iam toto furor hic non deficit anno* (s. Rothsteins Parallelen, Fedeli zur weiteren Entwicklung); 1, 6, 7 *illa mihi totis argutat noctibus ignes* (s.

[59] Zum Dativ der Richtung LHS § 70; Löfstedt, Synt. 1, 181; NH zu Hor. c. 1, 28, 10 *Orco demissum*; Harrison zu Verg. Aen. 10, 148 *castris ingressus*. Er ist hochpoetisch (fehlt Hor. epi.: Mayer 286), Töchterle zu Sen. Oed. 310.

[60] Zum Dativ. Auct. NH zu Hor. c. 1, 6, 2 (S. 84 unten zur Konjektur *aliti*) und Harrison zu Verg. Aen. 10, 6f. *sententia vobis versa retro* («Grecism»). Weiteres Töchterle zu Sen. Oed. 275.

Fedeli). Zum Ablativ als Akkusativersatz allgemein LHS 41 v. Mitte; Löfstedt, Synt. 2, 60ff. und 447f.

β) Verfeinernde Setzung

§ 72 Geläufige Akkusativ-Syntagmen, die aber auf bestimmte Wortgruppen beschränkt waren wie z. B. die Richtungsakkusative bei *ire* (vgl. *limen salire*, carm. Arval. 3), konnten auf ungeläufige Wörter ausgedehnt werden (Lucr. 6, 742: *ea loca*; s. oben § 57 und LHS § 50 a, vor Mi.; Skutsch S. 159 unten), konnten dann überspitzt werden zu *diversum abire* (Stat. Theb. 11, 113) oder durch Ersatz des Orts- durch Personalakkusativ: *ibimus Afros* (Verg. Buc. 1, 64).

Auch die überraschende Ausdehnung der Akkusativ-Rektion auf Verba, die sonst andere Fälle regieren, gehört hierher, z. B. der «Akkusativ des Inhalts» oder «inneren Objekts» («gar schöne Spiele spiel' ich mir dir»); ursprünglich mag diese Wortanordnung aus dem intensiv formulierenden Sakralstil stammen (LHS 38 unten), dann aber wurde es zum Stilmittel pathetischer Sprache, «im allgemeinen wird die Figur später von den Dichtern bewußt gesucht» (LHS 39 oben), z. B.: *gradum regredere*, Enn. Achill. 6 Joc. (s. seinen Komm. S. 173, Abs. 2); weit entfernt von der ursprünglichen Form sind dann z. B. Prop. 2, 34, 25 *insanire amores* für *insanos amores experiri* (1, 11, 18 *timere amorem* für *timendo amorem experiri,* E. Wistrand, Miscellanea Propertiana, Göteborg 1977, 44f. gehört kaum hierher, G. Williams, JRS 97, 1957, 243 [annuente Fedeli] «every kind of love-affair is feared», nämlich mögliche Amouren der verreisten Geliebten; also direkter Objektsakkusativ), Löfstedt, Synt. 1, 259 zitiert Enn. ann. 523 Sk. *vicit Olympia*; «a syntactical Grecism», Skutsch S. 674 (vgl. unten § 123, 2 b).

γ) Accusativus Graecus

§ 73 Um die hier an mehreren Einzelheiten beobachtete Ausweitung einer ursprünglich eng begrenzten Lizenz augenfällig zu machen, sei ein von den Dichtern besonders beliebter Akkusativgebrauch genauer vorgeführt (Literatur bei Harrison 291 unten).

Grob gesprochen, gab es ursprüngliche zwei Typen des Acc. Graec.: *indutus pallam* (Plaut. Men. 511f.) und *saucia pectus* oder *saucius latus* (Tib. 1, 6, 49; Prop. 2, 8, 22 nach Verg. Aen. 12, 5 *saucius ille gravi . . . vulnere pectus*, «verwundet an der Brust durch schwere Verletzung»;

KS 2, 1; 288, 4 a; Kroll, Stud. 250; LHS 36 ff.; auch Harrison 290 f. unterscheidet diese zwei Kategorien).

1. Der erste Typus mag auf die Empfindung zurückgehen, daß ein Part. Perf. Pass. verbalen Charakter besitzt und darum ein Akkusativobjekt erhalten kann. Dieser Typus war ursprünglich auf *indutus* + Kleidungsstücke beschränkt. Dann wurde diese Lizenz als ein Ausdruck von «Beziehungen» aufgefaßt, und das Tor zu Ausweitungen war offen: *exuta pedem* (Verg. Aen. 4, 518) könnte zur Not noch (so Austin) als mediales Partizip + direktes Akkusativobjekt hingenommen werden, ohne Schwierigkeit aber auch als Lizenzausweitung des Acc. Graec.; auch in *suspensi loculos* für «mit Rechensteinkästchen behängt» (Hor. sat. 1, 6, 74) oder *fusus barbam* statt *(cum) barba fusa* (Verg. Aen. 10, 838, s. Harrison) liegt deutlich ein Acc. Graec. vor, jetzt aber schon recht weit von der ursprünglichen Beschränkung entfernt, wenn auch näherungsweise noch mit «Tragen» (von Kleidungsstücken) verwandt (LHS 37 oben). Noch blieb der Bezug auf Körper und Körperteile weitgehend gewahrt (Enn. ann. 583 Sk. *fossari corpora telis,* «a clear example of the accusative of respect», obschon auf einer Restauration beruhend, nennt die Stelle Skutsch S. 723, s. auch S. 487 unten; akzeptiert von Harrison 291 unten; *percussi membra timore*: Lucr. 5, 1223; *vultum demissa*, Verg. Aen. 1, 561 [Typ 1 bei Harrison 290]), doch auch diese Beschränkung fiel bald: *picti scuta Labici* («die Leute aus Labicium kamen mit bemalten Schilden», Verg. Aen. 7, 796; *puppis . . . subiuncta leones* statt *leonibus*, Harrison Typ 3), was Val. Fl. dann überspitzte zu *caelata gerit arma metus* (1, 402: «er trägt Waffen, die in getriebener Arbeit Schrecken-erregende Bilder zeigen», Waffen also, «geschmückt bezüglich der Furcht»). Und schon Vergil hatte in seinen jungen Jahren die Beschränkung auf Kleider und Körper verlassen: Blumen sind Buc. 3, 106 f. *inscripti nomina flores*, «beschrieben mit Namen» (Harrison 290).

2. Dieser Grundtypus *indutus pallam* wurde also erweitert durch die Loslösung von der Beschränkung auf Kleider, Körper und Körperteile, doch wenigstens blieb noch die Verwendung eines Part. Perf. Pass., welches die ursprüngliche Konstruktion durchschimmern ließ. Dann fiel auch dieses Kennzeichen der ursprünglichen Wendung fort: *nasum nidore supinor,* «bezüglich der Nase werde ich durch den Bratenduft aufgeworfen», d. h., «der Duft läßt mich die Nase hochheben» (Hor. sat. 2, 7, 38; Hz.: Acc. Graec.); Vergils Verse Aen. 7, 73 f.: *(virgo) visa . . . longis comprendere crinibus ignem / atque omnem ornatum flamma crepitante cremari* wird man so paraphrasieren: «Sie schien mit ihren langen Haaren die Flamme gleichsam von sich aus zu ergreifen (um-

gekehrt wäre die Ausdrucksweise ‹natürlicher›, s. Conington) und bezüglich ihres Kleidschmucks von knisternder Flamme verbrannt zu werden», und dann läßt Vergil noch weitere Accusativi Graeci folgen; eine wahre Tour de force, in der *ornatum cremari* nur deswegen noch von fern an die ursprüngliche Form erinnert, weil von einem Kleidungsstück die Rede ist.

§ 74 Der zweite Grundtypus *Cressa genus* (Verg. Aen. 5, 285 – «hinsichtlich ihrer Abstammung eine Kreterin») ist «ganz unter griechischem Einfluß entwickelt», LHS 37, b. Zunächst sind es auch hier vorwiegend die Wendungen mit *genus* und solche, die Körperteile meinen, welche den Typus ausmachen (LHS 37, b): *flava comas* (Ov. met. 6, 118), *os umerosque deo similis* (Verg. Aen. 1, 589) bleiben noch nahe beim Grundtypus, doch *Cynthia verba levis* (Prop. 2, 5, 28) ist dann schon recht frei gebildet, so daß für die spätaugusteische Zeit bereits gilt, daß der Acc. Graec. entweder im Verbund mit einem Adjektiv oder mit einem Part. Perf. Pass. ohne Beschränkungen einen Bezug oder Sachbetreff auszudrücken vermag. Ungemein verrätselt ist Val. Fl. 1, 582: Man kommt zur Insel des Aeolus, die im Vergleich mit dem in der Nähe liegenden Felsen beim *Pelorum*-Vorgebirge *nec scopulos aut antra minor ist*: «weder in bezug auf die Küstenfelsen noch in bezug auf die Höhlen kleiner», worin *minor* einmal körperlich kleiner bedeutet, andererseits (mit *antra* verbunden) «ärmer»[61].

ee) Der Ablativ (EP §§ 164–166)

α) Ersetzungen

§ 75 Der Ablativ des Vergleichs (LHS § 75) wird seit den augusteischen Dichtern zunehmend durch den Dativ ersetzt, von gemeinsprachlichen Ausdrücken wie *nulli inferior* (LHS S. 113 unten) herkommend, vgl. die Komm. zu Ovid, am. 1, 8, 25 *nulli tua forma secunda* (Löfstedt, Synt. 1, 316 ff.). Der Ablativus Qualitatis wird zu-

[61] Zum Acc. Graecus vgl. auch J. Schäfler, Die sog. syntaktischen Gräcismen bei den augusteischen Dichtern, Diss. München 1884, 34 ff. (vgl. unten § 123, b Ende zum Bibliographischen); Ovidbelege bei Bömer zu met. 5, 87; Landgraf, ALL 10, 1898, 209 ff. Skutsch S. 487 unten rechnet damit, daß der erste Typus dieses Akkusativs bereits von Ennius verwendet wurde (S. 488 oben: «probably pioneered by Ennius», vgl. Glotta 55, 1977, 85 ff.); bes. ausführlich zu vergilischen Gebräuchen Harrison Append. D.

gunsten des Genetivs zurückgedrängt (Hor. epi. 1, 20, 24 [s. § 65]; LHS 68 n. Mi.). Sall. hist. frg. 2, 37 Maur. *nulla arte cuiquam inferior* zeigt, daß dieser ganz natürliche Dativ keineswegs allein der Dichtung angehört.

β) Verfeinernde Setzung

Eine Weise, den Ablativ, wenn man ihn setzt, auffällig zu verfeinern, war die, ihm a) eine Präposition zu geben, wo er sonst pur steht, oder b) einen sonst präpositionalen Ablativ auf einmal ohne Präposition zu verwenden.

§ 76 1. Gewöhnlich steht bei Verben des Trinkens der Ablativ ohne Präposition (z. B. TLL 2, 1963, 18ff.; Verg. Georg. 2, 506 *gemma bibat* [«aus . . .»]); Varius Rufus (zur Person Hor. c. 1, 6, 1; NH 1, 81) schrieb (fr. poet. 2 Mor.) *ex auro*, Prop. 3, 5, 4 *e gemma*. Rothstein bemerkt zu Prop. 1, 3, 44, daß in *externo longas saepe in amore moras* eigentlich der bloße Abl. Causae zu erwarten war; oder Germ. Arat. 128: der zu erwartende Abl. Instr. wird durch *per* ersetzt (vgl. meinen Komm. zur Germ.-Stelle). Ovid (met. 1, 451) verwendet *de* statt des hier zu erwartenden Ablativus purus: *tempora cingebat de qualibet arbore Phoebus*; man könnte sich bloßes *arbore* synekdochisch für *foliis*, *corona* vorstellen; so aber gewinnt Ovid die sinnliche Nuance «gebrochen von jedwedem Baume» (s. oben § 61). Ähnlich wird bei Stat. Theb. 3, 129 eine Präposition verfeinert: *hae pressant in tabe comas,* «in dieses Gift tauchen sie ihre Haare»; hier wird aus dem zu erwartenden Akkusativ ein «Ablativ der Richtung» («eintauchen in d e m Gifte»). Ob hier eine Entwertung von Bewegungsverben in der Weise vorliegt, daß die Bewegung eliminiert und nur das Resultat (Festhalten im Gift) übriggelassen wird, wäre zu untersuchen.

§ 77 2. Jetzt ist die Erscheinung darzulegen, daß die Dichter den bloßen Ablativ dort einführten, wo bisher der präpositionale Ablativ in Geltung war. Es nimmt kaum wunder, daß der bloße Ablativ sich dort in weiterem Umfange ansiedelt, wo es sich um Verbalkomposita mit separativen Präfixen handelt: *removere* mit bloßem Ablativ ist eine lukrezische Neuerung (LHS 103: «seit Ov.», vgl. aber Lucr. 3, 404 *anima . . . membris . . . remota*), «*excutere* seit Verg.» (LHS a. a. O., *somno*: Aen. 2, 302) usw. Bei separativischen Adjektiven, die für gewöhnlich keinen Abl. purus hatten, finden sich seit den Augusteern bloße Ablative (LHS 103 II: *recens* mit Abl. purus Verg. Aen. 9, 455f. *tepidaque recentem / caede*). So gab schon Cicero (Tu. 2, 25, 28) in einem Gedicht *viduus* den bloßen Ablativ (*me . . . viduus* LHS 107 II). Mehr bei Löfstedt, Synt. 1, 285f., 291/6.

Der Dativ des Urhebers (Dativus Auctoris) wird von Horaz und Ovid durch einen bloßen Ablativ ersetzt (LHS 122 d, Anf.; vgl. Hor. c. 1, 6, 1 f. [falls *alite* der Hss. gegen Passerats *aliti* gehalten wird; die Diskussion bei NH 1, 84 unten ist erhellend]; Ov. met. 12, 81 *iugulatus Achille* statt *ab Achille*), ein «resultativer» Ablativ wird kreiert (LHS 127 h «etwas wird zu . . .»): Bömer zu Ov. met. 3, 197; 5, 673; er stammt vielleicht von Vergil her, Georg. 1, 180: «die Tenne darf nicht *pulvere fatiscere*»: «zu Staub zerspringen» (Bömer zu Ov. met. 10, 494 *cortice* bringt neuere Literatur bei; s. insbes. Hillens außerordentlich feinmaschige Untersuchung S. 31 ff.). Wenn man so will, verdankt der Ablativ bei Ovid (fast. 2, 812) in *quanto* an Stelle des Gen. Pret. seine Existenz der Widerspruchslaune: reines Stil-Spiel. Der einfache Ablativus Comitativus (LHS 115) kann zu *rupes saxis* («Fels mit ‹seinen› Klippen») werden (Sen. Oed. 9; «Ablativ der Teilerscheinung», Hillen 98 f. Töchterle z. St.); aus dem simplen «Ablativ der örtlichen Erstreckung» (LHS 131) kann dann eine Ersetzung eines *per* werden: *it nigrum campis agmen* (Enn. ann. 474 V., s. Sk.), «über die Heide, über das Land» (so dann Hor. c. 2, 9, 23 f.; Sen. Oed. 115), was Cicero (fin. 5, 9) als poetisch bezeichnet (s. Töchterle zu 115).

f) Zum Verbum

fa) Das Präsens

§ **78** Auch der Dichter verwendet das Praesens Historicum, und zwar gerne in erregter Rede, z. B. dort, wo Properz von einer herrlichen Liebesnacht so berichtet, als geschehe alles gerade jetzt: *quam multa . . . narramus verba! . . . quam vario amplexu mutamus bracchia!* (2, 15, 3 und 9). Die Präsentia lassen das Erzählte zu Gegenwärtigem, erneut und genau jetzt Erlebbarem werden, bes. in der Historiker-Prosa wie in der Dichtung (LHS 306 f.; Norden, Aen. 6, S. 113 zu v. 3 ff. berücksichtigt auch metrische Ursachen). So beschwört Venus ihren Erzeuger «bei den (noch) rauchenden Trümmern Trojas» (Verg. Aen. 10, 45 *fumantia*, obschon das lange her ist; man denkt an Eur. Ba. 8). Ein solches vor Augen stellendes Präsens (Lausberg S. 376) kann auch nach einer Reihe von Präterita auftreten, dafür ein Beispiel: Cat. 66, 55 *avolat* nach mehreren Präterita)[62]. – Dann das «registrierende» Präsens, das «vor allem bei Dichtern seit den Augusteern» begegnet

[62] Dieser Gebrauch ist nicht ohne Härte, s. aber Schuster 205; Enks

(Verg. Aen. 9, 266 in der Aufzählung all dessen, was Ascanius den Freunden an Belohnungen verspricht[63], u. a. *cratera . . ., quem dat . . . Dido* statt *dedit)*; vgl. ferner Prop. 4, 1, 77 (s. Tränkle 73; Eden zu Verg. Aen. 8, 141 mit weiteren Beispielen des registrierenden Präsens, das auch im Griechischen gut belegt [Soph. OR 437; KG 1, 137 d], also wohl gemeinsprachlich ist) und Harrison zu Verg. Aen. 10, 518 (mit Lit.). – Das hymnische Präsens ist geläufiger: In Gebeten usw. kann das Präsens auch da auftreten, wo von Vergangenem die Rede ist: Verg. Aen. 8, 294 (s. Eden) zu Herakles: *tu Cresia mactas prodigia* vom Kretischen Stier (ferner Harrison zu Aen. 10, 81; NH zu Hor. c. 2, 19, 17; Bömer zu Ov. met. 4, 23; Tarrant zu Sen. Ag. 38 f.).

fb) Das Imperfekt

§ 79 Spezifisch dichterisch ist das konstatierende Imperfekt, das gleichsam an etwas seit eh und je Bestehendes «erinnert»: *non tu corpus eras sine pectore* (Hor. epi. 1, 4, 6; Fraenkel, Horace 324, A. 3; dtsch. 382, A. 2); ferner Fedeli zu Prop. 1, 13, 34[64].

fc) Das Futurum

§ 80 Die Dichtersprache seit Vergil verwendet das «Historische Futur» (LHS S. 310, α, β) der Voraussage (Aen. 10, 503 *tempus erit . . . cum optaverit . . . intactum Pallanta:* «. . . wo er sich wünschen wird, daß Pallas unversehrt sein möge») nach Il. 4, 164 ἔσσεται ἦμαρ; Ov. fast. 2, 386, dann Lukan und Statius; poetisch gefärbt auch Liv. 21, 46, 8 (Färbung wie in einem Seherspruch, vgl. Sen. dial. 10, 17, 6). – Damit zusammen hängt das Futur, das man das vorwegnehmende zu nennen versucht ist: Dort, wo Catull das Parzenlied enden läßt (64, 322), kündet er, «daß keine Zukunft es der Lüge wird überführen

Komm.; eine kontrahierte Perfektform anzunehmen (Butler-Barber), scheint aber ebenso hart.

[63] Vgl. Verf., Der Pfeilschuß des Ascanius, Gymnas. 75, 1968, 355 ff.; vgl. zu der Szene jetzt E. Potz, Hermes 121, 1993, 325/334, der meine Arbeit nicht kennt; seine Erörterung des «Episodischen» hätte sich erübrigt. – Zum registrierenden Präsens Töchterle S. 214 unten.

[64] Ein Fall von Vertauschung eines Perfekt-Konjunktivs gegen einen (metrisch bequemeren?) Imperfekt-Konjunktiv wäre Prop. 3, 1, 25; 3, 7, 43 (s. Camps z. St.).

können» (Syndikus 2, 179), und sagt das so: Es sei ein *carmen, quod post nulla arguet aetas*, d. h., er spricht so, als sei er eine der Sängerinnen, die wissen, daß ihr Wort unverbrüchlich sein wird, «weil der Dichter sich ganz in die Situation hineinversetzt» (Kroll); vgl. Prop. 4, 5, 9. – Zum einräumenden Futur (LHS 311 Mitte, β) z. B. Hor. c. 1, 7, 1 *laudabunt*; gewiß kann man sagen: «Es werden . . .» oder «will ‹celebrate›» (NH S. 95), mitzuhören aber ist auch ein Konzessives wie in Verg. Aen. 6, 847; NH zu Hor. c. 2, 20, 10; ferner Hor. c. 3, 23, 13; Juv. 10, 318 ff. (*fiet*: «Mag sein . . .», Knoche); vgl. Norden und bes. Conington zu Verg. Aen. 6, 847. – Wichtig auch für die Dichterlektüre ist es festzuhalten, daß die Futur-Partizipien den Charakter des Unumgänglichen tragen (R. Westman, Das Futurpartizip als Ausdrucksmittel bei Seneca, Helsinki 1961 ist hier hilfreich)[65].

Nicht unwichtig ist es, bei Setzungen des Futurum II im Gedächtnis zu haben, daß diese Form zuweilen dann verwendet wird, wenn ein Resultat gleichsam als ganz gewiß vorweggenommen wird; LHS 323; Harrison zu Aen. 10, 333 f.: *non ullum dexter a frustra/torserit in Rutulos*, ein «wird schleudern» gäbe nur unzureichend die Zuversicht des Futurum Exactum wieder.

fd) Das Perfekt

§ 81 Das Gnomische Perfekt, vom griech. Gnomischen Aorist herstammend (LHS 318 unten), führte wohl erst (Skutsch zu Enn. ann. 313 Sk.) Catull ins Lateinische ein (Kroll zu Cat. 62, 42), vgl. Hor. epi. 1, 2, 48 (Mayer); Prop. 4, 11, 101 *moribus et caelum patuit* («den Sittenreinen stand auch der Himmel immer schon offen»). Sehr beliebt ist der Infinitiv des Perf. Act. statt des Präsensinfinitivs wie bei Prop. 2, 19, 32, wo das Ich ständig der fernen Geliebten Namen wie bannend im Munde führt, damit ihm, dem fernen, *nemo ne nocuisse velit* (LHS 351; Harrison zu Verg. Aen, 10, 14; Smith zu Tib. 1, 1, 29 ff.).

Interessant das Perfekt des Sofort, das «instantaneous perfect» (so NH) bei Hor. c. 1, 34, 16: Fortuna hat ihre Lust daran, hier eine Würde mit schwirrender Schwinge zu rauben, dort schon wieder zu verleihen *(posuisse)*, wo *ponere* zu erwarten wie in Verg. Aen. 1, 83 *(venti ruunt et terras perflant,) incubuere mari* usw. («und schon warfen sie

[65] Nur erwähnt sei das Futur höflichen Aufforderns wie in *Vile potabis Sabinum* (Hor. c. 1, 20, 1: NH S. 246: «polite and urbane»); LHS 311, Z. 9 ff.; Kroll zu Cat. 13, 1, dazu der von Catull eingeführte durch *ne* negierte Imperativ, z. B. Verg. Aen. 10, 11 *ne arcessite* (s. Harrison z. St.).

sich . . .»)[66]. Es wäre zu überlegen, wie weit hier der griechische Aorist einwirkte. – Zu beachten ist auch das emphatische Perfekt, vgl. unser «Steht da nicht noch der alte Lindenbaum?» «Ja, der hat da mal gestanden» usw. Z. B. Verg. Aen. 10, 42 *speravimus* («Daran hab' ich mal geglaubt»; «unwiederbringlich verloren», Harrison).

fe) Das Plusquamperfekt

§ **82** Ein Plusquamperfekt statt eines zu erwartenden Perfekts oder Imperfekts: Cat. 64, 158 *si tibi non cordi fuerant conubia nostra* statt *erant* («aus metrischer Bequemlichkeit», Kroll, der aber auch umgangssprachlichen Einfluß [LHS 320, Zus. a] nicht ausschließt); wieweit die Emotion bei der Rückverlegung in gänzlich und längst vergangene Zeiten mitwirkte, wäre jeweils zu bedenken. Vgl. Prop. 1, 3, 17 *non tamen ausus eram* fürs «normale», aber auch häßliche (s-Häufung) *ausus sum* (weitere Properzbelege bei Fedeli z. St. und Schuster S. 204, die allerdings auf ihre Ursache hin zu befragen wären); vgl. Verg. Aen. 8, 357 f. *(hanc Janus pater, hanc Saturnus condidit arcem,) Ianiculum huic, illi fuerat Saturnia nomen*: «war (vorher) gewesen»; vgl. 10, 613; 853. Dieses Plusquamperfekt der Vorzeit gibt, wie Harrison zu 853 zutreffend anmerkt, den Zustand vor dem Wechsel an (Harrison zu Aen. 10, 613), betont aber auch emotionsbestimmt das «Aus und Vorbei» stark (so Verg. catal. 8, 6). Ein zeitstufenfreier Gebrauch des Plusquamperfekts liegt ja auch dort vor, wo (bes. im Epos) der Eindruck des «zu Ende» bzw. «Vorüber» erweckt wird, vgl. *dixerat*, «sprach's und . . .» (S. Lundström, «Sprach's» bei Sil. Ital., Lund 1971; Harrison zu Aen. 10, 147).

Das Partiz. Perf. Pass. wird in einigen Fällen im Sinne der Gleichzeitigkeit gesetzt (vgl. § 216 Ende und Donat zu Ter. Eun. 399, wo er Verg. Aen. 12, 651 [zu Recht im Gegensatz zur Eun.-Stelle] anführt), s. Kenney zu Lucr. 3, 171, «auch wenn die eindringende Lanze nicht das Leben trifft, wenn sie unter Freilegung von Knochen und Muskeln tief eindringt» *(ossibus ac nervis disclusis intus adacta*: Die Gleichzeitigkeit

[66] Zum poetischen Einsatz des Perfekts als Markierung entscheidender Punkte in der Erzählung vgl. Scherer 111 f. Das konnte nur geschehen, weil das Perfekt im römischen Epos (relativ) selten war, seine Setzung also auffiel (M. von Albrecht, Glotta 48, 1970, 219/29). Derlei gehört ins Kapitel «Textorganisation» (s. § 201). Zum präsentischen Perfekt Töchterle zu Sen. Oed. 303; zum perfektischen Präsens ders. zu 48, 806 f.

des *adacta* trotz der Vergangenheitsform ist eindeutig); LHS 391 warnen allerdings angesichts Nordens Erklärung von Verg. Aen. 6, 22 vor der Annahme größerer Häufigkeit dieser Erscheinung.

ff) Die Modi (EP § 120)

§ 83 Der Konjunktiv: Der Optativ in der 2. Pers. Sing. ist im Unterschied zur klassischen Prosa in der Dichtung «unbeschränkt» (LHS 330 unten), so Hor. c. 1, 35, 38f. *o utinam . . . diffingas!* Der Irrealis der Gegenwart tritt nach altlateinischen Vorbildern (LHS 223 n. Mi.) bei Catull (Kroll zu 48, 2 und bes. 23, 22) und Späteren im Konj. Präsens auf (weiteres bei Bömer zu Ov. met. 5, 344), der der Vergangenheit im Imperfekt (LHS 332 unten, schon Cat. 6, 3, dann z. B. Hor. c. 4, 6, 16ff.). – Der Indikativ der irrealen Periode findet sich gewöhnlich nur bei *paene (paene cecidi* – «beinahe *wäre* ich hingefallen», LHS S. 327 b); Statius raffiniert ihn dadurch, daß er *paene* fortläßt (Heuvel zu Theb. 1, 98; Vollmer zu Silv. 1, 6, 529).

In diesem Zusammenhang ist auch auf den Indikativ in der indirekten Frage hinzuweisen (s. unten § 98; LHS S. 539; Norden und Conington zu Verg. Aen. 6, 615 rechnen mit griechischem Einfluß und Versbequemlichkeit; man kann ebensogut an ein Fortleben altlateinisch-umgangssprachlicher Freiheit denken); bei Properz z. B. (vgl. die Stellen bei Camps zu 2, 34, 35/6 [man beachte auch die Diskussion um *flagret* in 2, 3, 33; Lit. bei Fedeli im App.]) wird man nicht immer die *ratio* erkennen (selten gelingen so gute Ausdeutungen wie bei Tränkle 154f. zu 2, 13, 19ff.): Man wird wohl auch mit einer gewissen Manier rechnen, die sich nicht den caesarisch-ciceronischen Regeln beugen möchte, zumal derlei Anomalien zuweilen den Vers entschweren und metrisch zudem bequem sein konnten.

fg) Infinitiv-Syntagmen (EP §§ 168–173)

§ 84 Der Nominativ m. Inf. anstelle eines A.c.I. findet sich zuerst, nach griechischem Vorbild, bei Cat. 4, 2 (LHS 364 oben mit Stellen aus Verg., Hor. [c. 3, 27, 73], Prop. [2, 9, 7 mit Enks Komm.]; Stat. [Theb. 1, 347]). – Hierher gehört auch der Inf. Präs. statt eines Gerundiums: *quae causa fuit consurgere* statt *consurgendi* bei Verg. Aen. 10, 90 (Lit. und Belege bei Harrison; so seit Ennius, s. Jocelyn zu scaen. 222 [S. 364 oben]; LHS 351, b).

Infinitivus indignantis: Dieser Gebrauch, im Altlatein (Scherer 117) noch reich belegt, scheint allmählich abgestorben zu sein (Tränkle 152); die augusteischen Dichter erneuerten ihn (bzw. hielten ihn am Leben), z. B. Verg. Aen. 1, 37 *mene incepto desistere victam!*; vgl. Lucr. 2, 16 mit Lachmanns und Baileys Note; Hor. sat. 1, 9, 72f., s. Heinze zur Stilhöhe ad loc.: «volkstümlich», doch wird man wohl mit einer leichten Anachronie rechnen dürfen.

Infinitivus historicus: Dieser Gebrauch häuft sich in erzählenden Partien der Komödie (z. B. Ter. Eun. 402, 410ff.), dann unter bestimmten Bedingungen in der Historiographie, bes. Sallust, seltener bei Livius, häufiger und überaus raffiniert (KS 2, 1, 137f.) bei Tacitus. Über den dichterischen Gebrauch ausführlicher EP § 53: Es ist dies ein Mittel der Pathos-Erregung, s. Donat zu Ter. Eun. 391, 2: *plus sonat infinitus modus finito* (Kasinoton des Miles); vgl. Verg. Aen. 2, 97f.: *hinc semper Ulixes criminibus terrere novis* («erhebt immer neue Vorwürfe»; ferner Harrison zu Aen. 10, 267); Stat. Theb. 5, 381 ff. (s. EP 40 oben). Seltsam, daß er sowohl bei Horaz als auch bei Vergil auftritt (Austin zu Aen. 2, 98), nicht aber bei Ovid (zu met. 7, 639ff. s. Bömer); diese Seltsamkeit könnte nur von der Bestimmung der Stil-Höhenlage etwa der «Metamorphosen» her geklärt werden (Material bei KS 2, 1;137 n. M.; LHS 367; Scherer 83. Vgl. W. Dressler, Kratylos 10, 1965, 191 ff. und in: Studien zur verbalen Pluralität, Wien 1968). – Eine seltene Spielart ist der Infin. histor. im *cum inversum*-Nebensatz (Vergil mag sie erfunden haben: LHS 623 unten).

§ 85 Prohibitive Infinitive: Im alten Latein konnte der verneinte Imperativ die Form *parce, comperce, compesce, mitte* usw. + Infinitiv annehmen (KS 2, 1;206; LHS 337 oben, 347). Die Dichter weiten diese Möglichkeit auf andere abweisende Verba aus: *remittere* (Hor. c. 2, 11, 3, wo Nisbet-Hubbard eine besondere Nuance herausspüren) und *mitte* (c. 1, 38, 3); *fuge* (c. 2, 4, 22), *aufer* (Hor. sat. 2, 7, 43: Er erneuert ein altlateinisches Syntagma: TLL 2, 1335, 1 ff.); angesichts dieser Stellen darf man in Horazens *fuge quaerere* (c. 1, 9, 13) kaum nur einen Gräzismus vermuten (Kroll, Stud. 251, NH z. St.) trotz der griechischen Parallele (Kü.-Gerth 2, 2; 208); diese Infinitive haben ihre altlateinischen Wurzeln, zumindest auch solche.

§ 86 Infinitivus Finalis: Ursprünglich waren die Infinitive, welche als Ergänzung zu Verben traten, finaler Natur (LHS 344, § 191). Die ältesten Belege weisen daher Verba der Bewegung, des Wollens u. dgl. als regierende auf. Später wurde diese Lizenz so ausgeweitet, daß der finale Charakter kaum mehr zu spüren war und die Infinitive dieser Gruppe nur noch formal als «Ergänzungen» an der Stelle von Objekten beschreibbar sind.

Im Griechischen geläufig, wird dieser Infinitiv bei Call. hym. 3 in Dian. 22f. so verfeinert, daß er mit einem persönlichen Akkusativobjekt kombiniert wird (zu einer Art finalen A.c.I., s. Bornmann z. St.), «Sie setzten mich zu helfen» wohl in Analogie zu den kausativen Verba. Die gleiche Lizenzausweitung nahmen auch die lateinischen Dichter vor, wenn sie in Analogie zu *dare bibere* (LHS 345 B) und zu *iubere* die Zahl der solche Infinitive regierenden Verba stark vermehren[67].

Die Möglichkeit, *dare* [zu *dare* als Umschreibungsweise s. § 110, Abs. 2] mit Infinitiv im Sinne zu «zu trinken, zu essen geben» zu konstruieren, wurde von den Dichtern ausgeweitet zu *dare* im Sinne von «gewähren» («seit Lucr. 6, 1227» [die Ratio *dederat . . . licere* (a) *volvere* und (b) *caeli templa tueri*]); später Beleg: Stat. Theb. 3, 38 *dedit ire nives,* vom Berge Kithairon (LHS 345 B). Ebenso haben sie die Lizenz, einen Infinitiv nach Verba der Gemütsbewegung zu verwenden, breit ausgedehnt (LHS 346 unten: im Altlatein konnte man so nur *gaudeo* verwenden, seit Horaz dann *delector, doleo*; c. 4, 4, 62 sogar mit passivem Infinitiv usw.). Als Vergil Aeneas mit seiner Erzählung beginnen läßt (Aen. 2, 12f.), legt er ihm die Worte in den Mund: *quamquam animus meminisse horret . . . / incipiam*; Austin bemerkt: «prose construction brought into epic by Virgil», doch kaum 'prose'. Die einzige vorvergilische (gesicherte) Belegstelle ist Cic. harusp. 37 (leg. agr. 2, 101 ist alles andere als gesichert); vielmehr vgl. Cat. 14a, 3: Diese Konstruktion scheint in der Prosa ungeläufig gewesen zu sein, Cicero mag an der emotionalen Stelle seine Diktion sich zu poetischem Kolorit haben aufschwingen lassen. Auch gegen Devotos Ansicht (195), diese Formulierungen verdankten der Griechennachahmung ihre Existenz, muß eingewendet werden, daß die Meinung nur zur Hälfte zutrifft, gibt es doch altlateinische Keimzellen (s. oben: *gaudeo*). Vielmehr handelt es sich um Ausweitungen ursprünglicher Lizenzen (A. Traina, Lo stile drammatico del filosofo Seneca, 2. Aufl. 1978, 97).

Auch der Typus *credere est* war ursprünglich wohl finaler Natur. Man wird an gräzisierenden Ursprung denken müssen (LHS 349 Mitte). Die frühesten Stellen sind wohl Ter. Haut. 192 und Ad. 828 (allerdings wollte Lachmann die erste zu *crederes* ändern, doch halten Lindsay-Kauer und Marouzeau das Überlieferte; zur Ad.-Stelle bringen Dz.-Kauer viele Belege): bewußter Gräzismus, gewiß aber ge-

[67] Konjetzny, ALL 15, 1908, 342ff.; LHS 345/8; Scherer 84: «Archaismus», was nicht befriedigt, denn auch die Entschwerung der Syntaxe war oft willkommen in diesen Infinitiv-Konstruktionen.

stützt durch Syntagmen wie *fas est, mos est*. Die Augusteer weiteten diese Lizenz dann aus (Verg. Aen. 6, 596: *cernere erat* u. dgl.; LHS 349 Zus. a).

§ **87** Infinitiv nach Adjektiven: Als ursprünglich sind Adjektive mit Infinitiv zu betrachten, also Wendungen wie *paratus* mit Inf., worin das -to-Partizip die Nuance des «gemacht zu . . .», also eine Finalität enthält. Auch diese Möglichkeit wurde dann breit ausgedehnt, vgl. *dignus:* Cat. 68, 131; Lucr. 5, 123 *indigna videri/videntur* (s. Baileys Komm.); Juv. 8, 67, bis hin zu *ridiculus* (Hor. sat. 2, 8, 24) und *horridus* (Luc. 3, 347: Analogie auch zu *horreo* mit Inf.). Griechischer Einfluß ist in den meisten Fällen noch deutlich, z. B. (LHS 350 unt.) bei Verg. Georg. 1, 284 *felix (dies) . . . ponere vites* nach Hes. op. 812 (s. Mynors); *nescius*: Hor. c. 1, 6, 6; 4, 6, 18; *nobilis*: Hor. c. 1, 12, 26f.; bes. *dolosus* Hor. c. 1, 35, 26ff. («unusually bold», NH zu v. 28 *ferre . . . dolosi* statt «ferre dolo recusantes», s. Hz. z. St.; eine Liste Töchterle zu 170; s. u. § 123, 2b [β]).

§ **88** Infinitiv nach Verben: Der Infinitiv nach Verben der Bewegung ist ererbt und wird bald zum Archaismus (s. § 122) (oft statt Supinum): Lucr. 3, 895 nach dem Tode: *nec dulces occurrent oscula nati/praeripere*, ferner vgl. LHS 345 und 381 v. Mi.; Tränkle 14f.; nach finalen Verben z. B. Hor. c. 1, 1, 8 *certat tollere* (NH: bes. bei Horaz beliebt, z. B. *tradam portare* c. 1, 26, 2f. [NH wichtig]), nach *donare* («nur dichterisch», LHS 345 B n. Mi.); nach kausativen Verba: LHS 346: «Bei den Augusteern erweitert sich die Zahl der Infinitivkonstruktionen» dieser Art; zu voluntativen Verben LHS 346 unten.

§ **89** Es würde zu weit führen, hier möglichst viele Belege zu häufen. Man muß sich vielmehr über die Ratio im klaren sein. Gewiß handelt es sich um Raffinierungen, um den Willen, Unerhörtes, Faszinierendes zu schreiben; aber doch auch wieder einfach um Technisches, um die Meidung schwerfälliger Nebensatz-Konstruktionen, z. B. um die Vermeidung eines *dignus* mit *qui* + Konj. So wagt auch Cicero, *contingit* mit Inf. zu verbinden (TLL 4, 719, 19), noch vor den Dichtern (Ver., Hor., Tib.), ebenso bei *fugio* (TLL 6, 1; 1491, 64ff.). Einerseits ist also die immer gewagter werdende Ausweitung ursprünglicher Möglichkeiten als Ursache anzusehen, auf der anderen Seite aber auch die Entschwerung des Verses, viel weniger metrische Zwänge.

Auch hier gibt es Überspitzungen, eine von LHS 351 als «geradezu unlateinisch» getadelte ist Luc. 1, 164f.: Die Männer seien so verweichlicht und überfeinert, daß sie *cultus gestare decoros / vix nuribus rapuere*, «sie ließen sich die Gelegenheit nicht entgehen, Schmuck zu tragen, den zu tragen kaum für Mädchen schicklich war», worin der inf. pass. zu erwarten war.

fh) Transitiv – Intransitiv (EP §§ 174–176)

α) Transitivierung

§ 90 Die Dichter waren stark an dem Prozeß beteiligt, den Verben, die bisher kein Akkusativ-Objekt haben konnten, künstlich gegen den allgemeinen Sprachgebrauch ein solches oder auch ein Passiv zu geben. So wird ein passives *triumphatus* aus dem ursprünglich intransitiven *triumphari*: Verg. Georg. 3, 33; Aen. 6, 836, Hor. c. 3, 3, 43 *triumphatis ... Medis*, «im Triumph vorgeführt», eigentlich soviel wie «besiegt» (in der Prosa zuerst wohl Tac. Germ. 37, 6, s. LHS 32 a, Ende; man kann diese Erscheinung auch als Entschwerung, d. h. als Ersetzung einer präpositionalen Struktur [*de, ex*] erklären), und schon Ennius gibt *gemere* ein direktes Objekt, wenn auch ein Neutr.-Pronomen (scaen. 184 Jocel.)[68].

§ 91 Transitivierung von Verba, die ursprünglich nicht den Akkusativ nach sich zogen, ist alt und der Sprache überhaupt eingeboren (LHS 31). Diese Möglichkeit nutzten die Dichter bis hin zu seltsamen Rätselhaftigkeiten. Vergil dürfte z. B. als erster *habitare* mit Akk. verbunden haben (Buc. 2, 29; Cic. Verr. 2, 4, 119 ist von der Korrespondenz mit *coli* her zu erklären, TLL 6, 3; 2478, 65 ff.). Schon Accius wagte ein *fremere bellum* (fr. 288 R. ; 275 Warm.); «roaring ‹war›!» (Warmington) ist nur bedingt richtig, denn es handelt sich wohl um eine Analogie zu *clamo* (Plaut. Aul. 300; s. Stockert S. 210 Mi.; LHS 39 f.: Inhaltsakkusativ). Statius Theb. 11, 7 f. überspitzt das zu *anhelare proelia*: Juppiter brachte den Himmel nach Capaneus' Fall wieder in seine Ordnung und machte den Eindruck eines Kriegers, der vom Kampf außer Atem sei: *ceu fessus anhelet/proelia*, was eine unerhörte Transitivierung scheint. *Singultare* von vielerlei Arten der Sprechbehinderung (Röcheln im Tode, Schluchzen usw.) ist von Natur aus intransitiv; doch Ovid (met. 5, 134) schrieb *singultantem animam* dort, wo er den Tod des Dorylas beschrieb: «Variation für *animam expirare*», Bömer; doch müßte man auch eine Ursachenangabe der Variation versuchen: Es war die Verkürzung von *exspiro animam singultans*, welche die Transitivierung bewirkte. Vergil Aen. 9, 333 hatte *sanguine singultantem* geschrieben: «mit Blutspucken verröcheln», Ovid zitiert das mit verfeinernder Transitivierung (s. Schamberger 309 ff.). Stellen wie *oculis liquentibus imbrem*, «die Augen ‹feuchten› Tränenströme», erinnern an modernste Fügungen aus der

[68] LHS 31 ff.; Löfstedt, Syntactica 1, 238/257; Regula 176.

expressionistischen Phase (Stat. Theb. 5, 270; vgl. TLL 7, 2; 1492, 8 f.)[69].

§ 92 Transitivierung durch Präfigierung: Im Altlatein konnte aus intr. *venire* durch Präfigierung mit *con-* ein Transitivum werden *(convenio eum*, LHS S. 33 c); besonders auffällig ist hier ein Wort aus dem *sermo amatorius* (R. Pichon, De sermone amatorio apud Lat. usw., Paris 1902; P. Flury, Liebe und Liebessprache bei Menander, Plautus und Terenz, Heidelberg 1968, 65, 81): *de-pereo* für *amo* (Duckworth zu Plaut. Ep. 219; mein Komm. zu Poen. 96); danach *ardere aliquem* bei Ter. Pho. 82, was Vergil aufnahm (Buc. 2, 1); Horaz verfeinert das dadurch (c. 4, 9, 13), daß er zu Helenas Liebesobjekt nicht den Paris selber macht, sondern sein Haar.

Eine Überspitzung liegt dann offenbar in späten Gebräuchen wie *nidos absiliunt* («die Vögel verlassen das Nest») bei Stat. Theb. 6, 97 f. vor (Schamberger 316 f.), insbes. bei *efferare aurum* («Gold zu wildem Gebrauch verwenden») bei Stat. Ach. 1, 425 (TLL 5, 2; 138, 43)[70].

β) Intransitivierung

§ 93 Vergil (Aen. 10, 240) sagt, der Feind wollte verhindern, daß ein Entsatzheer ein umzingeltes Lager erreiche: *ne castris iungant*, ohne das zu erwartende *se*; unser «aufschließen zu . . . » ließe sich vergleichen; s. Harrisons Parallelen; TLL 7, 2; 661, 41 ff., vielleicht aus dem Sermo Castrensis hergekommen (M. G. Musei Sassi, Il Sermo Castrensis, Bologna 1983). *Miscere* wird von Statius (Theb. 4, 416) für *se immiscere* gesetzt (*ponto miscere* vom Ismenus, der sich dem Meere vermischt, s. Schamberger 318; LHS 295). *Ponere* für «sich legen» vom

[69] Vgl. Bömer zu Ov. met. 12, 52 *(increpo)*; Langen zu Val. Fl. 2, 212 zu *singultare*; *erumpere nubem* bei Verg. Aen. 1, 580 (nach Analogie von *effugere mortem*?), s. Harrison zu Aen. 10, 55, 243, 254 usw. und Housman zu Manil. 1, 116. Man muß bei diesen Erscheinungen immer mit Verkürzungen rechnen, z. B. Hor. c. 4, 6, 21 ff.: *ni . . . pater adnuisset rebus Aeneae . . . muros*, «wenn der Vater der Götter und Menschen dem Aeneas nicht Mauern gewährt hätte», wo man ebenso wie bei Hor. sat. 1, 10, 44 f. *(molle atque facetum Vergilio adnuerunt . . . Camenae)* an eine Bildung denken kann nach Analogie von ἐπινεύω mit Akk. (Eur. Hel. 681).

[70] Man kann das auch Passivierung nennen; eine Überspitzung liegt wohl bei Sen. Ag. 365 Zw. vor, wenn es heißt, «ein Gebet ist erhört worden» und dies mit *compote voto* ausgedrückt wird («their prayer granted», Tarrant; kein früherer Beleg).

Wind bei Verg. Aen. 7, 27 u. ö. könnte altlateinische Vorbilder haben: *foris aperit,* «die Türe öffnet sich», Plaut. Pers. 300, LHS 295 unten. Eine einfache Auslassung des Reflexivs kann eine Erklärung sein, zuweilen reicht sie nicht aus: *turbare* «unruhig sein» (Verg. Aen. 6, 800; Norden S. 325 Mi.) scheint damit nicht erklärbar; *turbare* verwendet Varro r.r. 3, 17, 7 vom Meer, es wird sich um einen Seemannsausdruck handeln, den die Dichter in die hohe Sprache einführten (Lucr. 2, 126; 3, 492 f.), wahrscheinlich ähnlich wie das oben erwähnte *ponere* für «Sich-Legen» des Windes. Wir sagen: «der Motor dreht hoch», d. h., er dreht *sich.* Vgl. Elter, Rh. Mus. 41, 1886, 538 ff. Vergleichbar scheinen Gebräuche wie *lux appetit,* «der Tag nähert sich»: Caes. b.g. 7, 82, 2; so schon Plaut. Aul. 75; Mo. 651; vgl. Regula 179. Vgl. allgemein L. Feltenius, Intransitivizations in Latin, Uppsala 1977.

fi) «Callida iunctura»

Wenn der Dichter ein Verbum Proprium setzt, kann er es auch dadurch interessant machen, daß er es mit einem Wort kombiniert, mit dem es sonst nicht verbunden wird: Er kann eine *callida iunctura* versuchen, um Horaz' Ausdruck zu verwenden. Wie genau man hinschauen muß, zeigt ein einfaches Beispiel: . . . *-que et* . . . kennt jeder (KS 2, 2; 37 c; LHS 515 unten); aber . . . *-que*, das vom folgenden *et* durch mehrere Wörter getrennt wird, ist dichterisch (Verg. Aen. 4, 484; OLD *que* 3 c).

§ 94 Horaz' Theorie: In der sog. «Ars Poetica» heißt es (v. 47 f.):

dixeris egregie, notum si callida verbum
reddiderit iunctura novum.

Gemeint ist nicht so Einfaches wie die Variation des gewöhnlichen *pariter ac* (LHS 478) zu *pariter et* (Ov. met. 2, 601; Sen. Oed. 53; oder *sive – vel* [statt *sive – sive*], KS 2, 2; 436), gemeint ist die ungewöhnliche Verbindung, Wörter wie z. B. *nec dilata foret vindicta* (Ov. met. 12, 8); die Rache der Griechen an Paris wäre nicht «vertagt» worden, wenn nicht widriger Wind die Flotte bei Aulis aufgehalten hätte. *Differre vindictam* – «die Junktur ist nach Thes. V 1, 1073, 67 ohne Parallele»[71] (vgl. unten § 137, 1), ist also «schlau» und «neu» (die Verbindung *callida iunctura* selbst ist es kaum; OLD s. v. *callidus* 2b zitieren

[71] So F. Bömer zur Stelle; vgl. seinen Kommentar gleich zu v. 11 *patrio de more.* – Zur *callida iunctura* des Horaz s. C. O. Brink, Horace on Poetry, Cambridge 1971, 139, Abs. 2; vgl. auch W. Wili, Horaz 252 (ohne ausreichende Beispiele, aber theoretisch zutreffend).

[mit Druckfehler *vinctura*] Cic. Tu. 1, 47 *callidissimo artificio*, was kaum weit entfernt ist). – Man sollte jetzt nominale von verbalen Strukturen (also Nomen + Verb wie an der Ovid-Stelle) unterscheiden.

§ 95 Nominale Callidae iuncturae: Vergil nennt Apoll in Aen. 6, 9 *altus Apollo*; «hoch» deswegen, weil er hoch über Kyme residiert – eine singuläre, «topographisch genaue»[72] Junktur (*altus* von hochgelegenen Städten Verg. Georg. 1, 485). Dort, wo Ovid (met. 12, 43 ff.) das Geräusch im Hause der Fama charakterisiert, vergleicht er es mit dem letzten Grollen abziehenden Gewitters, und das nennt er in v. 52 *extrema tonitrua*, eine ebenso einfache wie unerhörte[73] Verbindung.

§ 96 Nun zu Horaz, dem Erfinder der vielzitierten Bezeichnung «callida iunctura», selbst. Gleich in c. 1, 1, 1 ist *Maecenas . . . edite* «damals noch ungewöhnlich von der Person gesagt» (Hz.). Oder c. 1, 13, 12 *memorem . . . notam*; der wilde Liebhaber hatte den Lippen ein (an den stürmischen Liebesakt) «erinnerndes» Mal eingeschlagen: eine ebenso unerhörte aktive Verwendung[74] wie die gleich folgende in v. 13: *si me satis audias: si me audias* ist geläufig, der Zusatz *satis* ist es nicht: Eine *callida iunctura* macht in der Tat einen wohlbekannten Ausdruck «neu»[75].

Als Vergil in Aen. 10, 361 den Nahkampf beschrieb, verwandte er in *haeret pede pes densusque viro vir* ein uraltes, homerisches Motiv (Il. 13, 131; griechische Nachahmungen bei Harrison; vgl. oben § 34 Ende), das Ennius (ann. 584 Sk. *premitur pede pes et armis arma teruntur*) und Furius Bibaculus (fr. 10, *pressatur pede pes, mucro mucrone, viro vir*) genutzt hatten. Der Klassiker vermied das seltsame *teri* und auch die überbietende dreifache Anwendung des Polyptoton, überbot die Früheren aber seinerseits dadurch, daß er das unerhörte *densus* zu *vir* setzte; *densus*, das eigentlich ein pluralischer Begriff ist (vgl. K. Quinn, Virgil's Aeneid, London 1968, 365; Ov. met. 2, 717 in Adverbmeidung).

§ 97 Verbale Callidae iuncturae: *Fundere*, «gießen» kann man Flüssiges und Quasi-Flüssiges wie Körner, auch Wörter; Ennius' *fundere lucem* (ann. 606 Sk.), von den «lichtschnaubenden» Rossen des Helios gesagt, ist unerhört gewesen und blieb auf (nachahmende) Dichter beschränkt (*fundere lumen* bei Verg. Georg. 2, 432; Aen. 2, 683; Sen. HF

[72] So Norden S. 118: als σκοπός gedacht, hoch über der Stadt wachend.

[73] Bömer S. 28 z. St. mit TLL-Zitat.

[74] Verf., Gymnas. 99, 505, A. 15.

[75] Genau belegt in dem in A. 74 genannten Aufsatz, S. 505, A. 16.

1058 Zw. *radios*, von der Sonne; *lucem* Med. 793 Zw.: *tristem pallida lucem funde* mit Oxymoron, vom Monde gesagt). Auf Dichtung beschränkt blieb auch *condere, condi* vom Einmünden eines somit «versinkenden», sich «verbergenden» Flusses: Verg. Aen. 7, 802; 9, 32; Ov. met. 2, 274 (Prop. 4, 6, 16, welche Stelle TLL 4, 150, 59 dazustellt, ist anders). *Agere* ist ein Allerweltswort und reizlos; wenn Dichter es zu *aevum* stellen, was die Prosa nicht tut, wird es durch diese Junktur «neu» und interessant (Harrison zu Verg. Aen. 10, 53 *exigat aevum*).

§ **98** Horazens berühmter Ausdruck *carpe diem* (c. 1, 11, 8) ist ebenfalls *callida iunctura*, denn ein Wort, das zur Sphäre des Gartens gehört («pflücken»), tritt zu der Angabe einer Zeiteinheit. Der TLL 3, 494, 83 ff. stellt Cat. 68, 35 *illic* (in Rom) *mea carpitur aetas* (für «dort verbringe ich mein Leben») dazu, so daß eine Abhängigkeit denkbar wäre. Aber Catulls Wort ist durativ zu verstehen; Baehrens erklärte durch «utendo quasi deteritur», Quinn mit «waste away» (Sarkissians [Mnemos. Supp. 76, 1982, 12] «culls its flower» scheint Catull mit Horaz ausgleichen zu wollen); also bleibt Horazens «pflücke den Tag» (wie eine reife Frucht, zur Sache Sen. ep. 12) seine eigene *callida iunctura*[76].

§ **99** Übersicht: Solche «schlauen Verknüpfungen» können verschiedenen Topoi entnommen sein, die noch zu untersuchen wären. Wir sahen den Topos «Numerus-Inkongruenz» (s. § 194, a) bei *densus vir*, Ausweitung des Geltungsbereichs bei *fundere*, Metaphorik bei *carpe diem* und *conditur Ufens* (Verg. Aen. 7, 802); ein anderer Topos wird in Aen. 11, 268 bemüht: *devictam Asiam subsedit adulter*, worin *subsedit*, «sich lauernd hinkauern», in unerhörter Weise aktiv mit Akkusativ (hier *devicta Asia* für «eum, qui Asiam devicit») konstruiert ist (zutreffend R. D. Williams im Komm. nach K. Quinn, Virgil's Aeneid 389 f.) – also der Topos der Transitivierung (§ 91). So wird die Callida iunctura zum Inbegriff der Neuerung eines «mot propre». Zuletzt ist schon jetzt darauf hinzuweisen, daß im Zeugma (§ 125, 3, 130 mit A. 86) ungewöhnliche Junkturen entstehen.

[76] Man könnte eher an griechische Ausdrücke wie Men. Aspis 248 als Anregungsquelle denken.

B. Ersetzen des Verbum Proprium

§ **100** Vorbemerkung: Das Gemeinte oder Erahnte, noch undeutlich Vorschwebende kann der Dichter durch das «mot propre» konkretisieren, er kann aber auch spüren, daß ein Verbum Proprium zu schwach oder zu undeutlich sein würde, und so zu dem Entschluß kommen, es zu ersetzen. Dies kann durch Ausdrücke geschehen, die innerhalb der Art bzw. Gattung des Gemeinten gesucht werden, z. B. kann er für das Pferd das kraftvollere «Roß» (§§ 119f.), statt des zu allgemeinen «Vorgebirge» den schönen Tainaron setzen und an die Stelle des zu umfassenden «Schiff» die Ruderbank allein als «Pars pro toto» (§ 152) stellen, also eine «Metonymie» verwenden. Er kann aber auch die Grenzen von Art und Gattung verlassen und von woandersher ein zwar Art- und Gattungsfremdes herbeiziehen, mit dem er das Gemeinte jedoch vergleicht (§§ 157ff.) oder aus dem er das Intendierte erschließen läßt, sei es, daß er das Herbeigezogene parallel zu seiner Vorstellung führt (§§ 161ff.), sei es, daß er sein Gewolltes in ein ganz anderes sich verwandeln läßt (§§ 164ff.); diesen Bereich nennt man gewöhnlich den der «Metapher». Vgl. zu dieser Vor-Unterteilung die weitere in § 102. Vor all diesem aber steht die Frage, welche Wörter überhaupt der Dichtung angemessen seien und welche nicht.

Das, worum es u. a. in diesem Buche geht, läßt sich an *adversus* verdeutlichen (vgl. § 60 Anf.). Das Wort ist «unpoetisch» (Töchterle S. 203 Mi., Axelson 77), dennoch steht es bei Horaz (epi. 1, 1, 75), dort aber so, daß es mit *retrorsus* in Kontrast gestellt, also verfeinert ist, und dies auch noch durch Inversion: *Vestigia . . . omnia te adversus spectantia, nulla retrorsum* (s. Mayer z. St.).

1. Vorauswahl: Unpoetische Wörter

§ **101** Stand der Dichter vor der Wahl eines geeigneten Wortes, so hatte er die Eignung nicht nur von der metrischen Einfügbarkeit her zu prüfen (kretische Wörter waren z. B. im Hexameter nicht ohne weiteres verwendbar: Hor. sat. 1, 5, 87; Ov. pont. 4, 12, 9f. hierüber), sondern auch auf ihre stilistische Höhenlage hin. Ein pures Prosawort wie *etsi* (Axelson, Unpoetische Wörter 88f.; stets zu benutzen mit seinen Kritikern, z. B. G. Williams, Tradition 743ff., zusammen) hatte er, wollte er an seiner Versstelle hohen Stil schreiben, strikt zu meiden. Früher hatten Gelehrte gern mit metrischen Erklärungen für Nicht- oder seltenes Auftreten von Wörtern gearbeitet; seit Bertil Axelson (vgl. bes. S. 85) kann man mit der unpoetischen Farbe von Wörtern wie *interficere* (dort S. 63f.) oder *autem* (85f.) rechnen, allerdings je nach Periode: Vor Augustus hatte *mulier* für «Frau» nichts Unpoetisches an sich (56); das änderte sich dann so, daß *femina* stark überwog.

Das waren keine unumstößlichen Gesetze (G. Williams 745), aber doch Vorherrschaften und «Tendenzen» (Axelson 39); so verwendet Vergil z. B. *etsi* nur ein einziges Mal, nämlich in Aen. 9, 44, aber eben doch dies eine Mal – warum, können wir heute kaum wissen; oder: Kein Dichter außer Ovid verwendet *tamquam* (Bömer zu met. 13, 437). Auch schätzte kein Dichter Ausdrücke für «deshalb» (Bömer zu Ov. met. 12, 91). Nur manchmal läßt sich ahnen, warum bei einem sorgfältigen Dichter (Tibull z. B. war ein solcher Purist) ein sonst als unpoetisch erkennbares Wort auftritt: Die Deminutiva, die noch Catull so liebte, werden in der augusteischen Dichtung rar; Vergil kannte in der Aeneis nur drei: «*palmula* 5, 163; *sagulum* 8, 660 und *parvulus* 4, 328» (Axelson 40). Hier kommt man einer Antwort auf die Frage, warum das so sei, näher, wenn man die Stelle z. B. aus dem 4. Aeneis-Buche genauer betrachtet, als Axelson es tat (zutreffend G. Williams 746 zu Axelsons zu statistischer Betrachtungsweise): Unendlich traurig klagt Dido, daß sie nicht wenigstens ein Kind von Aeneas habe, so daß sie sich weniger verlassen vorkommen würde, «wenn da – und nun wird sie ganz ‹heimelig› im Ton – zu ihren Füßen ein kleiner Aeneas spielen würde», ein *parvulus Aeneas*: Die gemüthafte Szene (zutreffend Austin 104: «tender woman») rief nach dem gemütansprechenden Deminutiv.

Es kann gar keinen Zweifel daran geben, daß spätestens seit Axelson (bei aller berechtigten Kritik an Flüchtigkeiten, s. außer Williams z. B. Bömer zu Ov. met. 12, 158: *delectare*) keine Auslegung eines lateinischen Verses Geltung beanspruchen kann, wenn sie nicht genau die Stilhöhe der verwendeten Wörter bestimmt; ebenso unzweifelhaft aber ist, daß Axelsons Urteile z. B. über Horaz (S. 110, 113 «Schwunglosigkeit») darauf zurückzuführen sind, daß er unterschätzte, wie sehr – neben den «Tendenzen» – jeder große Dichter auch sein eigenes Temperament hatte und seine eigene Technik, z. B. das ständige Wechseln der Stilhöhe bei Horaz, sogar innerhalb eines Verses, oder sein Stil-Aufschwung, sein «ex intervallo surgere», um mich eines senecanischen Ausdrucks zu bedienen. (Zu diesem Begriff s. mein: Der Bau von Senecas Ep. Mor., 1970, 19 und meines Schülers H. L.F. Drijepondt Dissertation: Die antike Theorie der stilistischen Spannungsvariation [Pretoria 1977], Spudasm. 37, 1979.)

Die poetischen und unpoetischen Wörter: Vor der Setzung eines Wortes hatte und hat der Dichter die Stilhöhe zu bedenken, ob er ein Wort – der allgemeinen Tendenz entsprechend – meiden sollte oder ob es – gegen den allgemeinen Usus – um eines Effektes willen dennoch zu verwenden wäre. Z. B. Hor. c. 1, 6, 5 ff., wo Axelson den Kontrast «zwischen dem feierlichen Patronymikon und dem gemütlichen Konversationalismus *stomachus*» hervorhob (113); der ist in einer Umgebung, wo alles auf die Opposition *tenues grandia* («Ich Geringer kann nicht Gewaltiges singen», v. 9) hinläuft, gar nicht so «rätselhaft», wie Axelson ebd. glaubte.

2. *Differenzierung*

§ 102 Um mehr Klarheit in dieses riesige Gebiet innerhalb der Dichtersprache zu bringen (vgl. § 100), sei eine Dreiteilung vorgeschlagen: Der Dichter kann über das «mot propre» quantitativ oder qualitativ übertreffend hinausgehen oder darunter bzw. dahinter zurückbleiben und weniger geben, z. B. durch Ellipse oder Prägnanz[77]; oder er kann verbergend statt des Ganzen des Gemeinten einen Teil nennen («Synekdoché») oder statt eines Abstractum wie «Manneskraft» ein Konkretes wie *vir* (LHS S. 751) setzen; oder er kann das Intendierte, sei es Vorstellung oder Begriff, sich in etwas Artfremdes verwandeln lassen (z. B. «Kassandra» zu einem «Spürhund» werden lassen: Aesch. Ag. 1184).

[Spricht man von der Ersetzung eines Wortes, ist folgende Unterscheidung wichtig: Das ersetzende Wort nimmt die syntaktische Funktion des zu ersetzenden Wortes ein, für dessen Bedeutung hingegen kann es nicht in derartiger Form eintreten.

Jedes Wort wird im allgemeinen Sprachgebrauch bevorzugt in einem bestimmten Kontext verwendet. So aktualisiert seine Nennung beim Hörer oder Leser immer ein Bündel von bekannten Merkmalen, die ein größeres Bedeutungsfeld bilden. – Den Eingang eines Hauses beschreibt man üblicherweise mit «Tür». Bei dem Wort «Portal» sieht der Leser oder Hörer den Eingang eines prachtvollen, großzügigen Hauses, vielleicht sogar eines Schlosses vor sich.

Wird nun anstelle eines Wortes, das in seinem üblichen Kontext steht, ein ungewohntes eingesetzt, so trägt dieses neue Wort auch Merkmale seiner bekannten und vertrauten Umgebung mit in diese neue Verbindung hinein. – Nennt man also den Eingang eines Gebäudes metaphorisch «Schlund», so vermischen sich für den Bereich dieser Öffnung Merkmale aus beiden Bereichen, dem des Architektonischen

[77] Mit aller Deutlichkeit sei dieses Wort erklärt, und es sei gegen seinen Mißbrauch protestiert: «prägnant» heißt «schwanger» in dem Sinne, daß das zu Gebärende noch verborgen (Walde-Hofmann 2, 354), oder übertragen: daß ein Intendiertes nicht voll und zur Gänze konkretisiert ist (z. B. «gehen» allg. statt «reisen», «eilen» usw. [EP § 210], oder «über jmd. reden» statt «Übles reden», LHS 827, a). Nachdrücklich sei also gegen die moderne, gedankenlose Ummünzung dieses Wortes zu «genau» protestiert.

und dem des Lebendig-Organischen. Das an sich unbelebte Haus gewinnt durch dieses einzige Wort bereits den Eindruck eines bedrohlichen und gefährlichen Lebewesens. – Es wird deutlich, daß die Folge einer syntaktischen Ersetzung immer auch eine Bedeutungsveränderung ist.

Zur Einführung in die neuere Metapherntheorie sind zu empfehlen: Gerhard Kurz, Metapher, Allegorie, Symbol, Göttingen: Vandenhoeck und Ruprecht 1988; Harald Weinrich, Sprache in Texten, Stuttgart: Klett 1976 (Kapitel 18–22). – Eine Auswahl verschiedener Aufsätze, die dem Überblick dient, bietet (Hrsg.) Anselm Haverkamp, Theorie der Metapher, Darmstadt: Wissenschaftliche Buchgesellschaft 1983. Einen Forschungbericht gibt Jürgen Nieraad, «Bildgesegnet und bildverflucht», Forschungen zur sprachlichen Metaphorik, Darmstadt: Wissenschaftliche Buchgesellschaft 1977. S. D.]

a) Übertreffen des Erwartbaren

aa) Quantitatives Übertreffen des Erwartbaren

α) Zerteilung (EP §§ 36f.; 66–68)

§ 103 Das Omen des Adlerpaares schickte bei Aeschylus (Ag. 111) die Griechen nach Troja σὺν δορὶ καὶ χερὶ πράκτορι, «mit Speer und (Satisfaktion) einfordernder Hand» (E. Fraenkel S. 66[78]), worin mit «Hand und Waffe» ein Ganzes («Kampf») in seine Teile zerlegt ist.

1. Einfach ist *non ullus* statt *nullus* (Rothstein zu Prop. 1, 1, 17; KS 2, 1; 822, 7), schwieriger schon Lucr. 5, 1037 *unguibus ac pedibus*, wo die Krallen doch Teil der Tatzen sind (Baileys «hendiadys» trifft also nicht voll), oder Verg. Aen. 6, 24 [s. unten § 220]: *crudelis amor tauri suppostaque furto Pasiphae* («die scheußliche Liebe des Stiers und die Pasiphae, dem heimlichen Liebesakt untergeschoben») erweckt den Anschein, als handele es sich um zweierlei, aber die Unterschiebung ist ja die grause Liebe des kretischen Stiers (vgl. EP S. 29 und oben § 28 Ende).

2. Diese Erscheinung ist jedoch zu schwierig, als daß man sie mit wenigen Worten abtun könnte; darum noch zwei Beispiele: Properz be-

[78] Zu Fraenkels Übersetzung «hand and arm» s. EP S. 29, A. 25 Ende. Vgl. Verg. Aen. 6, 57 *tela manusque* (Norden spricht von Zerlegen), ebenso Ov. met. 5, 365 (s. Bömer).

schreibt in 3, 7, 20, wie der Schiffbruch des blutjungen Paetus zustande kam: Zwar hatte das Schiff im Hafen festgelegen, doch die schwojende Bewegung ließ ein Haltetau durchgerieben werden, und *omnia detrito vincula fune cadunt*. Also «alle Haltetrossen fielen zerrissen ins Wasser, nachdem ein Tau durchgerieben war». Wie soll das wohl gehen? «In *fune* wird der Subjektsbegriff *vincula* wiederaufgenommen», so erklärt Rothstein. Das sagt über das Sachliche nichts aus; auch sonst finden sich m.W. keine überzeugenden Erklärungen. Man wird an ein Stil-Spiel denken: Gemeint war, daß alle Taue rissen, und zwar durch ein Durchscheuern am Felsen. Das hätte mit *omnia vincula detrita cadunt* ausgedrückt werden können, doch dann trüge das eine Substantiv zwei Attribute (s. § 46). Hier half das Stilmittel der Zerspaltung: Raffiniert wird «Tau» in *vinculum* und *funis* zerteilt, dazu ein Spiel mit Singular und Plural (s. § 194 a) eingeführt, und schon ergibt sich ein Gebilde, das den bisher angeführten Zerspaltungen an intellektualer Verspieltheit in nichts nachsteht. Man vergleiche Tib. 2, 5, 33 f., ein ähnliches Spiel mit der Identitätsspaltung: *vada* und *aqua* sind von Natur aus identisch, hier künstlich getrennt.

3. Nicht nur in der Form der Parataxe tritt solche Zerlegung auf, auch in der Weise der Genetiv-Hypotaxe und der sachlichen Identität von Subjekt und Objekt. Um beim Wasser zu bleiben: In Senecas *commota vadis unda* («aufgerührt dem Meer war die Flut», Ag. 66 ff.) sind *vada* und *unda* sachlich identisch (von der Kasus-Syntax her gesehen, könnte man von Genet. Identicus [§ 66] reden) wie bei Verg. Aen. 1, 246 *mare* und *pelagus* (vgl. Prop. 1, 11, 11 f. *unda* und *lympha*; s. Fedeli 275 oben). Oder Enn. Med., fr. 243 Joc. *sol . . . sublimat facem*, obschon *sol* und *fax* dasselbe sind. Hier rechnet Jocelyn 380 mit «kräftiger Personifizierung»: Sol als Helios mit Fackel; doch die interessante Spaltung bleibt wie bei Lucr. 5, 401 f. und 976; Sen. HF 37 f.

β) Periphrase, Umschreibung (EP §§ 69–80)

§ 104 Die Umkreisung des Gemeinten durch umschreibende Ausdrücke wird allgemein als Verhüllungsspiel betrachtet, so von H. Lausberg § 598 Ende z. B. oder von E. J. Bernbeck, Beobachtungen zur Darstellungsart in Ovids Metamorphosen (Zetem. 43, 1967) 44 ff.; aber aufs Naheliegende gesehen, geben sie auch ein dehnendes und dadurch beschwerendes Mehr; darüber hinaus leisten sie, auf die Nebenwirkungen hin geprüft, mehrere dem Dichter willkommene Dienste: Sie vermeiden das zu Grobe und zu Simple. Im folgenden werden diese Funktionen besprochen und dann die Formen der Periphrase behandelt.

Funktionen der Periphrase

§ 105 Meidung des Groben: Catull mußte, von der Sache gezwungen, die Hoden erwähnen (63, 5), er meidet das für die feine Stilisierung der Passage zu grobe Verbum Proprium durch *ilei pondera*: auch nicht viel schöner «umschrieben» (Kroll), aber doch etwas verhüllt, ähnlich Petron. 92, 9. Die fürchterliche Steinigung wird euphemistisch (unten § 147, EP § 219) mit «Anziehen des steinernen Gewandes» wiedergegeben (aus Tabugründen, s. J. Waern, Γῆς ὀστέα, Lund 1951, 14, 57); vgl. NH zu Hor. c. 1, 5, 2 *urget*: Meidung eines direkten Ausdrucks für Sexuelles. Die Furien sind *sorores* (Verg. Aen. 7, 327; Ov. met. 4, 451, s. Bömer und Töchterle zu Sen. Oed. 160, S. 240 ob.: «Antonomasie» [kein Eintrag dazu bei LHS]).

§ 106 Meidung des zu Einfachen: Gern wird das «mot propre» gemieden (s. Arist. Rhet. 1412, a 18ff.), z. B. wird gern «Schiff» ersetzt, sei es durch «Tannenbalken» (Enn. Med. fr. 209 Joc.), sei es mit «Fichte» usw.; der Wolf ist der «Feind der Herde» (Cat. 63, 77); schwieriger zu erschließen ist das Gemeinte, die Trommel, aus «hohler Rücken des Stiers» (ebd., 10). Hor. c. 1, 5, 2 *liquidi odores* für Parfum ist weniger verspielt, denn es spricht das Wichtige *(odores)* klar aus. Eine wahre Fundgrube ist Verg. Aen. 6, 5ff. mit Nordens Komm. S. 115, A. 1; Bömer zu Ov. met. 1, 228f. (Kochen und Braten ersetzt), schwieriger, weil sehr gelehrt verbergend ist Horaz' «fünfter Teil des Nektars» für den Honig (c. 1, 13, 16; s. Verf., Gymnas. 99, 1992, A. 19).

§ 107 Zu wohlbekannte Namen werden gerne durch Periphrase vermieden[79]: Soph. Phil. 727 ersetzt «Herakles» durch «erzschildener Mann» (χάλκασπις), was Webster archäologisch erklärt, was aber primär vom Bestreben angeregt war, den zu oft genannten Namen zu meiden (bes. verrätselt die oftmalige Umschreibung für Herakles durch «der auf den Knien» bei Arat, Phaen., z. B. 66. D. B. Gain, The Aratus ascribed to Germanicus Caesar, London 1976, 83 zu v. 66 erklärt gut). Für Vulkan tritt der «langsamfüßige Gott» (Cat. 36, 7 [vgl. § 116]) ein, Prometheus wird so zu *satus Iapeto* (Ov. met. 1, 82). Manieristisch wirkt dann die überdehnte Periphrase bei Sen. Ag. 449ff. (für «Delphin» nach Ov. met. 3, 680f.); Juv. 5, 153ff. (für «Affe»).

[79] Zur Umschreibung von Götter- und Heldennamen (wie *intonsus Smintheus* Ov. met. 12, 584f. [s. Bömer] oder *Poeantia proles* ebd. 13, 45) s. Tarrant zu Sen. Ag. 215; Döscher, Ovidius narrans, Diss. Heidelberg 1971, 153 usw.

Formen der Periphrase

Das Umschriebene

§ 108 Das Substantiv (EP S. 31): Ersetzt durch eine Periphrase wird gern ein Substantiv so, daß das Gemeinte dadurch mehr Gewicht und Nuancierung erhält. Uralt ist «die Kraft des Diomedes» statt des bloßen Namens (βίη, Hom. Il. 5, 781), ἲς Τηλεμάχοιο (Hom. Od. 2, 409) oder adjektivisch «die herkulische Kraft» (Il. 2, 658); extrem schon Hes. theog. 332 ἲς βίης Ἡρακληίης («a curious conflation», West z. St.). Ennius führte die substantivische Form ins Lateinische ein (ann. 229 Sk. *Vestina virum vis*; vgl. Cic. Arat. 57; Lucr. 3, 8; 6, 1222 *fida canum vis*, woher Hor. epo. 6, 6 *amica vis pastoribus)*; die adjektivische zeigt z. B. Val. Fl. 1, 561 f. Derlei wurde dann wie im Griechischen (Kühner-Gerth 2, 1; 280) mittels anderer Substantive ausgeweitet, z. B. *Polynicis honos* bei Stat. Theb. 1, 165. Ovids *defuit officio Paridis praesentia* (met. 12, 4, s. Bömers Beispiele) nähert sich manieristischer Extravaganz.

§ 109 Beliebt war die Periphrase mittels *genus* (Enn. scaen. 270 f. Joc. [vgl. Jocelyn 400 mit Parallelen zu dieser «periphrasis»]; Plaut. Poen. 1187) oder «Haupt» (Soph. Ant. 1) und «Leib»: *Tigelli . . . caput* Licinius Calv. fr. 3 Mor.; *Priami caput* Prop. 4, 1, 52; *dulce caput* ders. 4, 11, 55; *corpus*: Enn. Med. 237 Joc. (reiches Material bei Jocelyn 377); Hor. epo. 5, 13. Zuspitzung: Bei Prop. 2, 1, 31 ff. werden *colla . . . regum* im Triumphzug geführt nach Vorgang von Hor. c. 2, 12, 11 f. *ducta per vias colla regum minacium*[80]. Der Sinn ist ersichtlich, das innere Auge des Lesers isolierend auf das signifikante Detail zu lenken: Beim Triumph ist der gewöhnliche Römer halt stolz auf den gebeugten oder im Halseisen gefesselten Nacken des Unterworfenen.

§ 110 Das Verbum «schauen» (ϑεάομαι) schien Sophokles zu einfach und zu leichtgewichtig, darum wählte er ϑέαν λαβεῖν (Phil. 656, s. Websters Komm.; vgl. Aias 1354 χάριν δοῦναι usw.; ferner den periphrastischen Gebrauch von τίϑημι und ποιέω, LSJ 1791 C 4; 1428, II b 5). So bittet Statius (Ach. 1, 8) Apoll um «neue Quellen»: *tu modo, si veterem digno deplevimus haustu, da fontes mihi, Phoebe, novos*. Mit dem verpflichtenden *si* (s. Komm. zu Plaut. Poen. 1190 f.) sagt Statius

[80] Vgl. W. Wili in: Properz, WdF 237, 1975, 208 und 210; zu Horaz D. Flach, Das literarische Verhältnis von Horaz und Properz, Diss. Marburg 1967, 58 ff. – Vgl. die personifizierende Enallagé (s. § 45), welche ebenfalls ein Detail isoliert, z. B. *avidum os* der Schlange bei Ov. met. 12, 17 (vgl. Bömers Beispiele).

statt *exhaurire* dehnend *deplevimus haustu*; und daß er *dignus* war, hat ja der von Domitian verliehene Dichterpreis von Alba bewiesen.

Die Umschreibung mit *dare* ist schon altlateinisch (vgl. oben § 86 [dort unter syntaktischem Aspekt behandelt]; TLL 5, 1; 1697, 29ff.), z. B. *se dedit in conspectum* Enn. ann. 47 Sk., meist mit PPP, auch *obviam dare, praecipitem dare*. Doch solches *dare* mit echtem Adjektiv scheint so gut wie ganz poetisches Gut zu sein: Bei Vergil betet Arruns (Aen. 11, 785ff.), es möge ihm gelingen, Camilla zu besiegen, Juppiter schenkt ihm dieses, doch *reducem, ut patria alta videret* (verrätselndes Neutrumsubstantiv für «Soracte» in 797 [vgl. 785 *Soractis*]), *non dedit*, v. 797f.; *reducem dare*, ein Ineinander von *dare* = *reddere* und *dare* gleich «zugestehen». Aen. 12, 436f.: *nunc te mea dextera bello/defensum dabit*: Es wird sich hier um eine geneuerte Altertümlichkeit gehandelt haben (s. gleich und Ladewig-Schaper-Deuticke zu 3, 69); Weiteres bei Langen zu Val. Fl. 4, 659f.; Bömer zu Ov. met. 2, 165 *(dare saltus)*, ferner zu 12, 31.

Allerdings muß man hier genau unterscheiden: *reddo* mit PPP ist gut altlateinisch (Lodge, Lex. Plaut. 2, 539 links, B c), mit *servatum volo* (Pl. Tri. 1076) vergleichbar, entsprechend ἀναστάτους οἴκους τίθησιν (Soph. Ant. 673f.); dagegen *saltus dare*: Hier ist *dare* «machen» im Sinne von «vollführen» und nicht «machen zu» entsprechend μάχας ποιεῖσθαι.

Ähnlich die Dehnungen *silentia agere* für *silere* (Ov. met. 1, 349 zuerst). *Bellum agere* und *otium agere, ioca atque seria agere* ist auch in früherer Prosa gut belegt, doch die Dichter wissen diese Form durch Einführung unerhörter Akkusativobjekte zu verfeinern (Ovid: *alta silentia; ortus agere* bei Manil. 1, 827; Stat. Theb. 2, 403: *casus)*.

Das Umschreibende (EP §§ 74–80)

In diesem Kapitel werden nicht mehr die Wortarten des umschreibenden Elements untersucht (s. §§ 108–110: Substantive und Adjektive), sondern die Herkunft (Topologie).

§ 111 Vom Attribut her (EP § 74): Ein sehr einfacher Fall liegt bei Ovid (fast. 1, 228) vor: Der Gott Janus spricht dort, und nach einer Pause redet der Dichter ihn erneut an: *placidis ita rursus ut ante clavigerum verbis adloquor ipse deum*. Der «schlüsseltragende Gott» ist der Türgott Janus. Viel verrätselter war der «einsam rudernde Mann», der am Kaphareus-Vorgebirge den Griechen Schiffbruch bereitete (Eur. Hel. 1128, s. Kannicht dazu): Allein verantwortlich für die Katastrophe der heimsegelnden Griechen war Nauplios, der Rache nahm.

«Einsam rudernd» ist er, weil er – so Kannicht 289 Mi. – heimlich und ohne Zeugen die Griechenflotte irreführen wollte. *Heros . . . claviger* (hier natürlich von *clava*, Keule, abgeleitet) für «Herakles» ist viel einfacher (Ovid noch ein weiteres Mal: fast. 1, 543 f.).

Hierher gehört die Kennzeichnung einer Gottheit durch ihren (liebsten) Sitz (s. § 117 Mi.): Cat. 64, 96; E. Norden, Agnostos Theos, 4. Aufl. 1956, 152 ff. Belege sind leicht zu finden und zu interpretieren, so z. B. Hor. c. 4, 6, 33 *Delia Dea* (Diana); *Taenarius deus* für Poseidon (Prop. 1, 13, 22) usw. Man beachte auch die «säkulare» Umschreibung vom Aufenthaltsort her: Z. B. ist bei Phaedr. 1, 6, 6 der Frosch «Bewohner des Teiches» usw.

§ 112 Vom Teil her (EP § 75): «Athenisch» war vielen zu abgegriffen, darum setzten sie dafür einen Teil Athens, *Munychia* (die Burg des Piräus: Hdt. 8, 76), und umschrieben Attika durch *Munichii agri* (Ov. met. 2, 709; s. Bömer zu Sache und Schreibung); Athen mit *Munichiae arae* (Stat. Silv. 5, 3, 107).

§ 113 Vom Uralten her (EP § 76): Troja ist bei Sophokles (Phil. 69) die «Ebene des Dardanus», des Ahnherrn des troischen Königsgeschlechtes, dessen Enkel Tros war. Athen ist bei Euripides (Hipp. 34) die «Erde des Kekrops», des ältesten athenischen Königs also, des Erbauers der ersten Burg. Catull 64, 79 sagte daher *Cecropia dapes* für den Tribut aus Jungen und Mädchen, den Athen nach Kreta geliefert haben soll (Kroll z. St. bringt Weiteres bei). Im Lateinischen findet sich derlei bei Ennius (ann. 14. Sk. *Mars Pelasgus* für «Griechenheer» [zu den Pelasgern als Urbevölkerung s. Bengtson, Griech. Gesch., 1969, 33]; Skutsch S. 170 bespricht die Form der Periphrase nicht): *Mars Pelasgus* für «Griechen» («Kriegskraft der Griechen») ist vergleichsweise leicht zu verstehen. Schwieriger Verg. Aen. 11, 239 *Aetola urbs* für Arpi, das von Diomedes, vom Vater her Aetoler, gegründet war (Harrison zu 10, 28; s. unten § 115 Ende). Derlei war im Griechischen aufs weiteste verbreitet, vgl. allein Eur. Med. 405 (Korinther «Sisypheer» genannt, weil Sisyphos der Gründer); vgl. Bömer zu Ov. met. 2, 806; Ov. her. 10, 100.

§ 114 Vom Nahegelegenen her: Diese Umschreibung ist darum so interessant, weil hier die Dinge nicht genau getroffen werden sollen, sondern gleichsam nur angezielt: Man muß aus der Nennung eines Ortes auf das Nächstgelegene schließen: Dulichion war ein Inselchen bei Ithaka (Mela 2, 7, 110); daher wird Odysseus mit *Dulichius dux* umschrieben (Ov. met. 14, 226); *Dulichius iuvenis* ist er bei Properz 2, 21, 13 (s. Enk zu 2, 2, 7), und dies alles scheint Vergil (Buc. 6, 74/6) für den lateinischen Bereich inauguriert zu haben: *quid loquar . . . Scyl-*

lam . . . Dulichias vexasse rates, stark bestimmt noch von der Manier eines Cinna. Ovid verwendet einmal *Dulichii* normal für «Männer aus Dulichion» (her. 1, 87), *Dulichii portus*, «Hafen von Dulichium», in met. 13, 711. Stat. Silv. 5, 1, 58 dagegen setzt *Dulichii proci* für die Freier der Penelope, die «Werber von Ithaka», wobei man dann einige geographische Kenntnisse aufbieten mußte bzw. die Kenntnis der poetischen Koiné, wollte man die Umschreibung verstehen; s. Bömer zu Ov. met. 13, 107.

§ **115** Vom Gebursort her: In Therapnae soll Helena geboren sein (Stat. Silv. 4, 8, 53), daher wird sie mit *rure Therapnaeo nata* bei Ov. her. 16, 198 umschrieben. Aus demselben Grunde heißen auch die Dioskuren so (Stat. Silv. 4, 2, 48), doch der «therapneische Kampf» ist hier schon eine raffinierende Weiterbildung der «therapneischen Brüder» aus Stat. Theb. 7, 793. «Therapneisch» wird dann zu «spartanisch», weil die Stadt in Lakonien lag (Mart. 9, 103, 5), ja zu «tarentinisch», nur weil Tarent spartanische Gründer hatte (Stat. Silv. 2, 2, 111; vgl. § 113, letztes Beispiel).

§ **116** Mehrstufen-Periphrase: Lukan (10, 58) beschreibt, wie Kleopatra zu Caesar kam, wie sie *se . . . intulit Emathiis ignaro Caesare tectis*: Alexander war in Pella geboren, der Hauptstadt Makedoniens; Emathia war ein Landesteil Makedoniens, westlich von Pella; nach der Periphrase «vom Nahegelegenen her» (§ 114) wird Emathius dann zu «makedonisch», und da Alexandria eine Gründung des Makedonen Alexander war, konnte Alexandria mit *Emathia* benannt werden. Oder die «amphrysische Seherin» Vergils (Aen. 6, 398): Apoll, der Patron der Sibylle, weidete einst Admets Rinder am Amphrysus. Daher war Apoll eine «amphrysische Gottheit»; die Sibylle, sein Schützling, wurde so zur «amphrysischen» Seherin (Servius zögert denn auch nicht, diese Periphrase *longe petitum* zu nennen).

Ein früherer und darum auch leichterer Fall ist der Vers Catulls (36, 7 [vgl. § 107]), in dem die *electissima pessimi poetae scripta* dem *tardipedi deo* übergeben werden sollen: *tardipes deus* ist spätestens seit Call. fr. 228, 63 Pfeiff. für Hephäst gesetzt, Hephästus aber ist Metonymie für «Feuer» (§ 155, 1), also auch hier eine Verrätselung über zwei Stufen. Schwierig, aber lehrreich ist der Vergleich von Vergil, Aen. 4, 585 mit Statius, Theb. 2, 134: Aurora verläßt bei Vergil das Gemach des Tithonus; bei Statius verläßt sie das «mygdonische» Gemach: Mygdonia war ein Teil Phrygiens (Plin. n.h. 5, 145), Tithonus war ein Sohn des Phrygerkönigs Laomedon: So wird Tithonus zum Mygdonier und Vergil raffinierend durch eine Mehrstufen-Periphrase überboten.

Da diese Erscheinung nicht leicht einzusehen ist, einige weitere Hinweise: vgl. Cat. 66, 5f. (Trivia – Hekate – Luna: *ut Triviam . . . amor . . . devocet*, die Liebe läßt «Trivia» um Endymions willen ihre Bahn verlassen; «Trivia» heißt hier der Mond, weil dies der Kult-Beiname der Hekate als Göttin der Scheidewege war, Hekate aber seit langem «mit Artemis zusammengeflossen war» [Kroll zu Cat. 34, 15]), und mit Artemis war der Mond verbunden (W. F. Otto, Götter Griechenlands, 7. Aufl. 1983, 87). Stat. Theb. 1, 554f. *pudica frons*: der Laubkranz ist «keusch», weil der keuschen Artemis heilig; Stat. Ach. 1, 372f.: *Idaliae volucres* für die Tauben, da diese der Venus heilig waren, Venus aber in Idalium einen Lieblingsaufenthalt hatte (s. F. Leo, Hermes 37, 1902, 36 [s. oben § 111]). Eine überspitzte Mehrstufen-Periphrase findet sich bei Statius, Silv. 3, 1, 41: Pollius Felix hat einen neuen Herakles-Tempel errichten lassen; nun bittet der Dichter, der Gott selber möge erscheinen, mit freundlichem Sinne, so wie er zu Auge kam, die ihn *multo fratre madentem* bei sich behielt, trunken von vielem «Bacchus», d. h. Wein [s. § 155, 1]: Herakles' Bruder war Bacchus deswegen, weil beide Zeus-Söhne waren; Bacchus war der Gott des Weins, also *multo vino* ersetzt durch *multo fratre (Herculis)*. Vgl. Tarrant zu Sen. Ag. 176.

§ 117 Mehrwort-Periphrase: Legion sind Umschreibungen aus mehreren Wörtern, deren eines einen Hinweis auf das Gemeinte enthält; zuweilen bleibt es bei bloßer Deskription («Der mit dem Pferdefuß» für den Teufel). Um eine frühe und eine späte vorzuführen: Ennius (frg. scaen. 3f. Joc.; 16f. Warm.) nennt die Wolken bei «der Götter hohem Unterfang» (i. Sinne des Hausfundaments, s. Jocelyn 169f., der auch mit «Gewölbe» rechnet), «dem feuchten, aus dem der Regen strömt». Tiresias will bei Sen. Oed. 390 sagen: «Weder Vögel noch *exta* können den Namen des Mörders nennen», formuliert aber so: «Nicht die, welche mit leichter Feder die Himmelshöhe schneiden»; Cicero (Arat. 48) hatte noch ein «Fliegen» dazugesetzt: *quae volat et . . . secat aera pinnis*, Seneca enträt (nach Verg. Georg. 1, 406) auch dieses Hinweises (Belege bei Töchterle S. 357).

Gerne verwendet man Periphrasen dieser Art, wenn das Verbum Proprium Schlimmes zu direkt anspräche; so wird bei Sen. Oed. 290ff. die Blindheit des Sehers gleich dreimal periphrastisch kaschiert (*luce viduatus*, s. Töchterle hierzu und zu 295, 301). Doch vielfach wird man von nur spielender stilistischer Verfeinerung sprechen, die verbirgt und finden läßt, vgl. Hor. c. 1, 8, 13f. *marinae filius . . . Thetidis*: Nur «Sohn» zu sagen, verbirgt; *Thetis* läßt allsogleich finden.

ab) Qualitatives Übertreffen des Erwartbaren

α) Auffallende Wörter: Hyperbolé (EP §§ 39–42)

§ 118 Allen geläufig ist z. B. die Redeweise der Enttäuschten: «Ich wartete den ganzen Tag», und dabei war es nur eine Stunde. Derlei kennt naturgemäß auch die Prosa (Quintilian sprach denn auch [inst. 8, 6, 67] von *decens veri superiectio*, vom maß- und stilvollen oder geziemenden Übertreffen oder Überbieten wirklicher Sachverhalte)[81]. Juppiter verlangt von Aeneas, er müsse den «ganzen Erdkreis» unter sein Gesetz bringen (Verg. Aen. 4, 231, *totum . . . orbem*). Numerische Übertreibung auch bei Stat. Theb. 3, 193: Niobe, die höchstens (Ael., Var. hist. 12, 36) zwanzig Kinder verlor, erlitt *innumerae ruinae*. Himmelweit: Hom. Od. 5, 239; Aesch. Ag. 92; bei Verg. Aen. 3, 567 spritzt gar Meeresschaum «bis an die Sterne». Von hier aus kommt man zu den später (bei Silius etwa, s. Kroll, Stud. 271 f.) üblich und abgedroschen gewordenen Ausdrücken wie «das Geschrei stieg zum Himmel» (TLL 3, 91, 10 ff.). – In der Odyssee war das Grausige, daß «Wände und Balken des Daches von Blut triefen» (20, 354), noch Sehervision, bei Lukan (1, 95) Schilderung von Geschehenem. So stößt Oedipus dem Laios bei Statius (Theb. 2, 8 f.) das Schwert «tiefer als das Heft» in den Leib, also fährt die Hand mit hinein.

Hierher gehört auch die «Ausweitung ins Kosmische»: Seneca (Med. 45 f.) läßt Medeas Mut Gedanken bewegen, die *effera, ignota, horrida, tremenda caelo pariter ac terris mala* enthalten (Senecas Tragödien, WdF 310, 294, 299). Horaz möchte mit dem Scheitel an die Sterne rühren (c. 1, 1, 36; Nisbet-Hubbard verweisen auf griechische Vorläufer), bei Sen. Thy. 885 heißt es *aequalis astris gradior*, und bei Prop. 1, 8, 43 ist jemand bereits so hoch gestiegen, daß er auf den Sternen steht (vgl. Enks gewundene Erklärung, klarer Rothstein, sehr gut Fedeli 228 unten [«ampliamento»], vgl. Kroll, Stud. 271).

[81] Vgl. Lausberg §§ 909 f., Ps.-Longin, de subl. 38, 3: Die besten Hyperbeln seien diejenigen, denen man nicht anmerke, daß sie solche seien, und die im Einklang mit einem mächtigen Gegenstande stünden. Aus jüngerer Zeit: Ph. R. Hardie, Virgils's Aeneid, Oxford 1986, 241 ff. zur Hyperbolé bei Vergil.

β) Intensive Wörter (EP §§ 43–45)

§ 119 Starke Wörter: Bei Statius (Theb. 11, 341 f.) wird ein Sohn dazu aufgefordert, «auf den Brüsten der Mutter zu trampeln» *(calcanda . . . ubera)*, diese epigonale Maßlosigkeit ist nicht mehr numerische Übertreibung, sondern ein Übertreiben an Intensität, schon nicht mehr «geziemende» (s. § 118 Anf.) Überbietung des gewöhnlichen Ausdrucks für «Verachten».

Neben den übertreibenden Wörtern stehen die besonders starken wie «ungeheuer» (*ingens*, zu seiner allmählichen Abschwächung Norden zu Verg. Aen. 6, 222 f.; Vretska zu Sall. Cat. 7, 6; Kroll, Stud. 272; Marouzeau, Traité 167).

Stärker als *perii* ist ersichtlich *nullus sum* bei Plautus (Cas. 621, 305, Hofmann LU S. 80), das findet sich noch bei Prop. 1, 5, 22 und wird dort zu den vielen umgangssprachlichen Wendungen gehören, die Properz aufnahm (s. Rothstein). Daß *emicare* (Norden, Aen. 6, S. 115) seine ursprüngliche Kraft («hervorschießen») verliert, ist in EP S. 134 angedeutet (bei Gell. 20, 1, 39 ist es zu *oriri* abgeschwächt: Es hat die Bedeutung des Plötzlichen verloren, so auch weitgehend bei Hor. epi. 2, 1, 73: «sich ab- oder herausheben»; «stand out», OLD 3 b). *Scopulis haerere* bedeutet kein «Hangen an . . . » mehr, sondern nur das Kauern (auf einem Felsvorsprung: Prop. 2, 30, 27; Ov. her. 10, 136); *petere terram* wird zum bloßen Fallen (Verg. Aen. 10, 489; Sen. Oed. 340) ohne die Nuance des Strebens usw.; Weiteres EP S. 134.

Eine Abart des intensiven Wortes ist das hochklingende *pavor* (Jocelyn S. 195) sowie *progenies* (Jocelyn S. 214), *genus* = «Nachkomme» (Nisbet-Hubbard zu Hor. c. 1, 3, 27; Norden, Verg. Aen. 6, S. 324 vor Mitte mit Horaz-Belegen; Tarrant zu Sen. Ag. 125), *ductor* (Tarrant zu Sen. Ag. 39), *rupes* (Tränkle 13) usw. Erwähnenswert ist auch, daß nicht selten ein Superlativ steigert, bei guten Dichtern allerdings nicht wahllos (K. Büchner, Der Superlativ bei Horaz [1944], Stud. zur röm. Liter. 3, Wiesbaden 1962, 23–37). Schwieriger zu beurteilen sind dagegen solche Wörter, die ein Gemeintes mit zu starkem Bild bezeichnen: Kallimachos nennt die Zuteilung eines schweren Geschickes einmal «Einkneten schweren Zorns»: Artemis sandte eine Pest in eine Stadt und «knetete den Bewohnern ihren Zorn ein»: ἐμμάξεα (hymn. 3, 124, s. Bornmann), man vermeint, die Kraftanspannung zu spüren, wenn man sich das Bild des Knetens von Hand vorstellt. – Horaz will sagen, man soll eine Arbeit lange ruhen lassen: *nonum prematur in annum* (a. p. 388): Die Neunzahl ist hyperbolisch, das «Niederpressen» ein starkes, unerwartet intensives Bild, doch kaum besitzt es eine Verwandtschaft zum Beerdigungsritus (epo. 1, 33; Ov. am. 3, 8, 36; Luck zu trist. 5, 3, 39). So *furere* für *gestire* Hor. c. 1, 15, 27 (vgl. Sen. Ag. 65; Manil. 5, 660); *evomere* für das «Aussprechen» (Enn. ann. 275 Sk., was Terenz zu *exspuere* witzelnd änderte: Eun. 406, s. Skutsch 456, und auch Verf., Acta Class. 15, 1972, 53 f.). Statt *solvere crines*, was zu erwarten gewesen wäre (vgl. Prop. 2, 15, 46), sagt Verg. (Aen. 9, 478, s. Ov. met. 8, 527; Petron. 124, 271) *scissa comam* o. ä.: Der Erfinder dieser Ausdrucksweise sah das wilde Sich-Lösen der Haarpracht eben wegen der Wildheit und Gewaltsamkeit als ein Zerreißen der gewohnten Ordnung, *scissa* schafft einen Bild-Anreiz (oben §§ 16 und 21).

Geographische Epitheta: Ein beeindruckendes «Mehr» an Assoziationsfülle bewirkt auch das steigernde «geographische» Vergleichsepitheton: Verg. Georg. 1, 59 lobt Epirus wegen seiner Stuten; sie erhalten überraschend das Beiwort *Eliadae*: Sie können sogar olympische Wettbewerbe gewinnen. So veredelt auch die Beifügung *Tethyos unda vagae* (Luc. 1, 414) die eilenden Wogen durch die Nennung der hohen Gottheit; vgl. als Gegenstück Sen. HF 1056 *(vaga ponti mobilis unda)*. Wenn ein Dichter sagen wollte, es herrsche eine Kälte «wie im hohen Norden», konnte er diese steigernde Assoziation durch das Beiwort *Scythicus* erzielen (Luc. 1, 18).

γ) Geneuerte Wörter

§ 120 Neologismen (EP § 94): Die Einführung gänzlich neuer Wörter kann unter dem Zwang geschehen, für eine in Italien unbekannte Pflanze o. dgl. ein neues Wort ins Lateinische einbringen zu müssen (wie *cerasus*, Varro r. r. 1, 39, 2; Verg. Georg. 2, 18; aus dem Griechischen wie *cotyledon* usw.), oder aus der Lust, mit rein griechischem Kolorit zu malen (so Vergils *gorytus*, Aen. 10, 169 für den Köcher, aus Hom. Od. 21, 54).

Veränderung bereits vorhandener Wörter ist eine andere Weise der Neuerung, z. B. *gracens/cracens* für *gracilis* bei Ennius, ann. 527 Sk. – Es wären auch hier die Topoi zu sondern, z. B. die Fundgrube der *-bilis*-Bildungen (*violabilis*, Verg. Aen. 2, 154 mit Austins Komm.), der *-fer/-ger*-Neuformungen (unten § 123, 2 und Norden S. 325 oben; Harrison zu Verg. Aen. 10, 169 f.; Bömer zu Ov. fast. 1, 125; ebenso *-icus*, «hochpoetisch» nach LHS 754), der *in*-Neuerungen (vgl. § 123, 2; z. B. *incastigatus*, Hor. epi. 1, 10, 45; s. c. 1, 13, 18 *irruptus* [s. Hz.]; c. 3, 20, 3 *inaudax* usw.); oder es wären die Neubildungen auf *-eus* zu nennen (Harrison zu Aen. 10, 3); oder die Zusammenrückung von zwei Stämmen wie in *fluentisonus* (Cat. 64, 52, wohl auch ἁλίρροθος; weniger gut Kroll und Syndikus 2, 143, A. 174); für den Sermo Plebeius ist das untersucht (F. T. Cooper, Word-Formation in the Roman S. P., New York 1895), für die Dichtersprache steht eine umfassende Untersuchung aus, gegliedert nach Vorklassik (vgl. *fortunatim*, Enn. ann. 103 Sk. und die Bildungen mit *-potens*, *-parens*, Skutsch zu Enn. ann. S. 359; s. unten § 123, 2), Klassik und Nachklassik, ferner nach Wortarten, wobei Versbequemlichkeit (z. B. Bednara pass.) und Eleganz zu berücksichtigen wären (einiges bei Marouzeau, Traité 177ff.; LHS 766ff., Schamberger 247ff. und 265ff., Devoto 185f., Fraenkel, Horace 432, A. 3 [dtsch. 506, 3]). Beginnen könnte man mit so einfachen Erfindungen wie Vergils *nec non* (LHS 778; Fordyce zu Aen. 7, 521; Mayer zu Hor. epi. 1, Introd. 20).

Rücketymologisierung: Sehr auffällige Wortgebräuche entstanden, wenn ein Wort, das seinen semantischen Wert gegenüber seiner ursprünglichen Bedeutung seit langem geändert hat, auf einmal von einem Dichter zu seiner alten Bedeutung zurückgebracht wurde. Derlei hat Aeschylus getan, vgl. Ag. 149 ἐχενῆδας (von der Fischart zu «schiffaufhaltend» zurücketymologisiert: Fraenkel Bd. 1, 90, A. 1; 648 oben); so auch Horaz, allerdings nicht, wie Hz. gemeint hatte, in c. 1, 30, 1f. *o Venus regina ... sperne dilectam Cypron*; hier suchen Kommentatoren *sperno* nicht als «verachten» aufzufassen, sondern entsprechend der fiktiven urspr. Bedeutung als «fernhalten» (s. jedoch Walde-Hofmann, Lat. Etymol. Wörterbuch, Bd. 2, 5. Aufl. 1972, 572), also als etwas viel Freundlicheres, wie bei Hz. nachzulesen (NH bleiben vage, man wird sogar ablehnend urteilen). Was geschehen ist, dürfte dieses sein: Horaz führte das in der Klassik geläufige *sperno* = «verschmähen» archaisierend und rücketymologisierend (*aspernor* in der Bauernsprache «Abweisen der größer werdenden Jungtiere»: Varro, r.r. 2, 4, 13) zugleich auf «trennen» zurück (Enn. Scaen. 156 Joc.; Lindsay zu Plaut. Cap. 517: «old use»). Ein gutes Beispiel bietet auch eine andere Stelle bei Horaz, der in c. 1, 13, 15 *oscula* offenbar nicht als «Kuß», sondern als «zarte Lippen» verstanden wissen wollte (Verf., Gymnas. 99, 1992, 505 mit A. 18) und in c. 4, 4, 65 *evenire* als «hervorgehen» (s. Hz.).

δ) Der «poetische Plural» (EP §§ 46f.)

§ 121 1. Zuweilen wird der Plural dort gesetzt, wo nur der Singular zu erwarten war: Eur. Hkls. 455 jammert Megara über ihr Geschick und das der Kinder: «So führt man uns zum Tode, Alte, Junge und Mütter», obschon es sich um nur einen Greis und nur die eine Mutter handelt (s. Wilamowitz 3, S. 111 z. St.). Sen. HF 1284 spricht von *matres*, und doch handelt es sich nur um die eine Megara (Tarrant zu Sen. Ag. 194; Leo, Obs. Crit. 150, A. 3; LHS 16, § 26; Kroll zu Cat. 68, 115). Manche Gelehrte bezweifeln, ob derlei Plurale irgendeinen «Sinn» außer dem haben, unbequeme Formen aus verstechnischen Gründen zu meiden (Kroll, Stud. 258: «fast ausschließlich durch metrische Rücksichten bedingt»); LHS 17 dagegen: «ein nicht zu leugnendes Stilfärbungsmittel». Daher wird es schwer sein, stringent zu beweisen, daß irgendwo ein «poetischer Plural» den Ausdruck verstärkt oder vertieft[82]. Das kann auch nur dort angenommen werden, wo der Singular metrisch genauso bequem ist. Vgl. Properzens Entsetzen über die Reise seiner Cynthia in den Norden (1, 8, 7f.): *tu pedibus teneris positas fulcire pruinas* [zur Subj.-Obj.-Vertauschung Hillen 258], / *tu potes insolitas, Cynthia, ferre nives?* Hier zumindest scheint *nives* die Schnee-*Massen* zu meinen.

Man wird also sehr genau untersuchen müssen, welcher der fünf Gründe für einen Pluralis Poeticus vorliegt, die Norden (Komm. zu Verg. Aen. 6, S. 408f.) aufgezeigt hat: 1. Substantive mit pluralischem Sinn (*harenae*: Sand-Massen); 2. Rhetorische Steigerung; 3. Analogien (*arae* wegen des gewöhnlichen Plurals *altaria*); 4. Metrische Gründe (Neutra im Plural verwendet um der Kürzengewinnung willen); 5. Hiat-Vermeidung (Norden weist auf Aen. 6, 13 *lucos* statt *lucum* vor *atque*); oder ob man eine nicht-technische Absicht erkennen kann (Verstärkung des sinnlichen Eindrucks etwa, vgl. Aen. 6, 865 *qui strepitus circa comitum*: Vielfältigkeit der Geräusche).

2. Eine Abart dieses verstärkenden Plurals ist der «soziative» oder verbergende: Dort, wo Nestor dazu rät, Achill zu besänftigen (Il. 9, 112), sagt er: «Laßt uns Achill besänftigen» und meint doch nur den einen, nämlich Agamemnon; aber um die Peinlichkeit der Schuld- und Versöhnungspflicht-Zuweisung zu mindern, schließt er alle anwesenden Führer mit ein (s. Kirks Komm. und meinen Komm. zu Plaut.

[82] Liter.: P. Maas, ALL 12, 1902, 479ff.; Bednara, ALL 14, 1906, 532ff.; LHS 16f.; Kroll, Stud. 258 (Verszwang); Löfstedt, Syntactica 1, 34; J. Campos, Helmantica 10, 1959, 89ff.; Scherer 36; zu Ennius: Skutsch 671 oben; Bömer zu Ov. met. 12, 68. Die rhetorische Verstärkung ist in antiken Kommentaren des öfteren bemerkt worden; z. B. schreibt Donat (1, 279 Wessner) zu dem Vers Ter. Eun. 48, in dem der gekränkte Phaedria von *meretricum contumeliae* spricht, obschon nur die eine Thais gemeint ist: *cum uni sit iratus, de omnibus queritur.*

Poen. 193). Der Sinn dieser Unlogik war wohl, aus der Quantitätserhöhung Gewichtigkeit zu erzielen.

ε) Altehrwürdige Wörter: Archaismus (EP §§ 48f.)

§ 122 Unserem Worte «Hain» haftet ebenso poetische Altehrwürdigkeit an wie dem archaischen *Diespiter* oder dem Plural *speres* («Hoffnungen») bei Enn. ann. 134 Sk. oder dem feierlich-asyndetischen *grates gratias* bei Plautus (Poen. 134, s. Verf., Poen. S. 65 z. St.). Ennius schätzte Archaismen[83] als Hochton-Träger (Jocelyn zu scaen. 84 [*nec*], 215 [*obvolvere*] Joc. usw), auch wenn er extreme Fälle mied (Skutsch zu ann. 322 Sk.) wie z. B. auch Horaz (G. W. Williams, CR 8, 1958, 208ff.), vgl. sein *haece* (ann. 268 Sk.), *pone* (aufgenommen in Aen. 10, 226; Tränkle 47, Skutsch zu Enn. ann. 219) oder *quianam* für *cur* (ann. 121; s. Harrison zu Verg. Aen. 10, 6) usw. So schon Livius Andronicus[84], so dann auch Vergil, vgl. seine Synkope *direxti* in Aen. 6, 57, sie «erhöht . . . die Feierlichkeit des Gebets» (Norden, 141), *capiti* als Ablativ (Buc. 6, 16, s. Clausen) und vieles andere.

Die Worte, mit denen Aeneas seinen Kummer über Didos Geschick zu erkennen gibt (Aen. 6, 461 ff.), sind besonders gefühlsbeladen (Norden zu 464), der Archaismus *quivi* (Harrison zu Aen. 10, 19) erhöht dann noch (463) den Eindruck. Der Archaismus war gewiß vornehmlich ein Mittel der Pathos-Verstärkung, wird dann jedoch allmählich zu einem Mittel, einen poetischen Reiz zu erzielen, der darin liegt, daß Archaismen ohne besonderen «Sinn» dort verwendet werden, wo man

[83] Zum Archaismus s. Hor. epi. 2, 2, 166ff. mit Brinks Komm.; M. Leumann, MH 4, 1947, 125–137, bes. W. D. Lebek, Verba Prisca, Hypomnem. 25, 1970 (behandelt vorwiegend die Historiographie); LHS 768ff.; Kroll, Stud. 253ff. (Lunelli 15ff.); zu Catull Kroll bes. zu 64, 73 *illa tempestate*, dessen Altertümlichkeit Cicero, de or. 3, 153 bezeugt und Prop. 4, 9, 1 gesucht hat; H. Heusch, Das Archaische in der Sprache Catulls, 1954; H. Tränkle 30ff.; A. Pennacini, La funzione dell'arcaismo e del neologismo nelle teorie della prosa, 1974 (zur Verwandtschaft von Archaismus und Neologismus LHS 768 unten). Zu Horaz bes. Fr. Ruckdeschel, Archaismen und Vulgarismen in der Sprache des Horaz, Programm München 1909/10 und 1910/11; NH zu c. 1, 4, 17 *mearis*; 1, 12, 17 *(unde)*.

[84] Ed. Fraenkel, RE Sup. 5, 604; Sc. Mariotti, Livio Andronico, 1952, 22, A. 2. Zu Plautus z. B. H. Haffter, Untersuchungen zur altlat. Dichtersprache 151f. Zum Gräzismus *gens* (γένος) für nur *einen* Abkömmling s. Harrison zu Verg. Aen. 10, 228; zum Gräzismus der sog. Satz-Apposition ders. zu 311.

sie kaum erwarten würde (etwa in der Liebeselegie, Tränkle 34, 49: Die gewisse Inkommensurabilität von hochpoetischer, feierlicher Diktion und intimem Gehalt dürfte kein kleiner Reiz gewesen sein).

Es ist jedoch zu unterscheiden zwischen einem tradierten Archaismus, der als Poetizismus einfach zitiert wird, und dem echten Archaismus, der um seiner selbst willen gesucht und gewählt ist. Ein Zitierarchaismus ist z. B. Vergils *propter aquae rivom*, Buc. 8, 87: *propter* in diesem Sinne des «nahe bei» scheint archaistisch: R. Coleman im Komm. «archaic sense», da er aus Lukrez erborgt ist (2, 29f. = 5, 1392f.); vgl. LHS 769, a. Ein echter, um seiner selbst und der erhabenen Feierlichkeit willen gewählter Archaismus liegt bei Properz 2, 7, 13 vor (*gnatos* mit den besseren Hss. Schuster, Enk, Hanslik): Da spricht er seine Freude über das abgeschaffte Gesetz gegen die Ehelosigkeit aus und «äfft» geradezu das hohe Pathos derer nach, die da erwarten, daß Söhne für die Kriege des Imperiums gezeugt werden: *unde mihi patriis gnatos praebere triumphis?* (Tränkle 31: «bei Properz ist der Satz mit einer dramatischen Geste gesprochen», was man wohl noch präzisieren könnte, wie eben geschehen).

Einfach Stil-Spiel ist dagegen die Wiederbelebung des *citus* durch Tibull (1, 5, 3: *agor ut per plana citus sola verbere turben*, «wie ein vom Schlage sausender Kreisel über eine freie Fläche», worin ja auch *turben* nichts als Raffinesse ist [«old nom.», Smith]).

ζ) Gräzismus

§ 123 Es ist zwischen (1.) dem Gräzismus zu unterscheiden, der bewußt «griechisch» sein soll, und (2.) der Nutzung griechischer Sprachmöglichkeiten, um das Dichten zu erleichtern, sei es zur Entschwerung, sei es der Metrik halber.

1. Bewußtes Übersetzen. Ennius, der reinkarnierte Homer (Skutsch S. 164f.), erlaubte sich zuweilen, lateinischen Wörtern homerische Klänge zu entlocken; so gab er dem uralten Mettus Fufetius den Genetiv *Mettoeo Fufetioeo* in den ann. 120 Sk., ein Hyper-Archaismus, denn die letzten Genetive dieser Art stammen aus dem 6./5. Jh. (Sc. Mariotti, BICS Suppl. 51, 1988, 84 m. A. 17); auch wagte er die homerische Kurzform für δῶμα, nämlich δῶ, in ann. 587 Sk. zu imitieren: *endo suam do* (s. Skutsch, S. 726f.), ein geschmackloses Unternehmen. Besser gelang ann. 522 Sk.: Ein Rennpferd, das oft im Endspurt den olympischen Sieg errang, lebt nun, gealtert, in Ruhe seine Tage – eine verdeckte Bemerkung des greisen Dichters über sich selbst

(Skutsch S. 675), und da er vom griechischen Olympia spricht, verwendet er einen griechischen Akkusativ: *vicit Olympia*. Dies ist ein fester Typus des Gräzismus, der in griechischem Kontext griechische Atmosphäre erwecken soll durch griechische Syntax oder Sprachformen, so z. B. der griechische Akkusativ griechischer Namen (*Hectora* seit Accius [Leo, Gesch. d. röm. Lit. 393, A. 2], *Nestora* z. B. Hor. c. 1, 15, 22 [Weiteres in Klingners Ausg. S. 330 unten] in der Anspielung aufs 3. Buch der Ilias usw.); vgl. Norden, Verg. Aen. 6, S. 150 oben zum Gebrauch des griechischen *Thybris* statt *Tiberis*, «dem griechischen Charakter der Legende gemäß»; Vretska zu Cic. Arch. 4 *ex pueris excessit* usw.

Dort, wo Catull ein Gedicht Sapphos zu übersetzen beginnt (c. 51), preist er das Mädchen mit *dulce ridentem* (v. 5), bei Sappho stand γελαίσας ἰμερόεν (LHS 40 v. Mi.), doch zu solchen Adverbien s. unten 2; hier genüge, daß die Evozierung griechischer Sprachführung in einer Übersetzung aus dem Griechischen zumindest Mitursache für den Gräzismus war.

2. Nutzung griechischer Sprachmöglichkeiten zur Erleichterung des Versbaus; da unterscheide man zwischen Wortschatz und Syntax, unterscheide aber auch solche Fälle, bei denen das neue Wagnis durch altlateinische Analogien abgestützt ist (EP § 171, BG; 183), von solchen, bei denen keinerlei lateinische Analogie vorlag.

Lexikalische Gräzismen: Hier handelt es sich nicht um Lehnwörter wie *talentum* – ein Wort, das einzuführen selbstverständlich war, *poema* (R. Häusler, Forsch. z. röm. Lit., Festschr. K. Büchner 1970, 125 ff.; Skutsch, Ennius 168 f.) oder *aer*, das früh übernommen wurde, weil es einen altererbten Ausdruck für «Luft» nicht gab (Skutsch S. 296 zu fr. 140): Der Altrömer bezeichnete nur *Zustände* der Luft (Wind usw.), nicht sie selbst an und für sich; oder *leaena* (Cat. 60, 1), um dem umständlichen *leo femina* (vgl. girl-friend, tom-cat u. ä.) zu entkommen (mitgespielt haben mag, daß Catull wohl auch auf eine Euripides-Stelle anspielen wollte, s. Kroll a. a. O.; dies erinnert an § 123, s. zu Cat. 51, 5). Hier handelt es sich um Poetizismen, die unter griechischem Einfluß erfunden wurden, wie die vielen Kompositadjektiva, z. B. die auf *-fer* und *-ger*: *mortifer* Enn. scaen. 314 V.[2] Jocelyn S. 394 weist die Zeilen Pacuvius zu; *saetiger* Lucr. 6, 974; Verg. Aen. 7, 17; Ov. met. 8, 376 usw.; oder die negierenden mit *in-* entsprechend griechischem ἀ- (*in-modicus*, zuerst Hor. c. 1, 13, 10, *inmodestus* war metrisch schwieriger und *modicus* längst im Gebrauch; *inaudax* c. 3, 20, 3 war darum gewagter und blieb im Unterschied zu *immodicus* ohne Nachwirkungen), s. § 120. Nicht selten hilft eine griechische Endung dabei, eine Synaloephe zu vermeiden (Bömer zu Ov. met. 12, 1 *Aesacon*).

Ein interessanter Sonderfall ist die Umdeutung lateinischer Wörter unter griechischem Einfluß; Norden S. 242 machte auf Verg. Aen. 6, 411 aufmerksam: Für die Sibylle und Aeneas macht Charon in seinem Boote Platz und scheucht die übrigen Seelen, die auf den Querbrettern (sonst von Vergil, wie üblich, *transtra* genannt), fort: *alias* (für *ceteras*: auch dies ein Gräzismus: Ov. met. 9, 13; s. Bömer zu 8, 431) *animas, quae per iuga longa sedebant, deturbat. Iuga* gibt, wie schon der Servius-Kommentar bemerkt, ζυγόν wieder; eine unter griechischem Einfluß stehende Umdeutung («a remarkable Grecism», Austin, der auf Val. Fl. 4, 647 verweist), die Vergil neu erfindet.

Eine Spielart des Gräzismus ist auch der Ersatz des Eigennamens durch das Patronymikon, seltener das Metronymikon, z. B. der «Pelide» für Achill, «Letoide» für Apoll (Schwyzer 1, 634f. bzw. 509 v. Mi.). Im Lateinischen werden viele solche Namen über das Griechische hinaus hinzuerfunden (z. B. *Thyoneus* für Dionysos bei Horaz, c. 1, 17, 22; s. Bömer zu Ov. met. 4, 13; S. 17 n. Mi.).

Syntaktische Gräzismen (vgl. oben §§ 63, 98): Einfach übersetzt sind z. B. *nos sumus* in Plaut. Cas. 198 für αὗται ἐσμεν (LHS 764 unt.; McCary-Willcock: «latinization»); *est quibus*, s. LHS 559 ob., *sunt, quos* Hor. c. 1, 1, 3; ferner *credere est* (seit Ter.), *cernere erat*, Verg. Aen. 6, 596 (nach ἦν ἐσιδεῖν, vgl. EP § 171) u. ä. Hierher gehört auch das Imperfekt an Stellen wie Hor. c. 1, 37, 4 (NH: «more urbane»; «Ungeduld», Hz.; von zwei verschiedenen Festen spricht Pöschl, Hor. Lyr. 77); epi. 1, 4, 6 (Fraenkel, Horace 325, A. 3: «borrowing from Greek syntax»); Prop. 1, 13, 34 (Fedeli bezweifelt, anders als Fraenkel a. a. O., den Gräzismus unter Verweis auf Altlateinisches: Plaut. As. 329, wo man anders als Bertini [mit Ernout-Thomas] von «more urbane» gut sprechen kann). In dem c. 1, 37, das mit einem Alkaios-Zitat beginnt, evoziert das *eras* wie *quae* in 21 (La Penna, Orazio e l'ideologia del principato, 1963, 55; Syndikus 1, 334 oben: pindarisch) griechische Atmosphäre.

Der Vers-Entschwerung durch Vermeiden von *ut-* oder *quod-*Sätzen dienen die zahlreichen neuen, nach Griechischem gemodelten Infinitive nach Adjektiven (EP § 172; oben § 87) oder Substantiven. Nach Adjektiven: Ursprünglich nur bei Partiz. Perf. Pass. auf **-to*, d. h. bei Verben, deren notwendige Ergänzung ein Ausdruck der Finalität ist (*animatus* u. ä.) auftretend (LHS 350 Mi.), bot diese Struktur sich wegen ihrer Kürze zu Ausdehnungen auf echte Adjektive an, zunächst gedeckt durch Griechisches (zu Lucil. 414f. M., 416f. Kr. *solvere* . . .

lentus s. LHS a. a. O.), dann frei, bes. bei *dignus*, wodurch man die schwerfällige *ut*-Konstruktion bzw. *qui* c. coni. vermeiden konnte (zu ihr LHS 559 v. Mi.). Dazu gehört dann auch der Infinitiv zur *ut*-Meidung nach Verben wie *fuge* (Hor. c. 1, 9, 13; Kühner-Gerth 2, 2; 6 n. Mi.) oder *contingit* (Norden zu Verg. Aen. 6, 108f.) oder zur Gerundiv-Umgehung (Enn. scaen. 257 V.[2]; bei Joc. 222: *cupido cepit . . . me proloqui* mit Jocelyns gutem Komm. S. 364 oben); LHS 351, b zum Ursprung des «Infinitivs nach Substantiven». – *Quod*-Konstruktionen ließen sich umgehen, wenn man die entsprechenden Verba in griechischer Manier mit Partizipien konstruierte: Verg. Georg. 2, 510 *gaudent perfusi sanguine* (LHS 364 v. Mi.), bes. Cat. 64, 119: *(mater), quae . . . in gnata* (Abl.) *deperdita* (Nom.!; zum Wort LHS 33) *laetabatur*, d. h. *laetabatur amans*, «freute sich der Liebe zur Tochter». Der Entschwerung, gewiß aber auch dem Interessantmachen als Gräzismus, diente es, den Akkusativ in A.c.I.-Strukturen zu unterdrücken bzw. einen (N)cI zu verwenden (Cat. 64, 229: [Athene], *quae nostrum genus . . . defendere . . . adnuit* [zur Zeitengebung Skutch zu Enn. ann. 132 Sk.]) und 4, 2: *(phasellus) ait fuisse*: Das Schiff, in griechischer Literaturgattung vorgeführt (Syndikus, Catull 1, 89 zu griechischen Epigrammen dieser Art), spricht in griechischen Namen und Konstruktionen.

Der präpositionsersparenden Entschwerung mag auch dienen, daß *iuro/adiuro* mit griechischem Akkusativ statt mit *per* konstruiert wird (Cat. 66, 40, in direkter Übersetzung von Call. Ait. IV, fr. 110, 40 Pf.; Norden zu Verg. Aen. 6, 324 [von Syndikus, Catull 2, 209, A. 45 mißverstanden]; die einzige frühe Prosastelle [Cic. fam. 7, 12, 2] ist Zitat), oder daß *pugnare* auf einmal den Dativ regiert statt mit *cum* konstruiert zu werden (Cat. 62, 64). Derlei könnte durch die semantisch parallelen Kompositausdrücke wie *pugnam consero alicui* gestützt werden, aber Horazens *desinere* mit Genetiv ist gewagtes Spiel (c. 2, 9, 17; vgl. Hz. ad loc. und LHS 83), reiner Gräzismus («a grandiose Grecism», NH; s. Harrison zu Verg. Aen. 10, 441) und ebensowenig durch eine altlateinische oder semantische Parallele gedeckt wie *desistere pugnae* bei Verg. Aen. 10, 441 (Harrison S. 185 vgl. Il. 7, 263); die Genetive in c. 3, 17, 16 *operum solutis* und sat. 2, 3, 27 *morbi purgatus* hätten dagegen in *vacuus* c. gen. u. ä. (LHS 77f.) Analogien.

Kürzengewinnung: Ob *multa* bei Liv. Andr., Odus. 14 Mar., 22 Mor. *nexebant multa inter se* Neutr. Plur. in Adverbfunktion, also Gräzismus oder doch nur einfaches Akkus.-Objekt ist (LHS 37, letzte Z.), scheint nicht gänzlich klar; auch *cetera* wird verschieden beurteilt (einfach Nebenform zu ererbtem *ceterum*, LHS 37f., «metrically convenient Grecism», Skutsch zu Enn. ann. 48 *multa*); «erst die Verbindung mit Adj. . . . und Subst. (Verg. Aen. 3, 594 *cetera Graius*) mag unter griechischem Einfluß stehen», LHS 38 oben; ähnlich Skutsch zu ann. 61 *(cetera)*; ganz sicher Gräzismus aber ist die Verwendung des Neutrums eines Adjektivs in den folgenden zwei Formen: *dulce ridere* und *opaca viarum*.

Dulce ridere verwendet Cat. 51, 5, dort also, wo er (s. oben 1 Ende) Sapphos γελαίσαις ἰμέροεν übersetzt, und seit Homer diente ja ἡδύ als Adverb; Catull verwendet diese Struktur noch in 42, 8 *turpe incedere* («einen häßlichen Gang haben»), Lucr. (5, 33) und Vergil sagen dann *acerba* und *torva tueri* (Aen. 6, 467) wie Hom. Il. 3, 342 δεινὸν δέρκεσθαι (dazu Snell, Entd. d. Geistes, 7. Aufl. 1993, 14ff. [s. oben § 54 m. A. 55]), um Kürzen für den Hexameter zu gewinnen (Norden S. 255 v. Mi.; *acuta ululare* bei Enn. ann. 334 Sk. wird von Skutsch S. 509f. mit Scaliger im Unterschied zu LHS a. a. O. geändert); s. EP § 146.

Opaca viarum (Verg. Aen. 6, 633; EP S. 50 oben [oben § 38]): Im Griechischen nicht ungeläufig (z. B. Soph. OT 718, 1032; Jackson, Marg. Scaen. 187, A. 1), ist diese Struktur im Lateinischen seit Enn. ann. 84 Sk. eingebürgert (s. scaen. 365f. Joc.; bes. bei Lukrez beliebt: z. B. 5, 739f.; Bailey im Komm. und Bd. 1, Proleg. 91f.). Gewiß gewinnt der Dichter auf diese Weise eine Kürze (Skutsch S. 232), aber zuweilen wird man auch daran denken, daß in dieser umgewichtenden Ausdrucksweise das Adjektiv in die betonte Substantivposition kommt und das Unwichtigere in die Genetivstellung rückt; so tritt in Catulls *truculenta pelagi* (63, 16 [vgl. oben § 38]) das Gräßliche des Seesturms in den Vordergrund. Vgl. dagegen Hor. c. 2, 1, 23; Prop. 3, 9, 7 *omnia . . . rerum* (Shackleton Bailey, Propertiana 158f. mit mehreren Beispielen), was dann schon manieriert wirkt. Dieser Art Gräzismen finden sich in der (vielfach entstellt, hier nach Bursian 40, 1884, 139 zitierten) Arbeit von J. Schäfler, Die sog. syntaktischen Gräcismen bei den august. Dichtern, Diss. München 1884.

Zusammenfassend wäre die folgende methodische Forderung zu formulieren: Wo eine Struktur auftritt, bei der sich griechische Vorbilder vermuten ließen, sind vier Fragen zu stellen: 1. Hat die Struktur lateinische, ererbte Analogien (oben § 98 Ende)? Wenn ja, ist 2. festzustellen, ob diese so stark sind, daß eine bewußte Anlehnung an Griechisches nicht mehr behauptet werden kann. 3. Wenn es sich um einen bewußten Gräzismus handelt, dient er der Erweckung spezifisch griechischer Atmosphäre, und wenn ja, warum? An schönen Klang wäre zu denken (Hor. sat. 1, 1, 100 *Tyndaridarum*!) oder an eine Erinnerung daran, daß hier griechische Texte übertragen werden. Und 4., wenn an spezifisch griechische Atmosphäre nicht zu denken ist, sondern allein daran, daß hier eine griechische Sprachmöglichkeit genutzt wird, ist zu fragen, wem sie nütze: der Entschwerung oder der Metrik (Kürzengewinnung z. B.).

b) Zurückbleiben hinter dem Erwartbaren

§ 124 Es ging in den §§ 103–123 um Formen des Überbietens von Erwartbarem (wie des «mot propre»); jetzt geht es um Formen von Unterbietungen, welche die Erwartung gleichsam enttäuschen. Aufs Quantitative gesehen, wäre da das simple Fortlassen des zu erwartenden Worts zu nennen; aufs Qualitative geschaut, wäre besonders an die Prägnanz zu denken. – In diesem Kapitel «Zurückbleiben hinter dem Erwartbaren», das die Nicht-Setzung bzw. Ersetzung des Verbum Proprium behandelt, geht es um einzelne Wörter oder Wortgruppen (noch nicht um den Ausdruck von Gedanken in Sätzen). Darum ist hier das Kapitel «Einfachheit und Kürze» bei (Leumann-)Hofmann-Szantyr (S. 822) nicht anwendbar, da dort die Behandlung des Einzelwortes mit der von Gedankenkomplexen zusammengetan wurde.

ba) Vorbemerkung

§ 125 Im folgenden geht es um Aussparungen, die zu Ergänzungen zwingen, und zwar um vier Arten:

1. Ein Wort, das in selbiger Gestalt bei mehreren Satzgliedern stehen müßte, wird nur bei einem gesetzt und muß bei den anderen ergänzt werden: *vicit pudorem libido,* ⟨vicit⟩ timorem audacia, *⟨vicit⟩ rationem amentia* (Quint. 9, 3, 62). Diese Aussparung heiße ἀπὸ κοινοῦ (in EP § 82 «Haplothese» genannt, es ist aber besser, weil weniger verwirrend, die althergebrachten Termini zu verwenden).

2. Ein Wort, das stammgleich, aber in verschiedener Flexionsform bei mehreren Satzgliedern stehen müßte, steht nur bei einem: *ecce . . . sub pedibus mugire solum* ⟨visum⟩ et iuga coepta ⟨visa⟩ moveri silvarum, visaeque canes ululare Verg. Aen. 6, 255 ff. («Siehe, unter den Füßen ⟨schien⟩ der Boden zu brüllen, die Waldhöhen ⟨schienen⟩ ein Schwanken zu beginnen, und Hunde schienen zu heulen»); vgl. Norden z. St., dem die hier vertretene Auffassung der Verse verpflichtet ist. Diese, zuweilen ebenfalls ἀπὸ κοινοῦ genannte Aussparungsform sei hier (wie in EP § 83; Lausberg § 692; LHS 824) Syllepse genannt.

3. Wenn ein Wort, das nicht gesetzt, aber zu erwarten ist, aus einem anderen erschlossen werden muß, das aber weder gleich noch ähnlich, sondern nur sinnverwandt ist, dann spricht man von Zeugma:

Bei Properz 1, 3, 16 nähert sich der Liebhaber der schlafenden Geliebten und möchte *oscula ... sumere et arma manu*; hier muß entweder die ungewohnte Verbindung *oscula sumere* (statt *carpere* o. ä.) hingenommen (und goutiert) werden, oder aber man stellt sich vor, daß aus *sumere* das sinnverwandte *carpere* zu ergänzen sei, was z. B. auch Camps «Zeugma» nennt. (Hier kommt es zu oft ungewollt skurrilen Koppelungen von eigentlichen und uneigentlichen Objekten eines einzigen Verbs [Ov. ars amo. 1, 551: «die Gesichtsfarbe, Theseus und die Stimme entwichen der Frau», nämlich Ariadne].)

4. Das ersatzlose Fortlassen eines erwartbaren Wortes, das leicht hinzugedacht werden kann, ist die Ellipse, z. B. *di melius!* d. h. *melius faciant*.

Bemerkung zur Nomenklatur: Die Sachverhalte werden in den Kommentaren naturgemäß fast immer genau beschrieben, die Benennungen aber schwanken. Was hier Zeugma genannt ist, nannte z. B. Martin 300 Syllepsis usw. Das wiederum, was hier Syllepse genannt wird, d. h. also der Fall der Erschließung eines Wortes aus einem anderen stammgleichen, aber formverschiedenen, wird vom Anonymus De Figuris (Rhet. Graec., ed. Spengel III, Leipzig 1856) S. 172, 29 unter Anführung von λέγω ἐγὼ καὶ σύ als Beispiel Zeugma genannt; Zonaeus dagegen nennt (Rhet. Graec. III, 168, 23ff.) Zeugma das, was hier mit ἀπὸ κοινοῦ bezeichnet wird, und Herodian (ebd. 3, 100, 15) gab der Erscheinung, daß eine Beifügung formal zwei Substantiven gegeben wird, obschon sie nur auf eines davon zutrifft, den Namen Syllepse (sein Beispiel ist Pind. fr. 243 Snell-Maehl). Angesichts dieser Differenzen scheinen die Namen frei verfügbar.

bb) Aussparungsformen

α) Ἀπὸ κοινοῦ (EP § 82)

§ 126 Man unterscheide (mit LHS 824, D Anf. und 834, § 57 Anf.) die Setzung eines auf zwei Satzglieder bezogenen Wortes beim ersten Glied von der Setzung beim zweiten; beide Formen sind «ἀπὸ κοινοῦ» genannt worden, man sollte diesen unschönen, jedoch geläufigen Ausdruck ruhig beibehalten, aber die Formen unterscheiden, d. h. die Früh- und die Spätsetzung[85].

§ 127 Ἀπὸ κοινοῦ I (Frühsetzung): Ein Beispiel bietet Lukan (1, 292/3): Curio *tantum ... addidit irae accenditque ⟨tantum⟩ ducem, quantum ...* Er verwendet *tantum* zunächst als Substantiv, dann als

[85] Zum ἀπὸ κοινοῦ allgemein KS 3, 2; 559, 5 (aufgeschlüsselt nach Wortarten).

Adverb (s. Housman a. a. O. und D. Gagliardi, M. Annali, Lucani Bell. Civ. I, Neapel 1989, 84); ein Beispiel, das man auch als Syllepse verstehen könnte, da *tantum* nur klanggleich, nicht aber wortartgleich ist[86].

§ 128 Ἀπὸ κοινοῦ II (Spätsetzung): Dort, wo Aeschylus seine Klytaimnestra auf die frohe Botschaft des Boten antworten läßt (Ag. 589), «frohlockt» sie über «die Eroberung und Ilions Zerstörung»; hier gehört «Ilions» auch zu «Eroberung», das objektlose «Eroberung» erregt eine Spannung, die erst durch das spätgestellte «Ilions» beruhigt wird (Weiteres in Fraenkels Komm.).

Derlei spätgestellte ἀπὸ κοινοῦ-Formen der Präposition sind im Griechischen sehr häufig (Pind. Nem. 10, 23, 38 usw.; s. Verdenius II zu Ol. 7, 12); das ahmten die lateinischen Dichter seit Catull nach, bes. die Augusteer (LHS 835f.; Mi.), z. B. Verg. Aen. 5, 512: Die Taube fliegt *⟨in⟩ Notos atque ... in nubila* oder Hor. c. 3, 25, 2: *quae ⟨in⟩ nemora ⟨agor⟩ aut quos agor in specus*: doppeltes ἀπὸ κοινοῦ. Weitere Belege Camps zu Prop. 3, 9, 23.

Ἀπὸ κοινοῦ-Stellung des Nomens: Lucr. 3, 567f. (*primordia* gehört zu *tenentur* und *possunt* [s. Kenney zu 567] und ist sogar durch Versgrenze getrennt); Prop. 3, 13, 13 (weiteres in Fedelis Ausg. S. 300); im Genetiv: Austin zu Verg. Aen. 2, 309 *manifesta fides* (scil. *Danaum*) *Danaumque ... insidiae*; des Verbs: Prop. 1, 8, 7 (*potes*, s. Fedeli zu v. 7–8) usw.

β) Syllepse (EP § 83)

§ 129 Wenn im Falle von zwei Satzgliedern das eine vollständig ist (Verb mit Objekt z. B. oder Präposition mit Nomen, Nomen mit Attribut), das andere nicht und man die Vervollständigung so erreicht, daß man nicht wie beim ἀπὸ κοινοῦ ein formgleiches, sondern ein formähnliches ergänzt, dann spricht man von Syllepse (LHS 824 D)[87].

Es sei wiederholt: Syllepse bezeichnet hier den Aussparungsfall, bei dem ein Wort aus einem im Kontext v o r k o m m e n d e n formähnlichen erschlossen werden muß. Man lese gleich Ennius, ann. 392f. Sk.: *tinnit hastilibus umbo, / aerato sonitu galeae ⟨tinniunt⟩*, oder *heu quotiens fidem ⟨mutatam⟩ mutatosque deos flebit*, sieht Horaz c. 1, 5, 5f. voraus.

[86] Zu Typ I der ἀπὸ κοινοῦ-Figur s. F. Leo, Analecta Plautina 1, 44f.

[87] Vgl. Lausberg § 692; LHS 824; Norden zu Aen. 6, 256ff. (Anfang); Clausen in seiner Persius-Ausg. zu 1, 131; Dubois 127f. – Ein gutes Beispiel ist auch Hor. c. 1, 8, 13f. (*latuisse* aus *latet* zu ergänzen).

Die Grenzen der Nomenklatur macht Verg. Aen. 6,283f. deutlich: Im Inferno steht eine Ulme, dunkel und groß, *quam sedem somnia vulgo vana tenere ferunt, foliisque sub omnibus [somnia] haerent*: Hier ist das erste, erschließungsermöglichende Wort *somnia* Akkusativ, das zweite, zu erschließende, muß Nominativ sein (zu Luc. 1,291/3 s. Housman im App. zu 293 und oben § 127) – ἀπὸ κοινοῦ (weil formgleich) oder Syllepse (weil kasusverschieden)?

γ) Zeugma (vgl. EP § 84)

§ 130 Zeugma bezeichnet den Aussparungsfall, in dem ein ausgespartes Wort zu erschließen ist aus einem im Kontext vorkommenden, das jedoch weder form-gleich noch form-ähnlich, sondern lediglich s i n n - v e r w a n d t ist[88].

Verg. Aen. 3,385/6: Helenus prophezeit, *salis Ausonii lustrandum navibus aequor infernique lacus Aeaeaeque insula Circae: adeunda* o. dgl. (Williams zu 5,87f.) ist aus *lustrandum* zu erschließen bzw. zu ergänzen.

Einige Beispiele: Lukan (1,357) schreibt über den aufhetzenden Laelius, er habe die *emeriti insignia doni* getragen und er sei Primipil gewesen: *summi tum munera pili Laelius emeritique gerens insignia doni*: *gerens* ist bei *munera* ausgelassen, aus dem ins ἀπὸ κοινοῦ gestellten *gerens* ist es zu ergänzen, so daß man zur Junktur *munera gerere* käme, was eine Rarität ist. Oder soll man hier von Syllepse reden und sich zu *munera* etwa *sustinere* (Caes. b.g. 6,18,3) hinzudenken (das normale *fungi, perfungi* ist wegen seiner Ablativrektion ja nicht heranzuziehen)? Aber es muß ja auch nicht alles «more arithmetico» aufgehen. – Instruktiv Unvergleichbares bringt Kroll zu Cat. 14,21[89]. Wenn er *hinc*

[88] Zu dieser Aussparungsform im allgemeinen vgl. § 124,3 und Lausberg §§ 701ff.; LHS 831ff.; Martin 300f., Eisenhut 88 (es ist nötig, die Terminologie zu vereinheitlichen). Vgl. J. Vahlen, Kl. phil. Schr. 2,733; E. S. McCarthney, CQu 23, 1929, 79–94.

[89] Eine ungemein schwierige Art der Ersparung ist die «verteilte Aussparung» (Kiefner 43ff.) *Callimachi manes et Coi sacra Philitae* bei Properz (3,1,1), womit man Schiller, Der Taucher: «Den Gürtel wirft er, den Mantel weg», vergleichen kann. Derselbe Properz schrieb schon in 1,5,11 *non tibi iam somnos, non illa relinquet ocellos*; hierin gehört *tibi* auch zum zweiten, *illa* und *relinquet* (ἀπὸ κοινοῦ II) auch zum ersten; vgl. 3,14,18 (*victor* und *futurus* «verteilt»). Vgl. Langens Sammlung zu Val. Fl. 1,18. – Hier wäre auch die fälschlich so genannte «Scheinanapher» einzuordnen: «Bei der zuletzt von Feh-

. . . *valete, abite* ein «Zeugma» nennt, so zeigt das, wie unsicher die Beurteilung ist, wie fein aber auch das Sensorium eines solchen Interpreten. Von einem Zeugma im eigentlichen Sinn einer Ergänzungsfigur kann deswegen keine Rede sein, weil zum autarken *valete* nichts zu ergänzen ist; Krolls Verweis auf 64, 273 (S. 32, 13 v. u.) zeigt aber, was er ahnte, nämlich, daß mit *valete* aus Gründen der Sprechpsychologie (Emotionsdruck des «Fort!, fort!») sich unlogisch zwischen *hinc* und *abite* ein zweiter Ausdruck des «Fort!» einschiebt wie in 64, 273 ein ganzer Hauptsatz (S. 179, 15 v. u.). S. ferner Prop. 1, 3, 16 (vgl. oben § 125, 3): In dem Verse 15f. *(puellam temptare) osculaque admota sumere et arma manu* sind *oscula* und auch *arma* Objekte zu *sumere; oscula sumere* ist aber eine so ungewöhnliche Junktur (s. Leo, Observ. Crit. 196f. und Fedelis Komm.), daß man sich auch ein anderes Verb hinzudenken könnte (*carpo* o. ä.).

Anders liegen die folgenden Beispiele, sie zeigen Syllepsen, die eindeutig der obigen Definition entsprechen: Bei Val. Fl. 1, 566 erinnert Aegaea an die Heimkehr des Bacchus *orbe peracto* (d. h. *peragrato*) und an die Apolls, um ein gutes Omen zu schaffen: *sic orbe peracto / Liber et expertus terras* [in Ehlers' Text ausgefallen] *remeavit Apollo*, wozu Langen anmerkt: «*remeavit* ad solum spectat Apollinem, et ad subiectum (quod est *Liber*) subaudiendum ex zeugmatis figura *venit*». So auch Stat. Theb. 1, 573f.: Nachdem Apoll den Drachen Pytho getötet hatte, kam er zu König Crotopus; der hatte eine schöne Tochter in noch jungen Jahren: *felix, si Delia / numquam furta ⟨commisisset⟩ nec occultum Phoebo sociasset amorem!* Hierzu Mulders Kommentar: Aus dem Begriff *sociare amorem* muß zu *furta* ein sinnverwandtes Verb ergänzt werden, wie durch die Klammern angedeutet. Nicht minder schwierig ist die Positiv-Negativ-Syllepse, die verlangt, aus einer negativ formulierten Litotes (s. § 145) einen positiven Ausdruck zu machen, vgl. Prop. 1, 2, 29, wo aus *nec desit* (v. 29) ein *adsunt* zu

ling 59 behandelten Scheinanapher handelt es sich um die Verteilung meist von Substantiv und Attribut auf zwei verschiedene . . . Teilsätze, die durch dieses entstandene reziproke ‹Apo-Koinou› wieder gebunden werden. . . . Man vgl. Verg. Aen. 9, 12: . . . *nunc tempus equos, nunc poscere currus*. Innerhalb der lateinischen hexametrischen Dichtung läßt sich die Scheinanapher meist innerhalb desselben Verses beobachten, z. B. Prop. 1, 16, 35 [*sed tu sola mei tu maxima causa doloris*]. Kühnstes Beispiel m. W. Val. Fl. 5, 35–7: *non tulit Aesonius geminis flagrantia cernens / corpora cara rogis, sed pectore ductor ab imo / talia voce gemit* (zu Unrecht bleibt Kleywegt ANRW II, 32, 4; 2462 bei der Konjektur *Aesonides*)», W. W. Ehlers, brieflich.

ergänzen ist (Weiteres Enk z. St.; zu *nec* + Positivum statt *et* + Negativum s. 1, 20, 14; zuerst so Verg. Buc. 2, 40; s. Clausen mit Lit.). Das wären dann echte Syllepseis.

δ) Ellipse (EP §§ 85–90)

§ **131** Selbstverständlich gibt es auch in der Umgangssprache Ellipsen[90], und zwar in großer Zahl und vielen Formen: «Du auch?», fragt man und will wissen, ob «Du auch ein Stück Kuchen möchtest» usw. (Hofmann LU § 156; zu fachsprachlichen Ellipsen z. B. Rolfe, ALL 10, 1898, 231 ff.; LHS 223). Derlei findet sich naturgemäß auch in der Dichtersprache (Langen zu Val. Fl. 2, 51; Harrison zu Verg. Aen. 10, 121: Listen von ausgelassenen Formen von *esse*; Housman zu Luc. 1, 441: Liste von ausgelassenen *es*): Wo liegt der Unterschied?

Die umgangssprachlichen Formen der Ellipse dienen naturgemäß der Vereinfachung, sei es des Sprechtempos halber, sei es des Emotionsdrucks wegen. Auch in der Dichtung wird manches leicht Erschließbare um der Entschwerung willen fortgelassen. Die Unterschiede beginnen beim Verrätseln und Raffinieren; d. h.: Auf den umgangssprachlich-selbstverständlichen Formen aufbauend, sie voraussetzend, aber überhöhend und überspitzend, beginnt das Poetische dort, wo das Suchen und allmähliche Erschließen beginnt: Bei Horaz c. 1, 1, 8 (jemandem macht es Freude, *si mobilium turba Quiritium certat tergeminis [eum] tollere honoribus*) ist die Ergänzung eines *eum* leicht; wenn Statius (Theb. 2, 389 f.) dagegen von jemandem sagt, *ramus manifestat olivae / legatum* und man *eum esse* zu ergänzen hat, ist das schon schwieriger. Oder Ovid (met. 1, 212): Juppiter berichtet vom Lycaon-Frevel, wie er vom Olymp hinabgestiegen sei, um sich zu vergewissern, voller Sorge, die Gerüchte über dessen *infamia* könnten wahr sein: *quam cupiens falsam summo delabor Olympo*: Hier ist ein *esse* ausgelassen, Bömer verweist natürlich zu Recht auf altlateinische Erscheinungen wie *te volo servatum*, doch die Ellipse bei einem echten Adjektiv ist ohne «weiteres Beispiel in der augusteischen Dichtung» (Bömer)[91].

[90] Zur Ellipse allgemein s. LHS 419 ff.; 824 D; Lausberg § 690 ff.; wichtigst E. Löfstedt, Syntactica 2, 233/74. Eden zu Verg. Aen. 8, 18 (über die Seltenheit der Ellipse in der älteren Dichtung); S. 309 in Fedelis Properzausgabe. Eine besondere Art z. B. die nachäffende: Ter. Eun. 65.

[91] Eigenartigerweise gibt es Prosabelege seit Cicero (s. Bömer a. a. O.):

§ **132** Verba dicendi u. ä.: Sie auszulassen, gehört zum Gewöhnlichen (Löfstedt, 2, 264; LHS 424, Abs. 2 Anf.; Lapp 76). Vgl. Juv. 2, 65: *quid enim falsi Laronia?* Diese «Dame von schlechtem Ruf» [Knoche] hat das Heucheln ihrer Liebhaber satt und sagt die Wahrheit, und «was hätte sie wohl gelogen?». Doch eben dies «lügen» ist ausgelassen. *Cum fragor hiberni subitus Jovis ⟨intonuit⟩* ist arg verkürzt (Stat. Theb. 3, 26, ergänzbar aus Verg. Aen. 2, 693, s. Heuvel z. St., der weitere Beispiele beibringt; Langen zu Val. Fl. 1, 174).

Aufschlußreich ist der Vergleich von Verg. Aen. 1, 335 *tum Venus* (scil. *dixit*) mit Stat. Theb. 1, 447 *vix ea* (scil. *fatus erat*): Die Auslassung von Verba dicendi nach *tum* + Namen ist Legion (s. z. B. Palmer zu Ov. her. 10, 37; die Komm. zu Prop. 1, 13, 13), nach *vix* sind sie äußerst selten (Heuvel z. St.), der spätere Dichter verstand es, die alte Lizenz zu überspitzen.

Auch hier zeigt es sich zuweilen, daß verfeinernde Mittel auch sinnträchtig eingesetzt werden können: In Prop. 3, 24, 11 f. fehlt nach *hoc ego* ein Verbum avertendi, der Sprecher stammelt also vor Erregung (Tränkle 7 f., vgl. meinen Poenulus-Komm. zu v. 427; nicht verschwiegen sei aber, daß an der Properz-Stelle gebessert wurde, s. Shackleton Bailey, Propertiana 214, dem u. a. Camps nicht folgt). Die Stelle ist nicht eindeutig geklärt, klar ist jedoch, daß eine harsche Ellipse vorliegt, die im Sinne Tränkles zu deuten ist.

§ **133** Formen von *esse*: Daß *est* gern ausgespart wird, ist geläufig (Smith zu Tib. 1, 3, 43 Ende [s. § 131 Anf.]; LHS 420 a); doch die Ellipse von Vergangenheitsformen ist seltener (LHS 421 c): Ein früher Beleg findet sich bei Ennius (ann. 78 Sk.): *omnibus cura viris ⟨erat⟩*, ein später wäre dieser: *nunc regio diversa viae?*, «War die Richtung (ihres) Weges etwa eine andere (als wir annahmen)?»; hier (Stat. Theb. 3, 9) ist *erat* zu ergänzen: «*eram, fui, ero* werden hauptsächlich in gekünstelter und dichterischer Sprache erspart» (LHS a. a. O.). Konjunktivische Formen werden auch in der Umgangssprache ausgespart, wenn das Gemeinte sich von selbst versteht (*bene tibi [sit]* z. B. s. LHS 421 d; oder im indirekten Fragesatz, wo der Konjunktiv ohnehin nicht immer ganz fest war [§ 83 Mi.]), doch *esset* im Konditionalsatz auszulassen (Stat. Ach. 1, 142 f.: *si . . . fateri / ausa [esset]*, s. Dilke), ist härter. Am härtesten dürften dann Doppelellipsen sein wie *si mihi, quae quondam [fuerant], vires [essent]* (Val. Fl. 1, 51, s. Langen zu 1, 489; Friedländer zu

Drang diese Ellipsenform aus der Prosa erst spät in die Dichtung ein? Gehört sie somit zu jenem Streben nach Einfachheit bei aller Raffinesse, das für die Augusteer kennzeichnend ist?

Juv. 1,88, der Luc. 8,541/4 und Sen. Tro. 339 nennt: An allen Stellen ist zu *hos animos* ein «schuf», «bred» [Fantham, Seneca's Troades, 1982, 148] zu ergänzen; dasselbe bei Courtney)[92].

§ **134** Verba anderer Art: 1. *Verba dicendi* und Formen von *esse* werden häufig ausgelassen, derlei gehört zur gewohnten Sprache (Überspitzungen hier nicht mit eingerechnet); andere Verba (außer etwa *nasci, oriri*: LHS 424 Abs. 2 Anf.) auszusparen, ist seltener: Verba des Gehens u. dgl. sind nicht schwer zu ergänzen in Ter. Ad. 100 *quorsum istuc?* («Wohin zielt das?», oder: «Wo will das hinaus [d. h.: gehen]?»); schwieriger Prop. 4,3,51: Das Mädchen härmt sich, ihr Liebhaber ist fern bei den Soldaten, könnte sie nur auch dorthin (aber das ist unmöglich, sie weiß nicht, wo er ist); *nam mihi quo?*, d. h. doch wohl *mihi quo ire licet* nach Rothstein, was LHS a. a. O. akzeptieren[93], oder auch *eundum* (zu *nam/nunc* an dieser Stelle s. Fedelis Komm.).

Eine nicht gar so harte Ellipse: *ilico istic ⟨consistite!⟩*, Enn. Thy. 293 Joc. So ist etwa auch Vergils *libertas, quae ⟨quamquam⟩ sera, tamen respexit inertem* (Buc. 1,27; Clausen mit Parallelen und Lit.) zu erklären; härter dagegen ist *iustis miscens tamen aspera coepit* für *quamquam verba erant iusta, tamen eis aspera admiscuit* (Stat. Theb. 2,392, s. Mulder S. 245), weil bei Vergil ein einfaches Verb zu ergänzen war, hier aber so etwas wie *iustis (his verbis ‹essentibus›)* herauszuhören wäre, wie man mittelalterlich ergänzen könnte.

2. Es sei hier auf eine weit verbreitete Art der Aussparung aufmerksam gemacht, die in der Dichtersprache ins Extrem getrieben wird. Philoktet klagt darüber, daß Menschen zwar auf seine Insel kommen, aber nie daran denken, σῶσαί μ' ἐς οἴκους (Soph. Phil. 311 statt «retten, *indem sie mich heimbringen*»). Sophokles (Ant. 973) spricht von einer «Wunde, die hinein-geblendet» ist (τυφλωθὲν ἕλκος), wozu bei

[92] Vgl. Smith zu Tib. 1,5,73; Leo, Obs. Crit. 185; Helm zu Rut. Nam. 1,23; Th. Winter, De ellipsi verbi *esse*, Diss. Marburg 1907. Wie Dichter das Gewöhnliche überbieten, lehrt u. a. Juvenal (1,1): *semper ego auditor tantum?* («Immer soll ich nur der Zuhörer sein?», Knoche), wozu zumindest ein *sim*, eher *cogar esse* zu ergänzen ist. Zur Emotion als Ellipsengrund s. Heinze zu Hor. sat. 2,5,102.

[93] Gänzlich gesichert ist diese Auffassung nicht: Es mag sein, daß man ergänzen muß: *nam mihi quo [purpura fulgeat], Poenis tibi purpura fulgeat ostris* (so W. Willige in seiner Übersetzung in der Tusculum-Bücherei), noch anders Butler-Barber. Williges Auffassung ließe sich durch Hor. sat. 1,6,24 stützen. Camps: «*quo*: ‹to what avail?›»; Goold (Loeb-Ausg.): «For to what purpose?» usw. Der Text ist unsicher, sicher aber die Ellipse. Vgl. die Komm. zu Verg. Aen. 4,98.

LSJ s. v. τυφλόω 1 vermerkt ist: «inflict a blinding wound», also: Ausgelassen wurde «zugefügt» (so auch G. Müller im Komm. S. 225).

Bei Verg. (Aen. 6, 370) fleht der noch unbeerdigte Misenus Aeneas an, ihn mitzunehmen: *da dextram misero et tecum me tolle per undas: tollere* heißt «an Bord nehmen» (Conington zu Aen. 3, 601), aber *tolle per undas* ist eine Verkürzung von *tolle me et fer me tecum per undas*. Schwieriger ist die Auslassung ganzer Wortgruppen: Statius (Theb. 1, 301) sagt, der Bruder solle den Bruder vom Palaste fernhalten *alternum regni infitiatus honorem*, worin doch wohl *infitiatus [se ei debere] honorem* zu ergänzen ist (TLL 7, 1; 1452, 1).

Aufschlußreich ist der Vergleich von Cat. 2, 4 mit Stat. Ach. 1, 170: *incitare morsus* («Bisse aufreizen» für «zu Bissen aufreizen») ist nicht ungewöhnlich, *incitat ⟨leones, ut monstrent⟩ ungues* ist gewiß gewagter (Dilkes Erklärung ist richtig, anders TLL 7, 1; 931, 4). – Eine auffällige Kurzform ist die von Löfstedt, Synt. 1, 244/8 behandelte Ausdrucksweise *ferocem facis* (Pl. Most. 890), «du spielst den Wilden», eine Ausdrucksweise, die auch in hoher Poesie vorkommt (Verg. Aen. 2, 591 *confessa deam*; Austins «Virgilian invention» ist kaum richtig); eine Ellipse von *se esse* ist nicht anzunehmen, wohl aber liegt eine Verkürzung bei Stat. Theb. 1, 257 vor: *vultu confessus (qui sit)*, und zwar eine höchst verdunkelnde.

Hierher wird Val. Fl. 2, 90f. gehören: *(Vulcanus) Lemni litore insonuit*. Hephäst wurde von Zeus aus dem Olymp geschleudert, fiel auf Lemnos herab und rief beim Aufprallen ein Geräusch hervor. Langen nannte dies eine «felix brevitas», man wird dem zweiten zustimmen, denn so etwas wie *cadens* oder *delapsus* scheint fortgelassen (vgl. TLL 7, 1; 1939, 27). Vergil hatte (Aen. 11, 595f.) an einer ähnlichen Stelle sehr wohl ein *delapsa* eingesetzt *(levis caeli delapsa per auras insonuit*, nämlich *Opis)*, eben dies *delabi* ließ Valerius fort. – Ähnlich schrieb Properz 4, 1, 70f., wenn er vom Wettrennen sagt: *has meus ad metas sudet oportet equus*. Das «zum Ziel Schwitzen» meint ein «schwitzend zum Ziel rennen», derlei findet sich allerdings auch bei uns in witzelnder Umgangssprache («hinsausen», «die Treppe hinaufkeuchen» usw.). Oder Prop. 1, 8, 12: Die Abreise der Geliebten steht bevor, und der Dichter wünscht sich, der Wind möge doch ja nicht *meas elevet . . . preces*: «hoch in die Lüfte heben – *und davontragen*» (nach Ov. am. 1, 8, 106 ergänzt; Tränkle 70f., 90ff.).

§ 135 Substantivellipsen: Daß man bei *summus* ein *amicus* mithören muß, ist seit Terenz geläufig (Ad. 352), schwieriger schon Val. Fl. 1, 97 *spargit [famam]; sedere animo* («entschlossen sein») ist eine geläufige Ausdrucksweise (Verg. Aen. 2, 660), *animo* jedoch fortzulassen und sich auf den «Dativ der betroffenen Person» + *sedet* zu beschränken (d. h.: sich auf die Geläufigkeit des *sedere animo* zu verlassen), ist entschieden eine auf vergilische Selbstverfeinerung zurückzuführende Raffinesse (Aen. 5, 418; 11, 551).

§ 136 Partizipialellipsen: Der Eindruck, daß auch auf dem Gebiet der Ellipse die dichterische Kühnheit immer größer wird, die verrätselnde Dunkelheit zunimmt, läßt sich auch im Falle der Auslassung eines Partizips erhärten: *post pocula* und *post vina* bei Horaz werden zwar von Nisbet-Hubbard als «abbreviated construction» bezeichnet[94], aber das ist, so will es scheinen, schulmeisterlich, denn wer wollte da – pace Hz. ad c. 1, 18, 5 – schon ein Partizip ergänzen? In dem genannten Kommentar zu Horaz wird nun aber als Parallele aus Seneca (HO 79) *post feras, post bella, post Stygium canem* aufgeführt. Hier mischt sich Einfaches mit bereits sehr Raffiniertem, denn in dieser *gradatio* (die Höllenfahrt ist gewiß die schwerste Arbeit des Herakles gewesen) muß man etwa so ergänzen: *post feras ⟨occisas⟩, post bella ⟨confecta⟩, post canem ⟨captum⟩. Post bella* ist relativ einfach, aber *post Stygium canem* ist es ganz und gar nicht mehr.

Man vergleiche weiter: Lukan meint mit *post vulnera* in 3, 468 *post vulnera accepta*; Val. Fl. 7, 11 mit *ante tuos voltus* wohl *ante tuos voltus visos*[95] usw. Eine Untersuchung dieser Brachylogien würde wohl eine fortschreitende Kühnheit nachweisen können. Ihr Sinn war vielleicht neben der bloßen Verfeinerung und Verrätselung die Sammlung des Augenmerks auf den Hauptbegriff, das Substantiv.

Es scheint, als habe man, um eine altbekannte Phrase zu neuern, zuweilen einfach zur Ellipse gegriffen. In diesem Zusammenhang wird eine Stelle wie Stat. Theb. 1, 410f. interessant: *in verba . . . cunctatur.* Man wird daran denken, ein *abire* zu ergänzen (s. Mulder a. a. O.). Das mag von Vergil inspiriert sein: *audere (prodire) in proelium*, Aen. 2, 347 (falls heil: *audere* codd., Don.; *ardere* Gronovius, Mynors, vgl. Aen. 12, 71; doch einerlei, wie man liest, die Verkürzung ist davon unberührt). An dieser Stelle ist allerdings auch die Erklärung möglich, es handele sich um absolutes *audere* (TLL 2, 1255, 64ff.) mit finalem *in* (LHS 274, s. unten § 151). Die Annahme einer Ellipse ist allerdings nicht auszuschließen (Juv. 2, 2 mit Friedländers Kommentar).

Um das Gesagte (§§ 126–136) an einem belehrenden Beispiel ab-

[94] Zu c. 1, 18, 5 (vgl. LHS 827; Venini zu Stat. Theb. 11, 469).

[95] Ergänzt nach Housman zu Luc. 5, 473. Die Belege bei LHS 243 müßten sorgfältig gesiebt werden, besser 827 Mitte. Vgl. auch Langen zu Val. Fl. 1, 139. Ein spätes Beispiel: Prud. Psych. 88: *post Mariam*.

schließend noch einmal zu erläutern, sei auf Prop. 3, 9, 23f. verwiesen. Maecenas ist dort angesprochen, der zurückgezogen lebt, obschon er höchster Ämter würdig wäre: *cum tibi Romano dominas in honore secures et liceat medio ponere iura foro . . ., parcis* usw. «Obschon (es dir freistünde), in einem römischen Ehrenamt (das Amtszeichen der) Beile (zu führen), und es dir freistünde, mitten auf dem Forum dein Tribunal aufzustellen . . . , hältst du dich zurück» usw. Aus 24 *liceat* in 23 zu ergänzen, ist Ergänzung eines gleichen Wortes (ἀπὸ κοινοῦ II wie *minantem* in 47/8); die Ergänzung eines «führen» dagegen geschieht nach Maßgabe des lediglich sinnverwandten *ponere* (Zeugma [s. § 130], so auch Camps). Wenn es dagegen im selben Gedicht v. 39 heißt, *non referam Scaeas* (scil. *portas*), dann handelt es sich um eine (harte) Ellipse (Camps: «The ellipse is an unusual licence»).

ε) Brachylogie (EP §§ 91f.)

§ **137** Auch diese, die verkürzende Ausdrucksweise gehört in das Gebiet des Sagens von weniger als zu erwarten wäre, s. § 124. Gemeint ist dieses: Der Seher hatte den Griechen auf Aulis geweissagt, es bedürfe des Opfers einer keuschen Jungfrau, Ovid drückt das Folgende (met. 12, 30) dann so aus, daß Iphigenia *castum datura cruorem* vor dem Altar stand; nun ist nicht das Blut «keusch», der Ausdruck verkürzt – so könnte man argumentieren – ein *cruorem castae virginis*, wie Bömer S. 23 erklärt.

Aus den vielen Beispielen ergibt sich, daß man am besten nominale Brachylogien von verbalen unterscheidet.

1. Nominale: Achill sucht in der ersten Schlacht des Trojanischen Krieges nach Cygnus und Hektor (Ov. met. 12, 75f.), trifft dann nur Cygnus, denn *decimum dilatus in annum / Hector erat*, «Hektor war ‹aufgeschoben›» (so nach Verg. Aen. 9, 154f. [vgl. oben § 94 Anf.]), wobei Hektor «brachylogisch» (Bömer z. St.) für «Kampf mit Hektor» o. ä. steht.

2. Verbale: So dürfte die schwierige Stelle Ov. met. 3, 70 zu erklären sein: Kadmos hatte die Lanze so tief in den Rücken des Untieres hineingestoßen, daß er sie nur noch mit Mühe herausziehen kann; er muß sie nach allen Seiten hin kippen, wie man einen Pfahl kippen muß, der fest im Erdboden steckt, um ihn locker zu machen: *ubi vi multa partem labefecit in omnem, vix tergo eripuit*. Hier ist wohl *⟨flectens⟩ in omnem partem* zu ergänzen (Bömer erklärt *partem* mit «größtenteils», doch widerrät 1, 667: «überallhin»). Vergleichbare Auslassungen von Verben sind etwa *fert . . . a puppe notus* (Stat. Theb. 3, 29) für «carries

along (falling in) from puppis» (Snijder), vgl. Val. Fl. 2, 168: *oscula figunt bis vel saepius ingeminando* paraphrasiert P. Langen, wo Valerius nur geschrieben hatte: *oscula ingeminant*. Aus dem ursprünglichen «Verdoppeln» ist ein mehrfaches Tun geworden (Verg. Georg. 1, 411; Ov. met. 3, 369), wobei schon bald der Begriff des Zweifachen zu «mehrfach» verschoben und die Inhaltsleere von bloßem «Wiederholen» mit verschiedenen Gehalten gefüllt worden ist. Vielleicht war es Vergil, der auf diese Weise aus dem Dichterwort *ingeminare* (aus *geminare*, Ter. Ad. 173; Cic. part. 21) ein «mehrfaches Rufen» gemacht hatte (Georg. 3, 45; Bömer zu Ov. met. 3, 369). *Voces ingeminare* war vielleicht die Keimzelle, doch schon in Aen. 1, 747 ließ Vergil *voces* fort (Austin: «they make repeated shouts in applause»), ähnlich Aen. 2, 770: *Creusam ingeminans iterum iterumque vocavi*, wo aus *vocavi* ein *voces* leicht zu *ingeminare* ergänzbar scheint. Hieraus wurde dann später (Stat. Silv. 4, 5, 60) *barbiton ingemina sub antro*: «laß das Instrument ertönen» statt «laß die Stimme zum Instrument erschallen».

Eine Art von Brachylogie liegt auch in der Entschwerung dienenden Verkürzungen vom Typus *Neptunus ... emota tridenti fundamenta quatit* (Verg. Aen. 2, 610 f.) statt *emovet et quatit* bzw. *emovit et qu.*; s. Austin z. St.; Ov. met. 11, 455; Bömer zu 12, 138 f.: Das Partizip vertritt Verbum Finitum mit Kopula. – Allgemein zur Brachylogie dieser Art: Tränkle 70 f., 90 ff. (LHS 826 ist hier einmal nutzlos).

bc) Prägnanz (EP §§ 192–218)

Vorbemerkung: Prägnant soll man den Gebrauch nennen (zur Wortbedeutung vgl. A. 77), welcher weniger s a g t, als g e m e i n t ist; man kann auch von verhüllendem Gebrauch sprechen, muß dann aber an Beispiele wie das folgende denken: Wenn Sophokles (Phil. 16) einfach «Fels» sagt, aber «Höhle» meint («cave», Webster), sagt er weniger, als zu erwarten wäre, weil er die Nuance «hohl» unterdrückt bzw. vom Leser hinzudenken läßt. Das Determinans «hohl» fehlt, der Begriff «Höhle» ist also gleichsam nur durch das Genus («Fels») ohne die spezifizierende Nuance ausgedrückt. – Wer demnach ein Wort «prägnant», also sinnträchtig und sinnbeladen verwendet, sagt quantitativ weniger als der, welcher unverschlüsselt die Nuancierung voll ausspricht; er sagt lexemquantitativ weniger, als erwartbar gewesen wäre, gewinnt dadurch jedoch etwas hinzu, welches der unverschlüsselt und voll Ausdrückende nicht gewinnen kann: Die Prägnanz erlaubt es dem Hörer bzw. Leser, innerhalb des durch den Gattungsbegriff vorgegebenen Rahmens frei zu assoziieren, frei etwas hinzuzudenken und selbst sich etwas auszumalen[96]. Man kann dabei eine Grobeinteilung in prägnante Substantive, Adjektive und Verben vornehmen (eine kleine Sammlung bei Bömer zu Ov. met. 12, 167 *terebat*).

α) Substantiva, Pronomina

§ 138 1. Grad-Prägnanz: Wir lesen, ein Sportsmann sei «in Form», und verstehen, daß er in guter Form war: Den Grad des In-Form-Seins denken wir uns hinzu (s. § 139, 3). – Wenn Agamemnon die Seinen in der Ilias 5, 529 auffordert: ὦ φίλοι, ἀνέρες ἔστε, dann meint er damit Männer im eigentlichen Sinn des Helden, und Terenz (Eun. 154), Vergil (Aen. 6, 784) und Lukan (5, 358) gebrauchten das Wort im gleichen, gesteigerten Sinn. Man muß sich hier die Grad-Bestimmung hinzudenken wie in Prop. 2, 34, 1 *cur quisquam faciem dominae iam credat amico?*, wo *facies dominae* letztlich gewiß (wie Enk paraphrasiert) die *domina formosa* meint, zunächst aber grad-prägnant ist, und zwar nach oben hin: *⟨pulcra⟩ facies*[97]. Oder das Gegenteil, grad-prägnant gleichsam «nach unten»: Horaz scheut sich (c. 1, 6, 12), den Ruhm des Augustus *culpa deterere ingeni*, ihn «abzuschaben» durch die Schuld einer ⟨zu schwachen⟩ Begabung. Grad-Prägnanz liegt auch bei *aliquid*: «etwas (Gutes)» vor, z. B. Cat. 1, 4 (das ist allerdings wie das griechische λέγεις τι [«etwas ‹Vernünftiges›»] keineswegs spezifisch poetisch, s. Krolls Parallelen).

2. Zu ergänzen Tun oder Leiden: Verg. (Aen. 6, 795) verwendet in *iacet extra sidera tellus* (zum Stil s. § 219, Ende) das Wort «Sterne» im Sinne der Stern- bzw. der «Sonnenjahr-*Bahn*», wie Norden S. 97 übersetzt. Lukan (7, 298 f.) erzählt von Caesars Ansprache an seine Soldaten vor Pharsalus: Nur ein kleiner Zwischenraum (der des Ansturms) trenne sie noch vom Sieg, *camporum limite parvo absumus a votis*, d. h. von der E r f ü l l u n g der Wünsche.

Zu dieser Prägnanz gehört auch der Typus *invictus* = **invincibilis*

[96] Die Prägnanz fand bei LHS 826 ff. insofern eine unbefriedigende Würdigung, als recht Verschiedenes verbunden wurde; *dicere* = *⟨male⟩ dicere* (S. 827, a) ist gewiß prägnant, aber «Person statt Sache» (ebd., C) gehört ins Gebiet der Metonymie und *male reprehendere* im Sinne von «zu Unrecht» (ebd., D) ist keine Prägnanz, sondern nur ein Übersetzungsproblem.

[97] Vgl. μέτρον = ⟨Voll-⟩Maß, Il. 11, 225; Solo, fr. 1 D (13 G.-Pr), 52. Hierher gehören die bei Vergil und Horaz gern verwendeten ‹understatements› wie *bona Cinara* (Hor. c. 4, 1, 3 f.) – was ließe sich hier nicht alles hineinimaginieren!

(dies Wort gibt es nur als Adverb bei Apuleius), der zu lange und metrisch unbequeme Wörter meiden hilft. Eine Art von Prägnanz liegt deshalb vor, weil das Helden und Götter preisende «nie besiegt» den Begriff des «nie besiegbar» mitenthält. Ob ἀνίκητος (Hes. theog. 489, Pind. Py. 4, 91) hier Pate stand, ist nur vermutbar (s. Hz. zu Hor. epo. 13, 12), ebenso unsicher ist die Entscheidung, wo *invictus* diese Modal-Prägnanz besitzt, ob z. B. im Kultnamen des Herkules (zu ihm Bömer zu Ov. fast. 1, 562; Martin, Athenäum 50, 1972, 252ff. [brieflicher Hinweis von F. Bömer], z. B. Enn. Var., scip. 3 (S. 213 Vahl.^{2}); einige Beispiele: Acc. praet. 5 R. *te sancte, venerans precibus invicte, invoco;* sicher z. B. Verg. Aen. 10, 242f.: *clipeum cape, quem dedit* («machte zu einem unbesieglichen», vgl. § 110 n. Mi.) *ipse invictum/Ignipotens.* Verfeinert wurde diese Ausdrucksmöglichkeit durch Übertragung auf Dinge: Acc. trag. 559 R. *arma . . . ignavo invicta es fabricatus* (Warmington S. 517 «invincible»). Vgl. ferner Ov. met. 3, 340; Bömer in den Addenda zu 9, 673f.; vgl. auch *indefessus*, ἀκάματος: Ov. met. 9, 199 (Traglia, Helikon 20/21, 1980/81, 53; TLL 7, 2; 1130, 37f., 47f. [F. Bömer brieflich]).

3. Qualitative Prägnanz: Wenn, wie bei Val. Fl. 1, 283, *via* nach Maßgabe des folgenden Kontrasts *(umbra)* zu «Weg bei Tageslicht», «sichtbarer Weg» ergänzt, *umbra* dementsprechend als «nächtliche Bahn» verstanden werden muß, dann kann man von der Ergänzung einer Beschaffenheit (Qualität) sprechen (Langen, praef. S. 5). Hierher gehört auch die Pronominalprägnanz von *suus* = «zugehörig» oder «passend» (Ov. her. 11, 20 *non mea tela* = «not my cup of tea»; Scherer 24. Zu *meus* = *faustus* s. LHS § 104 e). So erklärt sich auch Prop. 1, 3, 37 *mea nox*: «die eigentlich mir gehörige Nacht». Zu *suus* = «günstig für . . .» vgl. Sen. Ag. 91 (s. Tarrants Komm.). – Ein deutsches Beispiel für ein Possessiv im Sinne von «gehörig zu . . .» findet sich in der Gesangbuchübersetzung des Ps. 146 («Lobe den Herrn», Str. 2), S. 198 des Ev. Gesangbuches.

4. Zu ergänzen, was bewirkt wird: Lukan verwendet in 1, 469f. *(vana fama inrupit animos populi) clademque futuram intulit* das Wort *clades* so, daß man «‹Angst vor der› Niederlage» verstehen muß[98], oder den Namen *Caesar* setzt er (1, 466/8) in der Weise, daß «⟨Furcht vor⟩ Caesar» zu ergänzen ist: *Caesar . . . per omnem spargitur Italiam*[99].

[98] J. D. Duff in der Loeb-Ausgabe interpoliert zutreffend «presentiments of desaster»; ähnlich C. M. Francken im Kommentar (Bd. 1, 1896); vgl. zur Sache EP § 195.

[99] Duffs (s. A. 98) «he spreads all over Italy» hätte ebenfalls eine Inter-

5. Ergänzung der Mitfolge: Horaz (c. 1, 18, 7) fordert, *ne quis modici transsiliat munera Liberi*; das «Überspringen» macht es leicht, in *munera* die Grenzen mitzuhören, die Bacchus mit der Gabe zugleich gesetzt hat[100]. Eine ähnliche Verkürzung liegt in Stat. Theb. 10, 927 vor: Ein Blitz ist *toto Jove* geschleudert, d. h. *tota Jovis vi* («hurled with the whole might of Jove», Mozley). Ein weiteres Beispiel in § 195, b.

Es wäre zu wünschen, daß die Prägnanz einmal viel vollständiger untersucht und auf ihre Arten durchforscht würde, als es hier geschah. Wahrscheinlich wäre es nicht allzu schwer, die Arten zu limitieren und innerhalb ihrer einen zunehmenden Wagemut festzustellen. Im folgenden werden der größeren Klarheit halber Beispiele von Prägnanz nach Wortarten geordnet.

β) Adjektiva (EP §§ 196–201)

§ 139

Konzessive, kausale und kausative Prägnanz

Konzessiv: Gewiß ist auch die konzessive Adjektivprägnanz nicht auf die Dichtung beschränkt (Adamietz 102 zu Cic. Mur. 10 *infimo*), aber sie ist hier besonders benötigt und gepflegt worden: Wenn Ovid (her. 10, 71) schreibt, *ne victor morerere*, dann bedeutet *victor*: «obschon du gesiegt hast» (vgl. Sen. Oed. 50 *adulta*: «obgleich hochgewachsen») usw.; ähnlich im selben Heroidenbrief Ovids (v. 142) *debitus* «‹eigentlich› geschuldet» (zum adversativen *qui* Mayer zu Hor. epi. S. 106 oben) usw.

Kausal: Daß attributive Partizipien prägnant gebraucht werden, ist schon gesagt (§ 138, 2), nämlich *invictus* als «unbesieg- b a r» (OLD s.

polation verdient, z. B. «rumor de Caesare» (Francken [A. 98], besser als C. E. Haskins [1887]: «spreads . . . his forces»).

[100] Hz. 89f.: «die *munera* des *modicus liber* . . . gehen nur bis zu einer bestimmten maßvollen Grenze»; NH 232: *munera* muß «Riten» bedeuten, es kann nicht «gifts» heißen, weil *transiluisse* damit nicht zusammenpaßt; «one needs a word which refers to what the drinker does and not what Bacchus does», denn nur der Trinker kann «überspringen», daher plädieren NH für L. Müllers *munia* statt *munera*, obschon sie zu Beginn ihrer Note sagten: «The use with *transiliat* is made possible by the presence of *modici*; *modum transilire* is a natural e x p r e s s i o n.» – Die einfache Annahme einer Prägnanz «⟨Grenzen⟩ der Gaben», nahegelegt durch *modici*, löst das Problem. Zu c. 1, 18; 2, 19; 3, 35, den Bacchus-Oden, vgl. Verf., Phil. 138, 1994, 83ff.

v. 2; LHS 392 b) oder «weil unbesiegt» und «obwohl unbesiegt» (LHS 384 unten und f.). Ähnlich die Adjektive. Cat. 8, 13 beteuert, er wolle der Frau gegenüber hart bleiben: *nec te rogabit invitam*, er werde sie nicht bitten, weil sie ja nicht wolle. Statius (Theb. 10, 165) sagt, daß ein von Apoll Besessener den Gott dennoch nicht zu fassen vermöge *fragili mente*: weil sein Sinn zu schwach.

Kausativ (EP § 200): Nach Quint. inst. 8, 6, 27 liegt in *pallida Mors* (Hor. c. 1, 4, 13) kausative Prägnanz vor: Der Tod macht bleich; Homer bereits verwendet κρυόεις so: kalt-*machende* Angst (Il. 9, 2, vgl. 64, s. zu Hes. theog. 936, Pi. Is. 1, 37); ebenso verstand «Servius» Verg. Georg. 1/66 und Quintilian Verg. Aen. 6, 275 *pallentes morbi* oder *(Morbi)*, da sie blaß machen (instr. 8, 6, 27); ähnlich Hor. c. 1, 10, 3: Merkur formte die Menschen zu gesitteten auch durch die «Ordnung schöner Palästra», *decorae more palaestrae*, worin nicht der Sportplatz schön ist, sondern schön macht (wie die athenischen Sportlerstatuen hinreichend belegen). Vgl. *tardus*, Hor. sat. 1, 9, 32; Hz. zu Hor. c. 1, 12, 39 *insigni* = «quae insignes reddit», «seit Homer (βέλεα στονόεντα [Il. 8, 159; LSJ «causing groans»] . . .) liebt die Poesie, dem Bewirkenden selbst die bewirkte Eigenschaft beizulegen» (sie «liebt es», aber es handelt sich nicht um einen festen Tropus: Norden zu Aen. 6, S. 138 f.); NH widersprechen Hz. ohne guten Grund. Vgl. ferner Bömer zu Ov. met. 1, 119 *siccis*[101]; Harrison zu Verg. Aen. 10, 271 *vastus*.

Weitere Formen der Prägnanz

Adjektiv im Sinne von «daß» oder «falls»: Nereus prophezeit (Hor. c. 1, 15, 33 f.), daß «die zornige Flotte Achills Troja und den phrygischen Fraun den ⟨Untergangs-⟩Tag hinausschieben» werden; nun ist die Flottenmannschaft (die sich mit ihrem Herrn identifiziert) nicht stets und immer zornig, sondern aufgrund des bekannten Anlasses für eine Weile, und es ist nicht die Mannschaft an sich, die solches bewirkte, sondern «der Umstand, daß die *classis* grollt» (Hz. z. St.), bzw. «the anger of the fleet» (NH mit Hinweis auf 1, 37, 13 *sospes* [«12» verdruckt] mit Note); ferner c. 3, 10, 15; bes. Hz. zu c. 3, 16, 32; S. 329 re. oben. Präzise gesprochen: Man hat sich an diesen Stellen die Beschränkung auf den zeitweiligen Umstand bzw. die momentane Kausalität hinzuzudenken. *Sospes* steht im Sinne von «falls» bei Horaz auch in c. 3, 8, 14 (s. dazu Wili 248). Es wäre allerdings zu überlegen, ob

[101] Vgl. Norden zu Verg. Aen. 6, S. 138 f. (seine Annahme einer Personifizierung entspricht dem Kausativischen: Wenn die Palästra «schön macht», hat sie eine Kraft); zur Personifizierung Jocelyn S. 224 oben zu Enn. scaen. 53.

man an all diesen Stellen nicht (wie die Klammerzusätze andeuten) mit temporaler Prägnanz (s. unten) auskäme oder mit kausaler (z. B. Hor. c. 1, 37, 13, dazu: LHS 393 unten [«der Umstand, daß»], KS 2, 1; 770): «weil kaum ein Schiff übrig».

Gradprägnanz: Agamemnon verspricht in der Ilias (9, 124) ἵππους πηγούς: nicht einfach «gebaute», sondern «gut gebaute» Pferde (vgl. § 138, 1 Anf.). Wie *aptus* in der Prosa nicht nur «passend», sondern auch «gut passend» bedeuten kann, so heißt *compositus* in Prosa und Dichtung «*gut* geordnet» (bei Ter. Eun. 935, [mißverstanden bei «Donat» und natürlich auch von Tromaras; «soigné» bei Marouzeau richtig]; vgl. Ov. ars am. 3, 345). Hierher könnte man die elative «sogar»-Prägnanz (Steigerung) stellen, z. B. Prop. 1, 19, 8: «sogar in der Unterwelt, *caecis locis*, vergaß Protesilaos seine Gattin nicht» (s. Rothstein und Willige «selbst»)[102].

Determinationsprägnanz: Von einer Aussparung des Determinans könnte man reden, wenn (nach Langen S. 141) Val. Fl. 2, 104 *sidereus* für sternhell setzt (gute Parallele ist Stat. Theb. 1, 577: «bright as a star», Mozley): Hier ist das resultatangebende Determinans unterdrückt; Ovid (met. 2, 349 *subita* mit Bömers Komm.) setzt *subitus* für «plötzlich *entstanden*» (s. Langen zu Val. Fl. 2, 51 *subitus*); Seneca nennt Aulis *tarda ratibus* (Ag. 567) und meint, die Insel gewähre den Schiffen nur zögernd die *Abfahrt*. Horaz verwendet *brevis* in c. 2, 14, 24 für kurz-lebig («short-term», Nisbet-Hubbard) usw.[103]

Temporalprägnanz: Wenn man unter «temporal» hier die Seinsweise in der Zeit verstehen will, einfacher gesprochen: ob etwas ist, noch nicht ist, sein wird usw., dann darf man das sog. proleptische (vorwegnehmende) Adjektiv «temporal-prägnant» nennen: Bei Aesch. Eum. 560 meint ἀνδρὶ θερμῷ nicht einen immer frechen, sondern den Mann, der «eben noch frech war». Bei Cat. 64, 269 heißt *placidum mare* «das eben noch ruhige Meer». W. Richter in seinem Komm. zu Verg. Georg., S. 129 nennt die Stelle 1, 70 also zu Unrecht den «viel-

[102] Fedeli zweifelt diese Auslegung in seinem Kommentar an, sie wird aber doch wohl am Richtigen nicht vorbeigezielt haben.

[103] Vgl. das Farbadjektiv, das vom Aufenthaltsort abgeleitet ist: Horazens «grüne Schlangen» (c. 1, 17, 8) sind so zu erklären: Sie leben im grünen Grase (so K. F. Smith zu Tib. 1, 5, 46: «the colour of the native element», Gow zu Thcr. 7, 59 [vgl. EP S. 188 unten]; weiter Hor. c. 3, 28, 10, Ov. met. 2, 12), also werden sie ‹grün› genannt; ganz wohl wird dem Leser dabei nicht sein, zoologische Phantasie wird nicht auszuschließen sein. Schwierig ist z. B. auch Verg. Aen. 4, 399 *frondentes remi*: Steht der Ausdruck für *frondentes rami, qui aliquando remi fient*?

leicht» frühesten lateinischen Beleg für die proleptische Adjektiv-Verwendung: *sterilem exiguus ne deserat umor harenam*, muß man das Land aufpflügen: damit das Land widrigenfalls dann nicht austrockne (vgl. weiter Verg. Aen. 3, 508; Sen. Oed. 155). Hierher gehören auch raffiniertere Temporalprägnanzen wie Hor. c. 1, 8, 4 *patiens pulveris* für einen, der «sonst doch immer gut den Staub vertrug (richtig Nisbet-Hubbard, die auch gut c. 1, 13, 9 erklären; s. auch Friedrich zu Cat. 66, 28 *fortior*)[104].

Prägnanz des Bezuges (vgl. § 138, 4): Wenn Verg. (Aen. 10, 781) *alienum vulnus* schreibt, aber eine Wunde meint, die «einem anderen zugedacht» ist («intended for», Harrison), dann unterdrückt er die Angabe, wen die Wunde betrifft. Ähnlich Aen. 12, 51: *nostrum volnus* steht für *nobis inflictum*; Statius (Theb. 2, 9) setzt *cognatus ictus* für *ictus a cognatis inflictus* (s. Austin zu Verg. Aen. 2, 433, Abs. 2 Mi.). Eine Spielart der verdeckten Bezogenheit («Prägnanz des Betreffs») ist des Ennius Ausdrucksweise *aerato sonitu* (ann. 393 Sk., 411 Warm.); ein Helm erklingt, von einem Geschoß getroffen, *aerato sonitu*; natürlich nicht «erzbewehrt» o. dgl., sondern «vom Eisen herkommend», «durch das Erz des Helms bewirkt», «the helmet (jangled) with brassy clang», Warmington. (Die vielfach angezweifelte Stelle dürfte durch die Annahme einer Syllepse begreifbar werden: *galeae ‹tinniunt›*, s. oben § 129; *sonunt* wollte Skutsch, *sonit* Baehrens [mit *aeratus, sonit aes*] in den Text setzen.) Ist dieses richtig, dann könnte man an der vielbehandelten Stelle Hor. c. 4, 7, 13 *caelestia* mit «vom Himmel bewirkt» übersetzen und hätte damit eine bessere Ausgangsposition gewonnen als viele der bisher versuchten (z. B. «am Himmel», E. Fraenkel MH 22, 1965, 68, A. 11).

§ 140 Nachbemerkung: Gewiß bleibt eine Fülle von verkürzenden Adjektivgebräuchen trotz der eben versuchten Einteilungen unerklär-

[104] Woytek zu Plaut. Pers. 594, S. 358 oben zu *doctus*. – Prop. 2, 34, 19 klagt, daß er sogar auf den eigenen Schatten eifersüchtig sei, wenn er mit sich allein sei: *ipse meas solus . . . aemulor umbras, solus* steht also für *si solus sum* (so Enk und Camps). Vgl. auch *prima nocte* im Sinn von «nur in der ersten Nacht» (Prop. 2, 5, 15). Hierher gehört auch *invisus* für «however envied» (M. Hubbard, Propertius, 1974, 107, A. 1 zu 2, 11, 3); so auch Hor. c. 1, 32, 6: *ferox bello . . . tamen*. Hierher gehört aber auch das prägnante Futur-Partizip *moraturis* bei Prop. 1, 3, 32 (die Strahlen wären gern noch verweilt). Was in einem Futur-Partizip verborgen liegen kann, zeigt gut Sen. Ag. 469: *agitata ventis unda venturis*; die See kann ja nicht von Winden aufgeregt werden, die erst noch kommen müssen. Diese Winde sind also *venti*, die *langsam* «auffrischen».

bar: Das griech. κακογείτων (Soph. Phil. 692) für einen, der das Leid mit mir teilt, dürfte nur schwer zu kategorisieren sein, ebenso Call. hym. 3, 113: κερόεις ὄχος von einem Wagen, der von gehören Zugtieren gezogen wird; leichter ist ἔρως ἔκδημος von einer Liebe zu einem Mann aus dem Ausland: Eur. Hipp. 32. Vielleicht gehört das zusammen unter eine Rubrik «Aussparung des Substrats» o. dgl. Man betrachte einmal ein einzelnes Wort; *caecus* heißt derjenige, der nicht sehen kann. Dann aber auch derjenige, der nicht gesehen werden kann (Pease zu Verg. Aen. 4, 2; S. 86 li.; TLL 3, 45, 45ff.): Prägnanz des Betreffs. Kann aber *caecus* auch noch das bezeichnen, worin man nichts sehen und daher sich nicht zurechtfinden kann (Manil. 1, 87 [Goolds «uncharted», also «unerschlossen» ist nur Paraphrase]; TLL 3, 44, 77)? Varros Hinweis auf die Bezeichnung eines Schlafraums ohne Fenster als *caecus* wird man nicht so auffassen, daß hiermit ein Raum gemeint sei, in dem man nichts sieht, sondern eher so, daß der Raum ohne Fenster personifizierend blind genannt wird, weil er keinen «Ausguck», keine «Augen» hat: Ling. Lat. 9, 58; gut eingeordnet von OLD s. v. 12, b. Und die Manilius-Stelle könnte man mit «unübersichtlich» übersetzen. Auch diese Stellen ließen sich als «Prägnanz des Betreffs» (Passivierung) verstehen.

Aber die «blinde Nacht» und die «blinde *testudo*», unter der man nichts sehen kann (OLD s. v. 4 und 5)? Ist hier nicht gemeint, daß man in der Nacht nichts sehen kann? Man wird eher an Kausativierung denken: Eine Nacht verhindert das Sehen, macht blind (OLD zu 5: «with spec. active force»). Dann aber die vielen Stellen, an denen *caecus* soviel wie «dunkel» bedeutet (TLL 3, 44, 70ff. [i. q. obscurus], *nox caeca* usw.); hier wird man davon sprechen, daß von der kausativen Nuance durch Ableitung die Bedeutung «dunkel» entstand, künstlich und gewagt (die Stellen im TLL sind fast [Cic. dom. 24 ist hochdramatisch] ausschließlich dichterische). Dann die Determinationsprägnanz bei *caecus* für «unsichtbar, woher etwas kommt»: Verg. Aen. 10, 733 heißt eine Wunde «blind», weil man nicht weiß, wer sie schlug (anders Harrison: «unseen since the back is turned in flight», was trivial scheint).

Diese wenigen und ganz unvollständigen Bemerkungen hatten den Zweck, zwar die Berechtigung und die Nützlichkeit der oben getroffenen Einteilungen deutlich zu machen, aber auch die Vielfalt der Ableitungen und Lizenzausweitungen spüren zu lassen, die sich der Kategorisierung (noch) entziehen; man denke etwa an die Überführung des *caecus* als Mangel des Sehens hinüber auf das Gebiet des Hörens (OLD s. v. 8). Vergleichbar wäre *dubius* (man betrachte nur den Gebrauch *dubius* = «undeutlich sehen machend» bzw. «undeutlich zu sehen» in

Ov. met. 4, 401 [«unsicheres Licht» der Dämmerung, s. Bömer; «prägnant» insofern, als in *dubius* der Begriff des Sehens hinzuzudenken ist] bzw. Sen. Ag. 457: Determinationsprägnanz).

γ) Verba (EP §§ 202–213)

Voll-Verba

§ 141 Die große Masse der Verba wird hier in 3 Klassen eingeteilt, in die «Allerweltswörter» wie *dare* (behandelt in § 142), in die Simplicia an der Stelle von Komposita (behandelt in § 144, B) und die übrigen Verba prägnanten Gebrauches (§ 141). Alle diese Klassen können gefüllten Gebrauch aufweisen, aber aus verschiedenen Gründen: daher die Unterscheidung. Bei den Allerweltswörtern muß man sich die Art, z. B. des «Gebens», hinzudenken, bei den Simplicia die Nuance dazufinden, welche das vermißte Präfix enthalten hätte, bei den übrigen gewisse verborgene Modalitäten wie etwa die euphemistische usw.

1. Determinationsprägnanz: Auch in der Prosa finden sich zahlreiche Vollverben, zu denen wir beim Übersetzen gern ein Hilfsverb hinzufügen möchten, um die Determination zu verdeutlichen: Caesar (b.g. 7, 85, 3) kennzeichnet die Lage vor der Entscheidung durch *Galli, nisi perfregerint munitiones, de omni salute desperant; Romani, si rem obtinuerint, finem laborum omnium expectant*. Hier würden wir Hilfsverben einfügen; die besonders gute Übersetzung von Ph. L. Haus in der Überarbeitung von W. Hess (Rowohlts Klassiker, Lat. Lit. 8, 1965, 186) verwendet denn auch «mußten» und «konnten». Oder Verg. Aen. 4, 430: *ferens* heißt hier soviel wie *placide ferens* (Serv.; vgl. Austin; ein Seemannsausdruck, «gradprägnant» wie in § 139, 2); *dolere* a. a. O. 434 bedeutet «in rechter, ziemlicher Weise Schmerz ertragen». *Vidimus* heißt bei Stat. Theb. 11, 122 «t a t e n l o s zusehen» usw.[105]

2. Kausative Prägnanz: Wie es bei den Adjektiva kausative gab, so gibt es solche Gebräuche auch bei Verba: *Caesar pontem fecit* ist ein

[105] Schon bei Prop. 2, 8, 31 heißt *viderat* wegen des *pertulit* «tatenlos mußte er zusehen». So ähnlich auch 1, 1, 12 *ibat hirsutas videre feras*: «sehen und dabei auch ertragen» («to brave», Camps). Das mag, wie Camps vermutet, von Verg. Aen. 3, 431 kommen. Verg. Aen. 12, 329 (vgl. Val. Fl. 1, 451): *volvere* für «t ö t e n d umstürzen»; Ov. met. 7, 22 (vgl. Stat. Theb. 1, 315): *concipere* als «s e h n e n d vorstellen»; Stat. Theb. 5, 462 scheint dann schon überspitzt: *clamare* für *clamore replere* (s. Schamberger 319). Leichter ist *respiro* für «e r l e i c h t e r t aufatmen» (Stat. Theb. 11, 18; Val. Fl. 7, 648 «finds respite», Mozley) und *mutare* im Sinne von «zum S c h l e c h t e n wenden» (Damsté, Serta Naberiana, Leyden 1908, 79).

Schulbeispiel. Raffinierter sind Dichterstellen wie *rumpere vocem* für «die Stimme hervorbrechen *lassen*» (Verg. Aen. 2, 129; Austin: Gräzismus); Ov. ars am. 1, 539 *rupit novissima verba*, er l i e ß seine letzten Worte hörbar werden (richtig Brandts Komm.); Luc. 9, 255 gibt das Gewöhnliche (*erupere voces*: die Worte brachen sich Bahn, brachen hervor).

3. Simplex pro Composito: Wenn Catull 68, 111 *caesis montis fodisse medullis* sagt, meint er nicht, daß des Berges Innere einfach «geschlagen» sei, sondern er meint *incisis*: Man hat ins Innere h i n e i n-geschlagen. Das reduzierte Verb macht den Hörer nachdenken, er muß etwas hinzutun, um zum Gemeinten zu kommen. Von einem dichterischen Simplex sollte man allerdings nur dort sprechen, wo sich anhand des Thesaurusmaterials nachweisen läßt, daß es sich um g e w o l l t e, also in der zeitgenössischen Prosa unbelegbare Reduktionen handelt[106].

Seit Ennius' (ann. 185 Sk.) *ferro, non auro vitam cernamus* wird das Simplex *cerno* c. abl. instr. als altertümlich hoch klingend statt *decerno* verwendet (TLL 4, 864, 66ff.; mehr Jocelyn zu scaen. 14 *misso*),

[106] Es ist hier der Ort, darauf hinzuweisen, daß die hier wiederholt gewagte Behauptung, es handele sich bei den Dichterstellen dann um willkürliche Reduktionen, wenn zeitgenössische Prosastellen fehlen, in Gegensatz gestellt ist zu M. Leumanns Ansicht, die er mit Nachdruck vor gut 50 Jahren in «Zum Mechanismus des Bedeutungswandels» (Idg. Forsch. 45, 1927, 105ff., nachgedr. Kl. Schriften 286ff.) geäußert hat; er meinte zu sehen, daß der «normale Bedeutungswandel . . . unbewußt vollzogen» werde als «Ergebnis eines im Hinblick auf das vom Sprecher Gemeinte ungenauen und nur annähernd richtigen Verstehens» (288). Auch auf dem Gebiet der Dichtung meint er dem «Mißverständnis» weite Geltung einräumen zu müssen. Demgegenüber sei betont, daß überall dort, wo die *ratio* deutlich erkennbar ist, bewußte Willkür im Spiel war; also dort, wo Entschwerung, metrische Erleichterung, andeutende Prägnanz usw. konstatiert werden müssen. Man hat Leumanns Arbeit als einen Beitrag für eine besondere, gar nicht so häufige Wurzel poetischer Ausdrücke zu lesen, der auch weitgehend nur Griechisches, nicht Lateinisches betrachtet. Dankbar notierte Verf. indes, daß Leumann S. 286 zu einem ähnlichen Schema kommt wie das hier verwendete; fordert er doch, daß bei «jedem Bedeutungswandel drei Stufen . . . beobachtbar sein müssen (sofern nicht das Beobachtungsmaterial lückenhaft ist): erstens die alte herkömmliche Verwendung des Wortes in einem gegebenen Satzzusammenhang oder einer gegebenen Situation; zweitens die neue, aber auf der alten beruhende Verwendung in einem neuen Satzzusammenhang; drittens . . . weitere neue Verwendungen aufgrund der zunächst neugeschaffenen, d. h. Allgemeinwerden der Neuerung», was im Grunde dem entspricht, was hier mit «Koiné» und geneuerter «Koiné» ausgedrückt ist.

z. B. Verg. Aen. 12, 709. Seneca (ep. 58, 3) spricht von Simplicia älterer Zeit, die jetzt außer Kurs seien, und nennt da *cerno* statt *decerno*. Catull (64, 145) verwendet *apisci* wie Lukrez 1, 448, ebenso *linquere* usw. (s. Kroll zu 64, 145); Vergil liebte es, *vertere* statt der Komposita zu setzen (Austin zu Aen. 1, 20; Harrison zu 10, 35), Horaz setzt in c. 1, 18, 5 *crepo* für *increpo* (pace NH) und in c. 3, 20, 1 *movere* für *amovere* (s. Hz. zu 3, 23, 1) usw[107]. Diese Erscheinung unterdrückter Modifikation ist so weit verbreitet, daß es nur weniger weiterer Belege bedarf: Ilia fühlt sich im Traume *tarda vestigare* (Enn. ann. 41 Sk.), was offenbar für das gewöhnliche *in-vestigare* gebraucht ist, vgl. zu diesem Plaut. Merc. 664. *Servo* für *observo* beginnt mit Verg. Buc. 3, 75 (vgl. Val. Fl. 1, 18). Zu *voco* für *convoco* s. Bömer zu Ov. met. 1, 167. Schwieriger ist wegen der Ambivalenz *(magistratu fungor) functus* für *defunctus* im Sinne des Sterbens bei Sen. Med. 999 (s. Costa), dann Gell. 13, 20, 12. Noch schwieriger ist die doppelte Reduktion in *tendit* für *se extendit* bei Prop. 1, 6, 31 (*se tendit* für *se extendit* Lucr. 5, 481). Überall ist hier die Modalität, das Spezifische zum gleichsam generischen Simplex hinzuzufinden.

Umkehrung: Compositum pro Simplici: Gemeint sind nicht die Allerweltswörter wie *ire*, die zur genaueren Kennzeichnung ein Präfix erhalten, sondern Voll-Verba (s. dazu § 143), die an sich schon nuanciert genug sind, doch willkürlich noch ein zuweilen über-kennzeichnendes Präfix bekommen. Auch ist nicht die spätlateinische Übernuancierung gemeint, die LHS 300 beschreiben, oder die aus der Umgangssprache geläufige Vergenauerung durch Präfigierung (Hofmann, LU § 85).

Glomerare ist an sich ein hinreichend nuanciertes Verb; wenn Val. Fl. 2, 171 in *adglomerant sese nudisque sub astris / condensae fletus acuunt*, usw. *(sese) adglomerare* sagt, dann ist das eine willkürliche und seltenste Präfigierung, die eigentlich bedeutet: Die Frauen ballten sich zusammen, *ad se invicem*, «zum Knäuel» (Langen S. 147). Genommen hat Valerius dieses Wort aus Verg. Aen. 2, 341 (Rhipeus und Epytus) *lateri adglomerant nostro* (ohne *se*). Aeneas eilt zum Kampfschauplatz, und eng an ihn scharen sich, einen Kreis bildend, andere Mutige («The verb is graphic, suggesting a massed bodyguard»; Austin); das Wort ist rein dichterisch. *Ducere vitam* ist geläufig, s. TLL 5, 1; 2152, 29ff.; *educere annos* wagt Properz 2, 9, 47 (vgl. Enks Komm. und das Hapax

[107] Vgl. Norden zu Verg. Aen. 6, S. 291 zu v. 620 (*temno* statt *con-temno*); Eden zu Verg. Aen. 8, 110 und 329; LHS 298, d. Eine Liste von Simplicia des Properz in Fedelis Ausg. S. 336 n. Mi.; vgl. Bömer zu Ov. met. 3, 52 und 4, 233, S. 88 unten; ferner zu 12, 17 mit Beispielen (auch für die Umkehrung).

Eiremenon *emiror* bei Hor. c. 1, 5, 8), ähnlich Statius (Theb. 11, 627 *insumo* für *sumo*; in diesem Vers findet sich mit *dequestus* gleich ein zweiter Beleg [Val. Fl. und Stat., Sid., sonst nie: Dichtererfindung])[108].

Allerweltsverba (EP § 208–213)

§ **142** Auch für den besonderen Fall der Allerweltsverba gilt, was in § 100 erörtert wurde: Der Dichter konnte im Augenblick der Wortauswahl zu dem Schluß kommen, ein Wort sei zu simpel, zu abgegriffen. Da konnte er es ersetzen,[109] oder er setzte es in ungewöhnlicher, also verfeinerter Weise. (Nicht gemeint sind hier die vulgär-verhüllend anspielenden Allerweltswörter wie z. B. *facere* im sexuellen Sinn, wozu J. N. Adams, The Latin Sexual Vocabulary, London 1982, 204 oder jüngst M. Martina, Materiali e discussioni 30, 1993, 165.)

Setzung eines Allerweltsworts

Natürlich konnte jeder Dichter *dare, ire* u. dgl. verwenden, nur mußte er sich darüber klar sein, daß derlei geläufige Verba keinen Glanz besaßen. Um ihnen Glanz zu geben, konnte er sich eines Präfixes bedienen, oder er konnte sie in unerhörter Weise verwenden, z. B. dadurch, daß er ihnen ungewohnte Objekte verlieh, wodurch es zu Umnuancierungen seltener Art kommen mochte, z. B. *gerere* als «be-

[108] Bömer, Gymnas. 64, 1957, 6f.; Heusch 69 (Catull); Stangl, Rhein. Mus. 70, 1915, 249; Barbelent, REL 5, 1927, 296ff.; Bömer zu Ov. met. 2, 728.

[109] Sophokles (OC 186; s. Kamerbeek z. St.) ersetzt zu simples ἔχω durch τρέφω. Interessant ist die Ersetzung eines zu simplen *abesse* bei Prop. 1, 7, 17f.: *longe iacere* (wegen *longe abesse* bei Caes. b.g. 1, 36, 5) hält Enk z. St. für «umgangssprachlich»; doch ersetzt Properzens *longe . . . iacere* ein *longe abesse*, wodurch die Phrase zu allem anderen wird als zu etwas Umgangssprachlichem. Auch Verg. (Aen. 12,52 *longe illi dea mater erit*) verfeinerte durch Simplex fürs Compositum. So wird *adfore* für *adesse* bei Verg. Aen. 2, 522 (*nunc* macht klar, daß *adfore* präsentisch ist, s. Austin) gesetzt, *regnare* für *esse* bei Stat. Theb. 1, 417, so wie Vergil (Georg. 4, 83) *verso* für *esse* setzte: Wenn Statius hier wirklich (so Heuvel) die Georgica-Stelle imitierte, verfeinerte er bewußt das *verso* = *sum* durch *regno* = *sum*, wenn man auch immer betonen muß, daß der Vers auf diese Weise nicht nur raffinierter wird, sondern auch eine besondere Nuance erhält, hier etwa die popularphilosophische, daß der Geist den Körper beherrsche. Eigenartiger ist *venire* für *esse* bzw. «werden» (was romanischen Sprachen bis heute geläufig ist): *irritata venit, quando contemnitur illa* sagt Prop. 1, 10, 25 von Cynthia (so Enk und Fedeli zu 1, 11, 18; Nettleship [zu Verg. Georg. 1, 29] hatte gezweifelt, wohl zu Unrecht: Mynors). Ähnlich Stat. Theb. 2, 321 (vgl. aber Shackleton Bailey, Propertiana^2, S. 31, wo jedoch nicht zwingend argumentiert wird).

sitzen»: TLL 6,2; 1932,9ff.: Cato, Varro Lukrez, Verg. Aen. 2,278: «Wunden tragen» wie *insignia*, so Serv. auct. Der Dichter konnte ein Allerwelts-Verbum wie *fuit* in gefülltem («prägnanten») Sinne z. B. an Stelle eines *mansit* benutzen wie Ov. met. 12,99f. *sincerum . . . fuit*, «blieb heil», s. Bömer z. St. Oder aber man konnte diese Verben prägnant verwenden: *ducere* für *sibi inducere* bei Luc. 1,544 (so Housman). Da es hier offensichtlich viele Möglichkeiten gibt, soll dieser Erscheinung der verfeinerten Allerweltsverben ein eigenes Kapitel gewidmet werden.

1. Prägnanz: *Ire* im direkten Sinn von «zu Fuß gehen» scheint in lateinischer Dichtung eine interessante Rarität: *quo nos cumque feret (fortuna), ibimus*, Hor. c. 1,7,26. Doch auch hier ist der Nebensinn («segeln») mitzuhören (Hor. epo. 1,1: *ibis liburnis inter alta navium*; «fahren» auf Kähnen zwischen Schiffsriesen). *Ire* im Sinne von «gehen» findet sich auch bei Vergil (Aen. 4,468), aber flugs setzte er das fade Allerweltswort in eine syntaktisch unerhörte Verbindung (TLL 5,2; 638,20), in die Kombination mit einem inneren Objekt (dazu s. 3). Nun die Sinnfüllungen: Skutsch sah, wie «semantisch stark» *it* ist (zu Enn. ann. S. 592 oben), ganz zu Recht: Charon sieht Aeneas *per tacitum nemus ire pedemque advertere ripae*, also nicht einfach «gehen», sondern «sich nähern» (Verg. Aen. 6,386; s. Stat. Theb. 11,38: *plus eat* = «mit mehr Wucht herankommt»); *comminus ire* für *appropinquare* verwandte Vergil (Aen. 10,453f.) absolut, Prop. 2,19,22 in «(ich wagte nicht) *agrestis comminus ire sues*» mit Akkusativobjekt, «a unique use» (Camps); *comminus ire sues* läßt *comminus* als Präposition erscheinen, wenn man nicht *comminus ire* als Ersatz für *adire* betrachten will (bei Homer steht σχεδὸν ἐλθεῖν mit Dativ; *comminus* [von *commanus*, «handgemein»] steht hier sinngefüllt für die Jagd, OLD s. v. 1, b). *Ire* steht für «*mit*gehen» bei Vergil (*it comes*: Aen. 6,159); für «weggehen» ebenfalls in der Aeneis (6,476), wo sich auch *ire* = «hervorgehen» findet (Aen. 4,130; s. Prop. 1,7,10, wo Enk mit «diffundi, in vulgus pervagari» glossiert, das Glossem «prodire» würde genügen; vgl. OLD 23: nur zwei Belege für *ire* = *prodire*, die Properz-Stelle und eine aus Ovid), «*umher*gehen» im Sinne des Weidens heißt es bei Ovid (met. 3,15), «herabkommen» bei Stat. Theb. 3,38 (*dedit ire nives* für *cadere* o. dgl.).

Bedenkt man, daß *ire* im Sinne von «kommen, gebracht/getragen werden» (im OLD s. v. *eo*, 2a) oder von Leblosem gesagt (ebd. 3a), auch im Sinne des Sterbens (4b) oder des Seins (6a) vorwiegend oder gar ausschließlich dichterisch ist (vgl. noch OLD l. c. 10 b; 21 b), dann läßt sich behaupten: Die Dichter lieben es um der interessanten

Verrätselung willen, Allerweltswörter in einem prägnanten Sinne zu verwenden, der vom Hörer das Auffüllen des generischen Worts mit spezifischem Gehalt verlangt.

2. Anreicherung und Verwandlung: Man könnte unterscheiden zwischen Nuancenanreicherung und Kernumwandlung: Man könnte sagen, daß «gehen voller Angst» (Verg. Aen. 6, 461) oder «gehen im Kampfe» (sich «durchkämpfen»: Luc. 7, 277; Val. Fl. 1, 438 *tu medios gladio bonus ire per hostes*) Fälle darstellen, in denen zur Grundbedeutung «gehen» eine Nuance gesellt wurde. Diese Grundbedeutung wäre also «gehen», doch wie soll man beschreiben, was Verg. Georg. 1, 456f. aus *ire* macht, nämlich «segeln»? Auch das ist eine Vorwärtsbewegung, hier[110] wird also das Wort *ire* auf die Kernbedeutung reduziert, die noch «unterhalb» der Grundbedeutung («gehen mit den Füßen») läge? Man mag sich mit dem Vorstellungsmodell behelfen, das eine Kernbedeutung annimmt (hier die Vorwärtsbewegung), um die sich ein Kranz von Merkmalen legt, nämlich von determinierenden («Vorwärtsbewegung mittels der Füße, der Segel» usw.) und modalen («ängstlich voranschreiten» usw.).

Da diese hier eingeführten Begriffe weiterer Klärung[111] bedürfen könnten, noch ein Beispiel. Tibull 1, 4, 45 gibt dem Liebhaber den Rat,

[110] Enk zu Prop. 1, 4, 10 (*ire* für *abire*, s. Prop. 2, 34, 45). Um diese schwierige Sache deutlicher zu machen, einige weitere Beispiele: *ire* für «rudern»: Val. Fl. 1, 472 (Orpheus *tonsas ire docet*, und zwar *carmine*: Er lehrt die Ruder, terminologisch präziser: die «Riemen», ihren Weg zu nehmen; auch Ov. trist. 5, 14, 44 kann angeführt werden: «mit Ruderkraft voranzieht», Luck); «segeln»: Verg. Aen. 4, 310 und Spätere; «fliegen»: Prop. 4, 6, 44; «fließen»: Ov. met. 1, 111; vollends überspitzt Stat. Theb. 2, 32ff. *est locus, . . . qua (Maleae) in auras it caput*, «rises into the air» (Mozley), also *in auras ire* für «in die Luft ragen», vielleicht gefeinert nach *it . . . ad aethera clamor* (Verg. Aen. 12, 409, cf. Luc. 1, 388). Kaum minder seltsam sind die Gebräuche für «schreiben» und «singen» (Ov. fast. 1, 15; Stat. Ach. 1, 4 [«recount», Mozley]), die sich von der Ur-Vorstellung des Singens als eines «Weges» (οἶμος) herleiten mögen (hym. hom. Merc. 451).

[111] Kernumwandlung liegt vor, wenn *ire* = *esse* gesetzt wird: *ire veteres pro esse dicebant*, Serv. zu Verg. Georg. 1, 29 (vgl. A. 109 Ende, auch Enk zu Prop. 1, 4, 10 und 2, 34, 45). *Dare* wird im Sinne von «verursachen» verwendet, was seinerseits eine Verfeinerung des Trivialworts ist (Snijder zu Stat. Theb. 3, 16 und 23; TLL 5, 1; 1690, 4ff.). Diese Verwendung könnte aus dem Bitt-Gebet stammen (s. Komm. zu Plaut. Poen. 1188 und TLL 5, 1; 1683, 21; 1684, 12f.). Auch an *dare* kann man die Verfeinerung eines Allerweltsworts durch Sinnfüllung darlegen (für *profundere*: Verg. Aen. 4, 370; Ov. met. 12, 30; für *infigere*, z. B. *vulnera* bei Ov. met. 1, 458 usw.). Zu *dare* vgl. K. F. Smith zu Tib.

wenn sein *puer* einmal *caeruleas puppi volet ire per undas*, d. h., wenn der Junge mit einem Ruderboot über den See fahren will, solle er selber ihn rudern: In LHS 121 wird von dichterischem *ire* mit Abl. gesprochen und der Abl. als «Analogie» zu *vehi* verstanden; ganz recht, denn der Ablativ soll dem Leser klarmachen, daß *ire* hier nicht bloß in der «Kernbedeutung» («vorwärtsgehen») gebraucht ist, sondern determiniert als «(fahren) übers Wasser». Ähnlich muß an dieser Stelle auch *puppis* mit Sinn aufgefüllt werden: «a rowboat of course is meant», Smith. Und dies führt auf Wichtiges: Der Dichter wird ein Wort wie *vehor* c. abl. gemeint bzw. intendiert haben; *vehor* selbst war zu simpel, man mußte es ersetzen. Die Phrase *vehor puppi* wurde nun so verfeinert, daß ein anderes Allerweltswort eingesetzt wurde, eben *ire*. Das neue Wort *(ire)* erhielt aber die Rektion des *vehor*, bzw. es behielt sie bei, wohl um das Gemeinte spürbar zu machen; und aus diesem Kontext heraus mußte der Leser dem Allerweltswort jetzt die Nuance «rudern» hinzufügen. Mit anderen Worten: Wird ein Teil einer mehrgliedrigen Phrase ersetzt, behält der Dichter bis auf den ersetzten Teil die Phrase unverändert bei. Eben hieraus ergeben sich dann die unerhörten Junkturen.

3. Syntaktische Verfeinerung: Oben (1, Anf.) wurde Verg. Aen. 4, 468 zitiert. Setzt ein Dichter ein Allerweltswort, kann er es durch prägnanten, verwandelnden oder auch syntaktisch verfeinernden Gebrauch interessant machen, im Falle von *ire* z. B. durch die Kombination mit inneren Objekten, so noch Ov. fast. 6, 663: *pompam ire* (!); sehr viel simpler ist *vias ire*, s. Val. Fl. 4, 371 (OLD s. v. *eo*, 1 e).

Das Umgekehrte: Ersetzung von Allerweltsverba

Nur der Vollständigkeit halber und nicht weil es ins System gehört sei der umgekehrte Fall beleuchtet, der Fall nämlich, daß ein Dichter ein Allerweltsverb unter keinen Umständen zu setzen gewillt war. Wollte ein Dichter nun das einfache «Gehen» ausdrücken, griff er eben nicht zum Allerweltswort *ire* oder *iter facere* – das war simpelste Prosa und darum viel zu geläufig und uninteressant –, sondern er ersetzte das Simple: *iter agere* für *facere* schon Ennius (Iphig. fr. 190f. Joc.; erst wieder Ov. ars 2, 84 [Joc.]), *iter carpere* bei Hor. sat. 1, 5, 95; vgl. *iter calcare* seit Ovid: TLL 3, 134, 75ff. (Stat. Theb. 1, 310f. *volatus carpere*[112], *metiri iter* bei Cat. 34, 18). (Verg. Aen. 7, 160: *iter emensi*, was

1, 2, 13; Brinkgreve zu Stat. Ach. 1, 68. *Dare* für *subdere* bei Luc. 1, 120 (s. Bömer, Gymas. 64, 1957, 3).

112 Catull schrieb einmal (35, 7) *viam vorare*; Norden (zu Aen. 6, 634;

Stat. Theb. 3, 324 zu *remensus iter* verfeinert, Silv. 1, 2, 202 zu *permensus iter.*)

Man konnte auch *oram legere* (Verg. Buc. 8, 7 u. spätere) oder *vestigia legere* sagen (Verg. Aen. 9, 392f.; Luck zu Ov. trist. 1, 10, 24; Ov. met. 3, 17 usw. schweigen über die Herkunft dieses Ausdrucks)[113], *pontum legere* und gar *flumina* (Verg. Aen. 2, 207f.; 3, 127 bzw. Prop. 1, 20, 7) sind dann Verfeinerungen, Ovid verlegt den Ort solchen «Suchens» sogar in den Wald (met. 5, 578f.), Statius auf die Felder (Theb. 3, 325; Ach. 1, 747), wohingegen Vergils *Aeneas tortos legit . . . orbes* vom Verfolgen des fliehenden Turnus, wo der Verfolger genau alle Windungen nachvollzieht, noch ganz im Bilde des sorgsamen Weg-Suchens bleibt (Aen. 12, 481).

Dieser Abschnitt sollte nur eine «Gegenprobe» sein: Wenn ein «Gehen» intendiert ist, konnte es durch sinnbeladenes *ire* ausgedrückt werden (bzw. durch ein raffiniert-prägnantes Äquivalent anderer geläufiger Ausdrücke) oder aber durch eine Periphrase u. dgl. Das bedeutet: Die Dichtung setzt das Verbum proprium entweder sinngefüllt[114] (und dies ist das Thema dieses Kapitels) oder raffiniert in bezug auf die Junktur[115]. Erinnert muß hier werden an die Möglichkeit, *esse* gegen ein gehaltvolleres Wort einzutauschen (*venire*: A. 109 und Fordyce zu Cat. 8, 10; *ire*: A. 111; OLD *eo* 6a, Enk zu Prop. 1, 4, 10; *vivere* schon Plaut. Trin. 385; *spirare* Prop. 2, 24, 5). Daß *esse*, wenn es gesetzt ist, vielfach prägnant eingesetzt ist, dürfte bekannt sein (*virgo erit* = sie wird *immer* unverheiratet bleiben: Ov. met. 5, 376f.).

S. 294) nannte diesen Gebrauch «vulgär» (ohne Nachweise), eher ist in diesem fast schon satirischen Gedicht die neoterische Manier der verdunkelnden Phrasenverfeinerung parodiert (s. den Aufsatz von G. Maurach und S. Onetti (-Dambe) in Gymnas. 81, 1974, 482 mit A. 10).

[113] *Legere* heißt «auflesen»; wenn man bedenkt, wie schwierig der Seeweg die Küste entlang war, wie vorsichtig man fahren mußte, könnte man sich vorstellen, daß die Schiffer dies tastende Fahren ein «Lesen» nannten, so wie der Hund die Spur «liest».

[114] Auch *exire* wird, wohl weil es *proprie* zu geläufig war, sinnfüllend verfeinert (es bedeutet soviel wie *effugere* bei Verg. Aen. 11, 750; Stat. Theb. 11, 139). Interessant ist *malle* mit Akk.: Wir sagen, jemand «will da mal hin» im Sinne von «hingehen», anscheinend konnte auch Statius *malle* mit Akk. so verbinden (Snijder zu Theb. 3, 28, «would fain win the land», Mozley).

[115] Es ist interessant zu beobachten, wie zuweilen die Raffinierung eines Ausdruckes so vor sich geht, daß statt e i n e s Allerweltswortes ein a n d e r e s gesetzt wird: Neoptolemos (Verg. Aen. 2, 482) bricht in den Palast des Priamus ein und reißt Tür und Wand auf, *ingentem lato dedit ore fenestram*: In die Wand schlägt er (eigtl.: «macht» er) ein riesiges Loch (s. Austin zu *fenestra*), d. h., er

§ 143 Prägnanz der Kopula (EP § 214): Daß *et* statt *et tamen, et profecto* und *et item* verwendet, also daß es prägnant gesetzt wird, hat J. B. Hofmann im TLL 5, 2; 892, 55 ff. belegt (Caesar-Stellen im EP S. 148, Abs. 2; zu prägnantem Gebrauch des *et* bei Seneca s. Töchterle zu Oed. 221). Cat. 29, 5 *haec videbis et feres* mit Anrede an Caesar (Kroll): «So etwas wirst du dir ansehen und dennoch hinnehmen?» (TLL 5, 2; 893, 8); ferner vgl. Ov. met. 12, 126; zu *et* im Sinne von «andererseits aber» ebd. 131. Oder explikativ: Hor. epi. 1, 11, 20 über das Gegenteil zur Veränderungs- und Reisewut: «Solange man kann und das Glück einen freundlich ansieht, sollte man zu Hause in Rom vom schönen Samos schwärmen, aber auf Distanz»: *dum licet et* (= «und das bedeutet») *vultum servat Fortuna benignum*.

Ähnlich wird *-que* verwendet: In *fata obstant placidasque viri deus obstruit auris* (Aen. 4, 440) setzte Vergil das *-que* für ein «und so». Ein *-que* kann auch für «oder auch» stehen: Eteocles sagt bei Stat. Theb. 3, 16, Tydeus hätte gegen ihn keine Chance gehabt, wenn er auch *aere gerens solidoque datos adamante lacertos*, d. h.: «auch wenn er Glieder besäße aus Erz gemacht oder aus festem Diamant».

Zu *-que* für *sed* vgl. Lucr. 3, 1004; Bömer zu Ov. met. 4, 389, für *-ve* vgl. Venini zu Stat. Theb. 11, 207 («noch auch», «oder auch»); ein *-que* für «und seitdem» bei Verg. Aen. 10, 233 f. – Ähnlich steht *nec* für «denn nicht» bei Properz (1, 10, 17 f.): *possum alterius curas sanare recentes* (und das ist besonders schwer, wenn sie noch frisch) / *nec levis in verbis est medicina meis*, was ersichtlich heißt: «*Denn* die Heilkraft meiner Worte ist nicht schwach.» Zu prägnantem *nec* s. auch A. 116. – Viel raffinierter setzt Stat. Theb. 3, 62 in *vix credo et nuntius* das *et* für «obschon ich doch selber der Bote bin». *Et* im explikativen Sinne von «indem» ist prägnant zu nennen, adversatives *-que* nicht minder (durch diese Annahme einer Adversativprägnanz würde sich Sen. Ag. 496 [s. Tarrants Diskussion] begreifen lassen; OLD zitiert als weitere Belege s. v. 8: Ov. met. 13, 706 [«doch konnten . . .»]; Stat. 12, 474 usw.).

Der Zweck der Sinnauffüllung einer Kopula, die weniger sagt, als sie bedeutet, ist wohl die Entschwerung des Verses, der um eine Partikel oder gar um eine Hypotaxe «erleichtert» wird. Auch ist es das Ziel, den Hörer aufmerken zu lassen bzw. dunkler zu sprechen als die platte Prosa: Es ist das ewige Verhüllen und Versteckspiel, das seit je die Dichtung kennzeichnet[116].

«gibt» ein Loch statt *fecit* (TLL 5, 1; 1685, 60 ff.). *Vires dare* war Ovid (met. 4, 528, vgl. Manil. 1, 10; Luc. 1, 348) zu simpel, er schrieb *vires facere*.

[116] Auch Präpositionen können in gefülltem Sinne gesetzt sein, s. Enk und Camps zu Prop. 2, 17, 6: Es wird an Tantalus erinnert, «wie das Naß dem Dor-

§ **144** Prägnanz der Asyndese (EP §§ 215f.) und der Parataxe: Mit der Prägnanz der Kopula, die ja nicht nur zwei Wörter, sondern auch Kola verbinden kann, hatten wir uns schon, wenigstens der Möglichkeit nach, von der simplen Einzelwortbehandlung der von Satzteilen, d. h. der Formulierung ganzer Gedanken genähert. Das Entsprechende gilt für die Asyndese.

Man könnte sich auf die unbestrittene Ansicht zurückziehen, daß sinnträchtige Asyndesen überall in der lateinischen Literatur vorkommen, dazu in der Umgangssprache in Fülle (vgl. Scherer 106), so daß eine besondere Behandlung dieses Gegenstandes sich für ein Buch über die Dichtersprache erübrige. Doch ginge dieser Rückzug insofern einen falschen Weg, als die poetischen Asyndesen gradmäßig erheblich anspruchsvoller, dunkler sind als die prosaischen. Horaz gestaltet in c. 1, 3, 21 ff. den alten Gedanken, daß der Mensch das ihm naturgemäß fremde Element der See meiden solle, dennoch wage die Menschheit sich hinaus: *audax omnia perpeti gens humana ruit per vetitum nefas, / audax Iapeti genus ignem fraude mala gentibus intulit*: Der Mensch stürzt sich in den Frevel, Prometheus brachte den Menschen wagemutig das Feuer mit List – welches könnte hier die Gedankenverbindung der beiden gleich anfangenden Sätze sein? «Daß der Titan Prometheus, der Schöpfer des Menschen, hier als Beispiel für die Vermessenheit der *gens humana* angeführt wird, ist merkwürdig genug», Heinze; ähnlich Nisbet-Hubbard 44: «symbol . . . for impious defiance of the gods». Dann könnte man paraphrasieren: «Prometheus hatte ja ebenfalls . . .», wobei die Repetition *audax* – *audax* auf diese Parallelisierung hinweisen würde. Man könnte auch an ein «seitdem . . .» mit kausalem Beisinn denken – wie dem auch sei: Der Mensch wird in seiner Vermessenheit in die Nachfolge des Prometheus gestellt, der Titan hatte den Weg gewiesen. Derlei subtile Verhältnisse verbergen sich überall in poetischen Asyndesen, so daß man in Umkehrung des oben formulier-

renden, vom Munde ⟨weichend⟩, den Durst enttäuscht»: *fallat ab ore sitim* («supple . . . *cadens*», Fedeli); Shackleton Bailey, Propertiana[2] 287 zitiert Verg. Aen. 1, 114: «riesenhaft von oben her (hereinbrechend) trifft die See» das Schiff; Austin zit. Georg. 2, 310f. u. a. Zur Prägnanz auch der Präposition *de* s. Shackleton Bailey 287. Zur Prägnanz *nec* für *nec tamen* s. auch Lucr. 5, 385; Prop. 2, 5, 21 (s. Camps); Ov. met. 4, 76. Weiteres bei Maurach, Der Bau von Senecas Ep. Mor. 27, A. 18; LHS 482 h (doch die hier besprochenen «Konjunktparataxen» der späteren Volkssprache wurden in früherer Zeit von Dichtern gepflegt), bes. 484; KS 2, 2; 8f. – Adversativ- bzw. konzessivprägnantes *si* (für *etsi*) findet sich seit dem Altlatein (Plaut. Mo. 351; Ter. Eun. 49, 865; Cic. de or. 2, 169); LHS 671 bieten ebensowenig wie KS 2, 427 Dichterstellen, vgl. aber D. Bo, Lex. Hor. 280 K (3 Stellen aus den Oden); Verg. Buc. 2, 57 usw.

ten Rückzuges sagen muß: Die prägnante Asyndese ist einer der wichtigsten Sinnträger poetischer Sprache.

Diese Ansicht ist naturgemäß nicht neu, vgl. I. Welsch, Dargestellte Wirklichkeit bei Horaz, Freiburg 1971 z. St.: Immer beruht die Interpretation auf dem Aneinanderhalten von Textaussagen, die ihr Verhältnis nicht an der Stirn geschrieben tragen, sondern im Verstehenden, je nach seiner Disposition, finden müssen. Einige Beispiele: Prop. 1, 7: Ponticus dichtet ein Epos, er aber – Properz – dient den (Darstellungen von) Liebesschmerzen (v. 9f.): *hic mihi conteritur vitae modus, haec mea fama est, / hinc cupio nomen carminis ire*[117] *mei*, «hier verbringe ich das mir zugeteilte Maß des Lebens, dies begründet meinen Ruf, von hier, so wünsche ich, wird der Ruhm meines Liedes hervorgehen» – die Asyndese «von hier» ist sinnträchtig, sie legt nahe: Dies ist sein Leid (vgl. v. 7f.), ⟨aber auch⟩ Quelle seines Ruhmes[118]. Eine weitere Form prägnanter Asyndese ist der konjunktionslose Konditionalsatz vom Typ *da femina ne sim – omnia praestiteris* (Ov. met. 12, 202f.). «Gib, daß ich keine Frau mehr bin – alles wirst du dann abgeleistet haben» (entschwerende Aussparung eines *si*, vgl. Bömer zu met. 6, 540; 13, 825).

Nach dem bisher Gesagten bedarf die prägnante Parataxe nur einer kurzen Erwähnung, da sie der Asyndesen-Prägnanz analog ist.

Zu der vielfachen Prägnanz bzw. zur Bedeutungsfülle eines epischen δέ vgl. Kirks Komm. zu Il. 9, 73 am Ende (Aristarch änderte gar zu γὰϱ!), LSJ und Denniston, Greek Particles zum Wort (adversativ [ein Beispiel unten § 151, 4], kopulativ, kausal).

Nach der Klimax der schrecklichen Verfolgungen, die Paris drohen (v. 16–31), die Horaz in c. 1, 15 mit einem Vergleich und der Warnung vor bitterer Enttäuschung Helenas enden läßt, folgt (vgl. S. 107 unt.): «Die grollende Flotte Achills gewährt Troja (eben weil sie sich grollend des Kampfes enthält) Aufschub – nach vorherbestimmter Zahl von Wintern (Jahren: § 151) wird der Achäer Feuer Ilion verbrennen.» Die grollende Flotte sowohl wie die vorherbestimmten Jahre sind parataktisch angereiht, und der Leser muß im ersten Falle ein «Zwar», im zweiten ein «Dennoch» dazudenken (s. die Bemerkungen bei Hz. und NH 1, S. 200, Z. 8 v. u.; vgl. Harrison zu Verg. Aen. 10, 53f.). Dies also ein Fall von Prägnanz bei asyndetischer Parataxe.

117 Zu *ire* = *prodire* vgl. § 143, 1.

118 Zur prägnanten Asyndese allgemein vgl. LHS 830, Zus. (Prosa); W. Puttfarken, Das Asyndeton bei den römischen Dichtern der archaischen und klassischen Zeit, Diss. Kiel (1914), gekürzt gedr. 1920. Zur adversativen Prägnanz der Asyndese LHS 830; Töchterle zu Sen. Oed. 140f.

Eine schwierigere Variante prägnanter Parataxe mit Syndese liegt in Verg. Aen. 10, 13 vor: In Juppiters Rede wird Hannibals Zug über die Alpen vorangedeutet; *cum fera Karthago Romanis arcibus olim / exitium magnum atque Alpis immittet apertas* usw. Karthago wird also auf Rom «großes Verderben und die eröffneten Alpen» loslassen, das bedeutet natürlich: das Verderben, das über die eröffneten Alpen kommt: *Alpis apertas* erklärt *exitium*, *atque* erhält also die Nuance eines «vermittels». Verrätselung der Parataxe, die dem Sinne nach eine Hypotaxe ist.

§ 145 Die Litotes (EP § 217): Diese Figur[119] spielt etwas Gewichtiges (im Ausdruck, aber auch nur in diesem) dadurch herunter, daß sie dessen Negation negiert: «nicht erfolglos» deutet an, daß guter Erfolg erzielt wurde. Diese Ausdrucksweise, aufgrund von Stellen in antiken Terenz- und Vergil-Kommentaren Litotes benannt (s. LSJ s. v. II), findet sich, seit Homer (vgl. Richardson zu hym. hom. Dem. 83f.) belegt, bei Aeschylus (Fraenkel zu Ag. 805, bes. S. 172 oben), bei Pindar (Verdenius zu Ol. 11, 18; Race, TAPA 113, 1983, 95ff.) und dann überall. Sie sagt weniger, als sie andeutet.

Zu unterscheiden sind je zwei Formen und Bedeutungen; bedeuten kann das untertreibende «nicht häßlich» entweder ein bescheidenes oder ein sehr hohes Lob; 1. bescheiden wäre Horazens Selbsteinschätzung in c. 2, 16, 38f. *(mihi spiritum tenuem) Parca non mendax dedit*, die Verheißung der Geburtsstunde «trog nicht» (vgl. Soph. OC 691f.); 2. hohes Selbstlob bedeutet demgegenüber 2, 20, 1 *non usitata . . . ferar penna:* «auf ganz unerhörtem Flügel».

§ 146 Die zwei Formen: 1. doppelte Verneinung wie *non nihil*

[119] Allgemeine Literatur zur Litotes («Verkleinerung» durch Fortlassen des Hinzuzudenkenden, daher zur Prägnanz zu rechnen): Wackernagel, Vorles. über Syntax 2, 297ff.; LHS 777ff. (Lit. 779); EP § 217, LT; M. E. Hoffmann, Negatio Contrarii, Assen/Maastricht 1987. Interessant ist auch ein Blick auf die Negation der Litotes durch *male* (LHS 455): Die Erscheinung ist zwar wohl umgangssprachlicher Natur (zuerst bei Verben: Plaut. Cu. 169; dann bei Adjektiven: Cic. Att. 2, 1, 5 [S. 48, 3 Watt]; 9, 15, 5 [S. 38, 10 Sh. Bail.]; Catull überspitzt das zu *male* als Substantivnegierung: *male marem* 16, 13; nachgeahmt von Ov. ars am. 1, 524 *male vir*), doch haben die Dichter sie gern verwendet, wohl weil diese Negationsweise statt definitivem *non* den Grad der Negation offenläßt («pertinet ad gradum», Krieg im TLL 8, 243, 18): Der Aufnehmende mag sich mancherlei ausmalen, was ungesagt blieb, *male* entpuppt sich als eine Art Litotes, vgl. NH zu Hor. c. 1, 9, 24 (nur von «bluntly» sollte man da nicht sprechen, aber der erste Band dieses Komm. gefällt sich ja in derlei überkräftigen Formulierungen).

(Prop. 1, 12, 16), *nec non* (LHS 778 β; oben § 120 Anfang), *non indignus*, οὐδ᾽ ἀφίλως (Aesch. Ag. 805) usw., z. B. *non sine*: Hor. (c. 3, 13, 2) lobt seine Quelle *Bandusia*: *(splendidior vitro), dulci digne mero non sine floribus*, was (nach Heinze zu c. 1, 23, 3) gewiß heißt: «voller Blumen», «mit einer Fülle von Blumen». Oder Properz 1, 8, 18: Cynthia geht, und doch mag Properz ihr Böses nicht wünschen, vielmehr *sit Galatea tuae non aliena viae*, «möge die See dir nicht ungünstig sein», so als ob er den direkten Wunsch «möge günstiger Wind und günstige See deine Fahrt rasch und glatt gestalten» nicht sagen möchte, führte eine glatte und schnelle Fahrt sie doch rasch und ohne die eben noch erhoffte Rückdrift von ihm weit fort – so sinnbeladen kann eine «Litotes» sein (Bedeutung 2).

Dazu: 2. Negation und pejoratives Wort wie *non levis Euhius*, Hor. c. 1, 18, 9: Bacchus straft «nicht leicht» (Bedeutung 2). Interessant ist *non silebo* im panegyrischen Lob (Bedeutung 2): *nec te, iuvenis memorande, silebo* (Verg. Aen. 10, 793; vgl. Harrisons Komm.); Hor. c. 1, 12, 21 *neque te silebo*: gewiß auch Variation zu *dicam* v. 13 und 25, *(memorem)*, vornehmlich aber altehrwürdiger Hervorhebungsstil, der im Griechischen noch akzentuierter klang (vgl. die Stellen bei NH zu Hor. c. 1, 12, 21).

Diese Ausdrucksweise führt den Leser dazu, sich manches zu der negativ-offenen Ausdrucksweise hinzuzudenken. Spätere Schriftsteller verwendeten diese Möglichkeit jedoch vielfach nur als bequemes metrisches Hilfsmittel (Weyman, Jahrb. für klass. Philol. Suppl. 15, 1887, 488 ff.). Daher ist seit Horaz und Vergil immer die Frage zu stellen, ob diese Redeweise noch ihren ursprünglichen, verhüllenden und emphatischen Charakter bewahrt hat oder ob z. B. *nec non* oder *non sine*, wie im Gelehrtenlatein, zum Äquivalent des *cum* abgesunken ist, was bei Horaz z. B. nie der Fall (Hz. zu c. 1, 23, 3) ist.

§ 147 Euphemismus (EP § 219): Der Euphemismus, aus dem religiösen Tabu des Nichtnennendürfens stammend[120], hat zwei Formen. Die eine bezeichnet etwas Schreckliches o. ä. durch ihr Gegenteil (s. Kayser, Sprachl. Kunstwerk 112): Die linke Seite, seit je unglücksverheißend, ist im Griechischen mit ἀριστερά («bessere») oder εὐώνυμος («gutnamig») bezeichnet, die schrecklichen Erinnyen wurden «Eumeniden», also die «Wohlgesonnenen» geheißen (Eur. Or. 38, s. LHS 777 Mi.). Dies ist eine Form der Metonymie (s. § 148).

Die andere Form ist der Litotes dadurch ähnlich, daß sie das Perhorreszierte so andeutet, daß der Hörende sich sein Teil dazudenken mag.

[120] Waern (s. § 105) 76; W. Burkert, Homo Necans (RVV 32), 1970, 10 A. 4.

Alicui inclementer dicere im Sinne wüster Schimpfreden wäre ein Beleg (Plaut. Rud. 734; Hofmann LU 147 unten); *laborare*, «Mühe haben» für «zerfallen» wäre ein anderer (Ov. met. 1, 258, s. NH zu Hor. c. 2, 13, 38; S. 221 unten).

Wenn Horaz in c. 2, 3 in v. 15 schreibt: «(Genieße Wein, Parfum und Blumen) *dum res et aetas et sororum fila trium patiuntur atra*», dann spielt er mit der metonymischen Form in *sorores* für *Parcae*; wenn er in v. 25 sagt: «Wir alle werden am Ende an denselben Ort gebracht», *omnes eodem cogimur*, dann ist das letztlich dieselbe Form, aber «derselbe Ort» verhüllt euphemistisch das Schreckliche, das nicht beim Namen genannt wird, den Hades.

Properz (1, 15, 28) verwendet den Alltags-Euphemismus *si quid durius inciderit* (*durius*, «zu Hartes, recht Schlimmes» verkleinert), in 2, 19, 27 *tu quotiens aliquid conabere* den sexuellen Euphemismus *aliquid* (vgl. 2, 33, 42; s. heute: «was anfangen» usw.), vgl. Enk zu 2, 4, 2; S. 78 oben[121]. Hierher gehören daher auch die vielen Umschreibungen fürs Töten, z. B. *sterno*, «hinlegen» (Harrison zu Aen. 10, 119).

Es genügt allerdings nicht, einfach einen Euphemismus festzustellen; sondern es kommt darauf an, geläufige, welche auch in Prosatexten selbstverständlich sind (*omnes eodem* z. B.), von solchen zu scheiden, die es nicht sind (*sorores* z. B.). Unsere Kommentare sind da wenig feinspürig.

bd) Metonymie (EP § 95–113)

α) Vorbemerkung zu «Metonymie» und «Metapher»

§ 148 Keineswegs sollen die nachfolgenden Bemerkungen in die schier endlose Metapher-Diskussion eingreifen, die überdies für den Sonderfall der Dichtung nicht ertragreich ist[122]; es genügt hier, wo die Typen poetischer Ausdrucksweise vorgeführt werden, Metonymie und Metapher gleichsam nur deskriptiv voneinander abzuheben.

[121] Es wäre zu wünschen, daß sich die Begriffe klärten; z. B. buchen NH Hor. c. 2, 13, 38 im Index unter «euphemism», im Kommentar nennen sie die Stelle «litotes» (S. 221, vorl. Z.). Hier wird «Litotes» nur dann verwendet, wenn eine Negation involviert ist, «Euphemismus» dort, wo ohne Negation kaschiert wird.

[122] Literatur zur Metonymie z. B. EP S. 72; die im folgenden unterschiedenen Typen unterscheiden mehr oder weniger gleich auch Kayser, Sprachl. Kunstwerk 112, Ludwig 177. Quintilians Definition (inst. 8, 623/7) bespricht

Erinnern wir uns: Wenn ein Dichter einen Begriff von dem gewonnen hat, was ihm vorschwebt, sucht er nach dem ihm angemessen klingenden Wort für ihn. Da bietet sich dem Suchenden mancherlei an, z. B. das «mot propre» oder ein stärkeres Wort, als der Begriff verlangt, auch zuweilen ein schwächeres, untertreibendes (s. § 100 mit 102). Seit langem gern verwendet wurde aber auch folgende Ausdrucksmöglichkeit: Jedes Ding ist an einem Ort, in einer Zeit, ist Teil von etwas oder hat Teile, ist Spezies einer Gattung («Teil» im logischen Sinn), hat Qualitäten, ist Auswirkung von etwas oder wirkt selber, ist aus bestimmtem Material; diese Kategorientafel genügt, um festzustellen: Ein direkter Ausdruck ist derjenige, der ein Ding in die Kategorie setzt, in welche es natürlicherweise gehört (z. B. «Peleus, König Thessaliens»); ein gefeinerter Ausdruck läge vor, wenn man an die Stelle von Thessalia eine Landschaft setzte, die Teil Thessaliens ist, etwa Emathia (bei Cat. 64, 324 ist Peleus *Emathiae tutamen*, obschon er über ganz Thessalien herrschte: ein Fall von Pars pro toto). Oder man setzt das Ganze fürs Teil: Bei Lukan schaut Pompeius nach *Emathia*, gemeint aber ist eine Örtlichkeit dort, Pharsalus (7, 683); vgl. A. 127 Ende.

Eine solche Wortwahl ersetzt ebenfalls – wie das stärkere oder schwächere Wort – das Verbum Proprium, nun aber, immer noch im Umkreis des Verwandtschaftsverhältnisses oder der Gattung bleibend[123], nicht durch ein kräftigeres oder verhüllend-untertreibendes (also durch ein qualitativ unterschiedenes) Wort, sondern durch ein eher qualitativ andersartiges, wobei «qualitativ» zu präzisieren ist nach Maßgabe der genannten Kategorientafel (Ort und Zeit, Teil, Genus–Spezies [s. A. 5], Qualität, Tätigkeit bzw. Bewirken, Material).

Den so beschriebenen Austausch innerhalb der Gattung nenne ich Metonymie; holt der Dichter vergleichend oder verwandelnd an die

ausführlich Williams, Figures 23 ff. – Zur Metapher jüngst R. Zymner, Poetica 25, 1993, 3–33.

[123] Zur Gattung und Spezies s. oben A. 5. – Man könnte vielleicht sagen, daß jedes Wort in einen Umkreis verwandter Wörter gehört: «Ruderboot» gehört zweifellos in den Umkreis von «Segelschiff», «Dampfer» usw. Man müßte dann aber auch hinzufügen, daß Wörter sich nicht nur horizontal in Verwandtschaftsfelder einordnen lassen, sondern daß sich vertikal über ihnen Abstraktionsstufen erheben. Hiermit ist lediglich gemeint, daß sich über «Segelboot» und «Ruderboot» das abstrakte «Boot» lagert, so daß «Segelboot» und «Ruderboot» die «Spezies» des Genus «Boot» sind, wie jedermann weiß. Dieses sehr simple Schema macht den Kunstgriff anschaulich, für *gladius* das abstrakte *arma* zu setzen, macht aber auch den anderen klarer, der «Flußufer» für «Küste» setzt: Hier werden Spezies gegeneinander getauscht.

Stelle des «mot propre» eines aus einer anderen Gattung von außen herein, dann bezeichne ich dieses als Metapher (s. § 100), z. B. ἥβης ἄνθος (Il. 13, 484, dann Pind., Aesch. u. a.), die «Blüte der Jugend»: Lebensalter und Pflanzenwuchs werden, die Gattungsgrenzen überschreitend, in eins gesehen (vgl. R. A. Raman, Glotta 53, 1975, 196). Daß *metaphora* auch von den Alten als Herbeiholen verstanden wurde, zeigen Ausdrücke wie «μεταφορὰ *ab* . . . » (Donat, Ter. Eun. 236; S. 317, 6 Wessn.).

Doch zurück zur Metonymie. Wichtig ist, daß hier das Bildliche seinen Ort findet. Wenn *Bacchus* für den Wein gesetzt wurde, der Bewirker für sein Bewirktes (Verg. Georg. 1, 344; der Mißbrauch getadelt von Lucr. 2, 656; s. § 154, 5), dann dient das der Personalisierung: Wer wollte, konnte sich den Gott, der den Wein gab, vors innere Auge stellen, konnte gar noch des Gottes gedenken, der da im köstlichen Trank anwest oder sogar der Trank ist, welcher Glaube seit Jahrtausenden lebendig war, im Ritus heute noch (zur Göttermetonymie allgemein s. Gross, De metonymiis . . . a deorum nominibus petitis, Diss. Halens. 19, 4; 1911). Es wird also die Aufgabe sein, die Typen der Metonymie zu sondern und Stelle für Stelle nach dem Sinn zu fragen (§ 156, 1 wird Bilanz ziehen).

β) Gattung und Spezies

§ 149 Diese Erscheinung kommt in jeder Imponiersprache vor, z. B. nennt der Tischtennisspieler seinen Schläger «Kelle» (Tertium Comparationis: Handgriff an Flachgerät, vgl. «Pfanne» für Tennisrakket). Schwieriger wäre *pruina* für *ros* (Prop. 2, 9, 41; Tert. Comp.: vom Himmel stammende kalte Feuchte) oder *squalidus* für *obscurus* (Sen. Oed. 2; Tert. Comp. und zugleich das Genus: «Dunkel», wobei die Spezies «dunkel weil lichtlos» gegen «dunkel weil schmutzig» vertauscht ist). Ein Austausch zweier Spezies einer Gattung liegt bei Pind. Py. 8, 12 vor: Hesychia, Göttin des Friedens, wirft Hybris «zu Boden»: τιθεῖς ὕβριν ἐν ἄντλωι, in das scheußliche Wasser im Schiffsboden; vergleicht man Eur. Hcld. 168, so kommt man zu der Auffassung, daß «ins Bilgenwasser stellen» (unter den Bodenplanken eines Schiffes) soviel bedeutet wie ἐπὶ χθονί: Statt des Endes eines Kampfes am Erd-Boden steht das Versetzen an den Schiffs-Boden mit seinem üblen Bilgenwasser: entschieden eine Detail-Anschauung (oben § 18), geradezu spürbar, ja sogar riechbar scheußlich[124]. Gedrechselter setzt Sophokles

[124] Bei Pind. Ol. 14, 20ff. soll Echo dem Vater des Siegers in der Unterwelt

(OT 204) den Speer-Schleuderriemen für die Bogen-Sehne oder brauchte Ovid einmal (met. 10, 89) den Faden statt der Saite (engl. «string»). Ein genau angebbarer Effekt wird hier nicht erzielt: Stil-Spiele. Horaz verwendet variierend *ripa* (immer etwas erhöht: NH z. St.) statt *litus* («Strand») in c. 2, 18, 22, also zwei Spezies der Gattung «Ufer» oder «Gestade» austauschend, vielleicht weil «*litus* would imply less of a physical obstacle» (NH Bd. 2, 304). Der Grund so gearteter Vertauschungen ist ersichtlich auch die raffinierte Verrätselung.

Setzt jemand *findere* an die Stelle des Ackerbestellens oder der Landwirtschaft überhaupt, konzentriert er sich also auf das Anstrengendste (man denke daran, daß der Räderpflug erst im Mittelalter erfunden wurde) wie Horaz in *patrios findere sarculo agros* (c. 1, 1, 11), dann stellt er einen Teilvorgang an den Platz der Gesamttätigkeit und wagt somit eine Metonymie (§ 152); ebenso die Setzung von *findere* statt *navigare* (Prop. 3, 4, 2; Ov. epi. 15, 32; trist. 3, 10, 48). Doch die Verwendung von *arare* (*maris aequor arandum* Verg. Aen. 2, 780) oder *sulcare* (ebd. 5, 158) statt *navigare* springt vom Tun des Landmannes zu dem des Seemanns, überschreitet die Gattungsgrenze und ist Metapher[125]. Der Grund solcher Vertauschungen ist das Streben nach Anschauung: *navigare* ist ein generisch anschauungsarmes Wort (s. § 17), *sulcare* reizt dazu, sich das Schneiden des Bugs und sein pflugschargleiches Aufwerfen der Bugwellen vorzustellen, die ja die Form aufgepflügten Erdreichs haben (s. §§ 16 und 21).

ausrichten, der Sohn habe sein Haar mit den «Federn der Wettkämpfe bekränzt»; Schroeder zu Py. 9, 125 verstand sie richtig als Synonyme zu den Blättern; Verdenius (II 126) dachte (nach Gildersleeve) an den Beisinn des Auffliegens (Is. 1, 64/5): Austausch der Spezies innerhalb dessen, was man aus Feder und Blatt an übergeordneter Form ansetzen mag. Oder Schwimmen statt Fliegen: Enn. ann. 18 Sk., Pease zu Verg. Aen. 4, 245; Harrison zu Aen. 10, 265.

[125] Eine abschließende Klärung des hier in A. 123 Gemeinten: *funus* ist ein vieles umfassendes Wort, das weniger «Gattung» im strengen Sinne der formalen Logik ist als «Überwort», das vieles Dazugehörende einschließt: Tod (seit Plaut., Cato, vgl. Verg. Buc. 5, 20; Aen. 6, 429; Untergang: seit Lucr. 5, 326; Hor. 1, 8, 15; s. NH zu c. 1, 37, 8); Leiche (seit Varro, res rust. 1, 4, 5; Unterweltsschatten Prop. 4, 11, 3 – nicht im Sinne von «Leiche [«cadaveri», Fedeli); Begräbnis (seit den zwölf Tafeln) und Leichenzug (Cic. de or. 2, 283). Offenbar umgriff *funus* ursprünglich die Details «Bestattung», «Leiche» und «Leichen-Zug»; Dichter weiteten es aus auf «Untergang» und «Unterweltsbewohner» oder ersetzten das «mot propre» *funus* durch *exsequiae* für «Leiche» (Stat. Theb. 5, 651) oder *bustum* (ebd. 3, 144: Ort für den oder das, was dort aufgebahrt – womit man wieder bei § 150 wäre).

Dergleichen kommt auch bei anderen Wortarten vor, z. B. beim Partizip *attonitus,* von dem man nach Hillens Untersuchung (13ff.) sagen kann, daß es ganz allgemein einen Erregungszustand andeutet, dessen Besonderung der Kontext ergibt (gelähmt, wutentbrannt, liebestoll usw.).

γ) Ort und Zeit

§ 150 1. Den Ort, an dem sich jemand oder etwas befindet, für das oder den zu setzen, was oder wer sich in ihm aufhält, ist alter Brauch, s. Kannicht zu Eur. Hel. 370 «Hellas schreit», vgl. Or. 648; Thuc. 1, 6, 1. Derlei ist ganz prosaisch (Vell. 2, 15, 1 *Italia*, vgl. die Umkehrung: Caes. b.g. 5, 3, 4 *Remi* für *fines Remorum*); schwieriger ist die Einsetzung von *Graecia* für die «griechische Flotte» (Prop. 3, 7, 40: Mit der Flotte schien ganz Griechenland vernichtet) oder *deprensus lectus* statt des «erwischten» (fremden) Mannes dort (Silv. 1, 2, 60 [cf. Ov. ars 2, 377!]; alle Konjekturen erübrigen sich, wenn man die Metonymie nur recht erkennt); der Vorteil dieser Ausdrucksweise liegt offen zutage: Der Blick wird auf den locus delicti gelenkt, sie ist anschaulicher durch die Anspielung (s. § 21) auf das Geschehen im Bett. «Bett» statt Ehe oder Liebe könnte gewiß auch ins Gebiet der Ersetzungen von Abstraktem durch Konkretes (§ 153) eingeordnet werden; zur Sache: Pind. Py. 11, 24; Eur. HF 345; Ion 819; Goethe, Iph. 1, 3.

2. Interessanter scheint es, wenn eine Zeit(-Angabe) durch das ersetzt wird, was in ihr geschieht: *messis*, «Mahd», statt «Sommer» ist seit Catull belegt (95, 1; Verg. Buc. 5, 70); oder eine ganze Szene: «schon sucht der müde Hirt mit der Herde Schatten und Fluß (Schatten a m Fluß), doch Busch und Ufer entbehren des sonst so emsigen (kühlenden) Winds» (Hor. c. 3, 29, 21/4: das *-que* in *caretque* adversativ, s. oben § 144): ein «Bild» (Hz.), eine komplexe Anschauung (oben § 19) statt des allgemeinen «Hundstage», ähnlich den Vv. 43/5, wo statt «das, was morgen geschehen mag» morgige Wetterlagen gesetzt sind; ähnlich auch c. 3, 1 (9–14), wo statt der unanschaulichen Komparative *ditior, nobilior, probior* anschauliche Handlungsweisen stehen (s. Hz.)[126].

3. Die Umkehrung (Mensch für Ort): Nereus steht für sein Meer (Call. hy. 1, 40; Ov. met. 1, 187), überspitzt ist bei Ov. fast. 4, 678

[126] Einer besonderen Erwähnung wert ist Horazens Ersatz der simplen und zu simplen Angabe, ein Böckchen sei «einjährig», durch den Hinweis darauf, daß er bereits schräg (von unten) stoße (c. 3, 22, 7; vgl. 3, 13, 4f.).

Nereus' Gattin Doris für die See eingesetzt (s. Bömer); *Vesta*, die Gottheit des Herdes, ersetzt ihn bei Verg. Georg. 4, 384; Sil. 6, 76. Der Vorteil hierbei liegt wieder im Anschaulichwerden des Ausdrucks, denn es gab ja genügend bildliche Darstellungen göttlicher Wesen, deren man sich erinnern konnte. Sie legen Zeugnis ab für das mythische Ineinander von Gottheit und Element.

4. Eine besonders schwierige Orts-Metonymie stellt Hor. c. 3, 23, 13 dar: Das Rind, das der Priester mit erhobenen Händen (den Gestus zeigt der «Betende Knabe» zu Berlin, Pergamon-Museum) opfern mag (wohingegen Phidyle Schafe schlachten wird: adversativ-prägnante Asyndese: § 144), wird das Beil «mit seinem Nacken färben», d. h. mit dem Blut des Nackens (s. Bömer zu Ov. met. 8, 764): besitzender oder bewirkender Ort statt des dort Befindlichen (aus ihm Ausströmenden; keiner der gängigen Kommentare erläutert die Stelle, vgl. aber Orelli).

δ) Das Ganze und seine Teile

§ 151 Einen Teil das Ganze vertreten zu lassen, gehört in die allgemeine Tendenz allen Dichtens, Einzelnes und Konkretes an Stelle von Generischem und Unanschaulichem zu geben (s. Schmidt 58–6). Und auch der Begriff ist alt: Plat. Symp. 205 b.

Teil fürs Ganze gesetzt

1. Pindars Lied kommt nicht zu Hieron, nicht zu seinem Palast, es kommt (Ol. 1, 11) zu seinem «Herd», dem sakral wichtigsten Teil des Hauses; der wichtigste Teil der Leber ist ihr Lappen, daher λοβός für die ganze Leber bei Aesch. Eu. 159: statt der Allgemeinwörter «Palast» und «Leber» die Anspielung auf genau Vorstellbares (s. oben § 21). Den Schrei bei Persephones Raub hörte «weder Gott noch Mensch noch Ölbaum» (hym. hom. Dem. 23): das anschauliche «typical feature» (Richardson) für die ganze Landschaft. «Glieder» für «Körper» war in alter Zeit Not-Metonymie (Snell, Ent. d. Geistes, 7. Aufl. 1993, 18), die Geburt Dianas aus den «Gliedern» der Mutter verspielter Archaismus (Call. hy. 3, 25)[127], ganz anschauungslos (§ 26): Stil-Spiel.

[127] Bei allen solchen Ersetzungen ist immer zu fragen, ob das Ersetzende bedeutsam sei. Um diesen wichtigen Grundsatz abzustützen, weitere Belege: Die Wahl des signifikanten Teiles bestimmte die Griechen, das Haupt für den Menschen zu setzen (Soph. Ant. 1; dem folgte Cat. 15, 16; Butler-Barber zu Prop. 3, 7, 4, TLL 3, 404, 4 ff.). Vergil (Aen. 6, 291) streckt im Inferno den furchterre-

2. Im Lateinischen beginnt die unzählige Menge dieser Ersetzungen etwa mit Ennius' «Kiel» für Schiff (ann. 376 Sk.) oder *cardo* für «Tür» (Andr. 88 Joc.), vgl. *oleum* (verfeinert bei Hor. c. 1, 8, 8 zu *olivum*) für «Ringsport» (Cat. 63, 64); Catull setzt auch «Sand» 64, 57 (s. Bömer zu Ov. met. 12, 38) oder «Alge» für «Strand» (64, 60 nach Hom. Il. 23, 693; Theocr. 11, 14), *poples* fürs ganze Knie (64, 370; s. Lucr. 4, 952). Gern werden Körperteile für den ganzen Menschen gesetzt (EP A. 54; Töchterle zu Sen. Oed. 100, 293).

Der Kiel, der das ganze Schiff zusammenhält[128], gehört gewiß zum Wichtigsten des Schiffs (neben dem Segel); wenn ein Tempel durch die Angel verschlossen ist, nähert sich das ebenso dem irrealen Spiel wie die ganz unwesentliche Alge für Strand. Ähnlich *cuspis*: Den ganzen Speer durch *cuspis* («Spitze») vertreten zu lassen, ist ein naturgegebenes Pars pro toto, in dem das Wichtigste für das bloße Holz eintritt; dann aber *cuspis* auch für den Pfeil zu setzen, ist verrätselndes Spiel (Stat. Silv. 1, 2, 75 *pharetra . . . et . . . densa* [«vielzählig»] . . . *cuspide fixi:* verspielter Singular).

Ähnlich auch *axis*: Bei Ennius schaut jemand *caelum . . . stellis fulgentibus aptum* (ann. 145 Sk.); Vergil ahmt den Vers in Aen. 4, 482 nach: Atlas dreht *axem . . . stellis ardentibus aptum*, doch ersetzt er das Totum *caelum* durch seinen Teil, die Achse (was sinnvoll war [man dreht jeden Ball um seine Achse] und geläufig wurde: TLL 2, 1638, 39). Das bleibt im Vorstellbaren; wenn dann Seneca (Nat. Qu. 5, 16, 6; HO 1184) und Statius (Theb. 3, 109), vielleicht nach älterem Vorbild

genden Schatten nicht das Schwert überhaupt, sondern die *acies* entgegen, und in der Tat ist sie der signifikante Teil, ist sie es doch, die im eigentlichen Sinne verletzt. Euripides (Or. 242) läßt Elektra ihrem Bruder ankündigen, Menelaos habe die σέλματα in Bewegung gesetzt, sei also abgefahren: Es sind ja auch wirklich die Ruderbänke, welche der wichtigste Teil des Schiffskörpers sind beim Anfahren (Biehl begnügt sich mit dem Hinweis aufs Pars pro toto, doch ist zu ergänzen, daß es sich hier um einen Grenzfall handelt, nur ein kleiner Schritt weiter würde zur Manieriertheit führen). – Aber auch hier weicht bald der Sinn der Manier: Daß ein Landes-T e i l für das g a n z e Land gesetzt wird, scheint geläufig (die Edonen treten für Thrakien insgesamt ein: Verg. Aen. 12, 365; *Emathia* für *Macedonia*, ders. Georg. 4, 390 [s. § 148, Abs. 2 Ende]); daß jedoch ein ganz unbedeutender Teil so fürs Landesganze gebraucht wird, scheint epigonale Überspitzung: *Memphis* für das Ägypten, das Pompeius ermordete (der Mord geschah jedoch keineswegs in Memphis): Prop. 3, 11, 34 (gut Camps hierzu).

[128] Vgl. Enk zu Prop. 1, 3, 1. – Zur beherrschenden Rolle des Kiels beim Schiffsbau L. Casson, Ships and Seamanship in the Ancient World, Princeton 1971, 203; der Kiel war das erste, was gezimmert wurde.

(s. Vitr. 6, 1, 4) – nachdem unter Dichterhand (OLD s. v. 4) *axis* zum *Ende* der Achse, zum Pol geworden –, *axis* zum Himmels-*Teil* machen («Himmelsstrich»), dann ist das manieristisches Spiel (vgl. P. R. Hardie, CQ 33, 1983, 224ff.). Manieriert, weil anschauungsmäßig nicht nachvollziehbar, ist z. B. *frons* statt *caput*, z. B. in *frons lacera* (Sen. Phae. 1181) statt «zerrauftes Haar»; *frons* meint den behaarten Teil des Kopfes, Hillen 12. Statt *caput* wagt es Lukan als erster (OLD *cervix* 1 d), *cervix* zu setzen, dort nämlich, wo er vom Kopfpreis für Caesars Haupt spricht (8, 12): Den Teil also setzt er statt des Ganzen, der es vom Körper, wenn abgetrennt *(avolsa)*, löst und sonst an es bindet.

Umkehrung (Ganzes fürs Teil)

Euripides läßt einen Boten einen Chor von Greisen mit «O Körper, weiß vom Alter» anreden (HF 909), wohl nicht, um die «Fremdartigkeit der Situation» auszudrücken (Wilamowitz im Komm.), sondern er huldigt dem Kunstgriff des Totum pro parte, wie Lukrez und Catull *silva* für einen einzelnen Baum setzten (1, 284; bzw. 4, 11 [Kroll]) oder Statius dann, noch weitergehend, *nemora* gar für den Zweig eintreten ließ (Theb. 2, 248; vgl. Arist. h.a. 559a 2). *Classis* für ein einzelnes Schiff steht bei Hor. c. 3, 11, 48; das mag noch hingehen, *spargier agno* für ‹*sanguine*› *agni* (ders., c. 4, 11, 8) strapaziert aber den «Tropus» (Quint. inst. 9, 1, 5) ebenso wie Statius' *frons* (Ganzes fürs Teil, das Auge) *opaca* für «erblindetes Auge» (Theb. 4, 512) oder «leerer Tiger» fürs Fell (ebd. 6, 722 *tigrin inanem)*, wohingegen «Wange» für «Auge» bei Enn. ann. 546 Sk. eine milde Metonymie darstellt (Norden zu Aen. 6, 686)[129].

[129] Besonders klar wird das hier Behandelte anhand von Hor. c. 3, 4, 22ff.: Statt zu sagen «Überall bin ich euer», nennt er mehrere Örtlichkeiten, und dies jeweils mit einem anschaulichen Epitheton: das «kühle Praeneste» (Palestrina), die Hanglage Tivolis, Baiae am Wasser (zu *liquidae* s. Ov. met. 1, 704), wobei eine Bewegung von Oben nach Unten bis zur Küste bemerkbar wird. Oder c. 3, 3, 12: Dem Kaiser abstrakt «ewige Jugend» o. dgl. zu verheißen, stellt Horaz sich vor, wie er zwischen Herkules und Pollux mit «roten Lippen», dem Zeichen vollblütigen Lebens, Wein genießt. Auch hier gibt es Manierismen, z. B. schon bei Vergil, wenn er nicht nur «Wange» für ihren Teil, das Auge, setzt (EP S. 101), sondern das, was sich auf den Wangen bzw. dem ganzen Gesicht abspielt, *vultus* (Aen. 3, 320; Töchterle zu Sen. Oed. 326).

ε) Teil- und Gesamtvorgang

§ 152 1. Nicht nur Dinge oder Personen können Teile eines Ganzen sein und für ein Ganzes in Dichtungen eintreten, sondern auch Vorgänge (s. § 149 Ende): Statt allgemein und umfassend zu sagen «Sie litten», setzt Aeschylus (Ag. 202) ein Konkretes: «Sie stießen den Stab auf die Erde» (Fraenkel S. 119); statt allgemein zu sagen, Zeus zeige an, wann die rechte Zeit sei, das schon Wachsende zu pflegen und Neues zu säen, nennt Arat Konkretes: Zeit, «Pflanzen zu umhäufeln und Samen zu werfen» (Phaen. 9); das Umhäufeln[130] ist aber nur eine der Arbeiten, die da nötig sind: Teil-Arbeit für die gesamte, aber eine sehr spezielle, darum besonders sinnfällige[131].

2. Im Lateinischen mochte die Reihe solcher Tropen bei Ennius begonnen haben, der z. B. statt des umfassenden «Töten» *cruentare* sagte (ann. 228 Sk.); der zog das «Blutbad» einem weniger wirkungsvollen, farbloseren Wort vor, auch wenn damit nur ein Teil des Ansturms gegeben war, aber gewiß der wichtigste. Catull: Herakles habe seine Taten vollbracht, nicht um einfach in den Olymp zu kommen, sondern «auf daß die Himmelsschwelle von zahlreicheren Gottheiten abgewetzt werde» (68, 115); Catull wählte, wie so oft, eine so ins Extrem getriebene Tropik, daß man über seinen Geschmack nachdenken muß; jedenfalls aber setzte er einen Teilvorgang an die Stelle des ganzen, hier jedoch den unwesentlichsten, der überhaupt denkbar ist[132]. Einfacher, und doch ganz bildhaft (vgl. A. 126 Ende), 64, 111 vom wütenden Minotaurus: «Hörner aufwerfen» statt «wütend sein».

3. Horaz beteuert (epo. 1, 24 ff.), er wolle gern jeden Kriegsdienst an der Seite Mäzens auf sich nehmen in der Hoffnung, ihm zu gefallen und nicht um reich zu werden; dieses drückt er jedoch nicht allgemein

[130] Dazu M. Erren, Die Phainomena des Aratos, 1967, 51.

[131] Weitere griechische Beispiele: Arat 268 f. (s. EP § 102 Anf.), Apoll. Rhod. 3, 184: «Sich des Kriegs-Geschreis enthalten» statt Krieg vermeiden (das hätte seine Parallele bei Hor. c. 3, 8, 23 f.: Statt «friedensbereit» steht «daran denken, mit gelockertem Bogen das Kampffeld zu verlassen».)

[132] Kroll spricht davon, der Ausdruck ziehe Herakles' Ehe ins Scherzhaft-Gemütliche; G. O. Hutchinson, Hellenistic Poetry, 1988, 319 nannte die ganze Episode bizarr und unklar, abwegig formuliert; Syndikus 2, 285, A. 181 bespricht v. 115 nicht, tadelt jedoch die Kritiker, deren abwertendes Urteil von der Forderung des 19. Jahrhunderts ausgehen, daß «sich ein echtes Gefühl nur in sehr schlichten Worten ausspricht». Die zu stellende Frage ist, ob der eklatante Mißbrauch des Tropus hier und oft Absicht war oder unabsichtliche Geschmacklosigkeit.

mit *ditior* o. ä. aus, sondern in drei Kurzdarstellungen von Vorgängen: Blitzen der Pflüge von immer mehr angeschirrten Jungochsen, Trekken des Viehs bei herannahenden Hundstagen von den in heißen Tälern Kalabriens gelegenen Besitzungen in seine bergigen Weiden Lukaniens usw.: drei anschauliche Teilvorgänge statt eines Allgemeinbegriffs.

4. Was ist der Zweck solcher Vorgangsbilder oder anderer wie «Ehebett in der Halle» statt «verheiratet sein» (Hor. epi. 1, 1, 87), «dieselben Säulenhallen aufsuchen» statt «sich mit dem Volk gemein machen» (ebd. 71), *sumere aut ponere securis* statt «Konsulat beginnen und beenden» (Hor. c. 3, 2, 19; vgl. c. 1, 1, 29/31: *me doctarum hederae praemia frontium dis miscent superis*, «der Efeu, Zier kundiger Stirn, mischt mich unter die Götter» statt «Dichter sein»; statt «wohnen» steht 2, 20, 20; 3, 10, 1 «aus dem Fluß trinken»)? Wenn etwas den Dichter vom Prosaiker, überhaupt vom gewöhnlichen Menschen abhebt, dann ist es die Kraft des Schauens. Solche Ersetzungen des Begriffs durch das Bild dienen dem Poetischen, dem Anschauen und nicht dem bloßen Begreifen.

ζ) Konkretes und Abstraktes

§ **153** Vorbemerkung: Die Darstellung konkreter Teilvorgänge anstelle von Allgemeinbegriffen führte (s. § 152, 4) in das eigentliche Gebiet der Dichtung, das Anschauliche, führte also schon in den Bereich der Ersetzung von Allgemeinem durch Konkretes. Bedenkt man, daß ein «allgemeiner» Begriff stets ein vieles Einzelne umgreifender, ein kollektiver ist, wird klar, daß der Tropus «Konkretes für Allgemeines» dem Tropus «Teil für Ganzes» sehr nahekommt, daß also Überschneidungen leicht vorkommen.

Wenn Euripides den Speer statt des Kampfes setzt (HF 158), dann setzt er das neben dem Schwert signifikanteste Detail an die Stelle des Abstrakten[133]; später stellt er gar das Eisen an die Stelle von Kampf und Krieg (Phoen. 359); hier könnte man noch von «Teil fürs Ganze» (§ 151) reden; nicht so, wenn Pindar (Py. 8, 4) sagt, Hesychia halte die «höchsten Schlüssel in Rat und Krieg»: Hier ist evident ebenso ein Konkretes für ein Abstraktes (etwa «herrschen über . . .») gestellt wie in Ol. 3, 43 f.: Berühren der «Säulen des Herakles» statt «Erreichen des Höchstmöglichen». Die beiden Pindar-Stellen bedürfen jedoch weiterer Klärung. Der «höchste Schlüssel in Rat und Krieg» verbindet real nicht Zusammengehöriges: Der Schlüssel gehört zur Tür, also ist (guter) Ratschluß und (berechtigter) Kriegsbeschluß etwas, das vielfach wie mit Türen verschlossen und nur mit passenden Schlüsseln zu öffnen ist. Der gute Rat verwandelt sich in der Phantasie zu einem Raum, der nur nach Entriegelung betretbar ist

[133] Vgl. Wilamowitz Bd. 3, 43 oben, u. a. zu δόρυ für «Kampf».

(zu solchen Verwandlungen unten §§ 164ff.). Das «Berühren der Heraklessäulen» ist anders strukturiert; hier verwandelt sich nichts, vielmehr wird nach dem abstrakten «Erreichen des Äußersten» (ἐσχατίαν . . . ἱκάνων, 43 b) dasselbe noch einmal, jetzt aber mit mythischem Bildanreiz (vgl. § 23) anschauungweckend ausgedrückt (ἅπτεται . . . σταλᾶν), als berühre Hieron diese Säulen mit der Hand. (So oder doch ähnlich genau, scheint es, sind solche Ausdrücke zu befragen, will man sich dem Dichterischen nähern.)

Keineswegs gleich mit dem Tropus «Teilvorgang statt Gesamtvorgangs» ist, obschon verwandt in dem Streben nach Veranschaulichung des Abstrakten, Aesch. Ag. 1397f.: «Einen genauso großen Krug von fluchwürdigem Bösen, wie er ihn angefüllt hatte, trank er bei der Heimkehr» (s. Fraenkel zur Genese des Bildes), statt: «Soviel Böses, wie er angerichtet, erlitt er»: ein «gebrochenes» Bild (oben § 25), denn in «Krater des Bösen» (Ar. Ach. 937), der «auszutrinken» war (unserem [häßlichen] «Was man sich einbrockt, muß man auslöffeln» vergleichbar), mischt sich ein konkreter Vorgang mit orientierend-abstraktem, das Bild z. T. brechendem Einsprengsel («des Bösen»).

Derlei findet sich natürlich auch im Lateinischen, z. B. ersetzt Horaz den abstrakten Begriff des Erreichens eines Höchsten (vgl. die in der Vorbemerkung zitierte Stelle Pind. Ol. 3, 43) durch den Ausdruck *sublimi vertice sidera ferire* (überstarkes Verb: § 118) in c. 1, 1, 36, oder statt: «Es kommt ja vor, daß einer reicher ist als ein anderer» schreibt er: «Es kommt vor, daß einer seine Reben in weiterem Abstand pflanzt als ein anderer», d. h. mehr Land hat (c. 3, 1, 9f.), und statt: «Befreie dich von deinen Sorgen» setzt er *sollicitam explicare frontem*, «die Stirn ‹ent-falten›» (c. 3, 29, 16). Beides, die weiten Abstände der Rebreihen wie das Glattwerden der Stirn, kann man sich genau vorstellen, diese Anschaulichkeit war der Zweck der Metonymien. So setzt Properz für den Sieg Amors (1, 1, 4) das Bild, wie Amor auf das Haupt des elegischen Ich seinen Fuß setzt und es niederdrückt[134].

Die fünf Arten der Abstrakt-/Konkret-Metonymie

§ 154 Nach diesen einleitenden Bemerkungen nun die Ausführung. Es ist indessen gleich zu Beginn dieses deutlich zu machen: Man betrachte die Überschrift von § 153 als Umschreibung für eine Art der Metonymien, die Unterarten hat: Echtes «Concretum pro Abstracto»

[134] Unter die Rubrik «Konkret–Abstrakt» könnte man auch als Unterabteilung die Kategorie «Allgemein–Speziell» setzen, z. B. *imber* für Wasser überhaupt (seit Enn. ann. 221 Skutsch, der S. 397 auf ὄμβρος bei Emped. 98, 1f. verweist, man kann auch Soph. OT 1428 anführen).

wäre der Ersatz von «Tod» durch *manes* (so Prop. 1, 19, 1 *non ego nunc tristes vereor . . . manes*); aber *amor* für die Geliebte (Plaut. Mil. 1377) oder φόβος für eine zu fürchtende Erscheinung (Soph. OC 1651 f.) zu verwenden, bedeutet, einen allgemeinen Ausdruck für ein Tun an die Stelle *eines* einzelnen Täters treten zu lassen bzw. die Wirkung *(amor)* an die des Bewirkenden *(amata)*. Sagt man *frigens* statt *mortuus* (OLD *frigeo* 1 b, s. unten § 154, 2 [Anf.]), setzt man die Qualität an die Stelle des Trägers der Qualität oder Eigenschaft (s. unten, 2). – Es sind also zu scheiden: 1. Abstrakt-Konkret-Vertauschung im engeren Sinn, 2. Qualität-Träger-Austausch, 3. Fälle, in denen Tun und Täter, 4. Tätigkeit und ihr Objekt, 5. Bewirkendes und Bewirktes gegeneinander ausgewechselt sind.

1. Abstraktes und Konkretes im engeren Sinn: Dort, wo Theseus bei Soph. OC 1070 die Entführer verfolgt, «greift das ganze Aufsitzen den feindlichen Wangenschutz an»: ἄμβασις für die ἀναβαίνοντες, die Reiter, und der Wangenschutz der feindlichen Pferde wiederum für ein Ganzes, für die Pferde bzw. deren Reiter[135]. Ebenso setzt dann Properz (1, 21, 4) *militia* für *milites* (wie LHS 747 unten, Fedeli 490 unten richtig angeben); der Tote erinnert also den vorüberfliehenden Kameraden daran, daß er *pars vestrae militiae* gewesen, Teil war des Heeres, aber auch Teil hatte am harten, gemeinschaftlichen Dienst und Krieg: Das umfassende *militiae* ist gewählt, weil es an viel mehr Gemeinsames erinnern konnte als ein eingeschränkteres Wort. – *Genus* ist in der gewöhnlichen Sprache stets etwas Umfassendes, Allgemeines («Geschlecht», «Stamm» oder «Sippe», dann «Rasse», «Generation» usw., s. OLD s. v. 1 und 3 f.), wenn Catull (61, 2; Syndikus 2, 16, A. 83) mit diesem Wort eine einzelne Person bezeichnet, den Hymenäus, dann ist das in der Tat «grandiloquent» (NH zu Hor. c. 1, 3, 27; vgl. c. 2, 18, 38) und griechischer (Eur. Cycl. 104) Kunstgriff dazu[136].

2. Qualität und ihre Träger: Schon Hom. Od. 4, 418 steht ἑρπετόν für das kriechende Tier; sehr viel verrätselter ist dagegen οὐλαχύς, ὁ πτερόεις für die Zikade bei Call. Aet. 1, fr. 1, 32 Pfeiff.: «(dem Tiere, dem beohrten, ganz gleich mag ein anderer Lärm machen, ich dagegen möchte) das kleine sein, das geflügelte». Einfacher ist in der Vulgär-

[135] Kamerbeek glossiert S. 153 mit «alle Reiter», πάντες ἀναβάται und gibt Lit. an.

[136] Hierher zieht Bömer zu Ov. met. 12, 16 *damnum*, statt der Geschädigten (mit vielen Beispielen und Literatur). Material zum Abstractum pro concreto des Typs Nestor = *aevi prudentia nostri* (met. 12, 178) sammelt er zu Ov. met. 10, 197 ff.; 12, 530; s. zu Vergil Harrison zu Aen. 10, 13 und 18.

sprache die Beschimpfung durch Beilegung despektierlicher Qualitäten (Plaut. Poen. 1313ff. z. B.), in der Dichtung (§ 154 Anf.) *frigens* für den (erkalteten) Toten bei Vergil (Aen. 6, 219; Stat. Theb. 3, 127 [s. § 154 Anf.]); *summus honor* für den «höchsten Beamten» bei Juv. 1, 117 (Courtney zu 1, 110). Ins Kollektiv-Abstrakte gewendet: *tenebrae* für *latebrae*, die Qualität des Dunklen für das finstere Versteck, setzte schon Catull (55, 2), ebenso *canities* für den weißen Bart (64, 224; dann Stat. Theb. 2, 98 usw.): allgemeine Qualität (hier: Farbe) für das, welches die Qualität hat.

Umkehrung: Träger für seine Qualität: Sehr viel seltener scheint das Umgekehrte zu sein: Statius (Ach. 1, 144) schrieb *deos infringe precatu*; verglichen mit Vergils *ira . . . infracta* (Aen. 5, 781/4) ist hier *dei* für *deorum ira* gesetzt. *Dux* tritt für die Befehlsgewalt ein (Stat. Theb. 1, 173; TLL 5, 1; 2324, 69ff.)[137]. Ein aufschlußreiches Beispiel bietet *induere: induo personam* dürfte das Ursprüngliche sein, davon abgeleitet war wohl dann *induo vultus aliquos* (TLL 7, 1; 1263, 50ff.: zuerst Vergil) und *induo animum*. Doch *induo* mit *inhospitalem Caucasum mente* (Sen. Med. 43) dürfte eine äußerst seltene Überspitzung gewesen sein: Medea spricht so zu sich selber, als sie sich dazu ermahnt, in ihrem Sinne zu werden wie die Heniochoi (s. Thy. 1049), welche ihre *hospites* töteten (Arist. Pol. 9, 4; 1338b 20ff.); diese Kühnheit fand dann in die Prosa des Tacitus ihren Weg (TLL l. c. 75ff.).

3. Tun und Täter: Bei Aeschylus (Sept. 558) steht der «Biß» für das «beißende Tier»: Der Kundschafter berichtet von den feindlichen Helden, die sich vor Thebens Mauern versammelt haben, und nennt Parthenopaios mit der Sphinx als Schildzeichen; Eteokles antwortet, Aktor, sein Bruder, werde dafür sorgen, daß «des verhaßtesten Tieres Biß nicht in die Stadt hereindringt»: Hier fließt die Identifizierung des Mannes mit seinem Wappentier offenbar mit der Konzentration auf das Sinnfälligste – seinen Angriff, der (in der Personifizierung bleibend) «Biß» genannt wird – in eins zusammen. Kallimachos (hym. 3 in Dian. 84) dagegen schrieb: Artemis bat die Kyklopen um einen Bogen, und: «habe ich mit ihm dann einen einzeln gehenden (und darum um so gefährlicheren) ‹Biß› oder ein Untier erlegt», sei es das ihre usw.: Hier wird gewiß der «Biß» verständlich gemacht durch das nachfolgende «Tier», doch bleibt es eine Metonymie für «beißendes Tier».

Im Lateinischen war es seit langem Brauch, z. B. bei Beschimpfun-

[137] Vgl. dagegen Luc. 1, 131 *dedidicit ducem*, jemand verlernt seine Führerqualitäten: Von hier aus wäre dann 1, 276 erklärlich (*dubios in te transferre Quirites*, d. h. *animos Quiritium*): Träger für Qualität.

gen das Tun einer unleidlichen Person statt ihrer selbst auszudrücken (Plaut. Truc. 759: *illecebra*, s. LHS 746, a). Schwierigeres wagten die Dichter: Properz (3, 7, 52) beschreibt das Ertrinken des Paetus: *miser invisam traxit hiatus aquam: hiatus*, das sinnfälligste Tun in diesem Augenblick, für den Mann. So stand schon seit langem *flamen* («Hauch») für das Tun und für den Tuenden (G. Wissowa, Religion und Kultus der Römer, 2. Aufl. 1910 = 3. Aufl. 1971, 482; K. Latte, Römische Religionsgeschichte 36, A. 3)[138].

4. Tätigkeit und ihr Objekt: Die so überaus oft behandelte Schlußzeile Pindars (Nem. 11, 48) ἀπροσίκτων δ' ἐρώτων ὀξύτεραι μανίαι ließe sich wohl unter Zuhilfenahme einer mehrfachen Metonymie so verstehen: «Man strebe nach Gewinn und Erfolg (mit Maßen), denn zu heftig ist der Wahnsinn, (der strebt) nach unerreichbaren (Gegenständen von) Wünschen»[139]. So auch *amor* statt der geliebten Person (s. meinen Komm. zu Plaut. Poen. 207; EP § 104 Anf.) oder *cura*[140]. Verspielt ist dann später *cura sinuosa* für die «Sorgfalt ⟨beim Fahren⟩ von Bögen und Kurven» (Rutil. Nam. 1, 322; Doblhofer erklärt lediglich die Realie).

Leicht verständlich ist «Kampf» *(proelia)* für den, der ihn bestreitet, den Krieger (Stat. Theb. 1, 8); die Passivform dazu wäre *pax* statt der befriedeten Völker (Verg. Aen. 6, 852), schwieriger *laus* für das, was gelobt wird, das schöne Halsband (Stat. Theb. 2, 295)[141].

138 Die allermeisten der bei LHS 746, α angeführten Schimpfwörter setzen das Bewirkte *(facinus, exitium)* statt des Bewirkenden, während der Abschnitt β recht Verschiedenes mischt.

139 So auch LSJ s. v. ἔρως I 2.

140 OLD s. v. 8; M. Herzog-Hauser, Der römische Begriff Cura, Winterthur 1954, 26; NH zu Hor. c. 2, 8, 8.

141 *Laus* kann schon bei Cicero (de or. 3, 170) für die «Lob verdienende *virtus*» stehen (so auch Cat. 64, 102; Verg. Aen. 1, 461); verspielt dann Ov. met. 10, 563, wo Füße solche *laus* besitzen, d. h. eine Schönheit, die des Lobes wert ist; Bömer: «i. q. *virtus*». *Laus* für die Dignität eines Menschen oder einer Sache ist spätaugusteische Feinheit (TLL 7, 2; 1064, 33 ff.). *Fata* für die Pforte des Hades (durch die geht, wer der Fata verfallen): Nisb.-Hubb. zu Hor. 1, 24, 17.

Acies heißt zuerst das Vermögen (und dessen Sitz), etwas zu treffen und zu trennen, insbes. im Bereich des Sehens das Vermögen, etwas aus «der Erscheinungen Flucht» herauszutrennen, um es zu betrachten; vgl. Plaut. Mil. 4: Dort wird die *acies* geblendet, also das Sehvermögen abgestumpft. Der Sitz war die Pupille, die dann auch *acies* genannt wurde (Cic. n.d. 2, 142). Danach wird *acies* zu «Auge» überhaupt (Lucr. 3, 362; Verg. Aen. 6, 788; Stat. Theb. 5, 95 usw.): Es wurde also die Eigenschaft (Trennschärfe) für das gesetzt, was sie (als ihr «Organ») ausübt.

5. Bewirkendes und Bewirktes: Ähnlich der Vertauschung von Tun und Täter können Wirkung und Ursache miteinander ausgetauscht werden: *ignis* für Sternenglanz setzt dasjenige, was die Sternhelligkeit bewirkt (das Feuer der Äthersubstanz aller Sterne), für die Wirkung (TLL 7, 1; 294, 41 ff., s. meinen Komm. zu Germ. 44; Bömer zu Ov. met. 1, 81; Heuvel zu Stat. Theb. 1, 371; Lausberg § 568, 3). Unterscheiden wir drei Arten: Bewirker statt des Bewirkten, Bewirkendes statt der Wirkung, Bewirktes statt der Ursache.

Bewirker statt des Bewirkten: Bakchos setzte statt des Weines als einer der ersten Euripides (IA 1061), viele folgten (z. B. Verg. Georg. 1, 344), so viele, daß Lukrez den Abusus tadelte (2, 656), vgl. § 148 Ende, auch Töchterle zu Sen. Oed. 1 (Titan für die Sonne).

Seit Homer wird das Feuer «Hephaestus» genannnt (Il. 2, 426; vgl. Archil. fr. 10, 2 Diehl [vgl. Treu S. 167])[142]; *Mars* für «Krieg» ist altehrwürdiges Gut (Enn. ann. 14 Sk.), doch wenn Statius (Theb. 1, 7 f.) König Kadmos einen *Martis operti agricola* nennt, einen «Anbauer verborgenen Krieges», und damit auf die Aussaat der Drachenzähne anspielt, aus der jener Kampf der drachenzahnentsprossenen Krieger wurde, dann ist das eine späte Verrätselung.

Bewirkendes statt der Wirkung: «Sonne» für «Tag» (Fraenkel zu Aesch. Ag. S. 290 ob.), «Licht» für den Tag und seine Helle zu setzen (Aesch. Pers. 261; Eur. Rhes. 447; Call. hym. Dian. 182), ist uralt, ebenso die Sterne statt der Nacht zu nennen; Tarrant zu Sen. Ag. 461 zitiert Luc. 7, 451 f. und Stat. Theb. 12, 48 f.: *dulcibus astris victa* sind hier die *lumina* (Augen), also von dem «besiegt», was *astra* bewirken: Schlaf zur Nachtzeit; *lux* für *dies* verwendete schon die ältere römische Tragödie und dann Catull (107, 6; s. Syndikus 3, 119, A. 7) und Horaz (c. 4, 11, 19), ebenso Arbeit oder τέχνη fürs Werk (Soph. OC 472; Verg. Aen. 7, 248; *ars*: Hor. epi. 1, 6, 17), *caedes* für Blut: Cat. 64, 360; Ov. met. 3, 143 (s. Enk zu Prop. 2, 8, 34; Bömer zu Ov. met. 4, 96 ff. und gleich nächsten Abschnitt) usw. «Biene» für Honig wirkt da bereits manieristisch (Soph. OC 481), *crimen* für Anklage und angeklagtes Verbrechen waren geläufig, *crimen* für den, der sich schuldig gemacht hat, war dichterische Ausweitung (OLD s. v. 2, b).

Aufschlußreich scheint ein Vergleich von Verg. Aen. 1, 455 und 6, 683: Aeneas erwartet die Königin und betrachtet inzwischen Bildwerke mit den trojanischen Kämpfen: *artificum manus inter se ope-*

[142] Fraenkel zitiert Wilamowitz, Kl. Schr, 5, 2; 15 f.; RE 8, 329 zu Aesch. Ag. 281; vgl. auch Harrison zu Verg. Aen. 10, 408.

rumque laborem / miratur, ein schwieriger Ausdruck, der offenbar die «Hände der Arbeiter, miteinander verbunden» stützend erklärt durch *operum labor* in der Art des erläuternden Hendiadyoins (s. § 29): *labor* als «Werk der Mühen», «Ergebnis der Arbeiten». Man wird hier eher R. D. Williams (The Aeneid of Virgil, B. 1–6, 1972, 195) folgen, der mit «harmonious» glossiert, als G. Stégen, Virgile, Le livre I de l'Énéide, 1975, 206 unten («rivalisent»). Zudem scheint es ratsam, in *operum* die Arbeitenden mitzuhören, um eine Tautologie zu vermeiden. – Nun aber Aen. 6, 683: Anchises mustert diejenigen, die da ans Licht der Erde aufsteigen sollen, *fata fortunasque virum moresque manusque*: «their ways and works» Austin («*manus* here of deeds in general», man erinnert sich an Aesch. Ag. 111: Menelaos und Agamemnon führten die Griechen nach Troja «mit Speer und einfordernder Hand», σὺν δορὶ καὶ χερὶ πράκτορι). Im späteren, sechsten Buche stützt der Dichter das Unerhörte nicht mehr helfend ab. Verwirrender noch *ira* für *verba irata* (TLL 7, 2; 364, 58), so auch *sors* für *locus sorte datus* bei Manil. 2, 461; und dann vollends *acu ardere* für «durch ein herrliches W e r k der Nadel glänzen» (Val. Fl. 6, 526). «Mund» für «Rede»: Ov. fast. 1, 130; Sen. Ag. 166 ist dagegen ein sehr einfacher Fall von Bewirkendem fürs Bewirkte: *cum stetit ad aras ore sacrifico pater* (von Agamemnon, der «unter opfergemäßen Reden» bzw. «Worten» am Altare stand).

Bewirktes statt der Ursache: «Spuren» für die sie bewirkenden Schritte setzte Euripides (Ba. 1134), und viele folgten nach, u. a. Cat. 64, 162; Ov. met. 8, 571. Das ist bei Euripides bereits Kunstgriff ohne anderen Zweck als den des sprachlichen Reizes; wenn dagegen bei Aeschylus (Ag. 944 f., cf. Eur. Ba. 740) Agamemnon befiehlt, «es möge jemand rasch den Schuh lösen, den dienenden Auftritt des Fußes», dann bedeutet dies, daß er nun bloßen Fußes, aus Furcht vor dem Götterneid einen Rang tiefer also, den ausgelegten Teppich betreten wird, und diesen «Auftritt» bzw. dies «Darauftreten» macht er zur metonymischen Umschreibung des Schuhs. «Blut», um mit Griechischem fortzufahren, setzte für den Mord Aesch. Cho. 520; Soph. OT 101 (vgl. vorigen Abschn., s. v. *caedes*); raffinierter schon «Nahrung» für den Bogen, der sie verschafft, Soph. Phil. 1126 (der Bogen, das einzige verläßliche Mittel des Lahmen, Nahrung zu finden, verschmilzt mit dieser; s. Kamerbeek 134 oben); vollends überspitzt ist «Gesang» für «Kehle» bei Eur. Ion. 169 (Breitenbach 180, VIII).

Die Römer beuteten die Fundgrube kräftig aus (zu Catull s. vorigen Abschn.). Das Licht, vom Feuer bewirkt, ersetzt *ignis* bei Verg. Aen. 12, 115: Die Pferde des Sonnengottes *lucem . . . naribus efflant; lux* statt *ignis* (πῦρ: Pind. Ol. 7, 71), da sie ja Licht bringen; vorangegangen war Ennius (ann. 606 Sk. *fundunt . . . naribus lucem*). Ähnlich steht der Tag, das vom Licht, letztlich von der Sonne Verursachte, bei Ovid und Statius (fast. 5, 548 bzw. Stat. Ach. 2, 1 ff. [s. Dilkes Parallelen] usw.) für die Sonne, später gar für die «Zeit»: Ov. met. 1, 346, der auch *bellum* für das Krieg-Bestreitende (Heer) setzt: Bömer zu met. 12, 25; *vulnus* («Wunde») für die verwundende Waffe ist in OLD *vulnus* 1 c belegt (zuerst Verg. Aen. 9, 745; s. Harrison zu 10, 140); für den verwundenden Schlag: Verg. Aen. 5, 436; Bömer zu Ov. met. 7, 595; Prop. 1, 1, 12 (EP A. 66); Umkehrung: «Schlag» für Wunde: *plaga* Ov. met. 13, 119; Sen. Oed. 141; *ictus* schon Cic. Carm. fr. 33, 14 (Tu. 2, 20, 22; TLL 7, 1; 167, 40 ff.).

Man sagte auch auf griechisch «sich unter dem Schatten niederlassen» (Eur. Ba. 458), da war es denn nur ein kleiner Schritt bis zur Metonymie von «Schatten» statt «Zweig», später «Baum»; m.W. nur im Lateinischen setzt (seit Cat. 64, 41) *umbra* für *ramus*, für *arbor* spätestens seit Val. Fl. 7, 55 (*caesa*!)[143].

Das sind vergleichsweise leichte Fälle; doch *metus* z. B. nicht nur für den Furcht-erregenden Menschen (Val. Fl. 2, 16, Langen zu 1, 23; Shackleton Bailey, Propertiana 298 zu 3, 7, 13), sondern für furchterregende Bilder zu setzen, dürfte eine Überspitzung sein (Val. Fl. 1, 402, S. 15 Ehlers; TLL 8, 911, 18; vgl. Ov. met. 4, 111 *metus* für *periculum*); nicht minder *timor* für den Angst-einjagenden Erdrutsch (TLL 5, 1; 722, 44 f.)[144].

[143] Properz setzt die Ruhe für die Nacht, welche die Ruhe schafft (Enk und Fedeli zu 1, 14, 9). Und schon Lukrez hatte *vapor*, den Dunst also, für die Hitze gesetzt, welche den Dunst hervorruft (1, 663; Ov. met. 3, 152). So kann auch *sidus* für das stehen, was Sterne bewirken: für «Nacht»: Prop. 1, 3, 38; Stat. Theb. 8, 219; «Jahreszeit»: Verg. Georg. 1, 1; «Wetter»: Ov. met. 5, 281; «Glanz»: Val. Fl. 2, 67 (s. Langen: zunächst «Sternenglanz», dann jedweder Glanz). Wie hier gespielt wurde, zeigt nicht nur eine Entwicklungslinie wie die von «Sternen-Glanz» zu «Glanz überhaupt», sondern auch eine doppelte Verrätselung wie die bei Prop. 3, 10, 11: Jemand ist da *felicibus pinnis* geboren, d. h., *pinnae* («Federn») stehen für *ales* («Vogel»), und *bona alite* steht ja für «gutes Vorzeichen» (Cat. 61, 20); vgl. Soph. OC 97 (LSJ πτερόν II_2; Kamerbeek). M. a. W.: Properz überspitzt die gewöhnlich gewordene Metonymie zu einer «Zwei-Stufen-Verrätselung». Leichter zu verstehen ist das vergilische *vita* für *anima* («Leben» für das «Leben-Spendende»): Aen. 12, 952; Prop. 2, 34, 15 (G. Williams, Cl. Rev. NS 8, 1958, 7).

[144] Der Sinn solcher Ersetzungen war wohl, den Leser die Emotion fühlen zu lassen, welche das ersetzende, emotionenbezeichnende Wort bedeutete; es

Auch Abstrakta können so ersetzt werden, und zwar durch abstrakte Ausdrücke, wie *error* für die Ursache, die List, eintritt (Verg. Aen. 2, 48, vgl. Serv., akzeptiert von Austin), wie ja *crimen* auch für den Verursacher bzw. das Verursachende eintreten (Bömer zu Ov. met. 3, 268, ferner Fedeli zu Prop. 1, 11, 30), αἰτία (eig. «Verantwortlichkeit») das Motiv zur Untat, den Anlaß für sie und die Anklage gegen sie bedeuten kann (Pind. Nem 7, 11: «Anlaß»).

6. Individualisierung: Eine Sonderform des Tropus «Konkretes für Allgemeines» stellt Hor. c. 1, 1, 14: dar: *trabe Cypria Myrtoum pavidus nauta (secat) mare*; statt fadem *navi sua navigat per mare* «individualisiert» (Hz.) der Dichter so, daß die Balken von Zypern kommen, das Meer ein Teil der im Osten der Peleponnes liegenden See ist (vgl. Kroll, Stud. 278; Gall 23, A. 4). Vgl. Hor. c. 3, 4, 29/32 (statt «zu Lande» und «zu Wasser» steht «Bosporus» und «Syrien»; Hz. S. 275 li.). Die Zahl der Belege ist naturgemäß Legion (s. auch § 158, 2 Anf.).

η) Material und Hergestelltes

§ 155 Zwar scheint das Verhältnis von *materia* und *materiatum* (wenn man diesen späten Ausdruck hier für das Hergestellte nehmen darf) dem von Bewirkendem zu Bewirktem zu gleichen, doch dürfte die stoffliche Ursache mit einigem Recht eine Unterart des Ursache-Wirkung-Verhältnisses sein; denn die *causa efficiens* ist ja nicht das Material.

Χέλυς wird seit hym. hom. in Merc. 25 für «Lyra» eingesetzt (die früheste lateinische Stelle: Ov. [?] her. 15, 181, cf. Sen. Ag. 327 Zw.). «Eisen» wird bei Homer für Schwert und Pfeilspitze verwendet (Il. 4, 123 bzw. 18, 34), so auch Enn. Ann. 171 Sk. und im «Achill» fr. 2 Joc.: *prolato aere* statt *clipeo ante se protento*, wie Festus erklärt, s. Jocelyn S. 168. Laut Theophr. HP 4, 3, 4 wurden aus Lotos gute Flöten hergestellt, also steht bei Eur. Ba. 160 und Hel. 171 (Kannicht S. 68 oben) Lotos für Flöte usw.

Manierierter noch als diese leicht verständlichen Beispiele ist *ramus* für die hölzerne Waffe (Prop. 1, 1, 13; 4, 9, 15), und das Material bei Lunderstedt 59ff. zeigt auch hier, wie die Dichter sich ämulierend immer weiter wagen. Schon Quintilian 8, 6, 20 verwies *abies* für *tabella* in die Dichtersprache (wahrscheinlich ist Plaut. Pers. 248 [s. Woytek] Tragödienparodie). Ganz so wird *aes* für die Statue gesetzt: Verg. Aen.

handelt sich also nicht ausschließlich um «Tricks», sondern um Psychagogie (vgl. v. Albrecht, GGA 238, 1986, 35).

6, 847 *excudent alii spirantia mollius aera*, wo zum Topos des lebensecht atmenden Kunstwerks Acta Class. 15, 1972, 66, A. 71 zu vergleichen wäre[145].

Umkehrung: Hergestelltes für sein Material: Diese Erscheinung ist ungleich seltener als die umgekehrte: doch setzt Kallimachos in dieser Weise zum Beispiel «Nahrung» für das eßbare Tier (hym. 3 in Dian. 148), und in den Silven sagt Statius (1, 2, 128), daß Glaucus, Proteus und alle Nereiden für die römische Schöne *Inda monilia* suchten, was gewiß nicht ‹necklaces› bedeutet (Loeb-Übersetzung), sondern Edelsteine für ein solches (richtig Lunderstedt 74), was noch raffinierter scheint als die Kallimachos-Stelle.

ϑ) Abschließende Bemerkung

§ 156 1. Zum Verständnis der Typen: Bisher wurden die Typen gezeigt; es wurden Beispiele angeführt und die fortschreitende Verrätselung und ämulierende Überspitzung spürbar gemacht. Doch genügt dies nicht, denn es bleibt im Handwerklich-Technischen und sagt nichts aus über die beabsichtigte Wirkung auf den Leser oder Hörer.

Es ist daher folgende Bemerkung nötig: Setzt man *Britanni* oder gar *Britannus* für (das intendierte) *Britannia*, dann ist die Wirkung offenbar Vereinzelung: Man sieht die einzelnen Britannier, die Phantasie wird auf sinnlich Sichtbares gelenkt. Setzt man dagegen *Britannia* für die einzelnen Britannier, kommt Gedanklich-Emotionales ins Spiel: die Heimat, die Ehre des Landes vielleicht, bis hin zur immer möglichen Personifizierung (Athen/Athene).

Setze ich für *adulterium* den *adulter*, sehe ich den Mann, die Einzelperson sinnlich spürbar vor mir; sage ich *lectus* (Ort für Mensch), will ich den Vorgang ins Bewußtsein bringen und alle Folgerungen: Entehrung der Ehe, Beschimpfung des *lectus genialis*, oder was immer es sei, jedenfalls wird sehr viel mehr der Gedanke angeregt als das sinnliche Sehvermögen, das sich auf den einen Menschen versammelte.

[145] Verg. Georg. 2, 193 nennt eine elfenbeinerne, also «wertvolle, beim Opfern verwendete Flöte einfach *ebur*», setzt also das Material, dessen Wert auffallen mußte, fürs *materiatum* (W. Eisenhut, Properz, WdF 237, 311, A. 21). Man denke daran, daß im Deutschen das Wort «Glas» für mancherlei aus Glas steht, ebenso Holz (Fußballtor, Kegel usw.). Solche Ersetzungen sind oft Kennzeichen der Imponiersprache (im Sportjargon «Es zappelt das Leder im Netz»: gleich zwei Metonymien und eine Metapher).

Wer den Teil fürs (intendierte) Ganze setzt, will vereinzeln, will das Einzelne sinnlich wahrnehmbar machen; wer dagegen *silva* für den Einzelbaum setzt, will den Gedanken anregen: «ganze Wälder» werden bei Stat. Theb. 4, 455 herbeigewälzt, die Metonymie wendet sich deutlich an den entziffernden und rätsellösenden Intellekt, wenn ein Umfassendes, Allgemeines für das Enge und Besondere gesetzt ist.

Ebenso das Spiel mit Abstraktem und Konkretem: Sprechen wir von einem Konkreten, meinen aber ein Allgemeines, sammeln wir die sinnliche Phantasie des Lesers oder Hörers auf ein Einzelnes, das wir sichtbar werden lassen. Setzen wir dagegen das Allgemeine für das Einzelne (*odium* u. ä.), werten wir, d. h., wir wenden uns ans Gedankliche.

Und zuletzt die Vertauschungen von Bewirkendem und Bewirktem; auch hier gilt es, genau zu unterscheiden: Verwende ich den Typ «*manus* für Werk», will ich die sich mühenden Hände sichtbar machen; sage ich aber *artes* und meine «Kunstprodukt», wende ich mich ans Gedankliche, das ein Abstraktum zu fassen weiß. Nehme ich *metus* als das Bewirkte für Medea als das Bewirkende, wende ich mich an die Wertungsfähigkeit, nicht an das sinnliche Vorstellungsvermögen. Stelle ich aber *vestigia* an die Stelle von «Fuß», sammle ich wieder die Aufmerksamkeit auf etwas sinnlich Wahrnehmbares, auf Einzelnes.

Aus allem Gesagten ergibt sich für jeden einzelnen Fall von Metonymie (erinnert sei an die Definition in § 148) die Aufgabe: Über das Feststellen eines Kunstgriffes und seine Einordnung in das hier vorgetragene System hinaus muß die poetische Intention gespürt werden, und diese ist ein Spiel zwischen Sinnlichkeit und Gedanklichkeit. Nur wenn man diese Absichten unterscheidet, kommt Leben und damit Nutzen in die Systematik.

2. Notwendigkeit der Unterscheidung: Daß die hier getroffenen Unterscheidungen dringend geboten waren, zeigt z. B. die Sammlung Schusters und Fedelis in ihren Properz-Ausgaben S. 183f. bzw. 296, in denen Verschiedenes ununterschieden zusammengeschoben ist. Schuster erklärt 1, 16, 19 *(cur numquam . . . meos admittis amores)* im allgemeinen zutreffend mit *me amantem* (s. Enk zu 1, 17, 11; 1, 18, 13), im besonderen handelt es sich um «Tätigkeit statt Täter» (§ 154, 3; ebenso *nostrae . . . vitae* 1, 2, 31; *amor Herculis* 1, 13, 23 usw.), d. h. aufs Spezielle und Genaue gesehen, um etwas anderes als bei 1, 19, 9 (Schuster S. 183, letzte Zeile): *cupidus . . . attingere gaudia palmis* (statt *uxorem*) setzt das Bewirkte (Lust) für die Erregerin (§ 155, 3; ebenso 1, 6, 24 *lacrimis . . . meis*), damit ist viel angedeutet: die Erinnerung an die frühere Freude, die Sehnsucht des ohnmächtigen Schattens nach früherer Lust usw. Wenn Schuster (ebd.) ἐμὸς πόθος aus AP 12, 152 damit ver-

gleicht, muß man nach § 154, 4 den Ausdruck genauer als Ersetzung des Objekts einer Gefühlsregung durch diese selbst definieren. Man werfe also nicht «Causatum pro Causa» und «Affectus pro Affecto» (*meos amores* für «ego amans, amore affectus») durcheinander.

Ein Blick zu Hofmann-Szantyr 745–750. Da wären Fälle wie Verg. Aen. 1, 328 *(nec vox hominem sonat)* oder 2, 591 *(alma parens, confessa deam)* als Kontraktionen auszugrenzen (s. EP § 92, S. 68 v. Mi.; z. B. *nec* ⟨*humana*⟩ *vox sonat hominem* ⟨*adesse prodens*⟩ bzw. ⟨*se esse*⟩ *deam*). Zutreffend ist dann *vir* (*membra sine viro*, Cat. 63, 6) als «Konkretes für Abstraktes» (Männlich-keit) erklärt, doch feinere Unterscheidungen werden nicht getroffen (bei Catull wäre von «Qualitätsträger statt Qualität» [§ 154, 2] zu sprechen). – Auf den Seiten über «Abstractum pro Concreto» (745–750) wird natürlich Gewachsenes kaum je von künstlich Gedrechseltem geschieden (Ausnahme: 747 unten), nirgends sind Typen so herausgesondert, wie es hier geschieht und für die Analyse auch wichtig ist (z. B. *convivium* für *convivae* [Ov. am. 3, 1, 17] ist nach *latrocinium* statt *latrones* [Cic.] gemodelt, aber Juvenals [2, 120] *cena sedet* ist nicht so einfach zu «vergleichen», sondern als «Tun für Täter» zu verstehen).

III. ANGLEICHUNGEN

§ 157 Definitionen: Unterscheiden wir zunächst den Vergleich von Gleichnis und Analogie, ferner die Angleichung von Identifikation oder Verwandlung.

A. Der Vergleich: Er gleicht zwei verschiedene Gegenstände in einem für das Thema, für das Gemeinte wesentlichen «Punkte», in einem von beiden, dem Gemeinten und dem Herbeigezogenen, geteilten Charakteristikum einander so an, daß die gemeinsame Schnittmenge die Annäherung ermöglicht und das herbeigezogene Charakteristikum das in Worte gefaßte Gemeinte erhellt. Die äußere Form ist mit Varianten: «So . . . wie» oder «mehr/weniger . . . als». Der Zweck solchen Annäherns und Vergleichens ist, vom Thema her gesehen, Klärung oder Verstärkung; von der Kunst aus betrachtet, oftmals Befolgung der Gattungsregeln («Zum Epos gehört der Vergleich» u. ä.) im Dienste ästhetischer Erhöhung.

Zu der «Schnittmenge» bzw. dem gemeinsamen «Punkt» von Gemeintem, das geklärt, und Herbeigezogenem, das diese Klärung herbeiführen soll, s. H. Fränkel, Die homerischen Gleichnisse (1921), Göttingen 1977, 1f.; Snell, Entdeckung des Geistes, 7. Aufl., 184f., wo betont wird, daß in «Sie hielten aus wie ein Fels im Meer» (Il. 15, 615) sowohl die Trojaner dem harten Gestein als auch der Fels, antropomorph geworden, den Trojanern angeglichen wird, wenn auch er «verharrt».

B. Das Gleichnis sei hier so bestimmt: Es macht ein undeutliches, nur eben angesprochenes Gemeintes durch ein Herbeigezogenes (sei dies ein einzelner Gegenstand oder eine «Szene»: Gall 17, A. 1) deutlich oder gar erst verstehbar: «Das Himmelreich ist gleich einem Hausvater, der . . .» usw. (Matth. 20, 1). Im Falle des ennianischen Vergleichs «Von allen Seiten kommen die Geschosse gegen den Tribunen zusammen wie Regen» (ann. 391 Sk.) ist das Gemeinte (der Tribun wird heftig beschossen) klar, nur die Intensität und Frequenz des Beschusses wird durch das kurze Simile verdeutlicht; in dem Gleichnis am Psalmenanfang «Das Himmelreich ist gleich einem Hausvater» ist das Gemeinte nur eben genannt, diese bloße Nennung ist aber aus sich nicht verständlich, eine Annäherung an Alltägliches läßt das direkt nicht Sagbare indirekt erahnbar werden. Herausgefordert ist die Induktionsfähigkeit.

C. Noch anders weckt die Parabel die Induktionskraft: Der Sprecher hat ein Thema im Sinn, ein Gemeintes, das sich zwar begrifflich festlegen ließe, doch dem Dichter bliebe das zu farblos. So setzt er an die Stelle des Begrifflichen, ohne das Gemeinte (Thema) zu nennen, eine anschauliche Situationsschilderung oder gar Erzählung. Der Unterschied zum Gleichnis ist eine andere Sprecherhaltung: statt des lenkend-auffordernden «So-Wie» ein Offenlassen dessen, was gemeint ist, das es ganz dem Leser überläßt, ob er versteht, denn es enthält keinen Hinweis auf das Gemeinte (so arbeitet z. B. Horaz in epi. 1, 1, mehrfach).

D. Eine Sonderform der Annäherung ist die (oft bildhafte) Beifügung, die Apposition (§ 163); sie setzt ein erhellendes Wort oder Wortgefüge so neben ein Substantiv, daß dieses durch die Beifügung erhellt, charakterisiert oder erklärt wird. Und dies wohl auch nie ohne das Nebenziel des Schmückens.

Die Verwandlung ist demgegenüber keineswegs eine Weise der Angleichung. Geradezu furchtbar sieht Hamlet in der marmornen Grabstätte des Vaters ein Marmormaul, es «hath op'd his ponderous and marble jaws» (1, 4, 48/50) (das Maskulinum «his» personifiziert nicht, sondern tritt bei Shakespeare oft für «its» ein). Der Dichter weiß ein ihn Angreifendes, Erhebendes oder Erschütterndes, und dieses verwandelt sich ihm wie dem Träumenden in etwas Bildhaftes, was das schwer Verständliche verstehbar, das Unsagbare sagbar macht (s. Killy 17). Vergessen wir nie: Wenn Homer seinen Achill «Mauer des Krieges» nennt (Il. 1, 284), dann deutet das Fehlen des «wie» darauf, daß das innere Auge des Dichters sieht, wie da die feindlichen Angriffswellen an Unnachgiebigem zerschellen, und das ist eine standfeste Mauer, nicht wie eine solche. Das heißt, der Vergleich mit «wie» («wie ein Turm» [in der Schlacht], vgl. Fränkel 38 zu Il. 4, 462) ist etwas anderes als die Verwandlung, als «ist» ohne Vergleichspartikel. Hier ist ein Unterschied, den Fränkel nicht ernst nahm. – Diese Ausdrucksweise des «Etwas ist etwas» ist so vielfältig, daß sie ein eigenes Kapitel erhalten wird.

Den gemeinsamen Ermöglichungsgrund aller solcher Angleichungsformen erblickt W. Killy 21 ff. darin, daß der dichterischen (man füge hinzu: der träumenden) Phantasie «Ich und Welt verschmilzt»; Natur und Ich waren (sind?) eines, das unverrückbare Wehren des Felsens und der Wall aus Trojanerleibern, der nicht wankt noch weicht (Hom. Il. 15, 615 ff.), sind ein und dasselbe, «Metaphern» haben nur für den Sinn[146], welcher Mensch, Tier und Ding nicht als prinzipiell unterschieden, sondern als eines weiß.

[146] Ältere Behandlung der Frage: B. Snell, Die Entdeckung des Geistes,

A. Der Vergleich

1. Die Formen

§ 158 Zuweilen dient diese uralte Form der Angleichung «A handelt/ist wie B» (s. § 157, 1; Snell a. a. O. 184–187) dem klärenden Begreifen: Bei Aeschylus[147] zogen die beiden Atriden, «Krieg! Krieg!» schreiend, nach Troja – warum? Sie taten es «nach Art von Geiern, die aus übermäßigem Schmerz um die verlorenen Jungen hoch überm Nest kreisen, mit den Schwingen rudernd». Hier klärt zunächst der Verlust der Jungen (man denkt im Falle der Atriden an die verlorene Schwester, an Helena) das Maß der Kriegswut in den Königen, danach aber verselbständigt sich der Vergleich[148] in ausmalender Weise. Schnittmenge: Rachezorn. So wird aus der Vergleichung Pindars mit einem durch starke Regenfälle reißend gewordenen Fluß, die das Übergewaltige, (Vers-)Maßlose des Griechen verdeutlichen soll (Hor. c. 4, 2, 5/8), am Ende gar eine «Identifikation Pindars mit dem Strom»[149]. Sehr deutlich wird hier, daß das Herbeigezogene nicht «gleich» ist mit dem Gemeinten oder parallel oder wie auch immer überflüssig, sondern etwas dem Dichter Wichtiges hinzutut: Die Heeresversammlung in der Ilias (2, 144) ist erregt «wie die großen Wogen der See vom Ost- oder Südwind», also flutet die Masse hin und her, das bloße «erregt» gewinnt Anschaulichkeit[150].

7. Aufl. 1993, 178ff.; s. ferner H. Kubzack, Die Metapher, 1978; K. Baumgärtner in: Jahrb. für internationale Germanistik, 1, 1; 1969, 15/43; J. Nieraad, Bildgesegnet und bildverflucht. Forschungen zur sprachlichen Metaphorik, EdF 537, 1977; Svennung 10f.; Lausberg §§ 554/560; Martin 266; LHS 779ff.; Marouzeau, Traité 147 (zu Quint. 8, 6 und seiner «Metaphorologie»), 153 (zum Wesen der Metapher); zum Deutschen: Küper 112; bes. G. Lüdi, Die Metapher als Funktion der Aktualisierung, Berlin 1974. Aus jüngerer Zeit z. B. Ludwig 150–175, bes. 171; EP S. 85; H. Bardon, L'obstacle 3ff. Mit aller Deutlichkeit sei betont, daß die Definition der Metapher als «verkürzten Vergleichs» (Quint. inst. 8, 6, 8 Ludwig 159) falsch ist (s. Weinrich bei Ludwig 171).

[147] Ag. 49–54; zum Motiv der gefährdeten Vogeljungen s. Bömer zu Ov. met. 12, 16 mit Belegen und Lit.

[148] Zum Vergleich s. Kayser, Sprachl. Kunstwerk 123; Ludwig 170, beide allzu kurz; etwas genauer C. M. Edsmann, RGG 2, 3. Aufl. 1958, 1614ff., bes. 1617.

[149] Vgl. Gall 34–36 zur «Öffnung des Vergleichs» bei Horaz.

[150] Einem der ganz großen Meister des Vergleiches, Dante, widmete ich die Studie «Der Kristallhimmel – Von Empedokles zu Dante» in den Abh. Braunschw. Wiss. Ges. 43, 1992, bes. 334/41.

a) Der Kurz-Vergleich

Das Gesagte trifft auch für den kurzen Vergleich[151] zu, bei dem das Herbeigeholte nur ein einziges Wort ist: Der Wächter in Aeschylus' Agamemnon (v. 3) lag, auf die Ellbogen gestützt nach Osten blickend, da «wie ein Hund», und nicht nur die Körperhaltung ähnelte dem aufmerkenden Wachhund, denn Angst hat der Mann, Trauer und Not, er ist zum Hunde d e g r a d i e r t (vgl. Aesch. Pers. 128: Das Heer zog fort «wie ein Bienenschwarm»; ferner 745). Derlei Vergleiche kommen dann naturgemäß auch bei Ennius vor (*undique conveniunt – velut imber – tela tribuno*, ann. 391 Sk.); ist jemand «geknickt», sprach der Lateiner seit Plautus (Pseud. 38) davon, er falle oder dorre wie ein Gras oder eine Blume: Cat. 11, 22 *velut prati ultimi flos*. Solche Kurzvergleiche können wie im Falle Catulls *(. . . flos, praetereunte postquam tactust aratro)* stets um Bestimmungen der Umstände erweitert werden: Sapphos Geliebte lebt unter den Lydierinnen «wie nach Sonnenuntergang rosenfingrig der Mond mit seinem Scheine aller Sterne Glanz überstrahlt» (96, 6f. LP; viel nüchterner Hor. c. 1, 12, 48 [zu *ignis* s. § 154, 5]); hier fügt «nach Sonnenuntergang» die Zeitbestimmung hinzu wie Horaz in c. 4, 14, 20f. zum Umgetriebenwerden der Wellen durch den «unbezähmbaren Süd» noch das Aufreißen der Wolken fügt[152]. Mit schier nicht enden wollenden Umstandsbestimmungen vergleichen bei Catull (62, 39ff.) die Mädchen eine Jungfrau mit einer noch ungebrochenen Blume (s. Sappho 105 LP), die jungen Männer eine Ehefrau mit der Rebe am stützenden Stock (v. 49ff.).

b) Szenische Vergleiche

Ein Beispiel: Catulls Vergleich in 7, 3f. (Genug der Küsse, wenn sie so zahlreich sind, wie «libyscher Sand beim silphionreichen Kyrene liegt») gibt keine Szene, in ihm ersetzen die Individualisierungen (s. oben § 155) lediglich das uralte, ihm hier zu simple «so viel wie Sand

[151] Hier wird noch nicht zwischen Vergleichen aus einem Wort (s. Ennius ann. 391 Sk.) oder ganz wenigen unterschieden; der Ausdruck «Kurzvergleich» stammt aus D. Galls Arbeit (z. B. S. 20). – Vgl. die Sammlung von Kurzvergleichen bei Hz. zu Hor. c. 1, 18, 16; Töchterle 147 unt. m. A. 35.

[152] Was hier gegeben wird, sind dürre Stützen weiterführender Untersuchungen, wie sie z. B. und besonders D. Gall angestellt hat, wenn sie S. 26 nach den Orten im Gedicht fragt, an denen Vergleiche auftreten, oder wenn sie S. 28 den Gebrauch von Vergleichen in Epoden und Carmina unterscheidet.

am Meer» (Hom. Il. 9, 385 [s. Hainsworth z. St.; Schroeder zu Pind. Py. 9, 46]). Eine veritable, bewegte Szene dagegen deutet sich in 64, 239f. an: Der Auftrag des besorgten Vaters (die Segel zu wechseln) entschwindet dem Sohne (Theseus), «wie die Wolken, vom Windhauch vertrieben, den ragenden Gipfel des schneeigen Gebirges verlassen» (Krolls Beckmesserei ist nicht glücklich). Man unterscheide hier aber den selbständigen vom verwobenen Vergleich (H. Fränkel, Die homer. Gleichnisse, 2. Aufl. 1977, 105).

Selbständig: Als der zum Lager heimkehrende Aeneas (Verg. Aen. 10, 260ff.) vom Bug her seinen Schild zum Zeichen der Rettung hoch erhebt, da kämpfen und schießen die Seinen, laut einander zurufend, mit vermehrter Kraft «wie unter schwarzem Gewölk Strymonische Kraniche Rufzeichen tauschen und durch die Luft mit Lärm schwimmen und dem Sturm entkommen mit Lauten voll guter Bedeutung» (aus Il. 3, 3ff., von Vergil zum Symbol glücklichen Entkommens vertieft, Harrison 143; zum Vogelvergleich überhaupt Coffey 67).

Verwoben: Solon, fr. 13, 26; oder Horaz: Die Danaide Hypermestra weckt ihren Mann mit den rettenden Worten (Hor. c. 3, 11, 39ff.): «Wache auf und entkomme, meide meine Schwestern, die wie Löwinnen, welche Kälbchen gerissen, einen jeden zerfleischen»; hier gehört «zerfleischen» sowohl zum Thema «die Danaiden zerfleischen» als auch zu den Löwinnen (Gall 34f.; bes. 36 zu c. 4, 2, 5ff.).

c) Der Mehrfach-Vergleich

Da der Vergleich also dient (zunächst dem Begreifen), Mittel ist zur Verdeutlichung und Kennzeichnung, und da die von ihm erregte Anschauung nicht Selbstzweck oder Phase in der Entfaltung des Gemeinten, also selbst Thema ist, kann er doppelt und mehrfach sein (vgl. die Ilias-Stelle 2, 455ff.); die Zahl ist seit Homer groß (Eur. Ba. 1066f.; Apoll. Rh. 1, 307/9, Verg. Buc. 5, 46f. mögen als Beispiele gelten). So liebte Properz die Mehrfachvergleiche[153] besonders, und zwar in den bereits besprochenen Formen wie auch in der «mehr als . . .»-Form[154].

[153] Gall 38ff. zu Horaz; Verf., Properzische Reihungen, WüJb. 10, 1984, 91ff. Doppelvergleich: Verg. Buc. 5, 16f.; Tripelvergleich: ebd. 82/4; Hor. epi. 1, 1, 20/2.

[154] Gall 20 nennt diese Form «Wortvergleich» (z. B. Hor. c. 1, 19, 6); gemeint ist wohl, daß in dieser Form das Herbeigezogene nur ein einziges Wort

In c. 4, 4, 1–16 vergleicht Horaz den erst dreiundzwanzigjährigen Feldherrn Drusus zunächst mit dem blitzetragenden Adler Juppiters, den dieser anläßlich des Ganymedesraubes als verläßlich gefunden, nämlich «wie ihn Jugend und ererbte Kraft, obschon noch der Mühe unkundig, aus dem Neste treiben und nach dem Ende der Frühjahrsstürme den zunächst noch Ängstlichen den Gebrauch der Schwingen lehren und den dann der eingeborene Beutedrang hinab in die Schafpferche schickt»; dann sieht er den Helden mit den Augen seiner Feinde: «wie das Reh auf fetter Wiese den entwöhnten Junglöwen auf sich zustürzen sieht, dem Untergang durch jugendlichen Reißzahn geweiht» (v. 13 ff.); langes, spannendes Ritardando vor der Nennung des Verherrlichten in v. 17 f., die Vergleiche vermitteln hier reiche Anschauung (Gall 48 f. mit vielen Horaz-Belegen) und umfassenden, komplettierenden «Perspektivenwechsel», der die Sache vom Angreifer und vom Angegriffenen aus beleuchtet[155].

d) Komparativische Vergleiche

Ein wahres Nest solcher «mehr . . . als»-Vergleiche bietet besonders Horaz in c. 3, 9, 21 ff.: Einer ist «schöner als ein Stern», oder «leichter (unsteter) als ein Kork (auf dem Wasser)» usw. (vgl. c. 1, 18, 16; 1, 19, 6 usw. Gall 23). Das ist im Griechischen ebenso geläufig (Call. fr. 238, 16; Theocr. 11, 20 usw.) wie im Lateinischen (Cat. 17, 15; Verg. Buc. 7, 37; Altlateinisches bei Fantham 80, Nr. 1), wo bes. Properz sich nicht genug tun kann an solchen Kunstgriffen (2, 6, 1 ff. z. B.).

Wer will, kann hier den positiv- vom negativ-komparativen Vergleich unterscheiden: z. B. die eben behandelte Form des «mehr als»: Cat. 48, 5 *densior*, seine Küsse fallen «dicht», dichter als Halme (unter der Sense): *aridis aristis* (über guten Geschmack muß man bei Catull ja zuweilen nachdenken); Hor. c. 3, 13, 1 *splendidior vitro*. Diese Form ließe sich vom negativ-komparativen (*non secus*: Hor. c. 3, 25, 8; vgl. 3, 10, 17 f. [Hz. 307 re. unten] oder auch *non tot, ita* Prop. 2, 13, 1; 2, 14, 1 usw., vgl. Clausen 171 zu Verg. Buc. 5, 82) unterscheiden, dazu auch die «tantum superat quantum»-Form (Verg. Buc. 1, 24 f.) bzw. die «tantum minor quantum»-Form (Verg. Buc. 5, 16 f.).

verdeutlicht oder verstärkt, an der Horaz-Stelle Glyceras Gleißen, das «reiner als Parischer Marmor» sei.

[155] Vgl. ferner Hz. zum steigernden Mehrfachvergleich epo. 3, 15–18 (Hz. spricht von «Überbieten»); Gall 38 f.; 40, A. 1, 49 oben.

Eine besondere Art des komparativischen Vergleichs ist das «Adynaton»: «Eher geht die Welt unter, als . . .» Vgl. das besonders ausgeweitete bei Verg. Buc. 1,59/62 (Clausen bringt Literatur bei); Tib. 1,4,65f. (Smith mit reichen Belegen), ferner Bömer zu Ov. met. 1,296; Luck zu trist. 1,8,1f. Das erste uns bekannte ist Hom. Il. 1,233f., das jedoch nicht die komparativische Form zeigt wie Eur. Med. 410 (s. Page). Die Kommentatoren von Adynata unterscheiden zu selten die Typen, d. h. den komparativischen von anderen.

2. *Die Aufgaben der Vergleiche*

§ 159 Andeutungsweise war gefordert worden, daß man neben den Formen auch die Aufgaben (§ 157, 1) der Vergleiche unterscheide; es sind dies Begreiflichmachen, Schmuck, Erregung.

a) Begreiflichmachen

In einem spezifisch römischen Vergleich (Skutsch S. 228) macht Ennius ann. 79ff. Sk. deutlich, wie beschaffen das Erwarten der Menge war, als Romulus und Remus vom Vogelzeichen die Entscheidung über ihre Herrschaft erhofften: *expectant veluti consul quom mittere signum / volt omnes avidi spectant ad carceris oras* usw. Die Art und Weise eines Tuns oder Zustandes kann auch fade begrifflich oder als generischer Eindruck (z. B. «gespannt») gekennzeichnet werden, kann aber auch lebensvoll durch Anähnelung an Bekanntes begreiflich und spürbar gemacht werden. Cat. 68,53 *(tantum) arderem,* «(sehr) brennen», ist dem Dichter zu abstrakt; darum macht er den hohen Grad des Glühens begreiflich durch Erinnerung an zwei Hitzequellen, den Ätna und (entlegener) die heißen Quellen bei der Thermopyle, der «Heißen Pforte»[156].

[156] Die Aufgabe des Begreiflichmachens ist besonders dann deutlich, wenn es darum geht, durch einen Vergleich ein inneres, kaum definierbares Geschehen verstehbar, ja allererst ausdrückbar zu machen, z. B. das Schwanken: Plaut. Merc. 890; Cat. 64,97f. (s. § 163,1; Abs. 1) und Sen. Ag. 138f.; bei Seneca liegt die Raffinesse darin, daß das Herbeigezogene auch noch vermenschlicht wird: Die Flut selbst «weiß nicht», ob sie der Strömung oder dem Winde folgen soll – ein irreales «Bild».

b) Ästhetisch-literarischer Reiz

Dem Ornament, und das heißt zumeist: dem ästhetischen Entzükken ohne Klärungsaufgaben, dienen Vergleiche wie der Pindars in Ol. 7, 1–9: «Ein Gefäß, wie wenn es einer nimmt und aus reicher Hand, innen von Rebensaft plätschernd, herschenkt dem jungen Bräutigam, nachdem er vorgetrunken von Haus zu Haus, ein goldenes, das schönste seiner Besitztümer, Ehre erweisend der Freude des Festmahls und (diesem) seinem Lieben, wodurch er ihn den versammelten Freunden beneidenswert macht wegen dieser Hochzeit, der alle zustimmen» – so sendet der Dichter sein Lied, und dessen Wert vergleicht er, den Anfang festlich erhöhend, mit einer goldenen Phiale, mit einem Festgruß unter Lieben. Besonders in komparativischen Vergleichen (s. § 31) wird deutlich, wie gern Dichter mit herrlichen, oft von weit her herbeigezogenen brillieren. Bei Prop. 2, 5, 11 muß man wissen, daß bei der Ägäis-Insel Karpathos das Meer die Farbe wechselt: Erzürnte Liebende ändern ihren Sinn rasch (v. 13), so rasch «wie die Carpathischen Wogen bei Wind» (ihre Farbe wechseln): *non ita Carpathiae variant Aquilonibus undae* (zur Form s. § 158, Ende).

c) Ämulationen

Zuweilen liegt der Reiz auch in der Auseinandersetzung mit einem berühmten Vorbild. Vergil ändert in der Aen. 8, 19/25 sein Vorbild Apoll. Rhod. 3, 755 ff. (vgl. Cat. 64, 62): Aeneas *curarum fluctuat aestu* (vgl. unten § 163, 1 Mitte), seine Gedanken wenden sich sorgenvoll hierhin und dorthin «wie das zitternde Licht, das – entweder durch die Sonne von der Wasseroberfläche in einem metallenen Gefäß zurückgeworfen oder auch durch die strahlende Mondscheibe – weithin den ganzen Raum durchfliegt, dann sich nach oben wendet und die hohe Zimmerdecke trifft». Vergil ändert sein Vorbild u. a. so, daß er die von Apollonius angegebene Ursache (das Ausgießen) fortläßt und am Ende sein Vorbild erweitert (gut Eden 15 zu *iamque).* So sorgt ein Konkurrieren für literarischen Reiz (vgl. Gall 46).

d) Erregen

Man mag Vergleiche, in denen das Herbeigezogene eine besonders packende Kraft ausübt, als «erregend» bezeichnen. Horaz erteilt in epo. 16, 17ff., so gibt er vor, einen Rat: *ire pedes quocumque ferent*, und er festigt ihn dadurch, daß er an die Flucht der Phokäer erinnert, dabei aber starke Reizwörter im Vergleich (nicht im Ratschlag selbst) verwendet: *exsecrata civitas, Lares patrios, lupis*. Hier überbieten sich die Details: Die Äcker werden aufgegeben, gar die Häuser (mehr noch: die Laren) und zuletzt, als nicht mehr Überbietbares, die Tempel[157]. Wie man auch werten will, es ist die Form, in der Thema oder Gemeintes und Herbeigezogenes affektiv gleichsam parallel liegen, von der anderen zu scheiden, bei der das Herbeigezogene, aufs Affektive gesehen, kraftvoller ist als das Thema: «Nicht anders staunt (beim Erwachen aus dem Wahn) erstarrt in den Bergen die edonische Mänade, wenn sie in der Ferne den Hebrus erblickt und das schneegleißende Thrakien . . ., als mich beim Abgehen (von gewohntem Thema) das Wundern ankommt über Ufer und einsamen Hain» (Hor. c. 3, 25, 9–14). Das ist kein paralleles «Widerspiegeln» (Gall 55), sondern erregendes Übersteigern.

B. Das Gleichnis

§ 160 Das Gleichnis, so wurde in § 157 B definiert, macht ein im Thema-Satz undeutlich Gelassenes, ein bloß Genanntes begreiflich; die Grenze zum Vergleich ist nicht scharf, z. B. der Makarismos (Ps. 1, 2f.): «Wohl dem, der . . . Lust hat zum Gesetz des Herrn . . . (Thema-Satz): der ist wie ein Baum, gepflanzt an den Wasserbächen, der (darum) seine Frucht bringt zu seiner Zeit» (Gleichnis-Satz); in diesem wird das «Wohl» ausgeführt; das ist daher kein (allenfalls verzichtbarer) Vergleich mehr, weil «Wohl» nur eben genannt wird; es handelt sich vielmehr um ein (unentbehrliches) Gleichnis, weil ja im Thema-Satz das Thema nur beim Namen genannt, nicht aber gesagt wird, worin dieses «Wohl» besteht[158].

Deutlich anders als ein Vergleich («A ist/handelt wie B», wobei A aus sich hinreichend deutlich ist) scheint Hor. c. 3, 29, 32–41 struk-

[157] Vgl. auch A. 155 zum Überbieten.

[158] Zum Gleichnis s. Kayser 123; seine Definition «straff durchgeführte Analogien zwischen zwei Vorgänglichkeiten» setzt nur ein Ignotum (Analogie) für das andere, das zu bestimmen war. Ludwig 170 versteht das Gleichnis als «erweiterten Vergleich»; sein Beispiel, Hölderlins «Wie wenn am Feiertage . . .», weist nun allerdings sofort ein «Wie» auf. Vgl. Edsman (A. 148), der auf Sp. 1617 das Gleichnis als «Geschehensfolge, bildhaft geschildert», definiert, die Parabel, als Darstellung eines «regelmäßigen Vorgangs», d. h. nach Realitätsgraden unterscheidet.

turiert: «Ordne, was vor den Füßen liegt; alles andere wird nach Art eines Flusses dahingetragen» – eine offene, der Erklärung bedürftige Andeutung; und diese folgt: Er fließt bald geruhsam, bald wild tosend. Das «Gleichnis des Flusses» (Gall 50, A. 2) steht für all das im Menschenleben, das nicht momentan verfügbar «vor den Füßen» liegt. – Solche Gleichnisse setzen an die Stelle einer sehr wohl denkbaren begrifflichen Explikation des Gemeinten ein Anschauliches, aus dem die Explikation des Gemeinten zu erschließen ist. Doch wird die vielfach nur komparativische Abhebung des Gleichnisses vom Vergleich (es sei ein «erweiterter Vergleich», Ludwig 170; «komplexer», Gall 17, A. 1) nicht immer überzeugen, so daß hier auf keiner prinzipiellen Unterscheidung bestanden wird; klar abzugrenzen ist jedoch die Parabel.

C. Die Parabel

§ 161 Mit der Parabel ist die Darlegung der Anähnelungsformen, von Klein-Einheiten wie dem Ein-Wort-Vergleich ausgehend und zu größeren fortschreitend, bei der potentiell ausgedehntesten, aber auch selbständigsten Form des Angleichens angekommen. Nach § 157 C ist die Parabel eine Erzählung, die selbständig (Kayser 123) – ohne durch ein «So–Wie» eingeleitet zu sein – das Gemeinte klärt, hier aber nicht mehr nur eine Qualität (etwa eines Menschen: «Er ficht wie . . .») oder das Wesen von etwas (Gleichnis: «Das Himmelreich ist wie . . .»), sondern das Ganze (eine Situation oder einen/den Grundgedanken), das – anders als bei Vergleich und Gleichnis – oft nicht einmal mehr genannt wird, sondern aus der Parabel erschlossen werden muß. Oder anders: Ein Text schreitet voran, doch auf einmal wird er unterbrochen, eine Kurzerzählung beginnt, von der erst an deren Ende klar wird, was sie im Text zu suchen hatte: Sie exemplifizierte sein Generalthema, ohne dies aber von vornherein zu sagen und ohne daß ihre Bedeutung auch nur mit einem Worte ausgesprochen wäre. Wenn diese Deskription gelten soll, dann ist z. B. das mythische Beispiel Meleagers in Hom. Il. 9, 529/99 eben keine «parable» (Hainsworth im Komm. S. 139 unten, 131), eher Hesiods Fabel (op. 202ff.; A. Lesky, WS, NF 19, 1985, 23). – Zunächst sind Kurz- und Lang-Parabeln zu unterscheiden[159].

[159] Zur Parabel allgemein wird man am ehesten von der Neutestamentsforschung informiert (C. H. Dodd, The Parables of the Kingdom, 2. Aufl. 1936, z. B.).

1. Die Kurz-Parabel

Dort, wo Properz von der Liebe als schleichender Krankheit spricht (2, 4, 13 ff.), einer Erkrankung, deren Verlauf so ungewiß ist, daß man alle Seher, alle Wahrsagerinnen aufsucht (15 f.), da wünscht er diese Liebe, die Frauen-Liebe, seinen Feinden an, seinen Freunden aber die leichtere, leidensfreie Knaben-Liebe: «(Dann) fährst du flußabwärts in sicherem Kahn auf stillem Gewässer» (19). Das ist ein παραβεβλημένον, danebengestellt, um verglichen zu werden, damit das Gemeinte sich erschließe.

Solche Kurz-Parabeln treten in größerer Zahl in solchen Dichtwerken auf, die etwas lehren wollen, ohne den Stil des Lehrgedichts anzunehmen, also z. B. in Horaz' Episteln oder bei Properz.

2. Längere Parabeln

«Noch einmal willst du mich in die Kaserne von damals einsperren? Ich habe nicht mehr die Jugend, den Sinn von damals», und nun folgt (Hor. epi. 1, 1, 4) die kurze Erzählung: «Veianius, seit seiner Entlassung lebt er verborgen auf dem Lande, um nicht am Rande der Arena die Zuschauer um Gunst bitten zu müssen.» Nicht mehr den «Sinn von damals» – welchen also hat er jetzt? Nicht mehr fechten zu wollen, ausgeliefert der Laune des Publikums, aber davon findet sich außer der Parabel, die nur eben andeutet, kein genaues (vielleicht dann auch verletzendes) Wort (s. § 161; Abs. 1, Ende). Man sieht, daß die Parabel, so ausführlich sie auch sein mag, nicht ein Einzelnes präzise und im Einzelnen bleibend klärt, sondern das ganze Gemeinte mittels einer selbständigen Situations- oder Geschehenserzählung dem Verständnis näherbringt. (Besonders eindrucksvoll sind die Kurzparabel in epi. 1, 7, 29–33 und die lange in demselben Brief 46–95.)

3. Mehrbezügliche Parabeln

Die Horaz-Parabel epi. 1, 1, 4 ff. ist eindeutig; sie klärt die Situation so, daß sie die neue Einstellung des Alternden erkennbar macht, die auf ein Freisein von etwas (Früherem) und, damit zusammenhängend, auf ein Freisein für etwas (Neues) abzielt. Sie ist ziemlich eindeutig. Mehrdeutig sind dagegen z. B. aeschyleische Parabeln. Berühmt und vielbesprochen ist die Löwen-Parabel aus Ag. 717–736: Dort, wo der

Chor das Auftreten Helenas, ja ihre Existenz, etymologisierend gar (687–699), beklagt (681 ff.) und Trojas Untergang auf Paris, den «schlimmgebetteten» (713) zurückführt, fährt er fort: «Jemand zog ein Löwenjunges auf; das war zunächst lieb und freundlich, doch zu Jahren gekommen, fiel das Tier in die Herden ein und erfüllte das Haus mit Blut, keiner der Menschen im Hause war ihm gewachsen, dem Schlächter von der Ate her.» In 20 Versen bzw. ca. 10 Teubner-Zeilen wird das Löwenjunge weit über den offenkundigen Bezug auf Helena hinaus auch auf Paris anwendbar (so ein Scholiast und manche moderne Interpreten), ja man hat auch an Agamemnon und Klytaimnestra gedacht, und dies nicht ohne Gründe, und überhaupt: Aeschyleische Parabeln finden «vielfache Anwendung», wie E. Petrounias in seinem Buche über die «Funktion und Thematik der Bilder bei Aischylos»[160] zumindest plausibel gemacht hat. Ein Satz, der allerdings einer Ergänzung bedarf, sei besonders hervorgehoben: «Wenn Aischylos das Hauptproblem seines Werkes, seine Konzeption der Ate, darstellen will, kann er ⟨wenn er es als Dichter mit poetischen Mitteln tun will⟩ dies nur durch Bilder erreichen» (145). Allein die Tatsache, daß so große Gelehrte wie E. Fraenkel und D. Page über den Bezug der Parabel uneins sind, verdeutlicht deren Offenheit. – Zur Mehrbezüglichkeit D. A. West, Philol. 114, 1970, 263 ff.

4. Abschließende Bemerkung

§ 162 Jegliche Anähnelung, besonders aber die Parabel und der verwobene Vergleich, nähern sich der Region und der Fähigkeit des Dichters, die ihn vom Rhetor nicht mehr nur gradweise, sondern grundsätzlich unterscheidet: der Gabe verwandelnden Schauens. Wenn Aeschylus (Pers. 424 ff.) die Reste der Perserflotte kopf- und ordnungslos flüchten läßt, die Griechen «wie auf Thunfische oder einen anderen Fischfang mit Ruderbruchstücken und Wrackteilen draufschlagen, Rückgrat brechen» läßt, verwandelt sich ihm die Schlacht ins Schlachten, er sieht die wildeste, brutalste Form des Zerfleischens vor sich, das Draufhauen mit dem, was gerade zur Hand ist, einerlei was es ist, nur Drauf-, nur Dazwischenhauen; er sieht nicht mehr die Opfer (er nennt

[160] Hypomnem. 48, 1976; das Zitat S. 131. Zur Löwenparabel 135, 143 ff. Es ist mir unbegreiflich, wie die Editoren dieser Reihe es zulassen konnten, daß dies wertvolle Buch durch die Sprachunsicherheit des Griechen derart entstellt wurde.

ja nicht das Objekt zu παίω), sieht nur das Schlagen, und da mischt sich die entsetzlichste Art des Opferns mit ein: das Brechen des Rückgrats. Diesem verwandelnden Schauen ist jetzt bald (§§ 164 ff.) nachzugehen.

D. Bildliche Beifügungsformen

1. *Die Zuschreibung*

§ 163 «Zuschreibung» ist kein Fachausdruck, darum kann er hier für eine Erscheinung verwendet werden, die so, wie es hier geschieht, gewöhnlich nicht eingeordnet und verstanden wird; gemeint ist etwa dies: Wenn H. Bardon S. 13 schreibt, daß die schöne Metapher das Gefühl verbalen Abenteuers erregt, ein geistiges Abenteuer widerspiegelt (er meint, ähnlich den Gedanken Killys auf S. 21 ff., das «Abenteuer» des Hinausschauens in die auf einmal nicht mehr fremde Außenwelt, die Erkenntnis durch Angleichung ermöglicht), dann mag das hingehen; doch wenn er als Beleg dafür die Szene anführt, in der bei Vergil (Aen. 1, 588 ff.) Venus ihrem Sohne den Schmelz der Jugend verleiht (vgl. Hom. Od. 6, 235; 23, 162), d. h. den v. 590 f. *lumen . . . iuventae purpureum*, dann ist eine Warnung am Platz: «rosiger Schimmer der Jugend» ist keineswegs eine Metapher. Bardon selbst definiert die Metapher S. 9 zutreffend als Fusion zweier Bereiche, hier aber liegt keine Fusion von «Licht, Purpur und Jugend» vor, wie er uns glauben machen will (13, Abs. 2 Anf.), sondern der «rosige Schimmer», d. h. der Glanz, das Strahlen lebensvoll rosiger Haut, wird ganz einfach der Jugend zugeschrieben, wie die Genetivstruktur hinreichend deutlich macht[161] (man kann sich derlei auch als Apposition[162] formuliert vorstellen). Anders sein zwei Zeilen danach genanntes Beispiel aus Catull (64, 62; Altlateinisches dieser Art bei Fantham 80, Nr. 2): (Ariadne) *magnis curarum fluctuat undis* (vgl. A. 156); hier wird (abgesehen

[161] Hier «lumière» und «pourpre» scharf zu trennen, ist irreführend; *purpureus* ist hier nicht der Purpur im eigentlichen Sinne, sondern es wird übertragen gebraucht als Kennzeichnung jugendlich-frischer, schimmernder, glänzender Rosa-Farbe: Catull nennt 45, 12 einen Mädchenmund so, Ovid den Amor (am. 2, 1, 38), ebenso Apul. met. 5, 22, und Seneca (Phdr. 376) nannte Phaedras frühere «rosige Farbe» *purpureus rubor*. Was den Vergil-Vers von den anderen Stellen unterscheidet, ist die Nuance des Strahlens, die aber stammt aus der Odyssee (6, 237 στίλβων).

[162] Zur Apposition allgemein LHS 157 f. und 426 f.; Sammlungen z. B. bei Fedeli (Ausg. S. 301).

davon, daß in «Ariadne wogt» [vgl. oben § 159 c] das Totum – die Person im Ganzen – statt der Pars – des «Herzens» o. dgl. – gesetzt ist) das Drängen, der Schwall, das Wabern von Sorgen mit der Dünung der See verglichen, mehr noch: gleichgesetzt; hier werden in der Tat also zwei verschiedene Bereiche «fusioniert». Die «Schnittmenge», welche die Angleichung des Seelischen an Naturgeschehnisse ermöglicht, ist das Schwanken in Unruhe.

Solche Zuschreibungen gibt es seit alters (sie bedeuten, notabene, nicht automatisch sogleich und zugleich eine Beseelung): In der Ilias (2, 117 = 9, 24) haben Städte «Häupter», vgl. Richardson zu hy. hom. Dem. 151; Nagler, Spontaneity and Tradition usw. (1974) 45 ff. Ennius (ann. 48 und 54 Sk.) nennt den Himmel in der Augurium-Szene *caeli caerula templa*; man weiß, daß er den Himmel gern beschrieb oder metonymisch ersetzte (Skutsch zu fr. 48 und 51); hier erkennt man den Grund für diese bestimmte Zuschreibung eines «blauen Heiligbezirks» an *caelum*: Es geht um das *templum* der Herrschaftsaspiranten, ihr Beobachten des heiligen Vogelzeichen-Bezirks *(templum)*. In dieser Weise schreibt Ennius dem Himmel Heiligkeit zu. – Oder Aesch. Ag. 802: Agamemnon kam den Alten der Stadt so vor, als «bediene er sich nicht gut des Rudergriffs des Verstandes» (πραπίδων οἴακα): Der Verstand erhält so Steuer- und Lenkaufgaben zugeschrieben; nur noch ein Schritt, und der Verstand ist Lenker (νοῦς als πηδάλιον δίκαιον [Pind. Py. 1, 86] wäre gleichsetzende Apposition, s. gleich Absatz 2).

Fortunae fluctus (Cat. 68, 13) in der Klage, *quis merser fortunae fluctibus*, schreibt dem Glücke Wogen zu, die den Schiffbrüchigen (s. das Bild von v. 3) versinken lassen (vgl. Aesch. Pers. 599); *Fortunae flatus* (vgl. Pind. Is. 4, 23 b, f.) dagegen gibt ihr, der so gern Spielenden, Wechselwinde (Sen. Ag. 247, nach Aesch. Pers. 602).

Der «rosige Schimmer der Jugend» wird der Jugend gleichsam als Kennzeichen zugeschrieben; es ist dies, wenn man so will, die in den Nominativ gesetzte Herausstellung eines der Kennzeichen der in den Genetiv gestellten «Jugend» (anderes wären Kraft, Ungestüm o. dgl.), analytische und zugleich fokussierende Herauslösung einer einzigen Qualität aus dem (abstrakt-allgemein formulierten) Ganzen «Jugend» in der Form genetivischer Nachbenennung des Totum. Anders wirkt ein Sondermodus der Apposition (zu ihr allgemein LHS 426/30), die Gleichsetzungs-Apposition.

2. *Die gleichsetzende Apposition*

Ein Beispiel für die gleichsetzende Apposition sei gleich angeführt, zuvor eine Unterscheidung. Gemeint ist nicht die Satz-Apposition (LHS § 231), z. B. Verg. Aen. 6, 222: Die Getreuen stemmten sich unter die Bahre mit Misenus' Leiche, und dies faktische *subiere feretro* erhält die emotive Satz-Apposition *triste ministerium*; gemeint ist auch keineswegs die bloß erklärende Apposition (LHS 427, γ: *Corinthus, Achaiae urbs)*, sondern das, was z. B. in Pind. Ol. 2, 53 ff. vorliegt: Reichtum, mit ἀρεταί verbunden, bringt die Chance, mancherlei Gutes zu erreichen, denn er legt «tief innen schlummerndes (so nach LSJ βαθύς, 4) Streben nahe», und dieser Reichtum erhält nun die doppelte Apposition «weithin strahlendes Gestirn, dem Manne verläßliches Licht»: Ganz unerwartet wird der Reichtum zum Leitstern und Orientierungslicht; die Seefahrer-Metaphorik überschreitet die Grenze des Erwartbaren.

3. *Zur Wirkweise der Apposition*

Pindar (Ol. 3, 20) nennt den Mond «Auge des Abends»; das ist eher bloßes Stil-Spiel («Kenning») als sinnträchtig, es ist einfach nur schön (zum Ausdruck Ch. Mugler REG 73, 1960, 40 ff.); erhöhend wirkt die Kennzeichnung der Blüten oder Blumen als «Kinder der allgebärenden Erde» (Aesch. Pers. 618): Die Blumen werden hierdurch insofern erhöht, als die Apposition sie schier zu Gotteskindern macht; dagegen Hor. c. 4, 8, 31 (zur Wortstellung EP § 131): Die Macht dichterischen Wortes enthüllt sogar, daß Herakles unter den Göttern weilt und daß es die Dioskuren sind, welche – als helles Licht – die Schiffe retten: *clarum Tyndaridae sidus ab infimis quassas eripiunt aequoribus ratis*; *clarum sidus* als Apposition zu *Tyndaridae* identifiziert das rettende Licht mit den Zeussöhnen bzw. macht klar, daß diese helfen a l s «helles Licht».

IV. DIE VERWANDLUNG

§ 164 Vorbemerkung: Jeder, der seinen unbewußt vors innere Auge tretenden Bildern einige Aufmerksamkeit widmet, weiß, daß in ihnen, besonders in Traumbildern, Dinge, Tiere und Menschenwesen auftreten, sich bewegen und sich verwandeln (vgl. schon § 153, 1). Ein gefährlicher Mensch kann sich einem Träumenden in eine Krake verwandeln, die den Schwimmenden einfängt; aus einem Gebirgszug wird eine liegende Gestalt, Dinge werden lebendig wie Paul Klees Viadukte, Wohlbekannte werden zu Königen oder wachsen fest wie Daphne im Mythos. Die Dichtung ist voll Verwandlung (Killy 123), und darum sei diesem Teil der Dichtersprache ein ausführliches Kapitel gegeben. Welche Freiheiten ein Dichter sich dabei nahm, oder besser ausgedrückt: welche Kraft die Vergegenwärtigung eines Geschehens auf die Phantasie des Dichters ausübte, mag Aesch. Ag. 827 zeigen: Da war eben noch die Mannschaft im Inneren des Trojanischen Pferdes «schildtragendes Volk», doch klimaxartig gegen Ende des Abschnittes wandelt sie sich in einen Löwen, der über die Mauer Trojas setzt (man lese Ed. Fraenkels ausgezeichnete Erklärung auf S. 382 oben).

Und eine erste Warnung vor dem allzu raschen Gebrauch des Namens «Personifizierung» sei gleich hier ausgesprochen; z. B. Verg. Aen. 6, 282 hat ein gewaltiger Baum «Arme»; unübertrefflich dazu Nordens Kommentar (S. 218 n. Mi.): «Für den Bauern hatte dergleichen dieselbe sinnliche Realität, wie wenn er von *caput coma oculus venter pes* der Pflanzen sprach» – sinnliche Realität und keineswegs stilbedingt-künstliche Personifizierung.

Das Material hat folgende Einteilung nahegelegt: 1. Dinge wandeln sich zu Menschen und anderen Dingen; 2. Tiere verwandeln sich zu Menschen und Dingen; 3. Menschen werden zu Dingen, Tieren und anderen Menschen; 4. insbesondere die seelischen Vorgänge: Auch sie werden zu Dingen und Naturgegebenheiten verwandelt, um sagbar zu werden; und 5. zuletzt können sich Abstrakta in Dinge und in Menschentun verändern, damit sie die Blässe verlieren, die ihnen anhaftet.

Dieses Ganze wird nun in zwei Teile zerlegt, 1. in Bildhaftes, das Wesen und Befindlichkeit von etwas darstellt (A i s t B), und 2. in solches, das Tun und Leiden verdeutlicht (A t u t und l e i d e t das, was ein B sonst leidet und tut). Immer aber ist in Rechnung zu stellen, daß die

Sprache, die nicht für alles einen eigenen Ausdruck an die Hand gab, sich nicht selten bei Leblosem (wie z. B. beim Weg) solcher Kennzeichnungen bediente, die eigentlich Lebendigem zukamen (EP S. 45, Z. 2): Daß der Weg «führt», ist ganz natürlich und eine unbewußte Verlebendigung (wenn es überhaupt eine ist [s. § 181, a]); wenn es aber auf dem Meer «Wege» gibt (Aetna 244) und ein Fluß seinen «Weg» nimmt (Tib. 1, 9, 36), dann ist das bewußter Stil.

A. Substantivische Formen

1. Dinge in Menschenwesen

§ 165 Uns allen geläufig ist, daß Flammen aussehen, als hätten sie Haare (vgl. den Kometen, den Haarstern) – s. Töchterle zu Sen. Oed. 311 (seit Aesch. Prom. 1044) – oder Zungen (*lambere* seit Lucr. 5, 396; Verg. Aen. 3, 574). – Aias zwischen den Heeren (Il. 11, 563 ff.), er wehrt die andringenden Troer ab, viele Speere treffen seinen Schild, viele sind zu kurz geschossen und fallen zur Erde (573), bleiben dort stecken, «obschon sie doch sich danach gesehnt hatten, die Haut zu verletzen», λιλαιόμενα (574). Sich sehnen, das tun sonst Menschen. Daß Waffen Kraft haben, erfuhren die Menschen schon früh, von da war es nicht weit, bis man ihnen ein Streben zuschrieb, vgl. Il. 15, 542 usw.[163]

Aeschylus (z. B. Eum. 980) macht den Erdstaub Blut trinken (vgl. Soph. OT 1401), aber bei Vergil (Aen. 11, 804) «trinkt» gar die Lanze Camillas Blut – ein Grad der Vermenschlichung, der im Griechischen nicht belegt scheint. Statius (Ach. 1, 433) überbot das noch, wenn auch nur durch einen doppelten sprachlichen Trick: Er setzt zunächst «Eisen» (s. 429) für «Speer» (also das Material für das daraus Hergestellte: § 155) und dann «Wunde» für «Blut» (also das Bewirkende fürs Bewirkte: § 154, 5), und so trinkt denn das Eisen die Wunde, und der Leser muß reduzieren zu «der Speer trinkt das Blut», also zur Vermenschlichung der Waffe (A. 163).

Auch das Feuer wurde seit alters als lebendig empfunden: Achill spricht zu Patroklos' Mannen (Il. 23, 183) und verspricht, er werde «Hektor nicht dem Feuer, sondern den Hunden zu fressen geben»; hier ist es Ermessenssache, das Fressen auch dem Feuer zuzuschreiben;

[163] Zur Beseelung der Waffe vgl. Jebb zu Aesch. Sept. 529 und Webster zu Soph. Phil. 288 ff. (Philoktets Bogen); Venini zu Stat. Theb. 11, 510.

in 216 aber, wo der Wind das Feuer des Scheiterhaufens anfacht, «brüllte groß auf das gottgeweckte Feuer» (s. W. J. Verdenius, Lampas 2, 1969, 57f.). Im Lateinischen ließe sich z. B. Prop. 2, 28, 56 vergleichen: So viele schöne Frauen hat bereits «das gefräßige Feuer» (der Scheiterhaufen) – warum noch die seine? Vgl. auch Stat. Theb. 9, 103: *pius ignis edat*.

Derlei Erscheinungen sind mit dem Ausdruck «bildhaft» nicht einzufangen, sie sind mehr, sind Verwandlungen in Lebendiges, was die Bildhaftigkeit miteinschließen mag, sie aber an Mächtigkeit übertrifft: Bilder werden geschaut, verlebendigte Dinge aber können uns bedrängen und mit sich fortnehmen: Mitleben ist mächtiger als Betrachten.

Solche Dinge von großer Kraft wie Erde[164], Feuer und Waffe verwandeln sich in der reizbaren Phantasie von Götterfürchtigen allgemein und insbes. von Dichtern zu lebendigen Wesen. Danach wurde dergleichen zur Manier (EP § 61): Fässer können sich «erinnern» (Hor. c. 3, 14, 18f.), Winde sind «trügerisch» (Hor. c. 1, 5, 11; auf die Liebe angewandt) usw. Aus gleichsam natürlichen Verlebendigungen werden Tricks, ja Scherze wie Catulls «unverheiratetes Bett» (*lectus caelebs*; 68, 6) einer ist (vgl. Ov. her. 10, 14: «verwitwetes Lager»).

2. *Dinge in andere Dinge*

§ 166 Dafür, daß Lebewesen sich in der Phantasie bildbegabter Dichter in Dinge verwandeln, könnte man Aesch. Ag. 141 nennen: Artemis schützt die ganz kleinen Löwenjungen, die noch den alten Tieren nicht zu folgen vermögen (ἀέπτοις; also in ihren ersten zwei Lebensstunden); die Jungen werden hier «Tautropfen» genannt, so frisch sind sie noch, «Frischlinge».

Dafür aber, daß unbelebte Dinge sich in andere wandeln, gibt es eine Fülle von Belegen. Horaz, der große Liebhaber seiner Heimat, hatte auf seinen Reisen, u. a. als Legionskommandeur, viele Orte kennengelernt, aber keiner hat ihn «so erschüttert wie das Haus der hallenden ⟨Sibylle⟩ Albunea» von Tibur (1, 7, 12): Die Grotte wird zum Hause,

[164] Die Erde wurde seit jeher als lebendig betrachtet, z. B. «lacht» die Erde: Hom. Il. 19, 362 (s. EP § 59 BG und 61); die Erde als Mutter: Sol. frg. 24, 4; aber auch Städte (Verg. Aen. 10, 172; 351 z. B.) wurden personifiziert, das Haus (Kroll zu Cat. 64, 284; NH zu Hor. c. 2, 6, 13; s. c. 4, 11, 6; vgl. Verg. Catal. 8, 1 [s. Act. Class. 12, 1969, 29f.]; Syndikus, Horaz 2, S. 392, A. 11) und die Tür, die man magisch ansprechen konnte (*occento*, z. B. Plaut. Curc. 145), Prop. 1, 16, 1ff.

die Phantasie des Mannes, den ein heiliger Ort erschauern macht (vgl. Sen. ep. 41, 3), erblickt in der feuchten, dunklen Grotte ein heiliges Haus (s. Verg. Aen. 1, 166f.: Eine Grotte ist *grata domus Nymphis*, ähnlich Prop. 1, 20, 34).

§ 167 Ennius sieht dicht fallende Geschosse wie einen Regen (man denke an italienische Gewitter-Wolkenbrüche!) auftreffen: *hastati spargunt hastas: fit ferreus imber* (ann. 266 Sk., vgl. 391 *velut imber*). Skutsch spricht von Metapher (445 unten), man mag das so nennen; was wirklich geschah, ist dies: Der Dichter stellt sich das dichte Herabfallen unzählbarer Geschosse vor, und flugs stellt sich (nicht ein bloßer Vergleich, sondern) ein Bild ein, die Geschosse s i n d ihm Regen, sind nicht w i e Tropfen. Nur ist es gewiß nicht der belebende Regen eines milden Frühlingstages, sondern der Platzregen, vor dem man flieht. Und auch dies ist kein das Verstehen ermöglichendes Bild: Es wird da nicht begriffen und erkannt, sondern etwas wird als tödliche Bedrohung gespürt und erlebt. Wenn Vergil (Aen. 6, 1) nach Lucr. 5, 787 Schiffen die «Zügel schießen» läßt, dann läßt er sie zu wilden Pferden werden (vgl. Aen. 5, 144; Enn. ann. 464 mit Skutsch S. 624) nach hellenistischer Manier (Norden S. 111 Mi.): Verwandlung lebloser Dinge in Lebewesen.

3. Der Mensch wandelt sich

§ 168

a) In Dinge: Wer schimpft, ergeht sich gern in Identifikationen vom Typus «Du bist ein . . .» (E. Fantham 80, Nr. 3); Dummköpfe nennt Strepsiades (Arist. Nub. 1202) «Steine»; man kennt manches dieser Art. Dort, wo Ovid Ariadne vor Schmerz erstarren läßt, sagt er, sie werde «zu Stein» (her. 10, 50; s. met. 5, 509 [Bömer zit. Plaut. Truc. 818]). Hartherzige waren seit alters aus Stein (Hom. Il. 16, 33ff.; Aesch. Prom. 242) oder ihr Herz war aus Eisen (ebd., vgl. Il. 24, 205; NH zu Hor. c. 1, 3, 9), und ein wahres Nest solcher Identifikationen hat Aeschylus (Ag. 896–901) gewagt: Klytaimnestra gibt vor, Agamemnon sei «des Hofes ⟨Wächter-⟩Hund, Schiff-rettendes Masttau, hohen Hausdachs Stützsäule» usw., was in *senati columen* (Plaut. Cas. 536, Epid. 189: wohl Paratragodie) u. ä. seine lateinische Parallele hat (s. NH zu Hor. c. 2, 17, 4)[165].

[165] Hektor ist «Säule Trojas»: Pind. Ol. 2, 82 (vgl. van Leeuwen, Pindarus' Tweede olymp. Ode, 1964, Bd. 1, 222 zur «Bildersprache»), Enn. ann. 343 Sk.; Achill ist «Mauer des Krieges» (Il. 1, 284 [s. § 157 D]; s. Ov. met. 13, 281; vgl. *bello mora* Sen. Ag. 211). Immer ist hierbei daran zu denken, daß hier nicht

b) In Tiere: Der Dichter wird zum Ganter, Schwan (Verg. Buc. 9,36; NH zu Hor. c. 1,6,2); dem, der Schwäne kennt, ist es kein Wunder, daß der Flug der Phantasie, oder konkreter: der Dichter zum mächtigen Höckerschwan wurde, der da unter tönendem Schwingenschlag dahinflügelt.

c) In andere Menschen: vgl. Aeschylus' Eumeniden (v. 550/7): Wer aus freien Stücken rechtschaffen bleibt, der wird belohnt; wer mutwillig über das Recht hinausgeht, der ist einer, der unrechtmäßig Zusammengerafftes ⟨in seinem Schiff⟩ fortführt und es dann bald unter der Gewalt ⟨des Sturmes⟩ verliert, wenn die Rah birst. – Für das innere Auge ist der Unrechttuende nicht w i e ein solcher Schiffer (allein der Intellekt vergleicht), er i s t es. So auch Horaz: «Ich nehme gern die Gaben guter Tage; schwinden sie, gebe ich alles heraus, ziehe mich auf mich selber zurück; ich bettele nicht ⟨ums Behaltendürfen⟩, wenn der Mast unterm Südsturm knirscht, und leiste keine Gelübde dafür, daß die teure Ware der gierigen See nicht den Reichtum mehre.» Vielmehr wird ihn, wenn er bescheiden ein nur kleines Boot fährt, «die Gottheit schützen, ein sanfter Wind gar durch die aufgewühlte Ägäis tragen» (c. 3,29,57ff.). So wird das Wesen seiner *virtus* (v. 55) durch eine ganze Szene verdeutlicht, Horaz verwandelt sich in einen Schiffer. Die

verglichen, sondern verwandelt wird; vgl. z. B. Catull 68,3f.: Der Freund ist Schiffbrüchiger (Syndikus Bd. 2,241, A. 13), d. h., Catull schreibt, als habe der Freund sich so gesehen, nicht als habe er sein Unglück bloß mit dem Schiffbruch verglichen; oder 68,98f. (Troja-Grab und Asche Asiens und Europas) usw. Eine Spielform wäre «Du bist eine Penelope» (Odysseus' Gattin als Typus): Hor. c. 3,10,11 zweimal. Besonders lehrreich ist, daß bei Aeschylus (Pers. 169, Cho. 934) der König zum Auge wird, eine facettenreiche Verwandlung, denn nicht nur sieht er alles: Er ist auch der «Augapfel» des Reichs, sein Wertvollstes.

Ennius preist M. Cornelius Cethegus (ann. 304/8 Sk.) lange, um das Lob so zusammenzufassen: Er sei *flos delibatus populi* (ἄνθος steht dahinter) und *Suadai medulla*: erwählte Blüte des Volks, das hier zur blütentreibenden Pflanze wird; und das Mark der Beredsamkeit, wobei das Mark (zu μύελος Skutsch S. 486) den innersten Kern meint («quintessence» Skutsch a. a. O.); bei Vergil sind die Scipionen «Blitze des Kriegs» (Aen. 6,842): So schossen sie auf Karthago herab. Horaz sieht sich, der er die Gemeinschaft der Habgierigen flieht, als «nackter Flüchtling» (c. 3,16,22ff.), oder er sieht mit einem generischen Bilde die ganze spanische Nordküste als Sklaven (c. 3,8,21f.; man entsinnt sich des Bosporus als Gefesselten bei Aesch. Pers. 745/8). Solche Gleichsetzungen treten auch in der Form des «Du hast ein Herz von Eisen» auf, s. Shuckburgh zu Ov. her. 10,109f.; Ov. trist. 1,8,41.

Grenzlinie zwischen Wesenserhellung, beglückendem und auch bedrückendem Traumgesicht und Interessantmachen von etwas (notfalls) auch rein begrifflich Sagbarem ist kaum scharf zu ziehen.

§ 169 Dasselbe leistet überaus oft eine kürzere Passage, ja sogar ein einzelnes Wort. «Der Herr ist mein Hirte» (Ps. 23, 1), und nun, nach einem allgemeinen «Mir wird nichts mangeln» die Ausmalung durch gute Weide und frisches Wasser vor einem erneuten Allgemeinen und dem Bild-Wechsel zum Wanderer (hier wird das Hirtsein ausgeführt; ein einziges Wort genügt bei Aesch. Ag. 657: Der Feldherr ist ein «Hirt», s. Fraenkel z. St.; zum Kapitän in dieser Rolle Aesch. Suppl. 767)[166]. – Zu bedenken ist hierbei immer, daß – wie jeglicher Vergleich «hinkt» – auch die verwandelnde Verlebendigung, selbst wenn sie sehr bildhaft-genau ist (z. B. die Horaz-Stelle § 168 Ende), nie das Gemeinte voll trifft oder vollständig abdeckt: Die Vieldeutigkeit solcher Beseelungen läßt der Imagination Raum, und nur so kann der Leser selber berührt und betroffen werden (einiges dazu bei Killy 24).

4. *Innere Vorgänge in äußere verwandelt*

§ 170 Ein Inneres, das sich dem genauen Benennen entzieht, wird durch eine Bezeichnung sagbar, die aus materiellen Bereichen hergenommen wird: Daß Liebe ein Feuer ist, wird seit alters gesagt (s. § 174; Call. epigr. 25, 5; Hor. c. 1, 33, 6 [NH mit reichem Komm.] usw.); damit wie auch durch die Gleichsetzung mit einer Wunde (Verg. Aen. 4, 2; Prop. 2, 22, 7; Ov. ars am. 1, 611 usw.) ist diese unerklärliche Seelenregung gleichsam vorstellbar, ja spürbar geworden. So wurde für Pindars Auge der gleißende Blitz zum Schuß mit dem spitzen Speer (Py. 1, 5), ja der Zorn, der gegen jemanden losfährt, wird ihm zum speerabschießenden Krieger (Nem. 9, 27).

Bei Sophokles (Phil. 649f.) berichtet der Leidende dem jungen Helden Neoptolemos, er besitze ein Kraut, mit dem er die Wunde stille (κοιμῶ, wie Il. 16, 524: den Schmerz «stillen»), so daß sie ganz «zahm» werde (πραΰνω, s. Webster). Die Wunde und ihr Schmerz i s t ein wildes Tier, so wie die Krankheit an ihm «frißt» (313). Man weiß auch aus Krankenberichten heutiger Zeit, daß lang Krankende mit ihrem Leiden wie mit einem Tier umgehen.

§ 171 Seit langem wurde das Sterben als Kommen einer «Wolke»

[166] Vgl. Arist. Lys. 839; Gow zu Theocr. 7, 55f.; Syndikus zu Cat., Bd. 2, 265, A. 111.

empfunden (Hom. Il. 5, 659 [Ameis-Hentze zu 4, 461]; Aesch. Pers. 667 usw.); dann auch der Schmerz (Aesch. Pers. 536) und sogar sündvolle Befleckung (Aesch. Eum. 378). Die Sorge legt auch bei Horaz eine Wolke auf die Stirn (epi. 1, 18, 94), die Götter bedecken die Zukunft mit der Nacht (des Unwissens): c. 3, 29, 30; Schmerz ist auch für Ovid eine Wolke (trist. 1, 3, 13), für Statius ist eine Wolke Ratlosigkeit (Theb. 2, 321).

§ 172 Wolke und Nacht sind bildhafte Ausdrücke für das, was der Leidende oder Irrende auch heute empfindet; aber daß Hoffnungen hinaussegeln als Schiffe, das ist das Produkt einer viel kräftigeren Phantasie. Pindar (Ol. 12, 5f.) läßt die menschlichen Erwartungen (ἐλπίδες) zu Schiffen[167] werden, welche die See durchschneiden (τάμνουσαι): Einmal hoch erhoben, ein andermal tief hinabgedrückt «furchen» sie, unstet umhergeworfen, die See: Die Verwandlung in Schiffe verdeutlicht das Wesen des Erhoffens, es kann erhoben, dann wieder niedergeschlagen sein, immer der Tyche ausgeliefert (v. 2). Das Seefahrt-Bild ist hier übrigens notwendiger Bestandteil des Gesamtkomplexes. Das ist keineswegs der Fall etwa bei Ennius, der das Trojanische Pferd «schwanger» nannte (Jocelyn zu scaen. 60 Joc.; aufgenommen von Verg. Aen. 6, 516; Sen Ag. 630: *gestans*) oder in Shakespeares Verwandlung der Segel in Frauenbäuche; fällt der Wind in die Segel, bauschen sie sich, sie sind «schwanger» (Mids. Dr. 2, 1, 128f.), eine hübsche, aber überflüssige, also deklamatorische Zutat: Kraftvolle Gesichte bildbegabten Dichtens fallen nur zu leicht in die Manier und ins bloße Interessantmachen. Um noch einmal zu Pindar zurückzukommen: Gewagte Verwandlung ist es, wenn er das Großtun (Megalanoria) in ein Schiff verwandelt, in das man einsteigt (Nem. 11, 44): Man setzt sich dem Scheitern aus. Dieses und sein zu Anfang dieses Paragraphen genanntes Schiffsbild ist also voller Sinn: Wenn man Hoffnungen hinaussegeln läßt, sind sie gefährdet; ihre Erfüllung ist so unsicher wie die Fahrt in der großmannssüchtigen Hybris. Der Dichter sieht nicht nur einen «Zusammenhang» zwischen Hoffen und Meerfahrt; ob wir's nun nachvollziehen können oder nicht – die Hoffnungen verwandeln sich ihm wie im Traum in Schiffe auf ungewisser Fahrt, in bedrängender Weise unheilsnah.

§ 173 Die φρήν wird seit alters so beschrieben, als wäre sie ein Lebewesen, ja menschlich: Sie «trampelt aufs Herz» (Aesch. Prom. 881), sie freut sich an Musik (Il. 9, 186) usw. Darum ist es nicht verwunderlich, wenn sie mit dunklem Chiton umkleidet ist (Aesch. Pers. 115, s. Od.

[167] J. Péron, Les images maritimes de Pindare, Paris 1974, 39ff.

4, 661) oder vor Jammer aufgerissen wird wie ein Stück Fleisch (Aesch. Pers. 116). Entsprechend der *animus*: Man kann ihm Böses antun (Plaut. Mil. 1331), er kann lügen (ib. 191); das «Herz» kann sich mit dem Schwerte gürten (Eur. Med. 1242; Bömer zu Ov. met. 7, 47; Tarrant zu Sen. Ag. 192); der *animus* kann ja auch *terga vertere* (Sen. Ag. 228; epi. 13, 8); und Horaz läßt ihn «anketten» (epi. 1, 2, 63), wie wir davon sprechen, daß man den Mut «zügelt» wie ein Pferd (Snell, Entd. 184). Das bedeutet: Inneres wird immer (oder: muß zumeist), als Unsichtbares und nur Verspürtes, anschaulich zum Ausdruck kommen; der Sitz innerer Regungen wird darum überaus oft wie ein sichtbarer Leib dargestellt (H. Strohm, Tyche, Stuttgart 1944, 22f. dazu); bei Plato als Leiber verschieden gearteter Rosse (Phdrs. 246a).

§ 174 Eine der mächtigsten Erregungen im Leben des Menschen ist die Liebe. Darum wird sie auch (s. § 170, Anf.) wiederum mit einer der mächtigsten Kräfte in der Natur gleichgesetzt, dem Feuer. Bei Catull (35, 15) «frißt sie das Mark» in den Knochen; das ist griechische Verlebendigung (Kroll zitiert [Ps.-]Theocr. 30, 21; s. Gow zu 7, 55): Bei Vergil «entzündet sie Dido und legt Feuer an ihre Knochen» (Aen. 1, 660), bei Horaz (c. 1, 13, 8) klagt das Ich des Gedichtes, es werde «von langsamen Feuern im Inneren zersetzt» (*macerer*, dazu NH zu c. 1, 33, 6 [«dörren»] und Grassmann zu epo. 14, 15f.). An all diesen Stellen wird ein Inneres vergegenständlicht, um es ausdrückbar zu machen; die erste verwandelt das Liebesfeuer in ein Tier, das am Knochenmark nagt (in welches, ist belanglos; wichtig ist nur der Vorgang des Verzehrtwerdens: eine «generische» Verlebendigung, s. § 17); Vergil (Aen. 1, 660) beginnt mit einem generellen «Entzünden», auf das er den Ort des Brandes folgen läßt: Die Knochen, die «infiziert» werden (zu *implicare* in diesem Sinne OLD s. v. 8 a): Das ist kein Verlebendigen, sondern Vergil legt Seelisches nach außen, macht es (uralter Tradition verpflichtet: Barrett zu Eur. Hipp. 467) zur Krankheit. Horaz (c. 1, 13, 8) beläßt es ebenfalls bei einem traditionellen Veräußerlichen und Umsetzen («Weichmachen» durchs Feuer), dem er aber durch das «langsam» zersetzende Aufweichen eine zur Lage des Ich passende Nuance verleiht (Verf., Gymn. 99, 1992, 504, A. 12). Man erkennt, wie genauer Unterscheidungen, hier von Umwandeln und bloßem Umsetzen, es bei dem schwierigen Geschäft der Gedichtanalyse bedarf. Und noch eines: Daß ein Liebesfeuer das Mark frißt, ist beileibe kein «Bild» (man sieht ja nicht, welches Tier etwa da fräße, sondern etwas wird sinnlich spürbar, nämlich das schmerzhafte Beißen und Nagen: Die Verlebendigung macht direkt nicht Sagbares übers Spüren begreiflich (§ 167 Ende und noch einmal der Hinweis auf § 17).

5. *Abstraktes in Sichtbares verwandelt*

Um der Klarheit willen sollte man die sog. Abstrakta (Gerechtigkeit, Gelegenheit u. ä.) von Sammel- oder Kollektivbegriffen (Stadt, Gemeinschaft usw.) sondern.

a) Die sog. Abstrakta

§ 175 Recht einfach ist die Beseelung der Flucht (φύζα) bei Hom. Il. 9, 2: Sie ist «Gefährtin der Angst». Oder: «Den Olympiasieger, den Sohn des Archestratos, – lest es mir vor, wo in meinem Sinn er eingeschrieben steht; ein süßes Lied nämlich schulde ich ihm, hab's aber übersehen – O Muse, du aber und die Zeustochter Wahrheit, wehrt ab den Vorwurf der Lüge, der den Gastfreund kränkt», so beginnt Pindars 10. Olympische Ode und macht aus Alatheia ein lebend vorgestelltes Wesen, wie so oft bei Pindar[168]: «Was lebt und wirkt, wird als persönlich gefühlt; darum ist es pervers, von Personifikation zu reden» (v. Wilamowitz, Pindaros 202; vgl. auch A. Lesky, WS, NF 19, 1985, 16f.): Sophokles (Phil. 837) macht aus dem Kairos ein Wesen[169], Euripides (Ba. 370) aus Hosía, dem Heiligen (Dodds S. 119 unten) usw.

§ 176 Was lebt und wirkt, wird also von den Griechen als persönlich empfunden – das Lied z. B.[170], der Aion (Aesch. Ag. 105f. [Fraenkel S. 63]; Soph. Phil. 1348), und die Zeit hat bei Euripides gar einen Fuß (Ba. 889, s. Arist. Ran. 100 und 311). Daß ein Lied ein Wesen ist, mächtig und wirksam, ist dem Dichter fühlbar; der Fuß der Zeit ist Stil-Spiel, das ein abstraktes «Lauf der Zeit» ersetzt. In Rom waren Abstrakta (wenn man Fides, Concordia usw. überhaupt so nennen will) weder «abstrakt» im logischen Sinne noch «persönlich gefühlt», sondern zunächst leblos-unpersönliche Wirkkräfte, *numina*[171]. Bei Homer steht (Il. 16, 853: Weissagung des sterbenden Patroklos) der Tod nahe bei Hektor, als wäre er ein Wesen, und mit ihm «die herrschende Moira»; bei Vergil (Aen. 10, 740f.) «blicken» die Fata den Mezentius an

[168] Dornseiff, Pindars Stil, Berlin 1921, 50ff.; Gerber und Verdenius zu Ol. 1, 53; eine Liste bei L. P. Farnell, The Works of Pindar (1930/32), 467; W. Pötscher, WS 72, 1959, 5–25.

[169] Der Kairos besitzt einen Schopf, auf daß man die «Gelegenheit beim Schopfe fassen» könne, s. RE 10, 1516, 32ff.; 1519, 4 (Lysipps Statue).

[170] Pind. Ol. 1, 110: Weg des Liedes, vgl. die Komm. zu Hym. hom. Merc. 451; Pind. Ol. 9, 47.

[171] Allgemein H. L. Axtell, The Deification of Abstract Ideas in Roman Literature and Inscriptions, New York 1907, Nachdr. 1987.

(Weissagung des sterbenden Orodes): Das ist griechisch empfunden (weiteres EP S. 45 Mi.). So kann ein Mensch «meine Hilfe» genannt werden, damals (Sen. Oed. 70) wie heute.

§ 177 Horaz spricht nicht selten vom Zwang des Schicksals, z. B. c. 3, 1, 14/6 *aequa lege Necessitas sortitur insignes et imos; omne capax movet urna nomen* (Einfaltung des polaren «Hoch und Nieder» in *omne nomen*); hier wirft die Notwendigkeit das Los; in c. 1, 4, 13 schlägt der «bleiche Tod» an die Türe gleichermaßen von Hoch und Nieder, wozu NH (unter Hinweis auf Eur. Alc. 24ff.; s. L. Weber, Euripides, Alkestis, 1930, 21ff.) anmerken, die Personifikation sei griechisch, was in dieser Ausschließlichkeit nicht zur Gänze zutreffen wird: Plaut. Cist. 639 läßt an frühe lateinische Tragiker denken.

§ 178 Personifizierung – es ist an der Zeit, Bilanz zu ziehen. Wenn die frühen Griechen die Wahrheit, die stets ans Licht drängt; die Satzung, welche alle lenkt, usw. als Lebewesen fühlten, so ist das etwas anderes, als wenn ein Römer Fides verehrt oder die Necessitas Lose werfen läßt: Fides, Concordia und andere frühe Gottesbegriffe dieser Art waren zunächst nicht als Wesen gespürt, sondern als für alle verbindliche *numina* verehrt (EP 45, A. 34), wiewohl ihre Kraft an ihrer Wirkung ersehen werden konnte (die bildliche Darstellung ist spätere Griechen-Nachfolge[172]). Das bildnerisch so begabte, überall Gestalt erblickende Empfinden des Griechen sah in Themis, Hesychia, Moira usw. Gutes wirkende Wesen, die mit Menschenwesen verglichen, denen aber auch große Menschen angeglichen («göttergleich», Il. 1, 131) werden konnten; zu welchen auch Schönheit, wahrnehmbare Schönheit gehörte – daher die vielen Beiwörter, die Schönheit ausdrücken, z. B. wird Themis «schöngestaltig» und «schönwangig», Moira «schön», der Friede der «schönste» genannt (s. die Liste der Götterepitheta bei Roscher, Suppl.-Bd., Epitheta Deorum, wo auch die Pax als Empfängerin solcher Beiwörter angeführt ist), wie ja καλός «gut» ist und schön anzuschauen.

b) Kollektivbegriffe

§ 179 In früher griechischer Dichtung kann eine Polis «krank» sein, wohl deswegen, weil die Bürger kranken (Aesch Ag. 850; Fraenkel S. 389 oben mit Lit.). In der Einladung an Mäzen weist Horaz darauf hin (c. 3, 8, 18ff.), daß überall Friede eingekehrt sei, u. a. *servit Hispanae vetus hostis orae / Cantaber* (v. 21f.), also der alte Feind (kollektiver Singular, LHS 13 Mi.) der Römer, der an der Nordküste Spaniens lebt:

[172] Dies trifft besonders auf Fortuna zu (z. B. der Primigenia von Praeneste, s. E. Simon, Die Götter der Römer, München 1990, 62ff.) oder auf Victoria (ebd. 240ff.).

Ein Collectivum ist ein Feind, ist also persönlich gedacht, besser: formuliert und stilisiert, weil an den Stamm gedacht ist (*ora* für die dort Lebenden: § 150, 1). Daß die *civitas* etwa «krank» sei, ist wohl auch altlateinisches Gut (erst Sen. ep. 114, 11; aber im Licht von z. B. Plaut. Aul. 481 *civitas concordior* gewiß eine alte Ausdrucksmöglichkeit); *domus aegra* dagegen (Sen. Thy. 240) dürfte eine stilistisch bedingte Verlebendigung eines Collectivum sein[173].

B. Verbale Formen (Tun und Leiden)

§ 180 Bisher wurde von der Verwandlung von Ding, Mensch und Menschenregung, dann von sog. Abstrakta gehandelt, und zwar so, daß stets die Formel galt: Ein A wird zu einem B, bzw. ein A wird als ein B gesehen. Jetzt (s. § 164 Ende) wird nicht mehr die substantivische Form (A – Kopula – B) betrachtet, sondern ihr verbal-prädikatives Pendant: A tut/leidet als ein B. – Auch hier wird nach Ding, Mensch, Seelenregung und Abstrakta unterschieden.

1. Dinge verwandeln sich

a) In Lebewesen allgemein

§ 181 Seit eh und je bediente sich die Sprache bei Leblosem solcher Prädikate, die eigentlich einem Lebewesen zukommen: ein Weg «führt» (s. § 164 Ende), die Zeit «läuft» und *parere* wurde seit den Zwölf Tafeln (Taf. 10, 7; S. 68 in den Fontes Juris Rom. Anteiustin., ed. S. Riccobono, Florenz, Bd. 1, 1941: *qui coronam parit*) von anderem als einem Lebewesen gesagt, aus der *egestas sermonis patrii* (Lucr. 1, 832; EP S. 45; LHS 752 a) oder wie immer man solche Übertragungen unbewußter Art nennen will. Die Dichtersprache aber steigert und übersteigert die Möglichkeit: Angst «schreit» aus einem Haus (Aesch. Cho. 35) oder, harmloser, Scham «wässert» eine Wiese (Eur. Hipp. 78), s. unten § 189.

Bei Horaz «lacht ein Haus vor Silber», *ridet argento domus* (c. 4, 11, 6; NH zu c. 2, 6, 13 f.). Wer so spricht, dem verwandelt sich das helle Glänzen und Strahlen in etwas Menschliches, d. h. in das, was der Mensch tut, wenn er geschmückt ist und strahlt: Er lacht[174].

[173] Vgl. A. 164 zu Stadt und Haus.

[174] Bei Cat. 68, 79 «verlangt der hungrige Altar» nach Blut, bei Ov. met. 11, 618 f. «liegen die Augen danieder» (*iacentes*, nach Bömer hier zuerst; s.

Oder Gaben umgarnen (Hor. c. 3, 16, 15 f.), und die Fangnetze werden (wie Waffen § 165; A. 163) zu beseelten Wesen, wenn sie, und nicht die Jagdhunde oder die Jäger, dem Wild nachstellen (Verg. Buc. 5, 60 f.); oder Füße scheinen beflügelt, wenn Cacus «beflügelten Schrittes» flieht: *pedibus timor addidit alas* (ebd. Aen. 8, 224).

§ 182 Will man schrittweise vorgehen, kann man zunächst auf Catull verweisen: Daß ein Haus «sich freut» (64, 46: *tota domus gaudet regali splendida gaza*, «glänzend von königlichem Reichtum»; vgl. 31, 12), was im Hellenismus (LSJ s. v. χαίρω 1, b: Theophr.) ebensowenig auffiel wie unser «diese Rose liebt Halbschatten», im Lateinischen z. Zt. Catulls aber außerhalb des Gewöhnlichen lag. Catull führte so auch das im Griechischen uralte «Lachen» von Gegenständen (Hom. Il. 19, 362; Aesch. Prom. 88 ff.) neu ins Lateinische ein (Syndikus, Catull 2, 133, A. 137; ders. Horaz 2, 392, A. 11), wobei er in 64, 284 mit *domus . . . risit odore* mit einer ebenfalls uralten (hym. hom. Dem. 14), raffinierten Mischung der Sinneswahrnehmungen aufzuwarten wagte (s. Kroll z. St., EP § 225). Dies waren sehr bewußt eingesetzte, überkommene Verlebendigungen. Im Falle des Hauses war man allerdings durch die geläufige Bedeutung «Haus = Haushalt» vorbereitet (Cic. Verr. 1, 94: Eine *domus* «bezeugt» etwas, d. h. alle Bewohner). Weniger outriert schrieb Horaz in c. 1, 9, 21 f. Er stellt sich einen Sommerabend auf dem verwinkelten Forum vor, die Zeit und den Ort heimlich-spielender Liebesscherze: Jetzt ist die Stunde des *latentis proditor intimo gratus puellae risus ab angulo*, des willkommenen Lachens, des Kicherns, welches das Mädchen verrät, und um inmitten all des Scherzens auch ein bescheidenes stilistisches Spiel zu wagen, verrät das Kichern nicht nur, es ist ein «Verräter» (leichter ist Liv. 2, 59, 9: *proditor* vom Collektivum «Heer» gesagt). C. 1, 37, 16 «regt . . . zu dem Vergleich von Habicht und Taube an», Hz. (Pöschl, Hor. Lyr. 88 stimmt zu, nichts bei NH); interessant ist nun aber, daß in *volantem* das «fliegende» Schiff dem Vogel angeglichen, in 17 ff. Caesar mit dem Vogel (nur) verglichen wird: So eng sind Vergleich und Verwandlung verwandt, so genau muß man sie unterscheiden (zu Schiffen als Vögeln s. Pöschl 88, A. 45).

Oder Vergil: In Aen. 6, 274 ff. werden Laster zu Wesen, in 12, 335 ff. werden Erregungen und Handlungsantriebe (Listen) zu Begleitern des

Tarrant zu Sen. Ag. 238). Staub «fliegt» wie in unserer Sprache so bei Enn. ann. 315 Sk.; vgl. das Wellenschlagen des Rauchs bei Verg. (Aen. 8, 257), aber auch der Ruhm (Pind. Ne. 6, 48), ja sogar der Träger des Ruhmes. Pind. Py. 8, 90 f.; Theogn. 237 (dies eines der Vorbilder für Hor. c. 2, 20).

Mars. Properz läßt in 3, 7, 1 «Dich, Geld» zur Ursache unruhigen Lebens werden, worin man *Pecunia* getrost groß schreiben darf.

§ 183 Zusammenfassend ließe sich fürs Lateinische die Forderung erheben, bei solchen «Personifikationen» stets die doppelte Frage zu stellen, wieweit sie durch Griechisches vorgegeben und ob sie durch altlateinische Gebräuche *per analogiam* erleichtert waren.

b) In menschliche Wesen

§ 184 Ennius schrieb (ann. 293 Sk.) *tibia Musarum pangit melos*, als wäre es die Flöte, welche das Lied komponiert; aber einem naiven Blick scheint die tönende Flöte mit den Lauten auch das Lied hervorzubringen. Ähnlich Cat. 64, 88, wo das «Bett» es ist, die Wiege, welche das Kleinkind nährt und wachsen läßt (wieso das eine «sehr dichte Vorstellung» [Syndikus 2, 146, A. 186] sein soll, bleibt unerfindlich). Das soll man wörtlich nehmen, da soll man nicht deuteln (Kroll) oder nebulos von «dichten Vorstellungen» reden: Catull gefällt sich hier in gleich drei «Vermenschlichungen»: Das Bett nährt *(alebat)*, die «Fluten eines Flusses erzeugen Myrten» *(progignunt)*, und der Windhauch bringt bunte Blumen hervor (wie er bei Vergil Stuten schwängert: Georg. 3, 273), was in v. 282 wiederholt wird: Der Dichter kostet diesen Kunstgriff weidlich aus, d. h., ihm gefällt dies naiv verwandelnde Sehen: Wenn die schönen Blumen am Ufer wachsen und blühen, dann ist naivem Empfinden eben der Fluß die Ursache (vgl. auch Norden 113 f. zu Verg. Aen. 6, 4, wo die Schiffe selbst die Anker werfen).

Ins Scherzhafte gewendet ist dies bei Horaz (c. 3, 14, 19), wenn eine *testa* («Scherbe», Pars pro toto statt des Tonfasses) «es fertig brachte, dem streunenden Spartakus zu entkommen»; unangenehmer ist es, wenn die Zungen böser Stiefmütter wie Peitschen schlagen (c. 3, 12, 3): Er wußte, wie Menschen unter harten, scharfen Worten zusammenzucken wie von Schlägen getroffen[175]. Grandios dagegen, wenn Horaz (epi. 1, 3, 3) das Hebrusgebirge als von «Schneefesseln gebunden» sieht: Der Berg ist dem Dichterauge nicht bloß Steinmasse, vieles lebt

[175] Auch Cicero (resp. 1, 9) hatte von *contumeliarum verbera* gesprochen (vgl. Publ. Syr. 1, 54 *vocis verbera*); der Dichter entfernt sich von der Prosa dadurch, daß er die Z u n g e schlagen läßt. Man denkt an Shakespeares Umschreibung der Turmuhr (Mids. Dr. 5, 1, 349): Die «eiserne Zunge der Nacht schlägt Zwölf».

auf ihm (Wald, Blumen, Getier), da ist er selber lebendig; nur winters, da ist er gebunden und darf sich nicht regen.

c) In andere Dinge

§ 185 Die See kann, sind viele Segel auf ihr zu sehen, «blühen» (Cato Cens. 34, 5 Jord. *mare velis florere videres*, s. Devoto 154), was – auf ἀνθέω gesehen – ersichtlich ein «Gräzismus» ist, doch – im Munde Catos – gewiß kein gesuchter, denn die vielfachen Metaphern bei Cicero mit der Hilfe übertragenen Blühens warnen (Cic. or. 142 «blüht» ein Haus von Schülern bedeutender Rechtskundiger usw.), und daß solche Vorsicht berechtigt ist, zeigt der übertragene Gebrauch bei Plautus (Men. 372 *bene factis . . . florens*); immerhin ein schöner Ausdruck für die naive Verwandlung vielfarbiger Segel in Blumen. Man bedenke auch, wie alt diese «Metapher» ist: Seit Od. 6, 63 «blüht» ein Sohn, und in Il. 9, 208 «blüht» gar ein feistes Schwein vor Fett (Hainsworth im Komm., Cambridge 1993), und θάλλω heißt seit der Odyssee einfach «reich». (Alles Lateinische, das mit dem Stamme *flor-* zu tun hat, ist nun aber schwerlich samt und sonders «Gräzismus». Der Römer hatte seit alters – spätestens seit der Errichtung des Flora-Kultes – die Gewohnheit gehabt, alles, was an Gutem irgendwo durch Reifung zutage tritt, so zu nennen, z. B. den Schaum auf dem Most, den Flaum auf der Haut; so gesehen, wird man die Bilder des Florierens nicht voreilig griechisch nennen.) – Daß die See «rauh» sein kann (φρίσσω, *horreo*), ist klar, aber auch Felder, Volksversammlungen usw. werden zuweilen so gekennzeichnet (LSJ 3. v. 1–3). Ein (Schlacht-)Feld «starrt und gleißt von geschleuderten Lanzen» dementsprechend bei Enn. Var. 14 Vahl., ein Heer kann vor Speerspitzen «starren» (ebd. ann. 267 Sk.; Hor. sat. 2, 1, 13 f.), und auch diese Ausdrucksweise hat, wie angedeutet, griechische Wurzeln: Hom. Il. 4, 282; 13, 339 usw. Unsere Imponiersprache kennt «Der Rennwagen fegt die Piste hinunter» u. ä.; wenn im Lateinischen die See «gefegt» wird, dann ist ans Aufrauhen gedacht, bei Enn. (ann. 377 Sk. *verrunt . . . placidum* [das eben noch ruhige: § 139, 2] *mare)* und Cat. (64, 7) durch die Riemen von Ruderschiffen, bei Verg. Aen. 8, 674 durch die Schwänze der Delphine: Der Dichter sah die See sich aufrauhen, und flugs verwandelte sich die Riemenreihe für Catull in die Reiser des Besens, der da eine Laubschicht oder anderes «aufrauht» und aufwirbelt.

Schön ist die Verwandlung des endgültigen Siegelns zum unwiderruflichen Schließen der Augen eines Gestorbenen: *signare* heißt das Siegeln von Briefen und Testamenten (OLD s. v. 8); *signare lumina* (einem Toten die Augen zudrücken) bei Stat. Theb. 3, 129[176].

2. *Menschen-Tun verwandelt sich*

a) In Dinge oder Tiere

§ **186** Eigenartig ist Hor. c. 3, 15, 6: eine Alte, eine schon zu Alte inmitten der Jugend: Das hübsche Bild spielender Mädchen, das sich da anbahnt, ist durch die Todesnähe verdorben, und das faßt der Dichter in die Worte: «sie streut Nebelwolken an die Sterne» und verdunkelt sie dadurch. Ihr Tun wird dem Wolkenverbreiten nicht verglichen, es ist ein Umwölken der Sterne, die Alte wird zum Wind, der Wolken heraufbringt und sie vor die Sterne treibt (die jugendschönen Mädchen sind «Sterne», vgl. ἀστήϱ).

Gern wird Menschentun mit dem von Tieren gleichgesetzt[177]. Aeschylus läßt sowohl Klytaimnestra (Ag. 607) wie Agamemnon (ebd. 896) ein Wachhund sein und setzt Kassandras Aufdecken des fortzeugenden Geschlechterfluches mit dem Spurenlesen eines Jagdhundes gleich (1093f.; 1184; Kassandra von sich: «Seid mir Zeugen, daß ich eng auf der Spur laufend sie schnüffelnd aufnehme»; s. Petrounias 141f.). Und in demselben Drama nimmt Agamemnon den Zugriemen des Zwanges auf sich, «ruchlose Drehung seines Sinnes blasend» (O. Becker, Das Bild des Weges, Diss. Leipzig 1937, 173 oben): Er ist als Zugstier gesehen, der, unters Joch gezwungen, nun nicht vor Anstrengung oder Wut schnaubt, sondern zum Zeichen gewandelten Sinnes. Er zieht, aber gegen seinen Willen. Als ein solches unters Joch gezwungene Tier sieht dann auch Properz (2, 5, 14; s. 2, 3, 47) den Liebenden: *dum licet, iniusto subtrahe colla iugo*.

b) In ein anderes

§ **187** Eine sehr einfache Weise der Verwandlung einer Art menschlichen Tuns in eine andere ist die Anakreons (fr. 15 Gent.): «Du lenkst

[176] Verg. Aen. 4, 244 (Merkur) *lumina morte resignat*.

[177] So schon und bes. in der Vulgärsprache, z. B. *latrare* (s. Komm. zu Plaut. Poen. 1234; ferner Hor. epo. 5, 58; epi. 1, 2, 66).

(ἡνιοχεύεις) meine ψυχή»[178]. Eine andere wäre die des Horaz (epi. 1, 2, 42). Wer die Entscheidung für ein rechtes Leben aufschiebt, der *rusticus expectat* (s. Juv. 14, 25) *dum defluat amnis, at ille labitur et labetur in omne ... aevum* – statt loszuspringen; der Dichter vergleicht nicht, er sieht einen dummen «Dörper» vor dem nur scheinbar zu breiten Bache wartend stehen und stehen ...

3. Seelenregungen

§ 188 Archilochos (76 a D.) spricht zu sich: θυμέ, θύμ', ἀμηχάνοισι κήδεσιν κυκώμενε, der Thymos ist «umgerührt» wie Milch o. ä.[179]: Der «Sinn» ist ganz materiell gesehen. Anders spricht Verg. Aen. 8, 20 ff. über den «Geist»: Aeneas überlegt und «zerteilt seinen *animus* hierher und dorthin»; das erinnert an altlateinische Vorstellungen von *animus*, der an verschiedenen Orten ist: Plaut. Aul. 181[180].

Solch unstetes Wesen tadelt Kadmos an seinem Sohne (Eur. Ba. 332), wenn er sagt, daß er «fliege» wie ein unsteter Vogel; der beste Kommentar ist Arist. Av. 169: «Der Mensch – ein unstet fliegender Vogel» (Taillardat 115 f.): auch dies eine Art der Materialisierung von Seelischem.

Seelenzustände können auch dadurch bezeichnet werden, daß sie mit anderen Befindlichkeiten des Menschen gleichgesetzt werden: Berühmt wurde des Ennius *somno sepulti*, «im Schlaf (wie Tote auf dem Schragen; Skutsch 464 f.) ausgestreckt» (ann. 288 Sk.); die Nuance, die verdeutlicht bzw. bewirkt werden sollte, ist klar: Vergil (Aen. 6, 424) brauchte nur das anschauliche Verb auch ohne *somno* zu nennen, und man wußte Bescheid[181]. Umgekehrt kann bei Aeschylus (Eum. 141) der Schlaf wie ein Stein aus dem Weg «fortgekickt» werden (bei Theogn. 1337 das Leid, bei Aesch. Prom. 651 gar die Ehe, λέχος): Materialisation der Seelenregungen.

[178] Br. Gentili, Anacreon, Rom 1958, 187 macht auf die pointierte Endstellung des überraschendes Bildes aufmerksam. Man wird M. S. Silks Besprechung des Fragments S. 87 (Ausdruck «ungemilderter Isolation») nicht erhellend finden (Interaction in Poetic Imagery, Cambridge 1987).

[179] Vgl. Il. 11, 129 und dann Arist. Ach. 707, wo der ganze Mann «umgerührt» (Taillardat 141) ist.

[180] H. Reis, Die Vorstellung von den geistig-seelischen Vorgängen ... im Altlateinischen (Diss. Mainz); München 1962, S. 2.

[181] Daß Vergil in Aen. 2, 265; 3, 630 einen Ablativ *(vino)* hinzusetzt, im 6. Buch nicht (mehr), gibt Anlaß zu Gedanken über die Selbstüberbietung des

4. *Abstrakta, Kollektiva*

§ **189** Nur kurz sei erwähnt, daß «Abstrakta» vor dem Auge des Dichters handeln und leiden können, als wären sie Lebenwesen: Aeschylus (Pers. 821 f.) läßt Hybris blühen (s. § 185 Anf.), Ähren treiben und dann umgemäht werden (vgl. Pi. Is. 2, 39ff.: Xenokrates «reffte nicht das Segel bezügl. des Gasttischs», d. h., er war kein Knauser); doch wenn Euripides (Hipp. 78) die Scham eine Wiese «wässern» läßt, dann ist das so manieriert wie sein «Fuß der Zeit» (Ba. 889, oben § 176).

Leid «beißt» (Pin. Py. 8, 87; Aesch. Pers. 846)[182], das «mitgewachsene Alter atmet mit Götterhilfe Überzeugung, Kraft der Worte» (Aesch. Ag. 105 f.); Angst «schreit» (Aesch. Cho. 35, s. oben § 181), und die Gabe des Reichtums will erst einmal «verdaut» sein (Pind. Ol. 1, 55). Und ein schön verbrachter Tag, der kann «gepflückt» werden wie eine reife Frucht (Hor. c. 1, 11, 8): *carpe diem*, übrigens ein Lieblingsbild Pindars. Hierher gehört der Fall, in dem ein Abstraktes anstelle eines Konkreten agiert: In Enn. ann. 287 Sk. *pernas succidit iniqua superbia Poeni* steht zwar für *poples* o. ä. das grobe («coarse» Sk.) «Schinken» statt Hinterschenkel, dafür aber erhöht die gesuchte Umkehrung *superbia Poeni* statt *Poeni superbi* (s. Skutsch S. 463) den Ton der Stelle.

Kollektiva handeln oft wie Einzelmenschen, bei Ennius (ann. 309 Sk.) zittert ganz Afrika (vgl. oben § 179); ein Reich bricht wie ein Haus zusammen (Hor. c. 1, 2, 25 f.; vgl. Luc. 5, 200 f.).

5. *Abschließende Bemerkung*

§ **190** In dem eben abgeschlossenen Kapitel sind vorwiegend Versstellen behandelt, an denen solchen Gegenständen, die für gewöhnlich als leblos oder doch menschenunähnlich angesehen werden, auf einmal Züge von Lebe- oder gar Menschenwesen beigelegt werden; dazu aber auch Stellen, an denen Dinge zu andersartigen Dingen, Menschen zu andersgearteten Menschen werden. Dieses «Werden zu . . .», diese

Dichters (vgl. Aen. 1, 115 mit 6, 353) bzw. über die sukzessive Abfassung der Bücher (Th. Berres, Die Entstehung der Aeneis, Wiesbaden 1982).

182 *Mordeo* im übertragenen Sinne ist früh in die Alltagssprache eingedrungen, vgl. unter «beißender Kälte» mit Hor. epi. 1, 8, 5, was keineswegs sehr poetisch zu sein braucht.

Verwandlung war der «gemeinsame Nenner», der Oberbegriff: Die ursprüngliche und naive Phantasie und Erlebensfähigkeit, «Sehergesichte» und der Traum, sie vermögen in einem Baum ein empfindendes, in der Waffe ein furchtbares Wesen (Pind. Ne. 6, 52f.) und im Gesetz ein göttlich-lebendiges Ordnen und Sorgen zu spüren[183]. Und Tier und Baum werden seelischen Erlebens fähig: Man betrachte die Kalpis des Kleophrades-Malers in Neapel: «Im Zentrum des Frieses steht der Altar des Zeus Herkeios . . . Wie oft bei Altären steht ein Baum daneben, hier eine Palme, die sich angesichts des grausigen Geschehens beugt» (E. Simon, Griech. Vasen, 2. Aufl. 1981, S. 105, Abb. 128).

Doch wie überall im Leben einer Sprache oder Kunst wird das Ursprüngliche im nächsten oder übernächsten Gliede zur Manier. Bei Aeschylus (Ag. 894) schläft χρόνος (die Lebenszeit) mit, wenn sein Mensch liegt und träumt, und Fraenkel (zu 105f., S. 63) erklärt, wie die Zeit damals stets als mit-lebend empfunden wurde; doch wenn Euripides der Zeit Füße gibt, ist das etwas anderes: Der ζυνεύδων χρόνος gehört zu dem «Gedanken, der mehrfach bei Aeschylus und Sophokles auftritt, daß eines Menschen Lebenszeit geboren wird, aufwächst und mit ihm altert» (Fraenkel a. a. O., S. 63 oben), während δαρὸς χρόνου πούς, der langsam, aber doch unausweichlich den Übeltäter erreicht (Eur. Ba. 889), seit Simonides fr. 176 gewollte und gesuchte Personifizierung (Dodds S. 189 oben) ist, die später zu bloßem Kunstgriff hinabsinkt, bewirkt durch Enallagé[184] oder Agens-Vertauschung[185].

Man mache sich auch deutlich, worin der Unterschied zwischen der Metonymie «Abstraktum für Konkretes» und demjenigen liegt, was hier «Verwand-

[183] Derlei «Abstrakta» werden in alter Zeit oft wie Gegenstände empfunden, wie Wesen von Körperlichkeit, weshalb z. B. Pindar in solchen Zusammenhängen räumliche Vorstellung evoziert und von «In-die-Nähe-Bringen» spricht (Verdenius zu Ol. 1, S. 15 oben u. ö.).

[184] Zuweilen wird er erreicht durch «personifizierende Enallagé» (EP § 63; hier § 45, A. 80): *coniurato deiectos vertice Dacos* will Statius (Theb. 1, 20) nicht besingen, also die Ereignisse der Jahre 88/89 unter Domitian, läßt aber den Berg verschworen sein, nicht die Daker.

[185] Die Agens-Vertauschung (EP § 64) ist in § 184 behandelt, dort nämlich, wo der Typus vorgeführt wird, daß ein Unbelebtes etwas tut, das eigentlich nur Belebte können, z. B. schüttelt bei Horaz (c. 3, 1, 16) die Urne die Lose selber, nicht der Wahlhelfer (vgl. ebd. v. 30/2). Oder Vergil Aen. 6, 4: Die Schiffe werfen Anker, nicht die Schiffer (s. Norden z. St., aber auch wir sagen: «die Pamir legt an» usw.).

lung» genannt wurde. Wenn z. B. Vergil (Aen. 10, 13) sagt, Karthago habe gegen Rom einen «großen Untergang» über die Alpen gesandt (s. Harrison z. St.), dann ersetzt oder vertauscht er metonymisch: *Hannibal* gegen das von ihm bewirkte *exitium*; er verrätselt, läßt den geschichtskundigen Intellekt suchen und gewinnt zugleich die Möglichkeit, Hannibal als «Untergang⟨-Drohung⟩ Roms» zu kennzeichnen. Anders, wenn Leid «beißt»; da wird nicht verrätselnd ausgetauscht, sondern das Leid in ein beißendes Tier verwandelt. D. h., es wird nur ins Bild gebracht, was jeder Schmerzerleidende kennt: Rauch «beißt» in die Augen, Schmerzen «stechen». Die Metonymie, die ein Abstractum anstelle eines Concretum verwendet, ist ein Spiel des Intellekts, die Verwandlung ist eine Weise des Schauens und Spürens.

V. FÜGUNG UND ORDNUNG

Vorbemerkung: Die Darstellung der lateinischen Dichtersprache hatte sich bisher dem einzelnen Ausdruck aus geringer Wörtermenge, ja vielfach nur einzelnen Wörtern gewidmet. Es ist jetzt an der Zeit, größere Komplexe zu betrachten, wie sie – notabene: sprachlich – zusammengefügt und geordnet wurden.

Es werden dabei orientierende Bemerkungen gemacht werden zu drei Hauptgebieten des Ordnens und Fügens: zur Darbietung eines Gedanken- bzw. Satz-Ablaufs (A), zum Verhältnis von Gedanken und Bildern (B) und (C) zur klanglichen Fügung, (D) zur Technik des Satz- und Gefüge-Aufbaus[186].

In allen diesen Gebieten läßt sich eine glatte von einer rauhen Fügung unterscheiden (λεῖος und τραχύς sind antike Kategorien, s. A. 186); d. h., glatter Fluß muß von Formen des Abbruchs, schöne Harmonie von Zerstückelung, freundlicher Klang von spitzem und schneidendem oder bedrückend dumpfem unterschieden sein.

Da nun aber fast alles Erwähnte auch Gegenstand der Rhetorik ist, diese jedoch in mehreren systematischen Werken dargelegt vorliegt[187], kann die nachfolgende Darstellung sich kurz fassen.

A. Ablauf des Satzes

1. Arten von Sätzen

Seit Plautus bildete sich ein Latein aus, das zunehmend Haupt- und Nebendinge zu Haupt- und Nebensätzen hierarchisch ordnete, d. h. zu «Perioden»[188]: Diese Tendenz in der Sprache von geistig Anspruchsvollen führte zur glatten Fügung, d. h. zu Komplexen aus unter- und übergeordneten Sätzen. Man kann daher die Häufung von Kurzsätzen, die Auslassung von Unter- bzw.

[186] Mit «Fügung» wird σύνθεσις (lat. *compositio)* wiedergegeben, seit Aesch. Prom. 460 zumeist von der Zusammensetzung von Wörtern und Sätzen und Komposition im großen (Isocr. 10, 11). Zu *compositio* in diesem Sinne als *verborum constructio* Auct. ad. Her. 4, 18, Cic. de or. 2, 58.

[187] S. Lausberg, Martin und bes. E. Norden, Die Antike Kunstprosa (1898), Darmstadt 1958 u. später, auch M. Errens klug angelegtes Buch: Einführung in die römische Kunstprosa, Darmstadt 1983.

[188] LHS 732–739, 84*ff.; Devoto 140ff. – Zur poetischen Periodik s. A. 189.

Zuordnungszeichen (Asyndese) und Brachylogien als gewollte, d. h. stilistische Abweichung werten und als «rauh».

a) Kurzsatzhäufung

§ 191 Man kann hier mit der stoßartigen Reihung einzelner Substantive beginnen, die wie geraffte Sätze wirken, wie Satz-Stellvertreter, z. B. Soph. OC 1234f.: In der pessimistischen Chorstrophe «Nicht geboren zu sein übertrifft alle Glückseligpreisung» heißt es, der Lebensablauf sei von steter Mühe beherrscht, dann folgt: «Neid, Aufruhr, Zwietracht, Kämpfe und Morde» ohne Verba, stehend für: «es geschehen ständig . . .»; vgl. Ter. Eun. 59/61 oder Verg. Aen. 4, 131f.: Aufbruch zur Jagd, Getümmel und eine Fülle regsamer Vorbereitungen, und diesen vielfältig sich ins Freie ergießenden Strom von Geräten, Hunden und Menschen beschreibt der Dichter in einer zunächst verblos dahinpurzelnden Reihung (Austin zu 131) von Nomina: *retia rara, plagae, lato venabula ferro Massylique ruunt equites et odora canum vis*. Vgl. des weiteren Bömer zu Ov. met. 12, 134f.; 13, 220f.

In den Zeilen ann. 247–253 Sk. schildert Ennius den tumultuarischen Ausbruch eines Krieges (Skutsch S. 432):

proelia promulgantur,
Pellitur e medio sapientia, ui geritur res;
Spérnitur órator bonus, hórridus míles amátur;
Haud doctis dictis certantes, nec maledictis
Miscent inter sese inimicitias agitantes;
Non ex iure manu consertum, sed magis ferro –
Rem repetunt regnumque petunt – uadunt solida ui.

Die Alliteration (unten § 207) in 248, Chiasmus (LHS S. 696ff.) in 248f., Homöoteleuton (unten § 208) in 250f., Homöoarchon (unten A. 215) und Homöoteleuta in 253 zeigen die stilistische Sorgfalt, die Metrik stockt bewußt (Skutsch 433 n. Mi.), und bewußt werden ganz kurze antithetische Sätze gereiht, um das Jagende und Gehetzte der Situation zu malen (vgl. z. B. Hainsworths Komm. zu Hom. Il 9, 375ff. [Oxford 1993]). Oder die erregte Wiedersehensszene Verg. Aen. 1, 509ff.: Am Hofe Didos erscheinen plötzlich Antheus, Sergestus und Cloanthes, die Vermißten; Aeneas und seine Begleiter, in verbergenden Nebel gehüllt, stehen voll atemloser Freude da, und doch gezwungen, verborgen zu bleiben; sie schauen aus (517f.), *quae fortuna viris, classem quo litore linquant, quid veniant*: Die Kurzsätze (der erste wieder ohne Verb) malen die Spannung. Ähnlich die Beschreibung, wie eine

Schlange (deren Biß Blutungen hervorruft) den Tullus tötet: *omnia membra / emisere simul rutilum pro sanguine virus; sanguis erant lacrimae; quaecumque foramina novit / umor, ab his largus manat cruor; ora redundant / et patulae nares, sudor rubet; omnia plenis membra fluunt venis* (Wiederaufnahme des erstgenannten Verses), *totum est pro volnere corpus* (Luc. 9, 809/14): Die präzise geordnete Reihung malt das «Überall» und «Zugleich» (*simul*, 810). Vgl. Stat. Theb. 10, 25ff. (Williams: «staccato effect»), anders dagegen 11, 165ff.: Ethopoiie durch zerrissene Redeweise: Man folge angesichts der Unterschiede also auch im Stilistischen Senecas Rat: *distingue, mi Lucili, ista*. Kurzsatzreihen malen, bei Terenz z. B., Erregung in der «Andria» 284f., 297f.; in 360f. dagegen schlaues Überlegen mit Pausen zwischen den einzelnen Beobachtungen.

b) Asyndetische Sätze

§ 192 Dichtung strebt nach kürzeren Sätzen als die elegante Prosa, welche die glatte und straff geordnete Periode liebt[189]; sie meidet in ihrer vollendeten Form die schwerfälligen Partizipialkonstruktionen (Norden 280 Mi.), sie meidet auch pedantische Offenlegung der Abhängigkeits- und Kompositionsverhältnisse zugunsten der Asyndese (LHS 830f.; vgl. auch EP § 215 und oben § 144). Z. B. werden gern (aus umgangssprachlichen Möglichkeiten abgeleitete) entschwerende Parataxen im konditionalen Gefüge an Stelle von *si*-Sätzen angewendet (LHS 657; z. B. Ov. met. 9, 490; 12, 91f.); oder Hor. c. 1, 2, 21: Nach der abwehrenden Klage, es sei schon genug des Unheils geschehen, die Erinnerung an die Tiberüberschwemmung (reicher Kommentar bei NH S. 24) durch *vidimus* (13), das eine Partie einleitet, die in Strophe 5 in leichteren Ton übergeht und mit dem Scherz über den «gattinnenhörigen Fluß» endet. Dann das «asyndetische» (Porphyrio) *audiet (... iuventus)*: Die durch den Bürgerkrieg geringzählige Jugend wird von diesen Greueln hören; den nur scheinbar harten Übergang haben NH 27f. gut als Pendant *vidimus – audiet* erklärt, der Dichter aber hellt ihn nicht pedantisch (etwa durch *audiet* ⟨et⟩) auf. Derlei ist so zahlreich, daß wenige Hinweise genügen: In c. 3, 4 erinnert sich

[189] Gutes hierzu z. B. bei Norden zu Verg. Aen. 6, S. 378ff.; vgl. EP § 173 zur «Entschwerung». Zur nachklassischen Prosa mit ihrer Vorliebe für das Arrangement kürzerer Sätze jetzt der Band 36 der Entretiens Fondation Hardt, Sénèque et la prose latine, Genf 1991.

Horaz daran, wie er als kleines Kind sich draußen verlief und einschlief, wie die Tauben ihn mit Laub bedeckten, Schlangen und Bären ihn verschonten, ihn, ein *non sine dis animosus infans* (20). Danach das Bekenntnis: «Euer, ihr Musen, bin ich ganz», und der Leser muß ein «⟨Daher dann⟩ bin ich . . .» ergänzen, wie in v. 49 ein «Zwar», um *sed* in 53 zu verstehen[190]. All dies dient der eingangs erwähnten entschwerenden poetischen Brachylogie[191].

2. *Unterbrochene Abläufe*

§ 193 Ein Satzablauf kann auf mehrere Arten unterbrochen werden, durch einen Wechsel der Sprech- oder durch einen solchen der Bauweise; beide Arten seien hier, obschon recht verschieden, in einem einzigen Kapitel zusammengefaßt.

a) Apostrophé (EP § 54)

Die Apostrophé («Abwendung») meint den Fall, daß der Autor sich auf einmal nicht mehr dem Leser zuwendet, sondern sich «abwendet» zu einer Anrede an die Person, von der er gerade spricht. Properz (3, 12, 23ff.) beschreibt die Irrfahrten des Odysseus: *cástra decem ánnorum et Ciconúm mons Ísmara, Cálpe, / exustaeque tuae mox, Polypheme, genae* (26); statt Setzung eines einfachen Genetivs (das Auge d e s Polyphem) wird dieser selber angesprochen[192].

[190] Dichtung erklärt sich eben nicht selber; instruktive Beispiele für zu erschließende Sinnzusammenhänge bei Asyndese oben § 144 («Prägnanz der Asyndese»). Zuweilen kann man sogar von Verdunkelung reden, wenn z. B. ein *nam* gesetzt ist, dieses aber gar keine Abhängigkeit ober Begründung meint, vgl. meinen Poenulus-Komm. S. 87 unten.

[191] Einiges dazu bei LHS 826; wenn am Ende von d) elliptische Formen von Umgangs- und Dichtersprache angeführt werden, dann ist dem warnend hinzuzufügen, daß man stets danach fahnden muß, ob der Dichter solche Normal-Formeln nicht ins Ungewohnt-Auffällige variiert, s. Gymnas. 99, 1992, 505, A. 16 zu Hor. c. 1, 13, 13.

[192] Zu Griechischem: H. Kleinknecht, Hermes 74, 1939, 313; zu Lateinischem: LHS 836, g («hoher Stil»); W. Abel, Die Anredeformen bei den römischen Elegikern, Diss. Berlin 1930. – Zu Cat. auch Syndikus Bd. 2, 145 m. A. 180; zu Vergil Harrison zu Aen. 10, 139; zu Horaz z. B. NH zu c. 2, 13, 16 und 2, 19, 3; zu Properz Fedelis Sammlung S. 300f. seiner Ausgabe.

Im Epos war die Apostrophé schon immer beliebt, vgl. nur Hom. Il. 13, 603; gehäuft in der Patroklie 16, 20; 584; 692; 754; 787; 812; 843 usw.; ferner Callim. hym. 5, 41: Der Priester Eumedes hat sich ins Eremitendasein zurückgezogen und «auf dem Berg Crius seinen Wohnsitz gewählt, Crius, dem Berg, und zwar auf steil abstürzendem Fels, o Schutzgott (σὲ δέ, δαῖμον), der heute die Pallantiden genannt wird»: Hier wird bei der Nennung des gefährlichen Wohnorts sein Schutzgeist angerufen – so gefährlich war es da! Cat. 4, 14: In der Schiffsbeschreibung, die voller rhetorischen Affekts ist, werden die beiden Städte Amastris und Cytorus nicht nur genannt, sie werden angesprochen, das «hebt den Gedanken in die gemütliche Sphäre» (Kroll z. St., der mit «gemütlich» so etwas wie «seelische Anteilnahme» meint).

Zwar hatten Euryalus und Nisus sich bei ihrer Expedition selber in Gefahr gebracht, ihr Tod war ihre ganz eigene Schuld, dennoch soll ihnen ein Denkmal gesetzt sein, ihrer Freundschaft und ihrem Mut, und darum spricht Vergil (Aen. 9, 446 ff.) sie in einem Enkomion, den Erzählfluß unterbrechend, direkt an: *fortunati ambo!* Zweifellos wird dadurch der Eindruck verstärkt, den diese ohnehin pathetische Erzählung macht[193] (Verf. [A. 63] 355 ff.; wichtig Eden zu Aen. 8, 84 f.; G. Williams 42 f.; R. D. Williams zu Verg. Aen. 5, 840). Oder Aen. 3, 119: Nach dem Spruch des Apoll, die Danaer sollten «die alte Mutter» suchen, glaubt Anchises, es handele sich um Kreta, und, froh dieser Erleuchtung, opfert er *taurum Neptuno, taurum tibi, pulcher Apollo*: Daß gerade Apoll hier so stark in den Vordergrund gerufen wird, ist erklärlich: Er war es ja, der den (vermeintlich) klärenden Spruch getan hatte.

In der Beschreibung des Caphereus, die wie eine Digression in der langen Botenrede des Eurybates steht (Sen. Ag. 563 ff. Zw.), wird die weite Aussicht von diesem Vorgebirge beschrieben: *Pelopis hinc oras tui / et Isthmon* usw. (*conspiceres* o. ä. zu ergänzen). Warum wird Pelops so stark hervorgehoben? Ersichtlich als Großvater Agamemnons und (mit seinem Vater zusammen) als der Urheber des Geschlechterfluches, der in diesem Drama Senecas dargestellt wird (Tarrant: «The sudden intrusion of the dramatic circumstances has a jarring effect»; Krolls Erklärung vieler Apostrophen als bequemes Hilfsmittel beim Versbau – «Verszwang» – ist nur mit äußerster Vorsicht anzuwenden).

[193] Zu dieser «Episode» oben A. 63.

b) Aposiopese (EP § 52)

Auch diese Form bricht den Gedanken- bzw. Satzfluß ab, um etwas zu «verschweigen»[194]; man kann auch sprechen von «Selbstunterbrechung» beim Sprechen, um etwas zu verschweigen. Doch naturgemäß genügt es auch hier nicht, das simple Faktum festzustellen. Es ließen sich gewiß Typen unterscheiden, z. B. Innehalten aus Erregung, aus Neuüberlegung usw.

Eine besondere Form der Aussparung ist die Selbstunterbrechung des Redenden, z. B. Hor. epo. 11, 7 *heu me . . .!* (ergänze *miserum*, s. Hz.). Derlei findet sich naturgemäß auch im Griechischen, z. B. bei Peinlichem: «Redet man nicht davon, daß der Kuhhirt (Anchises) die Aphrodite . . .?», d. h. «geschwängert hat» (Thcr. 1, 105 mit Gows Komm.); vgl. ferner auch Callim. epigr. 52, 4: Der Dichter war, so fingiert er, auf dem Wege, eine Blasphemie auszusprechen: «Auch du, himmlicher Zeus, warst ja einst verliebt . . .», da unterbricht er sich: «Nicht weiter!», und macht gerade dadurch deutlich, was er sagen wollte.

Sehr gut Lausberg § 888 (Unterscheidung der Motive); Martin 290 (ebenfalls mit Unterscheidung der Gründe); LHS 823; H. Bardon, REL 21, 1943–44, 102ff.; Scherer 224: Sie mache «nachdrücklicher»; Belege seit Homer, vgl. Il. 8, 424; 9, 46. Man unterscheide allerdings das In-die-Rede-Fallen (Ter. An. 533, 790) von echter Aposiopese, die Schlimmes nicht aussprechen will (ebd. 300) oder Wichtiges nur eben andeutet (ebd. 344).

Das Material muß geordnet werden nach Affekt-Aposiopese (Lausberg 888, 1), der andeutenden (Lausberg ebd. 2) und der Peinliches vermeidenden (Tabus, Obszönes usw.), besonders interessant ist die vierte Art (Lausberg S. 439 unten), die «emphatische»; sie tritt auf, will der Dichter den «Gegenstand als größer, furchtbarer, eben unaussprechbar hinstellen» (Lausberg).

Jeder kennt die drohende Aposiopese («Ich werd' euch . . .!»), sie wendet Vergil (Aen. 1, 135) an, wo Juppiter die Winde bedroht: *quos ego . . .!* Quint. instr. 9, 2, 54 sagt richtig, dies deute den Zorn an. Wenn der Sturmgott seine Winde nun anfährt, seine Drohung aber nicht ausspricht, so geschieht eine Aposiopese an dieser Stelle, weil es des Gottes unwürdig wäre, loszuschimpfen nach Kutscherart. Vgl. Verg. Buc. 3, 8 (s. Clausen); Aen. 2, 100 und Stat. Theb. 3, 280: Venus

[194] Belege seit Homer, vgl. Il. 8, 424; 9, 46; vgl. Verg. Aen. 2, 100.

spricht zu Mars, der Krieg gegen Theben plant: «Vulcanus, mein Ehemann, der würde mit Freuden sich für mich unendlich mühen, auch wenn er gekränkt wurde (Anspielung auf das bekannte Abenteuer der beiden Gesprächspartner), doch du . . .» *(gaudeat ornatusque novos ipsique laboret / arma tibi; tu . . . sed scopulos et aena precando / flectere corda paro)*, eine Aposiopese, in der sich Wut mit Enttäuschung und Verzweiflung mischt. Stat. Theb. 3, 87: Maeo will sich töten, steht da mit gezücktem Schwert, spricht die letzten Worte, und noch während er spricht, stößt er zu – das malt die Aposiopese, so giert er nach dem Tode (s. auch Williams zu 10, 688).

c) Anakoluth

Hiermit sei die Überraschung gemeint, die eintritt, wenn in einem Satz mit einer bestimmten syntaktischen Struktur begonnen wird (und vielleicht zunächst auch noch mit «und» o. dgl. fortgefahren), dann aber gegen die erweckte Erwartung ein anderer Gedanke oder eine andere Konstruktion folgt[195] oder beides.

Einer der berühmtesten Anakoluthe ist zweifellos der in Solons Musenelegie (fr. 1 Diehl und Gentili-Prato) v. 17/25 (s. meine Arbeit in GGA 235, 1983, 16ff. z. St.). Als der Unglücksbote in Aeschylus' Agamemnon auftritt und die Flottenkatastrophe berichten muß, klagt er (644): «Da muß ich nun wohl, bepackt mit solchen Leiden, den Paian sprechen, aber den der Rachegeister. Doch der Rettung Glücksboten, wenn er zu einer sich am Wohlergehen freuenden Stadt kommt – wie soll ich bloß Gutes zu Bösem mischen, wenn ich den Sturm berichte . . .?» Das kommt einer Aposiopese nahe, ist ein Abbruch (wie in 1011), der dem Erwecken von Erregung dient. So auch Eur. Ba. 1125/8: Agaue ergreift des Pentheus linken Arm an der Hand (der Text ist unsicher), tritt gegen die Seite des Unglücklichen und dreht die Schulter aus dem Gelenk, nicht mit Menschenkraft – vielmehr gab ein Gott den Händen Gelingen: «ein neuer Satz, wie oft, statt eines Nebensatzes in Parallele zu ‹nicht mit Menschenkraft›», Dodds S. 218.

Lukrez kennt Anakoluthe (2, 342/8; 4, 123/8), z. B. 3, 434: «Da nun

[195] KS 2, 2; 285ff. (keine Dichter-Stellen); LHS 814ff.; EP § 181; zum Griechischen Hom. Il. 13, 69, bes. 24, 764; ferner v. Wilamowitz zu Eur. Hkls. 186; Fraenkel zu Aesch. Ag. 12; zum Lateinischen auch Scherer 225ff. und R. D. Williams zu Aen. 5, 708 usw.

die Seele aus kleinsten Körpern besteht (425/8; folgt lange Parenthese), da nun also aus rissigen Gefäßen Flüssigkeit entweicht oder Dampf, dieser sich aber in der Luft auflöst, kann man gleiches von der Seele sagen.» Logisch ist die Schlußformel gesund (Kenney z. St.), der Satzbau aber täuscht Glätte nur vor (auch wenn man 433 tilgt).

Vergil läßt (Aen. 8, 401 ff.) Volcanus seiner Gattin versprechen, «was immer er an Sorgfalt zuzusagen vermöchte, was aus Metall und Electron gemacht werden könne, wieviel Feuer und Gebläse ausrichten – sie möge vom Bitten nun abstehen»: Das *absiste precando* folgt (syntaktisch) nicht aus den verallgemeinernden Vordersätzen (s. Fordyce und Eden z. St.)[196].

Properz spielt in 1, 20, 5 f. Gallus gegenüber auf des Herakles Geliebten an und warnt: «Ihn, wo immer du auch seist, im Wald auf einem Fluß, in Tivoli, in Kampanien, wo immer – wehre den Raubgelüsten der Nymphen» (v. 11), so statt: «schütze ihn vor den Nymphen» usw. Dieser harte Neueinsatz soll ersichtlich Eindringlichkeit bewirken.

Die Anakoluthie dient, Anmerkung 196 inbegriffen, in der engräumigen syntaktischen Form des vermiedenen Partizips oder der zerrissenen Syndese der Entschwerung, in ihren weiträumigen Formen der Pathoserregung oder auch der von Eindringlichkeit.

3. *Inkongruenzen (EP §§ 177–184)*

§ 194 In das Gebiet der «rauhen Fügung» gehört auch die Inkongruenz grammatikalischer Numerusabfolge, der Abstrakt-Konkret-Kombination und das Zerbrechen grammatischer Konstruktionen und gedanklicher Abfolge (§§ 195 ff.).

a) Numerus-Spiele

Gemeint ist hier nicht die *constructio ad sensum* (Löfstedt, Synt. 2, 134 ff.; z. B. *magna pars* mit Pluralform des Verbs, LHS 436 A, a),

[196] Vergil verwendet gern statt einer Partizipialkonstruktion eine milde Art des Anakoluths, z. B. anläßlich der Urne im Totenreich, an der die Träume hangen sollen (Aen. 6, 283 f.): *quam sedem somnia volgo vana tenere ferunt foliisque sub omnibus haerent* statt *sub foliis haerentia*, s. Norden S. 380, Abs. 3. – Homerisches in Hainsworths Komm. zu Il. 9, 357–9 (malt Erregung).

sondern die Setzung eines Plurals, wenn es sich nur um e i n e n Gegenstand handelt, oder des Singulars, wo es um viele geht. Das erste könnte unter dem Namen «poetischer Plural» gefaßt werden (s. EP §§ 46f.; oben § 121, 1), das zweite hat einen solchen Terminus nicht erhalten, es gehört gewiß unter die Rubrik «grammatikalische Raffinierung» (bis zur Unwirklichkeit)[197].

Die Fälle sind so geläufig[198], daß zwei für jede der oben unterschiedenen Erscheinungsweisen genügen. «Troja ist gefallen, eilig streben die Griechen hinaus auf die See» drückt Seneca (Ag. 422) aus mit *maria properantes petunt*, obschon es nur die eine See ist, die dort bei Troja sich befand. Oder der Singular: *quatit ungula terram* bei Enn. ann. 242 Sk. entspricht seinem Ausdruck, ein Hund *suche nare sagaci* schnüffelnd, als habe ein Hund nur e i n Nasenloch (ann. 333 Sk.). Noch übertriebener wieder Ennius (ebd. 378): Die See werde «geschlagen vom dichtgedrängten Schiff» und «e i n e Träne wäscht Blut ab» (Chresph. 138f. Joc.), was auch später gang und gäbe bleibt (Sen. Ag. 541f.: *navem manu complexus*, wo die anschauliche Wirklichkeit aufgegeben[199] ist).

Man muß jederzeit nach den Nuancen fragen; es mag sein, daß an der Stelle Sen. Ag. 422 die Meere mitgemeint sind, auf denen die Heimkehrenden segeln werden, nachdem sie die See vor Troja hinter sich ge-

[197] Vgl. bereits Enn. ann. 139f. Sk.: Der Adler flog auf (anscheinend, wie Vögel es immer tun) gegen den Wind: *vento, quem perhibent Graium genus aera* statt *perhibet*, wie in «the police stop cars» ist *genus* pluralisch gedacht. – Zu den Numerus-Inkongruenzen vgl. LHS 435ff.; Tarrant zu Sen. Ag. 194; Jocelyn zu Enn. scaen. S. 216f. Griechisch: Kü.-Gerth 2, 1; 68; Schwyzer 2, 608; Maass, Aratscholien S. 98 (σχῆμα Πινδαρικόν).

[198] Vgl. Harrison zu Aen. 10, 238f. (weniger gut zu 334); Camps zu Prop. 1, 19, 13 (s. hierzu oben § 52, 1). Bekannt ist auch das Spiel zwischen *ego* und *nos*, *meus* und *noster* (Maurach zu Germ. 2, *genitor*; Maguinness, Cl. Qu. 35, 1941, 127ff.). Der Wechsel scheint willkürlich, und nur selten glaubt man, eine Ratio erkennen zu können: Nach der Feststellung, Orpheus habe Tiere und Flüsse, andere Sänger anderes durch ihr Lied bewegt, sagt Properz 3, 2, 7f.: *miremur, nobis et Baccho et Apolline dextro, / turba puellarum si mea verba colit?* In der Nähe der ehrwürdigen Gottheiten steht der hohe Plural, in der Nähe der lockeren Mädchen der Singular. Zum Wechsel von *ego* und *nos* auch Enk zu Prop. 1, 1, 33.

[199] Kroll zu Cat. 63, 75; Luc. 1, 537 schrieb *cornu coacto*, wo der Mond doch zwei *cornua* hat und *cornu* mit *coacto* zusammen ein nicht nachzuvollziehendes Pseudo-Bild ergibt (Gegenprobe: Ov. met. 7, 179f.). Ans Komische grenzt auch, daß bei Val. Fl. 1, 185 alle Helden e i n e n einzigen *poples* haben sollen (Langen zu 1, 136).

bracht haben. Horazens *non semel dicemus «io triumphe» civitas omnis* (c. 4, 2, 50) verbindet ein «Wir» mit *civitas*, man kann das als σύνεσις etikettieren; doch spricht sich in solchen Kleinigkeiten das bewußte Zurücktreten des Dichters in die Menge aus, das für dieses vierte Odenbuch charakteristisch ist: Die grammatikalische Finesse trägt Sinn.

b) Abstrakt-Konkret-Kombination (EP § 197f.)

Bekannt[200] ist die Zusammenstellung von *triste* («etwas Bedrohliches») und *lupus* in *triste lupus stabulis* (Verg. Buc. 3, 80; wenn wir sagen «etwas Schlimmes ist ein Wolf», verbinden wir ebenfalls Abstraktes mit Konkretem, ein Neutrum mit einem Maskulinum); derlei Strukturen sind in späterer Zeit nicht selten, die Dichter lassen Abstraktes reizvoll mit Konkretem wechseln wie in der Beschreibung des Halsbandes der Harmonia (Stat. Theb. 2, 280ff.): *germen Hesperidum*, d. h. Äpfel (*germen* statt «Frucht *aus* Knospen» o. dgl. seit Luc. 9, 361, s. TLL 6, 2; 1922, 73ff.), sind auf ihm abgebildet, dann das Gold des Vlieses, *tum varias pestes* (abstrakt, rein enumerativ) und der *raptus dux Tisiphones de crine*, also die Hauptnatter von Tisiphones Kopf. Oder Val. Fl. 1, 186f.: Die Argo wird vom Schiffsbauplatz zum Wasser getragen, dabei stoßen die schwer tragenden Helden keuchend *(anhelis)* «Schifferrufe» aus, und Orpheus spielt aufmunternde Weisen – also zunächst undifferenziert der *clamor nauticus* (wie er nach Seefahrerart dazugehört [oder statt *nautarum*?, s. § 63]), dann, spezifisch (Namensnennung), Orpheus' Spiel: *non clamor anhelis / naucticus aut blandus testudine defuit Orpheus*. Vgl. Sen. Ag. 22: «Jener Büßer Tantalus ist nur ein kleiner Teil der Schuld gegen mich», *ille nostrae pars quota est culpae senex?*, worin ein *senex* zur *pars culpae* wird, ein Lebewesen zu einem Abstraktum (entsprechend *pars sum* m. Gen., s. OLD *pars* 7: vorwiegend bei Abstracta; vgl. auch Düring 10).

Man wird in dergleichen keinen tieferen Sinn erblicken wollen als den der Überraschung, vgl. etwa die langen Listen von «inhomogenen Attributen» bei Bömer zu Ov. met. 4, 341 und 5, 363 und 451 (*duri puer oris et audax* usw.). Oder die seltsamen, gemischten Anreden bei Statius: *te, mitis Eleusin* (Theb. 2, 382: *mitis* ist Vokativ, *Eleusin* ein durch *te* provozierter Akkusativ) und *tu tamen, egregius fati . . . passure* (3, 99).

200 Vgl. dazu LHS § 238 und Scherer 98.

c) Konstruktionsbrüche (EP §§ 181–183)

Wenn bei Sophokles (Phil. 169f.) der Chor sein Mitleid mit Philoktet äußert («Ich spüre Mitleid mit dem Armen, wie er da allein dahinsiecht») und dabei formuliert μή του κηδομένου βροτῶν μηδὲ ξύντροφον ὄμμ' ἔχων, dann wechselt die Konstruktion von einer absoluten zu einer konjunkten Partizipialkonstruktion (s. Jebbs Parallelen), und zwar mit der besonderen Nuance, daß der Blick von den «anderen» zur Hauptperson wechselt. Dieses ist hier vorwiegend mit «Konstruktionsbruch» gemeint: ein Zerbrechen der grammatikalisch erwartbaren Konstruktionssequenz, hier um eines psychagogischen Effektes willen[201].

Im selben Stück des Sophokles (667ff.) sagt der kranke Held zum jungen Neoptolemos, er möge beruhigt sein, er werde den Bogen betrachten, ja berühren dürfen: παρέσται ταῦτά σοι καὶ . . . ἐπιψαῦσαι μόνον, und dieses μόνον kommt ganz unerwartet für μόνῳ: Doch gerade dadurch wird das ohnehin ans betonte Versende gesetzte Wort doppelt stark herausgehoben, wie Jebb z. St. richtig bemerkt. Vollends verwirrend ist Call. Aet. 1, fr. 1,33ff.: «eine Zikade möchte ich sein, auf daß ich das Alter, auf daß ich den Tau, diesen besinge, jenes ablege»: ἵνα γῆρας –, ἵνα δρόσον –, ἣν μὲν ἀείδω, . . . τὸ δ' ἐκδύοιμι: Der Satz ist doppelt gebrochen, doch kunstvoll ist das Zerrissene zum Chiasmus geordnet: eine kunstvolle, affektische Konstruktion (s. Friedländer im App. Pfeiffers z. St.).

Man vergleiche Verg. Aen. 6,458ff.: Aeneas ist erschüttert von Didos Geschick und will sich gleichsam entschuldigen: *invitus* habe er sie verlassen, und das beschwört er: *per sidera iuro, per superos* – und nun, so will es der Dichter, reißt ihn der Drang hin zu einem «Konstruktionsbruch» – *et si* («so wahr», s. Norden) *qua fides tellure sub ima est* usw. Natürlich ist der «Bruch» überbrückt durch die Antithese *superi – inferi*. Möglicherweise noch überraschender ist Aen. 4,143ff.: Aus der Relativkonstruktion (*qualis* etc.) geht Vergil in die direkte über (4,147: *ipse graditur*): Der Sinn ist nach Austin, das *ipse* stark hervortreten zu lassen: Also auch hier genügt es nicht, sich etwa auf den technischen Gebrauch von Subjektswechseln am Gleichnisende zurückzuziehen, sondern stets muß den tieferen Grund aufsuchen, wer wirklich

[201] Leo, Observationes criticae 92f. (zum Umbruch von Indikativ–Konjunktiv); LHS 814ff. Düring 65ff. Die «Konstruktionsbrüche» werden in der Literatur zumeist «Anakoluth» genannt (Lausberg S. 459; LHS 729ff.); Scherer 225f.; s. oben A. 195.

eindringen will (vgl. etwa Tränkle zu properzischen Konstruktionsbrüchen S. 7f., 16f. zu Properzens Spiel mit kopulativen und disjunktiven Reihen: *modo – et – etiam* in 1, 1, 11 ff., angezweifelt von K.-W. Weeber, Rh. Mus. 117, 1974, 183 ff., beseitigt durch *non modo*, verteidigt von R. Hanslik, W. St., NF 10, 1976, 191 f.). Unanzweifelbar dagegen 1, 3, 41 ff. *modo – rursus et – interdum* (s. Tränkle 15 f.).

Vergil (Aen. 6, 756 ff.) fängt mit einer doppelten indirekten Frage an, um mit einer Akkusativkonstruktion fortzufahren (s. Coningtons Komm.): «Welcher Ruhm die Troer erwartet, welche Nachkommen italischen Stammes unvergänglich bleiben werden – die edlen Seelen, Erben unseres Namens werde ich dir deuten», *nunc age Dardaniam prolem quae deinde sequatur / gloria, qui maneant Itala de gente nepotes, / – inlustris animas nostrumque in nomen ituras / expediam*; die Kennzeichnung der «edlen Seelen» hebt sich auf diese Weise wirkungsvoll aus der Rede heraus.

Oder der Wechsel von Indikativ und Konjunktiv, vgl. Properz (2, 16, 29 f.): *aspice, quid donis Eriphyla invenit amaris / arserit et quantis nupta Creusa malis* (LHS 815 vor Mitte und 539 oben [die Diskussion um *amaris / amari* tangiert nicht das in Rede Stehende]).

Wenn Devoto 196 (nach Norden zu Verg. Aen. 6, 615, vgl. Janssen 25, bei Lunelli 109) annimmt, daß dies Wiederauftauchen des Indikativs, etwa in der indirekten Frage, aufgrund «griechischer Prägung» geschah, so ist das zumindest einseitig: Gründe der Finesse und der metrischen Bequemlichkeit spielten ebenfalls eine Rolle, und letztlich war derlei eine noch nie ganz vergessene altlateinische Möglichkeit (LHS 539, Zus. a; Langen in seiner Valerius-Ausgabe S. 58, Enk zu Prop. 2, 16, 29 rechnet mit einem Überleben dieser Ausdrucksweise in der Umgangssprache); s. Luc. 1, 126; 9, 563. Ein Nest solcher Indikative, mit Konjunktiven gemischt, bei Prop. 3, 5, 25 ff. Als Grundsatz muß auch hier gelten: Vor der Ansetzung eines «Gräzismus» (s. oben § 123) ist nach altlateinischen Parallelen zu fahnden (vgl. z. B. Bailey zu Lucr. 1, 1041; Bd. 2, S. 781).

d) Wortartliche Inkonzinnität (EP § 184)

Eine solche liegt vor, wenn Wörter verschiedener Art um der Variation willen entgegen der Erwartung verbunden werden, s. F. Leo, Observat. Crit. 198.

Dort, wo Arat sagt (v. 8), Zeus erinnere die Menschen daran, daß die Mittel zum Lebensunterhalt bereitgestellt werden müssen, da formuliert er dies so: Zeus sagt den Menschen, wann die Scholle am besten zu bearbeiten sei durch «Ochsen und Hacke», was deutlich eine recht inhomogene Zusammenstellung ist. Eine Ungleichheit der verwendeten Wortarten auch bei Ov. met. 1, 19f.: *frigida pugnabant calidis, umentia siccis, mollia cum duris, sine pondere habentia pondus,* worin besonders das *sine pondere habentia pondus* unerhört hart variiert: Man muß es zu *eis, quae pondere careant (pugnat) pondus*, d. h. *ea quae pondus habent*, ergänzen; zu *sine pondere* vgl. meinen Germanicuskomm. zu v. 251.

Vergleichbar ist die Inkonzinnität auch bei Stat. Theb. 3, 47f.: In einem Vergleich wird das Bild eines Hirsches gezeichnet, der – vom Regen überrascht – sehen muß, wie seine Herde in den Wald flieht (*abegit* sicher richtig): *inopinus abegit / imber et* – und nun folgt nicht das zu erwartende *ventus*, sondern: *hibernae ventosa cacumina lunae*, also dasjenige, was den Wind *bewirkt* (vgl. Snijders Komm.).

4. Gedankliche Spannung (EP § 144)

§ 195 Hier ist nicht die syntaktische Inkonzinnität (s. §§ 82f.) gemeint, die z. B. auf mehrere Konjunktive unter gleichen Bedingungen plötzlich einen Indikativ um der Abwechslung willen folgen läßt, sondern die gedankliche Inkongruenz: Wenn Arat 25f. die Pole beschreibt, sagt er, daß der eine unsichtbar, der andere, nördliche, dagegen sichtbar sei, drückt dies jedoch so aus: «der eine ist nicht sichtbar, der andere liegt oberhalb des Horizonts», wo man sich rasch klarmachen muß, daß dieses ja Sichtbarkeit mitmeint. Es entsteht eine angenehme Unterbrechung der vielleicht zu selbstverständlichen Sequenz (Weniges dazu bei Lausberg § 257b [S. 142]; zumeist werden dort grammatikalische Variationen behandelt).

Ein Beispiel aus lateinischer Dichtung: Dort, wo Statius es ablehnt, Domitian zu besingen (Theb. 1, 17ff.), heißt es: Der Dichter wage es noch nicht, Feldzeichen und Triumphe im Norden zu besingen, die zweimal befriedeten Flüsse Rhein und Donau, die vertriebenen Daker, die zuvor nur mit Mühe von den Jünglingsjahren (wessen?: die des gleich namentlich genannten Kaisers: Spannungserzeugung) abgewendeten Bürgerkriege, dann: «Dich, o Roms Zier!» Hier herrscht eine scheinbar alles durcheinanderwirbelnde Variation, die Ähnliches (es geht hier nur um Kriege) in verschiedenste Formen kleidet, vielleicht nur um dem Überdruß, der Langenweile zu wehren, vielleicht aber auch, um durch die scheinbar wahllose Häufung den Eindruck schier unübersehbarer, hastig-sprudelnd vorgetragener Fülle zu erwecken.

Zwei Sonderformen der gedanklichen Spannung sollen eigens hervorgehoben werden: die Antithetik und das Oxymoron. Immer noch werden auch hier die Termini noch nicht scharf geschieden (Töchterle z. B. nennt auf S. 296 die Fügung *una bi (maris)* «Antithese» und auch «Oxymoron»; ähnlich S. 514 zu 740, *uno omnia* (v. 937) dagegen «Oxymoron» (S. 591, Z. 9).

a) Antithese

Zur antiken Theorie Martin 313f.; sie unterscheidet die Entgegensetzung von Wörtern («Klug bist du, weise dagegen ist Sokrates») und Sachen («Reden ist gut, aber das Vermögen zu schweigen oft besser»). Accius (fr. 10 Ribb.) setzte *par* und *dispar*, *virtus* und *fortuna* gegeneinander: *virtuti sis par, dispar fortunis patris* (s. G. Highet, The Speeches in Vergil's Aeneid, Princeton 1972, 31), wie schon Ennius (scaen. fr. 143 Joc.) *arma* und *tela* gegeneinandersetzte (Jocelyn 283 «antithesis»). Ed. Norden nannte den Kontrast von Apolls hochgelegenem Sitz (Aen. 6, 9) zur kymäischen Höhle dort drunten «Antithese» (S. 118) usw. (vgl. Fedelis Properzausg. S. 300; die Belege wären Legion). Wenn nun aber Highet Mezentius' Klage *morte tua vivens* (Aen. 10, 849) «antithesis» nennt (156 unten), dann würde man doch gern diese Engfügung von der viel lockeren in Aen. 11, 378f. *(tibi copia fandi / tum cum bella manus poscunt)* unterscheiden und sie anders benennen, nämlich als Oxymoron.

b) Oxymoron (EP § 138)

«Das Oxymóron ist die gerafft-enge syntaktische Verbindung widersprechender Begriffe zu einer Einheit, die dadurch eine starke Widerspruchsspannung erhält», Lausberg § 807; z. B. «a living death» (Milton, zitiert von Küper 122). Vgl. Dubois 199ff.; Lausberg § 807; Schönberger, Gymnas. 64, 1958, 451f.; Badali, Riv. cult. class. e med. 8, 1966, 249f.; O. Skutsch, Annals of Ennius zu v. 199; H. Friedrich, Pascals Paradox, Ztschr. für roman. Philol. 56, 1936, 373. – Es wäre zu untersuchen, inwieweit auch syntaktisch nicht aufeinander bezogene, sich ausschließende Wörter ein (beabsichtigtes) «Oxymóron» bilden; im folgenden wird angenommen, daß die «enge syntaktische Verbindung» keine unabdingbare Voraussetzung darstellt. Und es müßte die sinnträchtige von der bloß stilbedingten Verwendung geschieden werden. Horaz stellt (c. 3, 29, 17) Hell neben Dunkel, *clarus occultum Andromedae pater ostendit ignem* («Kepheus zeigt sein Licht ⟨bisher [vgl. § 139, 2]⟩ verborgen, hell»), da ist die Kontrastierung Stil-Spiel; aber wenn es dann in v. 49 heißt, *Fortuna saevo laeta negotio* («froh des grausam-wilden Tuns»), dann ist dies nicht Stil-Spiel, sondern Kulmination des ewigen Wechsels in der Natur (seit 34 beschrieben) in der Weise, daß der Wechsel als gewollter erscheint als die Lust Fortunens – in scharfem Kontrast gegen den Klugen, der sich zu sichern weiß (63). Nun ein paar Belege.

Das erste Stasimon in Sophokles' «Antigone» (vgl. E.-R. Schwinge, Gymnas. 78, 1971, 305f.) spricht über die Gefährdung des Menschen, der so vieles vermag und eben dadurch so leicht zu Fall kommt. Diese Ambivalenz wird in mehreren Oxymora geballt formuliert, z. B. 339: Die Erde ist «unermüdlich», doch müht sich der Mann, sie zu «erschöpfen» (vgl. v. 360 und 370): ἀκαμάταν ἀποτρύεται und παντοπόρος ἄπορος (s. den Komm. von G. Müller 94 unten; Fraenkel zu Aesch. Ag. 1142, S. 519f.); s. England zu Eur. Iphg. Aul. 305: καλὸν ὄνειδος.

Tallus hat Catull ein Tüchlein entwendet, und nun droht Catull ihm – maßlos übertreibend und darum neckisch-ernst (um ein Oxymoron zu gebrauchen) – mit den schrecklichsten Strafen; er vergleicht seine Rache mit dem tobenden Meer, Tallus mit einer auf ihm treibenden hilflosen Barke: *insolenter aestues velut minuta magno / deprensa navis in mari vesaniente vento* (25, 12f.). Das Oxymoron ballt das Gemeinte in zwei Wörter: Tallus – ein Nichts vor Catulls Rache. Vgl. Lucr. 1, 98 *casta inceste* und die umgebenden Antithesen: Dieses schärfste Oxymoron malt die Paradoxie der Lage, welche eine Jungfrau dazu zwang, sich schlachten zu lassen (Iphigenie).

Hiermit kann man Horazens *fragilem truci* vergleichen: c. 1, 3, 9ff.: Der ist ein fühlloser Mann, *qui fragilem truci commisit pelago ratem*, hier wiederholt sich die Kontaktstellung des Widersprüchlichen, denn auch «See» und «Schiff» gehören, so will es diese Strophe, nicht zueinander; oder Ovids *nondum caesa suis, peregrinum ut viseret orbem, / montibus ... pinus descenderat* (met. 1, 94f.: *suis* steht scharf gegen *peregrinum*: d o r t gehört sie hin, im A u s l a n d hat sie nichts zu suchen) und unzählbare andere Fälle.

Nur auf eine Spielart sei noch aufmerksam gemacht: Vergil (Aen. 12, 672f.) schrieb *flammis ... undabat vertex*, der «Wirbel der Glut wogte» in dem Turme: «Feuer» und «Wasser» sind «eigentlich» ausgeschlossen, hier malt das Wogen die Bewegung der Glut. Vgl. *pinus undans*, die «wabernde Fackel», bei Val. Fl. 2, 196.

Es wird also im Falle des Oxymorons immer darauf zu achten sein, ob es der bloßen Raffinierung dient oder «sinnträchtig» ist oder ob es vielleicht nur «malt»: Die «flutende Lohe» malte, *suis/peregrinum* dagegen «urteilte»: Es verurteilte, allein durch die Ballung, jenes Verlassen der heimischen Berge. Vgl. O. Immisch, SB Heidelberg 1933/34, S. 10 zu Cat. 51, 12; Tarrant zu Sen. Ag. 328, 413.

5. Verkehrung der zeitlichen Verhältnisse (EP § 141)

§ 196 Hierher mag der reizvolle Anachronismus gehören, z. B. der, welcher ein Beispiel aus der Tierhatz-Arena mit Achill zusammenbringt (Ov. met. 12, 102: Achill entbrannte vor Zorn wie ein Stier im Zirkus – als hätte es Zirkus-Tierkämpfe damals schon gegeben; vgl. allgemein M. von Albrecht, ANRW 2, 31; 2337). Aber zuvörderst ist anderes gemeint: Zuweilen wird das, was zeitlich-logisch zu folgen hätte, vorweggenommen: «Siegen wir und strengen uns an!» verkehrt die zeitliche Abfolge: Das «psychologisch» Wichtige drängt an die Spitze (LHS 698, 7 nach J. B. Hofmann LU 124). Das mag zuweilen also ganz natürlich entstehen, in der Literatur nach Homer ist es homerische Figur (Cicero, Att. 1, 16, 1: *respondebo tibi* ὕστερον πρότερον, ὁμηρικῶς)[202].

Im Lateinischen ist die Figur zuerst bei Plaut. Men. 509f. *neque ego Erotio ‹pallam› dedi nec pallam surrupui* nachweisbar, als nächsten Beleg nennen LHS S. 699 Lucil. 55 Marx (56 Kr.): *fandam atque auditam iterabimus* (*famam* o. ä.): «eine zu erzählende und (schon) gehörte Geschichte werden wir wiederholen», worin «eine schon bekannte und doch erneut zu berichtende» vielleicht einfacher und natürlicher wäre; doch man betrachte die viel frühere Stelle Enn. Cresph. 138f. Jocelyn: «weder Erde auf den Leichnam häufen noch ihn zu kleiden war mir erlaubt» (Jocelyn 281: «Emotion rather than strict regard for chronology controls the order of events»).

Der emotive Grund solcher Verstellungen ist zuweilen deutlich genug: Vergil (Aen. 2, 353) setzt in *moriamur et in media arma ruamus* zunächst das Ende, dann erst den Weg dorthin, den Kampf. Norden

[202] LHS 698; Lausberg § 891; Hofmann LU § 112; Düring 23ff. vergleicht Hom. Od. 4, 659 mit Verg. Aen. 2, 353 und kommt zu demselben Ergebnis wie Norden (zu Aen. 6) S. 379 (bei Homer zumeist «Psychologie-Grund», bei Vergil selten); ferner A. S. McDevitt CQ 17, 1967, 316/21 (Hysteron proteron bei Vergil); Harrison zu Aen. 10, 139.

S. 379 meinte, der «Verzweifelnde kann das Schlimmste nicht früh genug sagen»; Austin dagegen wehrt sich gegen die Etikettierung «hysteron proteron»: «Vergil has put the important thing first» – was genau dasselbe sagt wie die Worte Nordens, d. h.: Es kommt nicht auf den Namen an, der Grund ist aufzusuchen; und der ist hier ein emotionaler (s. Heinze zu Hor. sat. 2, 3, 293).

Nun gilt es aber, Vorsicht walten zu lassen: Der Grund für eine Zeitenvertauschung ist zweifellos zuweilen ein emotionaler, zuzeiten ist er jedoch auch in der Assoziationsfolge zu suchen: In der «Elektra» des Euripides klagt Elektra über den Tod des Vaters, in 158 endet der erste Satz mit «Tod»; an dieses Wort schließt sich nach Ausrufen des Jammers der Gedanke an das Mordbeil (160), dann erst folgt der Mord-Plan: Der Grund für diese Verkehrung ist die Assoziation. Ähnlich Eur. Suppl. 917ff.: Auf das «Erzieht eure Kinder gut!» des Theseus folgt die Klage des Chors, der an das «Erzieht!» seinerseits mit dem Gedanken der Aufzucht anknüpft und dann erst von der Geburt spricht: assoziative Umstellung.

Doch nicht selten wird man an bloßes Einsetzen von Mitteln der poetischen Koiné denken, so z. B., wenn Ovid (met. 1, 123f.) zuerst vom Einsäen, dann vom Pflügen redet, obschon man ja doch wohl erst Furchen zieht, danach einsät. Es handelt sich um nichts als das Auftretenlassen des uralten (d. h. schon homerischen: Kühner-Gerth 2, 2, 603) Kunstgriffs.

6. Verkehrung der natürlichen Verhältnisse (Hypallagé) (EP § 143; vgl. oben § 25)

§ 197 Zu Recht moniert Hillen 149, A. 422 meine frühere, zu undifferenzierte Behandlung dieser Erscheinung (Hermes 103, 1975, 479 ff; meine Herleitung aus dem Griechischen akzeptiert er 156, A. 456) und unterscheidet (149f.) die Verschiebung als «Umstrukturierung des Satzes» (z. B. «Ortsadverbial wird Akkusativobjekt» in Sen. Phoe. 608f. *solum, quod Xanthus ambit* statt *per quod*) von der Vertauschung als der «gegenseitigen Funktionsübernahme einzelner Satzglieder» (z. B. Prop. 1, 8, 46 *ista meam novit gloria canitiem* statt «my old age shall know that glory», wie Camps paraphrasiert; Hillen 255 mit Seneca-Vergleichen).

Eine «Verschiebung» liegt jetzt schon vor im Gallus-Fragment («Ich werde betrachten») *templa fixa spoliis*, d. h. «Tempel, den Spolien angefügt» (s. Hillen 157), wo «Spolien, an die Tempel geheftet» das

Erwartbare wäre (Vergil-Beispiele bei Görler, Enciclop. Virgil. 2, 269; s. Hillen 156ff.). Eine «Subjekt-Objekt-Verschiebung» dagegen wäre Ov. met. 1, 48 *totidem plagae tellure premuntur* («so viele Zonen werden von der Erde belegt [oder wie immer *premo* terminologisch genau auszudrücken wäre, s. Hillen 258] werden»), obschon doch die Erdzonen eher auf der Erdoberfläche liegen (s. Maurach a. a. O. 479, Hillen 259).

Als Caesar im Lager krank lag, so läßt Shakespeare seinen Cassius erzählen (Jul. Caes. 1, 2, 121), da zitterte der «Gott», und «his coward lips did from their colour fly», diese «inversion» (Dorsch in der Arden-Ausg.) ahmt eine antike Manier nach.

Der Sieg des Rennpferds Pherenikos «unterlegte den Verstand süßesten Gedanken» (νόον ὑπὸ γλυκυτάταις ἔθηκε φροντίσιν), sagte Pindar (Ol. 1, 19) statt «gab dem νοῦς süße Gedanken ein», und Verdenius erklärt: «Pindar likes to invert natural relationships», denn in v. 53 läßt Pindar den «Verlust oft die Übeltäter erhalten» statt daß die Übeltäter Verlust erleiden usw.: eine pindarische «Manier».

Soph. OT 998: ὧν οὕνεχ' ἡ Κόρινθος ἐξ ἐμοῦ πάλαι / μακρὰν ἀπῳκεῖτ' usw., wozu Kamerbeek lediglich eine Umkehrung der Aktiv- in die Passivkonstruktion konstatieren zu können glaubt. Im Griechischen vergleichbar: Eur. Androm. 1014 (wo der Text aufgrund von Kamerbeeks Parallelen zu halten ist); Hippol. 136 (s. Barrett dazu); Or. 303 (erst Schlaf, dann Speise: wohl das Wichtigste zuerst; vgl. hymn. hom. Dem. 50 mit Richardsons Komm.).

Im Lateinischen wäre etwa Verg. Aen. 4, 385 zu nennen: *cum frigida mors anima seduxerit artus*, «wenn der kalte (eig. «kalt-m a c h e n d e», s. § 139, 1) Tod die Glieder von der Seele löst», obschon gemeinhin die Vorstellung herrscht, daß es die Seele sei, welche die Glieder verlasse (Pease bringt Vergleichbares, Austin schweigt). Vgl. ferner Camps zu Prop. 4, 7, 38.

Horaz malt den Schlußgedanken des ersten Teils des Archytas-Gedichtes c. 1, 28, 15f. (*omnes una manet nox*, «alle müssen sterben») in v. 17/20 so aus: Krieg und Schiffahrt bringen den Tod zu Lande und zu Wasser (d. h. überall lauert er), Alt und Jung sterben gleichermaßen, kurzum: Kein Haupt «flieht» (meidet, verschont) Proserpina (Nom.). Für gewöhnlich «entkommt man dem Tode», hier dagegen liegt vor «eine Umkehrung der gewöhnlichen Vorstellung von dem vor dem Tode fliehenden Menschen» (Hz.), «an odd verb» für HN, nach denen «not even Virgil wrote like this», aber da kann man sich (s. oben und bes. W. Görler 70ff.) eines Besseren belehren lassen.

Natürlich wäre es zu sagen, daß die Wangen beim Erröten die Röte in sich aufnehmen, was ja auch dem physiologischen Sachverhalt entspricht (Liv. 30, 15, 1: Das Blut wird dem Gesicht zugeführt); wenn Statius nun aber (Theb. 1, 538) sagt, die Röte sauge die Wangen auf, dann handelt es sich um spielende Verkehrung des Natürlichen, um einen «falschen Agens»[203].

Derlei Verkehrungen sind zumeist nur formales Spiel, nur selten stützen sie durch paradoxe Verdrehungen den Text, wenn er von widernatürlichen Perversionen handelt (U. Hübner, Hermes 100, 1972, 599; Hillen 150 oben).

[203] Vgl. G. Maurach, Hermes 103, 1975, 479ff. (anläßlich Ov. met. 1, 48); vgl. die Sammlung von Dodds zu Eur. Ba. S. 154 Mi.; Düring 78ff. («Agens-Vertauschung», s. § 197; Verg. Aen. 1, 237 *quae te sententia vertit?*, «normal» wäre das Umgekehrte, s. Tränkle 66f.). – Man wird in diesen Erscheinungen kaum mehr als Stil-Spiele sehen wollen, welche eine seltenste griechische Lizenz nachahmen. An der angeführten Sophokles-Stelle mag die Vorstellung zugrunde liegen, daß «Korinth mir fernliegt», d. h., daß den Sprechenden anderes stärker betrifft, ihm nähersteht; an den übrigen Stellen dürfte eine psychische Erklärung fehlgehen. Ist man auf derlei erst einmal aufmerksam geworden, häufen sich in späterer Zeit die Belege (z. B. Stat. Theb. 2, 107 [man dreht nicht die See mit dem Steuerruder, sondern das Schiff]; Juv. 8, 59: «Wer hält ein Tier schon für edel, wenn es nicht Leistungen vollbringt? Das windschnelle Pferd z. B. loben wir nur dann, wenn ihm nach leicht gewonnener Siegespalme brodelt und zujubelt der Sieg im grölenden Stadion» statt «dem der Zirkus nach gewonnenem Siege zujubelt» (s. Friedlaenders Paraphrase im Komm., Courtneys «VICTORIA The shout of victory» hilft nicht). Leider hat die Unkenntnis bes. von Dodds' (s. Anf. d. Anm.) und meiner Untersuchung die falsche Anwendung des Begriffes «Hyperbolé» durch Harrison zu Aen. 268 – er nennt auch *clamorem ad sidera tollunt* «hyperbole»! – nicht verhindert.

Um diese seltsame Erscheinung zu verdeutlichen, sei ein interessantes Beispiel hinzugefügt: Als Euander (Verg. Aen. 11, 151) die Nachricht vom Tode des Sohnes erhält, herzuläuft und nun den Sohn tot daliegen sieht, «weitet sich der Weg für die Stimme wegen des Schmerzes nur mühsam»: *via vix tandem voci laxata dolore est*; das ahmt Statius (Theb. 5, 606f.) nach: *tandem laxata dolori* (so Bentley für das evident falsche *dolore* der Hss.) *vox invenit iter* (*gemitusque in verba soluti*: Erklärung des schwierigen ersten Teiles durch ‹Hendiadys›), «endlich weitet sich die Stimme und gibt dem Schmerz den Weg frei», die Stimme findet also für den Schmerz einen Weg: Genau besehen, ist sie selber dieser Weg – Statius verdreht also die natürlichen Verhältnisse um eines solchen imitativen Stil-Spieles willen.

B. Ablauf der Abschnitte (EP §§ 227ff.)

§ 198 Vorbemerkung: Im «Enchiridion Poeticum» wurde der Nachweis erbracht, daß bereits der spätere Pindar die Abschnitte in immer wiederkehrender Weise, also bewußt ordnend markierte (dort §§ 228–233). Der Sinn einer Verdeutlichung der Abschnittsenden liegt darin, daß im zeitlich voranschreitenden Gedicht zwar Gegenstand an Gegenstand parallel oder antithetisch gereiht wird und es gleichsam eine Kette bildet, daß der Dichter aber nicht in addierender Reihung bleiben, sondern die Details als zu Gruppen zusammengehörig verdeutlichen möchte, und darum ordnet er die Details zu geschlossenen Abschnitten, die oft mit «Strophen» identisch sind. Und die Enden dieser Abschnitte markiert er gern in «summierender» Weise, in alter wie in neuerer Zeit (zur «Summation» vgl. Killy 39, 48, 52), und zwar durch:

Ringbildung	(z. B. umkreisen zwei gleiche Verse das schöne Ritardando in der Od. 19, 394/466, oder Pind. Ne. 8, 20–34: v. 32 nimmt [ἄρα!] das in 20/3 Gesagte auf: Strophenabschluß durch Kreisbildung);
Gabelung	(z. B. Pind. Ne. 10, 23 «Opfer und Wettkampf», vgl. Ol. 1, 87 und 95; 2, 47; Aesch. Ag. 589 usw.);
Gewichtige Wörter	(Pind. Ol. 14, 7 u. 12 usw.; Aesch. Ag. 828, 850 usw.);
Gnome	(Pind. Ol. 1, 64; Ne. 10, 54 z. B.; EP S. 220, A. 126);
Apposition	(Pin. Ol. 2, 55, 77; 6, 91; 7, 71; Nem. 10, 18; Aesch. Ag. 579 usw.)[204].

1. Nachweis der Gliederungsmarkierung

§ 199 Um zu verdeutlichen, daß diese griechischen Gliederungszeichen auch im Lateinischen gelten, sei der besonders klare Fall Cat. 68 besprochen, von welchem Gedicht E. A. Schmidt (Catull, 1985, 98) schrieb: «Man wüßte kaum, wo man die Einschnitte zwischen die Gruppen setzen sollte, und wird erst durch die symmetrischen Ent-

[204] Ausführliche Nachweise in Eos 76, 1988, 218ff. (M Pind); abgekürzt zitiert wird auch im folgenden: Verf., Properzische Reihungen, WüJb. NF 10, 1984, 91–119 (PR).

sprechungen darauf gebracht», aber auch durch die Gliederungszeichen.

Betrachtet man das kunstvoll bzw. trickreich geordnete Gedicht[205], so sind die Abschnitte ganz ähnlich wie in den griechischen Texten markiert. Hier kommt der vorgetragenen Analyse entgegen, daß dieses Lied durch die Zahlen- und Architektursymmetrie klar gegliedert ist, also so gut wie jeder Einschnitt bereits festliegt; prüfen wir also, ob die gleichsam objektiv feststehenden Einschnitte die hier angebotenen Einschnittsmarkierungen zeigen. – «Daß Du mir schreibst, obschon Du leidest und Dich keine Muse erfreut», so beginnt das «Begleitschreiben»; diese Einleitung ist von der Fortsetzung («das freut mich», v. 9) durch einen *cum*-Satz abgetrennt (v. 8; ebenso v. 32, 62): Der Gliederungswille ist deutlich. Der Grund dafür, daß der Dichter die Bitte des Freundes, ihm Gedichtetes zu senden, ablehnt (diese Bitte endet mit der Gabelung *et – et* in 10), ist: Auch der Dichter leidet, und das gesteht er, damit «Du nicht Fröhliches vom Traurigen verlangst» (v. 14; der *ne*-Satz gliedert wie in 103 f. vgl. v. 49 f.; vgl. die Gliederung durch *cum*-Sätze in 8, 32, 62). Die Formulierung ist antithetisch, und auch diese Abschlußkennzeichnung findet sich des öfteren (s. EP § 232 Anf., unten § 200, «Abrundungen»). «Auch ich habe geliebt, aber all das (19) entriß mir der Tod des Bruders» (26): Der Ring 19–26 ist mit abschließender Gabelung ausgestattet, die zudem v. 19 überhöht. Die beiden Teile dieser Aussage sind in v. 18 durch breite, relativische Paraphrase abgesetzt, durch eine Paraphrase, die eine kleine sprachliche Raffinesse darstellt (Abschluß durch sprachlich preziöse Ausdrucksweise: EP § 231 Ende; hier § 200 «Beschwerung» II 3): Daher wird der

[205] Um die Komposition dieses Gedichtes zu verdeutlichen, sei das Schema angegeben:

1–40 Beibrief, Anf.
41–50 (10 V.)
51–56 (6 V.)
57–66 (10 V.)
67–86 (14 V.)
87–90 (4 V.)
91–100 (10 V.)
101–104 (4 V.)
105–118 (14 V.)
119–134 (16 V.)
135–140 (6 V.)
141–148 (10 V.)
149 ff. Ende des Beibriefs.

Dichter nicht senden, worum er gebeten wurde, «weil er nicht kann» (zur Gliederung durch *cum*-Satz s. oben zu v. 9). «Zudem habe ich fast alle Bücher in Rom, hier von vielen nur eines» (Antithese mit einer Art Zahlenkontrast, vgl. z. B. Verg. Aen. 4, 95 und 679; Ov. met. 2, 609; 14, 36). Das Ende dieses «Begleitschreibens» ist durch Wortwiederholung (39f.: *copia*) zu einer geschlossenen, schließenden Formulierung gestaltet (EP § 234 Anf.; 242 Ende; hier § 200 «Abhebungen», b).

Nun die eigentliche Elegie. «Wie Allius mir einst half, das will ich nicht verschweigen, damit sein Nachruhm lebe und keine Spinne seinen vergessenen Grabstein umhülle» (50): gliedernder *nec*-Satz (vgl. oben zu v. 14), zugleich ein Fall von zweifacher Aussage desselben (Hendiadys), einmal positiv, einmal negativ, s. § 28, Abs. 2. «Die Musen wissen, daß meine Augen vor Tränen zu zerfließen nicht aufhörten und die Wangen naß zu sein vom Tränenregen» (51–56, erneut zweimal dasselbe). Nun ein Doppelvergleich (57–62 und 63–66), gegliedert durch *cum*-Satz (s. zu v. 8 und 32), Ringschluß in v. 66 (der Kreis zu 41f. geschlossen, s. dazu unten § 200, 1). – Es folgt das Preisen dessen, was Allius getan: In alliteriertem Trikolon wird gerühmt, daß er Catull und Lesbia ein Haus zur Verfügung gab, wo sie sich liebten, wohin sie kam (Hysteron Proteron, s. § 196), und zwar wie eine Göttin: «mit weißem Fuße stand sie, die leuchtende Sohle in beredtem [er zeigte ihr Kommen durch Knirschen an] Schuh auf die abgetretene Schwelle gesetzt»[206] – hier liegt im Fünf-Ringe-Schema ein Einschnitt, es folgt der lange Laudamia-Vergleich. Gesondert sind Preis und Hilfe und Vergleich des Liebenden mit dem Durstigen durch die «Epiphanie» Lesbias, die – breit ausgeführt und gewichtig gestaltet – offenbar einen Höhepunkt darstellen sollte (vgl. die breiten Ausmalungen mit Gliederungsfunktion in v. 34ff. der 10. Nemeischen Ode, s. EP § 228; hier § 200, «Beschwerung» I, 4). Zuletzt ist eine ausklingende Formulierung mit Partizip gewählt (vgl. unten § 200, «Beschwerung» I, 3c).

Laudamia kam «glühend» zu ihrem Bräutigam (73, vgl. 129), doch ohne das nötige Opfer (auch sie also kam mit bösem Omen, s. A. 206): v. 73–76. Ein persönlicher Einschub gliedert (77f.). Laudamias Voreiligkeit zog die tödliche Gefährdung des Bräutigams nach sich, und zwar «vor den Mauern Ilions» (79–86): Das gewichtige, das entscheidende Wort (*Iliacos*, 86) steht hervorgehoben am Ende des Abschnittes, gewiß Einhalten bewirkend (s. unten § 200, «Beschwerung» II 1).

[206] Ein schlimmes Omen: S. Baker, C. Phil. 55, 1960, 171ff.; G. Williams, Figures 54.

Nun wird Trojas «Anziehungskraft» genannt, in anapherähnlichem Trikolon; es handelt sich um eine Hendiadys-Form am Ende *(sepulcrum = cinis)* mit Übersteigerung (*Asiae Europaeque* wird zu *omnium* gesteigert, gewiß um zum Bruder überleiten zu können). Eine Gabelung schließt *(virum et virtutum)*.

Troja verschlang «alle», so auch den Bruder (91–100); am Ende der Klage hierüber klingt in der Anapher der mehrgliedrige Schetliasmos aus 88–90 wieder an; dies Ende ist stark beschwert: doppelte Verfluchung, doppelte Klage über die Ferne in *extremo* und *aliena* (100). Und nun, abrundend, noch einmal das Motiv des Zusammenströmens (101–104, vgl. 88), diesmal jedoch nicht als «Anziehung» formuliert, sondern als ein Hineilen nach Troja.

Auch das Thema des Verlustes, den Laudamia erlitt, wird wiederholt (105–118, *quo casu* in 105 weist auf v. 75–86 zurück). Das Ende dieses wiederholenden Abschnittes zeigt den «Korrekturschluß» mit ausklingender relativischer Ausmalung (hierzu unten § 200, «Beschwerung» I, 4 b).

Laudamias «tiefe Liebe» wird jetzt in zwei Vergleichen geschildert (sie sind durch *nec – nec* zusammengeschlossen), und zwar in einem schönen, zu Herzen gehenden (Liebe des Großvaters zum Enkel: 119–124; das Motiv des Alters umringt den Vergleichsabschnitt), und in einem zweiten, in dem das wilde Übermaß vorherrscht (125–130). Am Ende des Gesamtvergleiches wieder ein Korrekturschluß (vgl. 117) durch *sed* (129). Hiermit ist nun endlich die Angleichung Lesbias an Laudamia abgeschlossen (seit 73), der Leser kehrt aus mythischer Zeit in die Vorgeschichte dieser Elegie zurück (*tum* 131 weist auf 70 f., *candidus* 134 auf *candida* in 70 zurück, *contulit* 132 auf *intulit* in 71). Das Ende dieses Abschnittes wird durch schwergewichtige Ausmalung markiert (s. § 202 I, 4 a): Amor wird breit als hin und wieder flügelnd, als weiß in safranfarbenem Kleide dargestellt, 133 f.

Die Wildheit in Lesbia war schon in 124 ff. angesprochen (126 *inprobius)*, nun wird sie aufgedeckt: Sie ist nicht mit einem einzigen Mann zufrieden. Und doch will Catull *rara furta* (bei einiger Rücksichtnahme [*verecundae*, 136]) ertragen (wie Hera die ihres Mannes; der Einschnitt durch partizipiale Ausmalung bezeichnet: 140), doch – hier fehlen 1½ Verse – Lesbia konnte ja nicht, bereits verheiratet, wirklich Braut sein (143 f.), trotzdem sind ihre selten geschenkten Gaben wundervoll; darum ist Catull bereit, sich zu bescheiden, was in aufwendigster Weise verschlüsselt wird: «Darum ist mir dieses genug: wenn m i r allein der Tag gegeben wird, den sie mit roter Kreide (als besonders schön) anmerkt», also wenn nur die mit i h m verbrachten Tage für sie schön sind – ein properzisch-leidvolles Zurücktreten –; die breite Ausmalung markiert das Ende, indem sie, nicht leicht zu verstehen und darum zur Verlangsamung des Lesens zwingend, auch in der Sache (durch das Ausschließliche des mir allein) einen Höhepunkt bezeichnet.

Dies also ist das Gedicht, das er als einziges zu schreiben vermochte (*quod potui* in 149, ebenso *munus,* weisen in 149 auf 32 *nequeo* und *munera* zurück, dazu *officiis* in 150 auf dasselbe Wort in 42) und das Allius' Namen (Rückbezug auf 50) bewahren soll. Ein breitangelegter Glück-Wunsch (mit Rückverweis auf die *domus* in 68) an den Freund und die Geliebte[207], die ihm noch lieber ist als «er» (der Bruder? Allius?), die mit *lux mea, qua viva vivere dulce mihi* bezeichnet wird, beschließt das Gedicht (relativische, dazu gedrungene [paronomastische {*viva vivere*}: § 209] Ausmalung vgl. hierzu unten § 200, «Beschwerung» II 3). – Ein kurzer Überblick über die Abschnitte, die zweifelsfrei vom Dichter innerhalb des Fünf-Ringe-Schemas intendiert waren, soll zeigen, daß sie nicht nur durch die symmetrischen Entsprechungen erkennbar sind, sondern zusätzlich durch die hier aufgewiesenen Gliederungsmittel: V. 40 (Ende des ersten Teiles des Begleitschreibens: Wortwiederholung schafft «gedrungene Formulierung»); 49 (Ende des ersten Bogensockels, *nec*-Satz gliedert wie in v. 14, 103f.); 56 (Ende des zweiten Bogensockels: Hendiadys); 66 (hier endet der Sockel des dritten Bogens) Ringschluß mit *talis*, gleichsam eine «selbstverständliche» Abrundung durch rückweisendes Wort; 86 (Ende des vierten Sockels, d. h. des ersten Laudamia-Vergleichs [gewichtiges Wort, *Iliacos*]); nun der fünfte Ringsockel 87–90 (90: Trojas Anziehungskraft, Gabelung mit übersteigerndem Hendiadys); Kern 91–100 (100: Ende der Klage; zweimalige Verdoppelung); 117f. (zweiter Teil des Laudamia-Vergleiches, Ende des vierten Bogens, Korrekturschluß); 134 (Ende des Laudamia-Vergleichs mittels Doppelvergleich: Schlußmarkierung durch schwergewichtige Ausmalung; Schluß des dritten Bogens); 140 (Schluß des dritten Ringes, partizipiale Ausmalung am Ende), 148 (Ende des zweiten Ringes, Beschwerung durch raffinierte Formulierung), das Ende ist durch Apostrophe, relativische Ausmalung und klanglich gedrungene Formulierung gekennzeichnet.

Weiteres Belegmaterial bringt das EP §§ 234, 243–252 (Cat. 8 und

[207] V. 157f. könnten richtig überliefert sein, wenn sie – wie 77f. – den Kontext der Valediktion unterbrechend, d. h. hervorgehoben, auf den Bruder wiesen, dessen Tod alle Freuden verjagt hat (*abstulit* 20 entspräche *aufert* 57). Man könnte in 157 am Anfang gut *ei* lesen (Kinsey, Latomus 26, 1967, 45), vgl. 93.

Vergil, Aen. B. 10); hier folge eine Übersicht über die Gliederungszeichen, die m.W. für alle guten lateinischen Dichtwerke gelten.

2. *Übersicht über die Fermaten*

§ 200

Abrundungen

1. Kreisbildung: Cat. 68, 19–26; 41–66; vgl. Sen. Oed. 21–27;
2. Korrektur: Cat. 68, 117f./129; auch Aen. 10, 735; 11, 63; hierher gehört die Priamel (vgl. § 33);
3. Antithese: Pind. Nem. 8, 11f.; 26f.; 38f.; Verg. Aen. 10, 81–84; 11, 329.

Abhebungen

1. Satz-Vers: Heubner zu Hom. Il. 6, 127 (S. 172; s. ferner Od. 9, 11 etc.); Aen. 1, 32; 10, 85; 11, 132; 4, 424;
2. Geschlossener Vers: oben § 199, Abs. 2 Ende; Enn. ann. 272 Sk.; s. WüJb 14, 1988, 147 [zwei Beispiele aus Plautus]; Verg. Aen. 6, 152; 1, 179 und 401; 10, 80; oft findet sich hier Chiasmus bzw. Quasi-Chiasmus und andere Formen von geschlossener Gedrungenheit; vgl. Ov. her. 10, 50. Genau am Ende der ersten drei in sich geschlossenen Strophen, bei v. 11f. also, verwendet Horaz in c. 1, 8 einen Satz, der durch die emphatische Anapher herausgehoben und beschwert, durch das Zeugma (aus *expedito* [zur Bedeutung Acta Class. 27, 1984, 74 mit A. 28] ist *iaculato* zu erschließen) in sich fest geschlossen ist: Deutlicher kann die Beschwerungsfermate kaum sein;
3. Sentenz: EP §§ 228f. m. A. 126; G. Williams, Trad. 589ff.; s. Verg. Georg. 2, 272; 275;
4. Subjektwechsel: in homerischen Gleichnissen am Ende, s. Aen. 10, 208, 212; PR 96, § 10.

Beschwerung

I. Quantitativ

1. Gabelung: Im Lateinischen ist hier besonders beliebt ein *et – et, nec – nec, aut – aut* und *sive – sive* etc. (s. unten A. 231); Cat. 68, 10 (oben § 199, Abs. 2); Hor. c. 1, 4, 3f. und 12 *(sive – sive)*; Ov. her. 1, 58; 69f.; 79f.; 10, 32 usw.;
2. Hendiadys: Wörter: Aen. 10, 428, 500; Kola und Sätze: Aen. 10, 35, 95; PR 102, § 20; 115, § 48;
3. Komplement: vgl. PR 104, § 22; Wörter: Aen. 6, 336; 10, 376, 610; Sätze: Aen. 10, 141f. usw.; zum negativen Komplement s. A. 231;

4. Ausmalung: oben § 199, Abs. 3 Ende, Abs. 7 Ende; Pind. Nem. 10, 36; PR 116; Cat. 68, 70/2; 134f.;
   a) Allgemein: Aen. 10, 126, 143, 145, 168f.; PR 107, § 30;
   b) Relativ: Cat. 68, 18, 118, 160; Aen. 10, 117, 137f.;
   c) Partizip: Cat. 68, 140; Hor. c. 3, 20, 16; Aen. 4, 258; 6, 281, Ov. met. 12, 10; 10, 500 usw.;
   d) Apposition: Die reine Apposition, die bei Pindar als Fermate auftrat (MPind §§ 5f.), ist später selten: Aen. 4, 511; 6, 44, 522; Cat. 8, 5; bei Hor. sat. 1, 1, 100; c. 1, 18, 16 *perlucidior vitro* als Schlußmarkierung. Vgl. Ov. her. 1, 110; 10, 6 usw.

II. Qualitativ

1. Gewichtiges Wort: Aesch. Ag. 59; Aen. 4, 172; 10, 15, 91 usw.; vgl. auch MPind §§ 17ff.; man erinnere sich, daß K. Büchner (in: Probleme der Lukrezforschung, 1986, 173/187) fand, daß in Beweisreihen Lukrez den drastischsten gern ans Ende stellte;
2. Namensnennung (Sonderfall des «gewichtigen» Wortes): Aen. 10, 302, 325, 430, 478;
3. Sprachliche Pointe: vgl. oben § 199, Abs. 2; PR 103, A. 34 zum «Paradoxie-Schluß» und PR 104, A. 39 und Norden, Aen. 6, S. 222 zur sprachlichen Pointe als Fermate; vgl. ferner Hor. c. 1, 13, 15f.; Verg. Aen. 4, 132 (Periphrase); 6, 425 (Norden 243 dazu); 10, 103; s. Lucr. 3, 512 (Oxymoron schließt).

3. Funktionsweise der Fermaten («Textorganisation»)

§ 201 Daß auch lateinische Dichtung schon sehr früh ein sicheres Gefühl dafür entwickelt hatte, daß Abschnitte mit Gliederungszeichen als beschlossen markiert zu sein hatten, ist in meiner Dissertation «Untersuchungen zum Aufbau plautinischer Lieder» (Hypomnem. 10, 1964) nachgewiesen und seither nicht mehr bezweifelt worden. H. Happ war so freundlich, brieflich zu bestätigen, daß auch der Versuch, feste Fermatentypen bei Pindar festzustellen, im wesentlichen erfolgreich war. Jetzt sollte die Sache einmal umfassend dargestellt werden; bis dahin können nur wenige Aussagen als gültig angesehen werden, etwa die folgenden.

a) Einschnittsmarkierung

Die Funktionsweise solcher Fermaten ist im Falle des Ringes, des Satz-Verses, der Korrektur bzw. der Priamel aus sich selbst klar (s.

§ 2): Bes. die Priamel erweckt eine Spannung, die am Ende abschließend befriedigt wird. Die übrigen Fermaten lassen sich in solche einteilen, die beschweren, und solche, die ein Glanzlicht auftragen, das zum Verweilen einlädt (insbesondere die sprachliche Pointe, die zudem überrascht und zuweilen nicht einfach zu verstehen ist). Das Dikolon als Abschlußzeichen beschwert, breitet aus und läßt so verweilen, läßt die Aufmerksamkeit auf einer einzigen Sache nach einiger Vorbereitung lange ruhen. Ähnlich geht es bei Zusätzen wie der Ausmalung in ihren verschiedenen Formen. Das gewichtige Wort dagegen verläßt sich, wenn es schließt, nicht auf Breite, d. h. ein ausruhendes oder eindringliches Auseinanderlegen, sondern es setzt ein Forte oder gar Fortissimo, nach dem eine imponierende Pause folgt (vgl. Aen. 4, 19 und 172: Erwähnung der *culpa*; 4, 23 und 640: *flammae*) und folgen muß, in der Ton- wie in der Wortkunst.

Es scheint, als ließen sich aus solchen Beobachtungen unter Zuhilfenahme der im 'Enchiridion Poeticum' erarbeiteten sprachlichen Beobachtungen etliche recht sichere Instrumente gewinnen, die bei der Textanalyse über Subjektives hinausführen.

b) Überbrückung der Einschnitte

Meines Wissens noch nicht systematisch erforscht ist auch die Art und Weise, wie Einschnitte trotz deutlicher Markierung dennoch auch überbrückt werden; dafür zwei Beispiele (ein weiteres in § 60, Abs. 2 und WüJb 14, 1988, 140 oben): In Hor. c. 1, 13 ist der Einschnitt nach Str. 2 zum einen durch das die Strophen übergreifende Motiv der Feuerhitze (vgl. v. 4 und v. 8 *macerer*), zum anderen durch den Gegensatz *mihi – tibi* überbrückt (vgl. S. 504f. in der in A. 208 genannten Arbeit).

In Verg. Aen. 4, 407 ist die Absatzmarkierung so deutlich wie nur wünschenswert *(pars – pars – omnis)*, wird aber durch die Wiederholung des *fervere* (409) überbrückt. Vgl. des weiteren z. B. Becker, Spätwerk des Horaz 139, A. 21. Ein beliebtes Überbrückungsmittel ist Setzen desselben Worts vor und nach dem Einschnitt. Gute Bemerkungen hierzu bei Töchterle S. 166 zu 37ff. (Anf.); insbes. der von ihm oft benutzte und belegte Kunstgriff des «Wortnetzes», das sich über längere Abschnitte legt, ist hilfreich (S. 31 oben, 157 [zu 22ff.] mit A. 41).

Gut bekannt ist ja die Buchgrenzen-Überbrückung durch Wortwiederholung, z. B. die Wiederholung des Namens *Aesacus* am Ende des elften und zu Beginn des zwölften Buches von Ovids «Metamorphosen» (11, 791; 12, 1; W.-W. Ehlers; Philol. 124, 1980, 113). Ähnlich her.

10, 62/3: Scheinbar glatt geht das Klagen Ariadnes vom Gedanken «Kein Schiffer wird sich, kann sich dieser wüsten Insel nähern» zu «Und wenn ich ein Schiff hätte» über (von *puppis* zu *ratis*); in Wirklichkeit ist der Einschnitt tief: Es endet die Klage über die einsame, kaum anlaufbare Insel, und es beginnt das Thema «Verlorene Heimat»; der Einschnitt ist aber äußerlich durch Motiv- und Wortanklang sanft überbrückt.

c) Kontinuitätsherstellung

Zur Beobachtung dichterischer Sprachführung gehört auch die Frage, wie es dem Dichter gelingt, seiner Versfolge Einheit und Kohärenz zu geben. Ed. Norden hat (zu Verg. Aen. 6, S. 380ff.) auf den «Satzparallelismus» aufmerksam gemacht, z. B. auf den versimmanenten Parallelismus in Buc. 1, 62 *aut Ararim Parthus bibet aut Germania Tigrim* (Chiasmus und Homoeoteleuton [§ 208] der Flüsse) oder auf den versübergreifenden Priamelbau wie Buc. 3, 80f.: *triste lupus stabulis, maturis frugibus imbres* [Chiasmus], */arboribus venti* [parallel zu *frugibus imbres*], ein Mittel, das Ovid noch viel häufiger nutzt (Norden a. a. O. 383). Um solcher Parallelismen willen wagt Vergil Seltsames wie Aen. 2, 619 *eripe, nate, fugam finemque impone labori* statt, wie Servius erklärt, *eripe te fuga* (Norden 385; oben § 197).

Kontinuität wird zuweilen auch durch Reihung zusammengehörender Bilder, durch «Bilderfluchten» (Killy 41) geschaffen, vgl. Pöschl 45 unten, durch variierte Reihung (s. bes. W. Wimmel, Hermes 82, 1954, 199–230) und Wortwiederholungen (G. Huber, Wortwiederholung in den Oden des Horaz, Diss. Zürich 1970); auch der Chiasmus verbindet (G. F. Pasini, Grammatica del Chiasmo in Virgilio, Bologna 1991).

Eine sehr fein gesponnene Art der Kontinuitätsherstellung ist das Schema Horatianum, das möglicherweise E. C. Wickham nach der Mitte des vorigen Jahrhunderts auffand, danach mehrfach in Kommentaren vermerkt wurde und das kürzlich E. A. Schmidt ausführlich beschrieben hat; z. B. Hor. c. 3, 13, 6f. (Schmidt 66f.): Anläßlich des Quellenfestes (Fontanalia; Varro, Ling. Lat. 6, 22) verspricht das Ich des Gedichtes der Bandusia-Quelle ein Böckchen – *gelidos inficiet tibi rubro sanguine rivos*. Mehrere Kommentatoren (bes. Wickham, Campbell und Hz.) spürten, daß ein Hören des Worts «kalt» gleichsam das Komplementärwort oder den Konträrbegriff «warm» mithören läßt, daß der Hörer bei Komplementärbegriffen wie «kalt – warm» beim Hören des einen auf den anderen vorbereitet ist, ihn erwartet, oder wie immer man sich erklären will, daß genannte Interpreten in *sanguine* ein «warm» mitschwingen hörten, so daß Hz. schreiben konnte: «*gelidos* (et limpidos) steht (calido et) *rubro* gegenüber.» So hätte man es mit einer Erscheinung zu tun, bei der zwei in Kontrast gestellte Wörter (Wasser, Blut) mit je zwei Qualitäten, die ihrerseits je einen Kontrast bilden (Wasser ist k ü h l und durchsichtig; Blut ist w a r m und rot), im Text nur je ein Qualitätsattribut erhalten, dabei aber so, daß die Kontraste nicht erfüllt werden, da (hier) nur «kühl» und «rot» genannt, die beiden anderen Attribute also zu ergänzen sind. Diese Ausdrucksweise «verzahnt den Text in einer vor- und rückläufigen» Vorstellungsergänzung (so Schmidt 66, wo von «Vorstellungssteigerung» die Rede ist, was nicht auf alle seine Beispiele zutrifft: Hor. c. 4, 10, 4f.; 2, 3, 9–11, Prop. 4, 11, 29f. usw.). Eine vollständige Erklärung führt einerseits in die Psycho-Physiologie, d. h. in die Wahrnehmungstheorie, andererseits zu dem Phänomen der Gespanntheit von Gedichten (unten § 225).

C. Bild und Gedanke

§ **202** Vorbemerkung: Auch hier gibt es, wie in der Vorbemerkung zum Gesamtkapitel «Fügung und Ordnung» angedeutet, Glattes und Rauhes. Es geht hier nicht um das Bildhafte allein, um die Arten und Grade und Mischungen (das war Gegenstand der §§ 16–23), obschon auch da der Unterschied zwischen genau Vorstellbarem und Unklarem mit Glatt und Rauh kennzeichenbar wäre; es geht vielmehr um die Einbettung der Bilder ins Gesamt. Doch ist dies ein so weites Feld, daß die folgenden Beispiele lediglich als Anregungen verstanden werden sollten.

1. Isolation und Wechsel

§ **203** Zwei engräumige Beispiele: In Aesch. Ag. 385ff. heißt es, nachdem Trojas Geschick als Ausfluß von «Streben nach mehr als es recht ist» (375) und «über's sehr Gute hinaus» (377) «aufgespürt» (368) und verurteilt worden war, wird der psychisch-theologische Mechanismus solchen Strebens erklärt: Schlimme (Selbst-)Überredung übt Gewalt (385) und ist «unerträgliches Kind vorgängig anratender Verblendung»; also erst – nach Maßüberschreitung – gibt die Verblendung einen Gedanken ein, danach tritt Überredung ins Spiel (sehr klar Fraenkel S. 210 Mi.). Und dann gibt's kein Halten mehr. Jetzt ist zu ergänzen: «⟨So erging es auch Paris⟩»[208], und weiter, in Erinnerung an «aufspüren» (368): «⟨Das läßt sich klar ersehen⟩. Also: So erging es klärlich Paris, dessen Untat nicht im Verborgenen blieb, vielmehr hervorstach, ein schlimmleuchtendes Licht.» Dies Zutagekommen wird in einem Vergleich mit einem Kessel aus schlechter Legierung verdeutlicht: So steht (der Verbrecher dann enttarnt) da und wird verurteilt, «da ⟨nur⟩ ein Kind den Vogel hascht» (394f.; der Erwachsene weiß, daß dies ein vergebliches Unterfangen bleibt). Dieses Bild des haschenden Kindes ist nicht glatt eingefügt, es steht syntaktisch isoliert da (Fraenkel 206 n. Mi.) und trägt, erwägt man die notwenigen Einfügungen, zur Rauheit der Einbettung dieses Bildhaften bei.

Horaz gibt in epo. 6 vor, jemand «kläffe» Unbeteiligte an, die schwächer sind, vermeide aber, ihn – den Dichter – anzugreifen; er aber werde zurückbeißen (4). Denn wie große und gefährliche Jagd- und Bluthunde werde er den Angreifer (abschlagen und) verfolgen. Der andere dagegen, der bellt zwar, aber läßt sich mit vorgeworfenen Brocken abspeisen. «Paß auf, gegen Bösartige hebe ich wütend die Hörner» – da ist das Ich auf einmal ein stößiger Stier. Fraenkel nahm an diesem Sprung von einem Bild zum anderen Anstoß (Horace 56f.; Horaz 68), andere haben ihn aus der aggressiven Gattung abzuleiten und zu mildern versucht[209], doch der unvermittelte Sprung, die «rauhe Fügung» bleibt.

2. *Wechsel von Abstraktem und Konkretem, von Ganzem und Teil*

§ 204 Überaus häufig trifft man auf eine Art der Textordnung, die einen Sachverhalt zunächst abstrakt, generisch oder umfassend ausdrückt, danach bildhaft-partikulär. Ennius (ann. 236 Sk.) läßt in seiner Beschreibung der Trebia-Schlacht das «Viergebein, den Reiter und die Elefanten» angreifen, *quadrupes, eques atque elephanti* (mit Numerus-Spiel [vgl. § 94] in der aufspaltenden Apposition [zu ihr Skutsch 418 unten]). Vergil (Aen. 8, 351) nennt den in alter Zeit bewaldeten Kapitolsberg (F. Coarelli, Rom, Herder-Verl., 4. Auf. 1989, 40) und spricht

[208] Petrounias 134f., entsprechen der Communis opinio, doch läßt er die Passage übertreibend «für alle Personen der Trilogie» gelten; daß sie auch für Agamemnon gilt, hatte schon Fraenkel S. 201 n. Mi. gezeigt.

[209] J. Dalfen, Formgeschichtl. Unters. zu den Selbstbetrachtungen Marc Aurels, Diss. München 1967, 131f. Eine längere Diskussion der Epode bei V. Buchheit, Gymnas. 68, 1961, 520ff., der in dem Wechsel der Bilder eine Steigerung erblickt; nichts Interessantes in Setaiolis Literaturbericht ANRW 31, 3; 1708 unten; vgl. Syndikus zu Horaz, 1, 112.

zuerst abstrakt von «Wald», danach genauer von einem «Hügel mit laubiger Kuppe» *(frondoso vertice collem)*. Das berühmte Horaz-Wort *hic murus aeneus esto:/ nil conscire sibi, nulla pallescere culpa* (epi. 1, 1, 60 f.) ist genau so gebaut: erst (nach dem *murus*, einer Art «Verwandlung» [§ 189] eines Abstrakten [etwa «Grundsatz»] in ein Anschauliches, in «die Mauer, die man nicht übersteigen darf») das Abstrakte, Unanschauliche, dann das Partikuläre, das sichtbare Erblassen. Die Goldene Zeit beschreibt Tibull (1, 3, 47 f.) so: *non acies, non ira fuit, non bella*, und auf das umfassende «Krieg» folgt das Bild des Schwerter produzierenden Schmieds. Gern wird in solcher Weise (wie an der Horaz- und Tibull-Stelle) ein Sinnabschnitt beschlossen; vgl. Hor. c. 3, 1, 25/8: «Wer sich bescheidet, den schreckt nicht das tosende Meer»; und nun wird, scheinbar in paralleler Struktur *(neque – nec)*, in Wirklichkeit in der Aufspalt-Form angegeben, was dieses Tosen, das mit *tumultuosum mare* nur eben angedeutet war, im einzelnen und genauen bewirkt: der Anprall des (Ende Mai) untergehenden Arktur und des (Ende September) aufgehenden Fuhrmanns; damit endet diese (Kauffahrer-)Strophe.

3. Beherrschende Positionen

§ 205 Gewiß dient die Einführung des Bildhaften z. B. bei Horaz – notabene: Hier geht es nur um Kompositorisches – sehr oft als Abschnittsbeschluß (Gall zur Endstellung des mythischen Gleichnisses 73), oft auch «setzen sie [die Bilder] an pointierten Stellen ornamentale Glanzlichter» (ebd. 28), nicht selten nimmt ein Bild aber auch genau die Mitte ein (Gall 56), z. B. in c. 1, 37: Zunächst als «wahnsinnig» (v. 7 u. 14) und «trunken von übertriebenen Hoffnungen» (12) verdammt, wird Kleopatra, obschon *fatale monstrum* (21; τέρας, s. NH), obschon *ferox* (29), dennoch *non humilis mulier* genannt; zu stolz, um sich im Triumph vorführen zu lassen, war sie überhaupt eine außergewöhnliche Frau. Diese Wendung beginnt beim Doppelvergleich: Octavian flog herbei (16) «wie der Habicht weiche Tauben jagt oder der hurtige Jäger auf thessalischen Schneefeldern den Hasen» (in tieferem Schnee hat ein schneller Jagdhund eines Jägers [naturgemäß nicht dieser selbst] eine gute Chance, einen Hasen zu Fuß zu ermüden und einzuholen). Die Wendung[210] orientiert sich nun keineswegs an dem Täubchen oder

[210] Die hier angedeutete Auffassung weicht stark von J. Galls Interpretation (43 ff.) ab; bei NH wird man eine solche nicht finden («magnificent piece of

Häschen, so daß etwa Mitleid provoziert würde; nein, die Besiegte steigt in den Augen des Horaz schier zur gleichen Höhe und Kraft auf wie die des Siegers Octavian: Mutig und stolz, todüberlegen wie ein stoischer Weiser (gut Syndikus 338) ging sie in den Tod, fürwahr keine «niedere Frau». In diesem Gedicht nimmt der Vergleich die Mitte ein und gibt dem Ganzen durch die scharfe Kontrastierung *mollis columba – fatale monstrum – non humilis* Spannung und Leben.

4. *Abbildende Wortstellung*

§ **206** In das Gebiet von «Wort und Bild» gehört zuletzt auch die Fügung von Wörtern zu Strukturen, die einen sinnlich-bildlichen Eindruck hervorrufen sollen. W. Killy verstand in Flemings «Gedanken über der Zeit» (1642), daß «die Verschränkheit . . . der verschiedenen Zeitbegriffe . . . in den Verschränkungen des Gedichts abgebildet» sei (44 f.):

Die Zeit ist / was ihr seyd / und ihr seyd / was die Zeit
Nur daß ihr weniger noch / als was die Zeit ist / seyd.

So hat man auch Horaz, c. 1, 9, 21 ff. aufgefaßt:

nunc et latentis proditor intimo
⇓ ⇓ ⇓
gratus puellae risus ab angulo . . .

rhetoric», 410); Syndikus (1, 331 ff.) geht auf den Doppelvergleich ebensowenig ein wie Hz. Weitere Beobachtungen dieser Art finden sich bei Pöschl 47; Syndikus zu Horaz 1, S. 120 mit A. 39. Zu warnen ist vor Y. Nadeaus Aufsätzen zu «Speaking Structures», z. B. dem «Part Four» in QUCC 60, 1989, 85 ff. zu c. 3, 13. Da wird aus *O fons Bandusiae* durch allerhand listige Argumentserschleichung das Bekenntnis «of the poet who has taken part in the wars of his generation and who now, at the approach of old age, wants to take refuge on his country-estate and make an end of the deeds of his youth», «The Poem renounces war, love, and youth» (86 f.) und was dergleichen Unfugs mehr ist. All das hat etwas mit modernen Assoziationswolken, aber nichts mit abbildenden Wortstellungen, was man u. a. bei «Speaking Structures» behandelt erwarten möchte, zu tun. Wichtiger ist H. D. Naylor, A Study in Poetic Word-Order, Cambridge 1922, worin (zu Hor. c. 1, 9) gezeigt wird, daß nur in diesen wenigen Horaz-Versen in c. 2, 9, 13–15 und in Verg. Georg. 4, 371 f. drei Substantive und ihre Adjektive verschränkt werden (sonst zwei). Vgl. weiterhin A. M. Young, TAPA 64, 1933, 61 f.; P. Turnbull, CJ 42, 1946/47, 97–101.

Die Worte sind so versteckt und verstellt, daß man das Versteckspielen in den verwinkelten Mauergebilden des Campus Martius darin abgebildet sehen wollte, wie z. B. der Plan bei F. Coarelli (Rom, 4. Aufl. 1989, 236) sie erahnen läßt. Ähnlich ließe sich die ungemein verwobene Wortverflechtung in Hor. c. 1, 13, 17ff. als Abbild der Verbundenheit des hier glücklich gepriesenen Ehepaares verstehen, wie in c. 1, 17, 14–16 die Fülle der Wortwahl der Fülle der ländlichen Gaben entspricht. Ein sehr einfacher Fall liegt in dem (in § 96, Abs. 2 erörterten) Vergil-Vers Aen. 10, 361 *haeret pede pes* vor: Die Nebeneinanderstellung von *pes* und *pede* malt (seit Homer, s. Harrison z. St. [vgl. oben § 34]) das Gedränge. Oder das *in latus inque . . . alvum* in Aen. 2, 51: Das gedoppelte *in* malt, es meint das «hinein, tief hinein» der Lanze (Verf., Gymnas. 99, 1992, 232 mit A. 16), wie das vierfache *-que* bei Ov. met. 12, 134f. das rastlose Angreifen Achills malt. Allerdings würde man es hier begrüßen, wenn unsere Kommentatoren (von Artikelverfassern zu schweigen) mehr Vorsicht üben würden als L. P. Wilkinson (Golden Latin Artistry) walten ließ. So ist Töchterles Seneca-Kommentar voll von solchen (oft mit «vielleicht» relativierten) Einfällen, doch gesichert scheint: Wenn Seneca im Oed. 127 die lange Reihe der Leichen nennt, die da zu den Scheiterhaufen getragen werden, sperrt er *longus* und *ordo* mittels dreier Wörter: *longus ad manes properatur ordo*; «das Hyperbaton bildet den Inhalt ab», Töchterle 227 oben.

D. Laute und Lautmalerei

Rauhe und glatte Fügung spielt naturgemäß auch dort eine Rolle, wo in dem Dichtung Hörenden eine Klang- oder Gehörsempfindung erweckt werden soll. Die folgenden Beispiele aus einer Fülle von Fällen können erneut (§ 202 Ende) nur das Gewicht von spärlichen Anregungen beanspruchen.

Vorbemerkung: Empfinden von Lauten allgemein: Quintilian glaubte in griechischen Texten, Wörter ihn geradezu «anstrahlen» zu sehen, wenn sie das weiche ζ (Zeta, mit stimmhaftem *d-s* ausgesprochen wie ital. «Zero») enthielten[211]: *hilarior . . . renidet oratio*; er liebte das griechische Ypsilon als weichen Laut (Wilkinson 12 vermutet, daß Vergil diese Liebe teilte und darum zumeist *Thybris* dem lat. *Tiber* vorzug). *S*-Laute dagegen, wenn stimmlos, klangen den Alten abstoßend (Dion. Hal. De Compos. 14). Das *s* aber kann auch wirkungsvoll eingesetzt werden, etwa in Vergils Beschreibung des Herausschlagens von

[211] Quint. 12, 10, 28; Wilkinson 244 (A. 6 zu S. 11). Zu Klangspielen ferner J. S.T. Hanssen SO 22, 1942, 80–106 (Vergil); H. G. Edinger, Vergilius 14, 1968, 28–35; G. Michenaud, LEC 21, 1953, 343–378.

Funken aus dem Feuerstein: *Silici scintillam excudit* (Aen. 1, 174; drei *s*-Laute, dreimal *c* [als *k* gesprochen], zweimal *t*). Man schlage selber Funken aus einem Silex und überzeuge sich! Hier jedoch stehen dem Subjektivismus Tor und Tür weit offen (LHS 714; vgl. Killy 54 zu ü- und ö-Ketten). Sicherer zu beurteilen sind Alliteration, «reimende» Fügungen und Paronomasie.

1. Alliteration

§ 207 Man unterscheide die um des bloßen (allgemein beeindruckenden oder zusammenschließenden) Gleich-Lautes willen eingesetzten Alliterationen der Anlaute von den sinnträchtigen[212] (jüngst L. Ceccarelli, L'alliterazione . . . in Virgilio, Rom 1986).

Spielende Alliteration: In Zaubersprüchen u. ä. zu Hause (Varro, r.r. 1, 2, 27; L. L. 6, 21 bewahrte solche auf, s. auch LHS 700, 9 A), verbreitete sich diese Fügung bald auf die eindrückliche Rechts- und die anspruchsvolle Dichtungssprache, sehr früh schon von Übertreibungen belastet, wie z. B. bei Naevius (fr. XXXI, 5 Marmor. [S. 227]): *libera lingua loquemur ludis liberalibus*, zu vergleichen mit dem moderat alliterierenden Vers aus der Cothurnata «Lykurg» (VI, 7 Marm. [S. 193]): «spürt die Bakchantinnen in den Bergen auf, wo diese ‹zweibeinigen Vögel› (so nach Eur. Ba. 748) in (Leinen-)Fesseln das Licht (des Tages) lassen mögen»: *ubi bipedes volucres lino linquant lumina (li – li – lu)*.

Alliterierende Verse und Verspartien gewannen durch mehrfachen gleichen Anlaut klangliche Einheit; gute Beispiele für vielfache Alliterationen, auch für Verbindungen von Alliterationsreihen zweier Laute, z. B. dreimal ‹p› plus dreimal ‹t›[213] bei Wilkinson 25; z. B. Verg. Aen. 3, 342: Ob Aeneas den Sohn wohl *antiquam virtutem animosque viriles* lehre, fragt Andromache (mit verschränkter Alliteration: a – v – a – v).

Inhaltstützende Alliteration: Der Frühling ist da, nun ist es Zeit, ein schönes Fest im Heiligen Hain zu feiern – *pallida Mors aequo pulsat*

[212] Es ist gut zu wissen, daß der Fachausdruck «Alliteration» erst im 15. Jhd. entstand (Wilkinson 25). – Zwölfmal *t* bei Ennius ann. 451 Sk., ob nun Parodie oder nicht; «the notorious line, even if . . . it is a parody, is at least evidence that there was a recognizable feature to be parodied», Wilkinson 26 oben (Skutsch verweist auf Aristophanes' Froschgeschrei, ein Verweis auf τήνελλα bietet sich ebenfalls an). S. ferner W. M. Clarke, TAPA 103, 1972, 49–77 und Latomus 35, 1976, 276–300.

[213] Lukrez-Beispiele in Baileys Prolegomena (Oxford, 2. Aufl. 1966), 148, 152.

pede pauperum tabernas (Hor. c. 1, 4, 13): Viermal *p* gibt das krachend-dumpfe Klopfen des Tods an jedermanns Türe wieder.

2. *Reimende Fügungen*

§ **208** Homoeoteleuton: Es ist weitestgehend Sache persönlichen Dafürhaltens, wenn man Reim und Homoeoteleuton (identische Endung benachbarter Wörter) trennt, ... *medere meis pedibus, terra pestem teneto, salus hic maneto in meis pedibus* (Varro, r.r.1, 2, 27) kann so geschrieben werden, daß *pedibus – pedibus* das Paar ... *teneto* und ... *maneto* umgeben; dann hätte man einen gesperrten und einen nachbarlichen «Reim». Sicherer ist es, von geordneten Homoeoteleuta zu sprechen (LHS 706f.) wie im Falle des prachtvollen Plautus-Verses *scís amórem / scís labórem / scís egéstatém meám* (Pseud. 695). War die altlateinische Dichtung noch voll von diesem Klangmittel, das aus Zauber- und Sprichwort stammt (LHS 704) und das sie als Mittel pathetischen Stils[214] anwendete, so hält die klassische Dichtung sich hier stark zurück.

Das Homoeoteleuton Plaut. Truc. 178 *in melle (linguae vestrae), in felle (facta)*, d. h. «honigsüß sind eure Reden, gallenbitter euer Tun» geht gewiß auf populäres Reimen zurück, s. bes. Plaut. Poen. 394; auf altlateinische Zaubersprüche dagegen Vergils Stückchen sympathetischen Liebeszaubers in Buc. 8, 80: *limus ut hic durescit et haec ut cera liquescit ... sic nostro Daphnis amore*; «wie die Tonfigur im Feuer hart wird und die Wachsfigur schmilzt, soll Daphnis vor Liebe zu mir zerschmelzen», in der Tat ein «jingle of popular charms» (Coleman im Komm., ebenso Clausen S. 261 oben; vgl. auch Bailey, Prolegomena zu Lukrez S. 158).

Auch dieses Mittel wird zuweilen von Dichtern bewußt um bestimmter Effekte willen eingesetzt. Dort wo Plautus das schier unendliche Sich-Schmücken, Sich-Waschen, Sich-Abreiben, Sich-Putzen (binnen das Säubern, in den Außengliedern das Schmücken) beschreibt (Poen. 229), verwendet er vier asyndetische, lange Homoeoteleuta: *ornántúr / lavántúr, tergéntúr, poliúntúr* (langsamster Rhythmus malt

[214] Ed. Fraenkel, Plautinisches im Plautus (1922), 365, bes. Enn. scaen. 92/4 Joc.:

haec omnia vidi inflammari,
Priamo vi vitam evitari («ent-leben»: Klangspiel *vitam e -vit-*)
Jovis aram sanguine turpari.

Zum Endreim in Senecas Tragödien Töchterle S. 35, Abs. 2.

die Unendlichkeit weiblicher Toilette: kein Baccheus mit kurzem Anfangselement!).

Pentameter-«Reime»: Im daktylischen Pentameter des elegischen Distichons finden sich nicht selten in der 3. und 6. Hebung gleichlautende Silben: *haec erit e lacrimis facta litura meis*, so entschuldigt die Briefschreiberin von Prop. 4, 3 in v. 4 eine durch Tränen unleserlich gewordene Stelle, wo *lacrimis – meis* dem Pentameter «reimend» Zusammenhalt gibt[215].

3. *Paronomasie*

§ **209** Spielende Nebeneinanderstellung ähnlich klingender, oft verwandter Wörter ist ein altes Mittel, es ist so alt – und gewiß älter – wie Hom. Od. 8, 554 . . . τέκωσι, τοκῆες, z. B. Ter. Andr. 218: Was die da drinnen beschlossen, so klagt der Diener, sei *inceptio amentium, haud amantium. Amens amans* muß ein altes, sehr natürliches Sprichwort gewesen sein (vgl. Plaut. Merc. 82; Otto, Sprichwörter der Römer 18)[216].

Simplicia, gefolgt von ihren Composita, listen auch LHS unter Paronomasie (710, γ); zu ihren Stellen stelle man die servile Dienstfertigkeit des Sosia in Plaut. Amph. 551 *sequor, subsequor te.*

Im ganzen gesprochen: Die «Reim»-Formen und paronomastischen Figurierungen sind vorwiegend Kennzeichen gröblich-altlateinischer (und dann archaisierender) Unklassik. Die klassische Dichtersprache, ja auch schon Terenz, hält sich hier zurück und bevorzugt das freiere Klangspiel, zu dem Wilkinson 31 Gutes zu sagen hat (er nennt die Eröffnungsszene von Hor. c. 4, 3 mit der Wiederholung der Silbe

[215] Crusius-Rubenbauer, Römische Metrik, 2. Aufl. 1955, § 66 (S. 58 unten); zum vergleichbaren, aber erst im Mittellatein häufigen «Reim» im Hexameter, dem sog. leoninischen Vers s. ebd. S. 39 oben. – Zum Homoeoarchon oder Homoeoprophoron (zumeist als Fehler getadelt) kurz Martin 323, ausführlich Lausberg § 975. – Zum Binnenreim auch Harrison zu Aen. 10, 45–6.

[216] Zur Paronomasie vgl. Bömer zu Ov. met. 12, 28 und 213. Auch die meist albernen, pejorativen Namensspiele, überall auf der Welt beliebt, s. LHS 710, d und Plaut. Ba. 362: Wenn der Herr zurückkommt, *faciet Crucisalum me ex Crusalo* (diese Clownerie mit *crux* zeigt, daß Plautus auch in 240 *opus est cruso Crusalo* geschrieben hat, und nicht *chryso Chrysalo*, wie fast immer gedruckt wird). Zu Namenswitzen s. ferner Verfassers Komm. zu Poenulus 886. Reines, unverwitzeltes Klangspiel liegt dagegen in einer Fügung wie *verbera cum verbis mixta* vor (Ov. her. 10, 38) oder gar in her. 9, 31 *non honor est sed onus*, so wenigstens Palmer im Komm.

lem- in v. 1 und 3 und 4, 4 mit der von *mini-*, doch schon hier regen sich bei manchem Leser Zweifel).

4. *Lautmalerei*

§ **210** Theoretisches: In § 209 war ein Beispiel für das Lautmalen gegeben, das aus griechischen und altrömischen Gegebenheiten behutsam auswählend zuweilen einen geschilderten Vorgang, z. B. Sturmgetöse oder Gleiten eines Flusses, durch Häufung passender Buchstaben akustisch stützte, im erste Falle durch merfaches *s*, *t* und *p*, im zweiten durch *l*, *m* und *v* etwa.

Die griechische Theorie spiegelt Dionys von Halikarnass, De compos. 14–16; sie beruht auf der Forderung (Kap. 20), das Wort müsse die Natur nachahmen (s. Norden, Verg. Aen. 6, S. 414). Doch schon er öffnete, wie auch zahlreiche Homerscholien, sehr subjektivem Glauben und Empfinden den Weg, und die Modernen laufen auf ihm denn auch oft ungeniert weit.

Beispiele: Einige deutliche und vertretbare Beispiele doch wohl echter Lautmalerei seien dennoch gegeben. Dionysius c. 16 spricht von Nachahmen des Lautes, den Tau und Takelage bei Sturm verursachen (συριγμός); Norden 417 mit A. 1 zitiert überzeugend Pacuvius (trag. fr. 335 f. Ribb. [*armamentum*] *stridor* und [*rudentum*] *sibilus* mit ihren *s*-Lauten) und Vergil (Aen. 1, 87 *stridor* der Taue). Verg. Aen. 2, 53: *insonuere cavae gemitumque dedere cavernae*; wenn man sich die *v*-Buchstaben als labiovelar gehauchtes *w* vorstellt, ergäbe sich in der Tat die Nachahmung der dumpfen Töne im Bauch des Hölzernen Pferds[217]. «A splendid noisy line», Austin im Komm.

Das folgende Strophenpaar aus Horaz (c. 3, 29, 33/41) ist evtl. ein weiteres Beispiel (die Kautel des «evtl.» ist hier überall angebracht):

cetera fluminis
ritu feruntur, nunc medio alveo
cum pace delabentis Etruscum
in mare, nunc lapides adesos

stirpisque raptas et pecus et domos
volventis una, non sine montium
clamore vicinaeque silvae,
cum fera diluvies quietos
inritat amnis.

[217] Zur Kakophonie vom Typ *(sum)m a m a(li)* (Ov. met. 13, 673) Bömer zu Ov. met. 12, 79 (*te*-la la-*certis*). Wie behutsam man urteilen muß, zeigt Verg. Georg. 2, 13: Glauca canentia nennt Myrnors «cacem phaton», doch Vergil wagte den Gleichklang, weil es ja in beiden Wörtern ums gleiche geht, um die helle Farbe.

Zunächst fließt der Fluß geruhsam dahin, *medialveo* (die Synizese sei einmal im Schriftbild nachvollzogen) ist lautlich ganz ruhig und glatt, auch das harte *p* von *pace* ist «entschärft» durch die Verbindung *cum pace* und *delabentis* (bis auf die einfach unvermeidbare «Schärfe» von Dental und Sibilans in der Genetivendung); das «Malen» geruhsamen Dahingleitens wird nun auch metrisch durch die seltenste Synaloephe in v. 35 *Etruscum in*[218] gestützt. Dann aber die reißende Flutwelle (v. 36b – 39): 11mal *s*-Laut, das kumulierend-hastige *et – et* in 37, nach den scharfen Lauten in *lapides adesos stirpisque raptas* (36f.) verdunkeln sich die Laute (je 2mal *u* und *v*, 2mal *o)* so, als male dies das dumpfe Getöse des Flußunterlaufs, nachdem die hellen und scharfen Töne vorher das Zerspellen und Gischten des Oberlaufs wiedergegeben hatten. Sorgsam ist das Bild des Flutens durch die Metrik unterstützt, vielleicht halfen auch die Laute?

Als häßlich galt den Theoretikern, wenn gleichklingende Silben am Wortende und -anfang aufeinanderprallten (Töchterle zu Sen. Oed. 42 mit Lit.), die Dichter selber waren weniger empfindlich (vgl. die Seneca-Stelle), doch *rupere Erebi* dürfte als «kakophone» bewußt eingesetzt worden sein, denn es geht um den scheußlichen Hades; da mochte *-ere/Ere-* mit unguter Lautung haben mitwirken sollen. Gut z. B. Töchterle zu Sen. Oed. 129 (Stocken und Stoßen «gemalt») oder S. 202 oben (p-Alliteration; allgemein zu Seneca S. 35). Wiederholungen von harten Verschlußlauten finden sich z. B. auch in Tanzszenen (Hor. c. 1, 4, 7: *t – q – p*; 1, 37, 1f.: *p – p- t*, vgl. Syndikus 1, 335, A. 21).

E. Variation und Fülle

1. Variation

a) Lineare Variation[219]

§ 211 Wie der Dichter, z. B. von Hexameterwerken, sich um Variation der Versstruktur bemühte – er konnte z. B. mit den Zäsurkombi-

[218] Nur noch einmal im Alcaicum belegt, in c. 2, 3, 27 *(aeternum ex-)*, auch hier wohl zum Ausdruck des Ununterbrochenen wie in c. 1, 2, 29 *(probante uxorius)*, ebenfalls im Bilde des Fließens eines Stroms.

[219] Dieser Begriff stammt aus: Kenneys Komm. zu Lucr. III, S. 25 ob. Zur «varietà» in der Kunstkritik der Renaissance s. M. Gosebruch, Unmittelbarkeit und Reflektion, München 1979, 60f., bes. Ztschr. f. Kunstgesch. 20, 1957, 229ff.

nationen spielen oder auch wechselnd betonen –, so suchte er auch, wenn er mehrfach Selbiges oder Ähnliches auszudrücken hatte oder ein Gleiches um der Hervorhebung willen zweimal sagen wollte, die Ausdrücke interessant zu variieren; z. B. Lukrez, der allein vom Darbietungsstil seines Themas her – er sagte vieles mehrmals, weil es so schwierig war – auf Variation angewiesen war, um der Ermüdung vorzubeugen; man betrachte 3, 510–518:

et quoniam mentem sanari, corpus ut aegrum,
cernimus et flecti medicina posse uidemus,
id quoque praesagit mortalem uiuere mentem.
addere enim partis aut ordine traiecere aequumst
aut aliquid prorsum de summa detrahere hilum,
commutare animum quicumque adoritur et infit
aut aliam quamuis naturam flectere quaerit.
at neque transferri sibi partis nec tribui uult
immortale quod est quicquam neque defluere hilum.

Lukrez will beweisen, daß die Seele sterblich ist; einer der Beweise läuft so: Oft wirkt die Einnahme von medizinisch verabreichten Substanzen so ein, daß die *anima* verändert wird, d. h. ihre atomare Struktur sich wandelt; nichts Unsterbliches aber ist wandelbar; da die Seele offenbar veränderbar ist, ist sie nicht unsterblich, also sterblich. In dieser Passage variiert der Dichter in 511 die Verba des Sehens, dann v. 513/4 *addere – traiecere – detrahere*, was in v. 517f. zu den Passiva *transferri – tribui* und *defluere* variiert ist (eine emphatische, variierte Zweimalsetzung desselben in 515: *adoritur et infit*, etwa «beginnt und hebt an») usw. Dieses Streben nach «varietà» ist so deutlich und so zahlreich aufweisbar, daß wenige Hinweise genügen sollen. Horaz ist voller Varietäten, NH (1, 251) zeigen eine solche sehr klar in c. 1, 20: Mäzen pflegt «Château Latour» zu genießen, also Caecuber und Calener Wein, Horaz wird ihm leider keinen Falerner und Formianer bieten können; die vier Spitzensorten führt Horaz nun so ein, daß er den Caecuber attributlos stehenläßt, dem Calener die Weinpresse zuordnet, dem Falerner die Rebe, dem Formianer seine Hügel (vgl. z. B. M. von Albrecht, Römische Poesie, Heidelberg 1977, 183).

Vergil bietet so viele Belege solchen Variierens, daß Norden S. 142 (zu v. 68) es als «Signatur seines Stils» bezeichnet, z. B. Aen. 6, 133 *tantus amor – tanta cupido* (Vergrößerung des Gewichtes durch variierte Doppelung); vgl. 6, 152 (die Variationsglieder rahmen den Vers, zudem klärt erst das letzte Wort, was mit dem mehrdeutigen *sedibus* gemeint war) und Norden zur vierfachen Variation in 6, 638ff.

b) Vertikale Variation

§ 212 In das Gebiet der Fügungen gehört auch die Variation von hohem und heiterem, schwerem und leichtem Stil. Für Vasari mußte ein Werk der Kunst «vario e molto bello» sein, für Pindar ποικίλον («bunt», vgl. Ol. 3, 8; Py. 10, 53 f.; 11, 41/2), und Seneca fordert in ep. 46 das *ex intervallo surgere*[220], also Wechsel der Spannung, Tonos und Anhesis, und dazu gab es in der Antike eine feste Theorie[221].

ba) Wortwahl

Als Aeneas die Rufe der Sibylle in ihrer Grotte vernommen, als er das erste Erschrecken verwunden hatte, betete er zu Apoll und sprach ihn so an (Verg. Aen. 6, 56 ff.): *Phoebe, . . . Dardana qui Paridis derexti tela manusque corpus* [s. § 220] *in Aeacidae* usw. Norden (S. 140 f.) zeigt, wie Catull und Horaz diese umgangssprachlichen Synkopen (statt *derexisti*) als zu nieder für hohen Stil empfanden, wie Vergil sie dagegen in Reden der Aeneis mehrfach verwendet: Er wechselt also, auch auf kleinem Raum, die Stilhöhen, mischt in eine Rede ein Element gesprochener Sprache, doch schon die unmittelbare Fortsetzung enthält aufs höchste Gedrechseltes: *corpus in Aeacidae*, denn «die Stellung der Präposition zwischen Substantiv und (attributivem) Genetiv ist ungewöhnlich» (Norden; s. § 122, Anf.; A. 78 und § 41, Ende).

bb) Stilhöhenvariation

M. von Albrecht (Röm. Poesie 182 f.) hat Hor. sat. 1, 1 unter dem Aspekt der «Technik der *variatio*» besprochen und von der «stilistischen Vielstimmigkeit» gesprochen, die «das Heroische des Epos . . . mit Zügen aus der Komödie» vereine. Man betrachte 92–116:

denique sit finis quaerendi, cumque habeas plus, 92
pauperiem metuas minus et finire laborem
incipias parto, quod avebas, ne facias, quod

[220] Zu Senecas Forderung der stilistischen Variation vgl. Verf., Der Bau von Senecas Ep. Mor., Heidelberg 1970, 19; s. EP 28, A. 23.

[221] Vgl. die von mir angeregte Arbeit von H. L. F. Drijepondt, Die antike Theorie der stilistischen Spannungsvariation (Diss. Pretoria 1977), Spudasm. 37, 1979.

Ummidius quidam. non longa est fabula: dives,
ut metiretur nummos, ita sordidus, ut se
non umquam servo melius vestiret, ad usque
supremum tempus, ne se penuria victus
opprimeret, metuebat. at hunc liberta securi
divisit medium, fortissima Tyndaridarum.
‹quid mi igitur suades? ut vivam Naevius, aut sic,
ut Nomentanus?› pergis pugnantia secum
frontibus adversis componere. non ego, avarum
cum veto te fieri, vappam iubeo ac nebulonem:
est inter Tanain quiddam socerumque Viselli,
est modus in rebus, sunt certi denique fines,
quos ultra citraque nequit consistere rectum.
illuc, unde abii, redeo: nemon ut avarus
se probet ac potius laudet diversa sequentis?
quodque aliena capella gerat distentius uber,
tabescat, neque se maiori pauperiorum
turbae comparet, hunc atque hunc superare laboret?
sic festinanti semper locupletior obstat,
ut, cum carceribus missos rapit ungula currus,
instat equis auriga suos vincentibus, illum
praeteritum temnens extremos inter euntem.

Die Passage beginnt energisch *(denique sit finis)*, und dann eilt das Gedicht hurtig und eindringlich weiter, dem Ende des Ummidius-Exempels entgegen; dann aber (97f.) findet sich die hochraffinierte Junktur *ad usque / supremum tempus*[222], und am Ende schwingt sich der Stil vollends zu epischer Höhe auf: *fortissima Tyndaridarum* (v. 100 zum Bezugswort *liberta* in Sperrung gestellt); Apposition als Abschluß (s. § 203, Beschwerung, 4 d), ein (für Horaz) seltener Superlativ und das hochklingende Patronymikon, das die Freigelassene zur Höhe einer Klytaimnestra erhebt (Sen. Ag. 897). – Und wieder hinab zum Gesprächston *(Quid mi igitur suades?)*, über das auffällige ἀπὸ κοινοῦ (Typ II: § 127) des *ut* in v. 101 bis zu der wie in Stein gemeißelten und gefugten Sentenz *est modus in rebus, sunt certi denique fines* (strenger Parallelismus der linearen Variation [§ 217] mit abschließendem Relativsatz [§ 203, Beschwerung, 4 b]; das gewichtige Wort *rectum* betont am Ende). Und wieder prosaischster Neueinsatz, die Belehrung ist in volkstümlichem Ton gehalten, eine Ziege wird als Beispiel zitiert; doch dann ein epischer (v. Albrecht a. a. O.) Vergleich: Wer in die Schule

[222] Diese Lizenz erlaubte sich zuerst Catull (4, 24; vgl. 116, 4: *in usque caput)*, LHS 253 unten.

gegangen war, kannte den ähnlich lautenden des Ennius (ann. 80f. Sk.; *missos – emittat, currus* bei beiden Autoren an gleicher Stelle [vgl. Ov. am. 3, 2, 9]), aber nur der Anfang klingt wie bei Ennius, dann wird die *ungula* preziös zum Agens[223] und am Ende grandiloquent das Simplex statt *con- temno*[224], hinzu kommt die Inversion der Präposition (LHS 216) und, was gewichtiger, der prägnante Gebrauch von *ire* (§ 142, Ende). Also erneut am Abschnittsende ein Stilaufschwung, die Satire ist, um der «varietà» willen, auf interessante «stilistische Spannung» hin angelegt.

c) Ernstes und Heiteres

§ 213 Von «vertikaler Varianz» könnte man auch sprechen, wenn der Dichter von hohem Ernst zur Heiterkeit (und zurück) wechselt. Ein Beispiel für viele: In c. 1, 2 beginnt Horaz mit der Erinnerung an Juppiters vielfache Warnungen mittels Schnee, Hagel und Gewitter, man möge zusehen, daß nicht wieder eine Sündflut kommen müsse; «hochpoetisch» ist dieser Anfang nach Syndikus 1, 43f.; die Sündflut ließ Proteus seine Robben (so nach Hom. Od. 4, 411ff.) ins Hochland «auftreiben» wie der Schäfer seine Schafe (NH); die Fische hingen in Zweigen fest und oben auf der Flut schwammen angstvoll die Hirschkühe. «Hoch – ganz hoch – und noch darüber», so steigt der Blick mit der Flut (s. Hz. zu v. 11), *haesit* und *pavidae* deuten Schreckliches an, aber daß Proteus seine Robben einen Almauftrieb machen ließ, «auf daß sie das Hochland sahen», das entbehrt seltsamerweise nicht eines leisen Lächelns, das schon Porphyrio spürte (was man ihm vielfach übelnahm, Syndikus 1, 44, A. 20; vgl. aber Prop. 1, 1, 10).

Dies Einsprengen hellerer Töne wiederholt sich in v. 3–20: Wild überströmte der Tiber sein linkes Ufer, schwoll auf – auch gegen Juppiters Willen –, wie um Rom zu vernichten, und tat's doch nur der Frau gehorchend, der «gattinhörige» *(uxorius)* Strom – ein «Lichtstrahl» (Syndikus 46) fällt auf das wilde Tun des aufgebrachten Flußgottes, allerdings nicht nur, wie Syndikus meint, von Juppiters Unwillen her, sondern von der Zornigkeit, die der Frau gehorcht, ein Hauch von Frivolität (NH), der nicht «mißbilligend» ist (Hz.), sondern ein heiteres

[223] Der Blick konzentriert sich auf den Teil, der (scheinbar) die Hauptursache des Tempos, der «Pace» ist (s. EP § 98); daher im Griechischen «Fuß» für den Gehenden (LSJ s. v. I 7), «Sandale» für den Tanz (Pind. Ol. 3, 5, s. Verdenius), ähnlich *pedes* für *pedisequi* bei Mart. 3, 82, 18 usw.

[224] So Lucr. 3, 957; Norden (und Austin) zu Verg. Aen. 6, 620.

Lichtchen mitten ins finstre Getümmel fallen läßt – doch warum? Weil das *visere*, das *uxorius* und gleich darauf die «lächelnde Venus, umflogen von Scherz und Liebesverlangen» (33f.), vorbereiten sollen auf die nach der Erwähnung des blutdurstigen Mars immer freundlicher werdende Gestimmtheit: Da wird Octavian, vom Januar 27 an «Augustus», als ein Hermes[225] imaginiert, der noch lange «froh» (*laetus*, 46) unter den Seinen weilen möge. – Von langer Hand vorbereitet ist diese Aufhellung (Syndikus 50), und sie lehrt die «vertikale Variation» von Schwergewichtigem und Heiterem fein zu beobachten. Siehe ferner das fast schon anheimelnde Bild, wie da inmitten schrecklichen Krieges, zwischen dahinfliegenden Entsatztruppen (Verg. Aen. 10,213f.) und erschreckender Nachricht (ebd. 231ff.) die Sonne schön aufgeht, Aeneas ruht und Cymodocea das Schiff beschleunigt, unter Wasser mit dem Arme rudernd, vgl. Page zu Verg. Aen. 10,225; Harrison zu Aen. 10,227.

2. *Fülle (Pleonasmus)*

Vorbemerkung: Zum Begriff des Pleonasmus, der auch als Abundanz bezeichnet werden kann (weniger gut als Tautologie), s. Hillen 3ff. – Die Fülle des Ausdrucks kann durch starke Wörter (s. §§ 118f.) erreicht werden oder durch Wortwiederholungen (s. §§ 28ff.), sie kann aber auch durch pleonastische «Hypercharakterisierung», durch die «Überinformation» mittels Zufügung bewirkt sein, die für das Verständnis allein so nicht nötig wären; und diese Fülligkeit des Ausdrucks beschränkt sich nicht auf einzelne Wörter, sie kann auch in der Gestalt gehäufter Beschreibungen auftreten. – Hierbei kreuzen sich zwei Bestrebungen der Dichter, das Streben nach eindrücklichem Klang und der Wille, nachdrücklich und «laut» zu sprechen. Darum sei hier folgende Einteilung befolgt:

a) Syntaktisch verzahnte Wortgruppen
   - gleichstämmige (Typ *facere facinus*)
   - ungleichstämmige (Typ *inchoare initium*).
b) Kumulierende Gruppen (syn- oder asyndetisch)
   - Synonyma (Typ *parce ac duriter*)
   - Mehrfachbeschreibungen.

[225] Hermes ist ein Wohltäter der Menschheit, s. W. F. Otto, Die Götter Griechenlands, 7. Aufl. 1983, 105ff.

a) Syntaktisch verzahnte Wortgruppen

§ 214 Gleichstämmige: Sie kann man mit dem gewohnten Namen «Figura Etymologica»[226] belegen. Das alte Latein ist voll davon, z. B. Enn. scaen. 210f. Joc.: «Hätte das Schiff der Medea doch nie *inchoandi exordium / cepisset, quae nunc nominatur nomine / Argo*» (Typ a 2 plus a 1). Catulls etymologisches Spiel (Walde-Hofmann 2, 189) *annuit . . . numine* (64, 204) hatte Fortüne (Verg. Aen. 10, 115 *annuit . . . nutu*; Ov. fast. 2, 489f.; s. Austin zu Verg. Aen. 2, 53 [*cavae . . . cavernae*]); des Ennius *leni fluit agmine flumen* (ann. 163 Sk.) weniger, denn Vergil vermied in Aen. 2, 782 trotz Zitierens die Falle des bloßen Geklingels: *leni fluit agmine Thybris*; die dreifache Häufung mißfiel dem Klassiker, doch *voce vocare* verschmähte er nicht (Aen. 10, 873)[227], das klang ihm gewiß feiner als Ennius' *corpus corporare* (scaen. 115 Joc.), einen «Körper zur Leiche machen». Die Klassik hatte aus Geklingel Klang zu machen.

§ 215 Ungleichstämmige Wortgruppen wären z. B. *incipere initium* oder das oben § 214 zitierte *inchoare exordium*. Man kann mit LHS 793ff. folgende Pleonasmus-Formen unterscheiden: Überinformation kann, auf die Dichtung gesehen, vornehmlich geschehen zwischen

1. Subjektiv und Prädikat	(*exordium cepisset*, Enn. scaen. 210 Joc.);
2. Substantiv und Attribut	(*extrema finis*: Cat. 64, 217; EP S. 28, A. 22), *imae medullae* (Sen. Med. 818f.; Hillen 7);
3. Substantiv und Substantiv	im Gen. identicus oder inhaer. (*aetas temporis*, Prop. 1, 4, 7; vgl. Cat. 64, 22)[228], *immoti . . . tranquilla pelagi* (s. § 38), Sen. Tro. 199f. (Hillen 11) oder im Ablativ der Erscheinungsform, z. B. Verg. Aen. 1, 655 *duplicum gemmis auroque coronam* (nach Görler, Encicl. Virg. 2, 268; Hillen 39) oder Sen. HF 682f. *flexi-*

[226] Zu ihr EP § 32 (LT); LHS 790–3; Hofmann LU 94ff.; Haffter Kap. 1 zum Altlatein.

[227] Zu den Typen EP S. 27; LHS S. 124f.; ferner Austin zu Verg. Aen. 6, 247 (506); Skutsch zu Enn. ann. 43. Ein gutes Beispiel: Lucr. 5, 1004f. *pellacia . . . pellicere*. Griechisch: Dover zu Plat. Symp. 195, b,1.

[228] S. Jocelyn (s. A. 227) S. 211, 226 (zu fr. 58).

	bus multis (involvere) amnem, den Fluß sich schlängeln lassen «in vielen Windungen» (Hillen 32 dazu);
4. Adjektiv und Präpos.	(*sine voltu caeca*, Lucr. 5, 841; LHS 795 C; späteres Beispiel: Ov. met. 12, 99f. *sine vulnere . . . sincerum*);
5. Verb und Verb	(*studeo velle*, Cat. 93, 1);
6. Verb u. Adverb bzw. Adjektiv	(*iterum redire*, Prop. 2, 33, 1);
7. Adverb und Konjunktion	(*prius . . . ante . . . quam* Verg. Aen. 4, 24–7)[229];
8. Negationen	(*nec foedere nullo*, Cat. 76, 3)[230].

Hier würde eine gründliche Untersuchung wohl zutage fördern, wie die eindrücklich-laute Fülligkeit des Altlateins, das hier umgangssprachliche Eigenarten potenziert, in hoher Klassik gemildert, in Dichtungen hingegen, die dem Sermo Cotidianus nahestehen, in weiteren Grenzen zugelassen wurde.

§ **216** Verwendungsweisen: Gewiß wirkt es klärend, wenn man im Text solche Typen zu unterscheiden weiß; nicht minder wichtig allerdings ist es, den Zweck ihrer Anwendung zu erkennen. Wenn Ennius (scaen. 193f. Joc.) eine der Gestalten um Agamemnon und Iphigeneia einen Getreuen ansprechen läßt mit *gradum proferre pedum – nitere! – cessas, o fide?*, dann soll das ebenso hohen, euripideischen (Troad. 333f.) Stil bewirken wie des Plautus (Men. 754; Hochstilparodie) *gradum proferre* in gewichtigen Baccheen (s. Jocelyn S. 332). Zuweilen soll eine Nuance oder ein Motiv stark betont werden, weil es emotionale Emphase trägt (Hom. Il. 16, 499 z. B. oder Ter. Eun. 72f. *prudens sciens* [Mommsen, RStR 87, A. 3] *vivos vidensque* mit hohem Pathos) oder weil es kennzeichnend ist; so z. B. νεοχμὸς νεαραῖσιν bei Sophokles (Ant. 157f.); das dürfte sinntragend sein in verborgener Weise: Kreon wird als «neuer König» gekennzeichnet, und das bedeutet Impulsivität, mangelnde Übersicht aus mangelnder Erfahrung (Acta Class. 11, 1968, 20: vgl. OT 219). Man könnte bei Verg. Georg. 2, 71 an folgendes denken *(ornus incanuit albo flore piri)*: Vergil beschreibt die

[229] Hier ist der Anwendungsgrund klar: Über eine lange Distanz hinweg sollte der Beginn des Schwurs im Gedächtnis bleiben. Dagegen wirkt Prop. 2, 25, 26 eher umgangssprachlich.

[230] LHS 803f.; Tränkle 2f.; EP § 35. Zur Figura Etymologica vgl. weiter NH zu Hor. c. 2, 10, 10; Hofmann LU § 88; LHS 790ff.; Harrison zu Verg. Aen. 10, 115.

Erfolge des Pfropfens: Platanen tragen Äpfel, Kastanien wachsen auf Buchen, und jetzt wird nicht mehr gefragt, was aufgepfropft wird, sondern auf einmal sehen wir statt der bloßen Holz- oder Fruchtangabe das herrliche Bild eines strahlend weißblühenden Birnbaums (dessen Pracht ja auch unseren nördlichen Frühling verschönt). Nach dem mehr Nützlichen, eher Gedanklichen die sinnlich erlebte Farbenpracht, und die wird mit einem Pleonasmus ganz besonders stark vor Augen gestellt: *incanuit albo (flore).* – Oder Verg. Aen. 6, 310: Dort wird der erste Herbstfrost beschrieben, der die Blätter zu Boden fallen läßt: *lapsa cadunt folia; lapsa cadunt* ist eine Tautologie, ein «Pleonasmus», so scheint es. Austin: «Both *lapsa* and *cadunt* give their separate detail, and there is no true pleonasm»: Indem die Blätter taumelnd herabschweben *(lapsa)*, fallen sie zu Boden *(cadunt)*; doch wohl wahrscheinlicher dürfte sein, daß es sich hier um denselben Verstärkungstypus handelt wie in Georg. 2, 71 (das Part. Perf. steht anstelle eines Part. Praes., s. § 82 Ende). Hinzugenommen muß naturgemäß die entsprechende Homer-Stelle werden: In Il. 6, 146 ff. (χαμάδις χέει) ist der Ausdruck abundant genug, um den Imitator seinerseits zu einem Pleonasmus geführt zu haben.

§ 217 Derlei Pleonasmen können auch in dreifacher Kumulation auftreten (seit wann?): Lukan (1, 494 f.) beschreibt in ungeheurem Stilaufschwung die Flucht aus Rom und malt da die Angst vor einem stürzenden Haus so: *iam quatiente ruina / nutantes pendere domos*, worin *quatiente*, *nutantes* und *pendere* ziemlich das gleiche in verstärkendem Pleonasmus ausdrücken (s. Bömer zu Ov. met. 2, 31; 2, 477).

Man sollte auch darauf achten, an welcher S t e l l e ein solcher Pleonasmus auftritt. So bildet die pleonastische Ausdrucksweise bei Ovid (met. 1, 272 f. *sternuntur – iacent – perit labor inritus* [interessant Bömers Komm. zur Bildlichkeit]) offenbar die Fermate: Die Beschreibung von Juppiters Wüten endigt mit den Regengüssen; das Korn senkt sich, die Gelübde waren also umsonst, die Arbeit vergebens, und da steht *perit . . . irritus* von der Mühe: offenbar ein verstärkender Pleonasmus von dem in § 215, 6 vorgeführten Typ. Hier wird der Abschnittsschluß durch die Doppelung beschwert. Zugleich darf man sich an der Bewegung erfreuen, die über zwei sinnliche Details («zu Boden werfen» und «da liegen sie nun») zu zwei abstrakten, gedanklichen, aber doch auch nicht der Emotion entbehrenden Ausdrücken führt («verdorben» und «die ganze Mühe umsonst»).

Interessant ist der Negations-Pleonasmus: Catull (76, 3) sagt von sich, er habe weder selber die *sancta fides* verletzt, *nec foedere nullo* den Namen der Götter mißbraucht: *nec* wurde angezweifelt, doch

E. Löfstedt (Synt. 2, 213) verteidigt es (so auch LHS 804 A, a; s. Tränkle 2 und J. Béranger, REL 38, 1960, 372); Weiteres dieser Art bei LHS a. a. O. Von «vulgärem Einschlag» (Hofman LU 98) wird man nach Tränkle a. a. O. nicht mehr sprechen wollen. Es ist dies ein Mittel pleonastischer Intensivierung, und die Tatsache, daß klassische Prosa (KS 2, 1; 828 Mi.) sowie Dichtung sie meidet (zu Verg. Georg. 4, 453 s. KS 2, 1; 804 unten; zu Prop. 2, 19, 32 s. LHS 805 oben [ebd. zu Ov. pont. 1, 1, 66]), zeigt, daß der doppelten Negation das Aroma des etwas Veraltet-Umgangssprachlichen anhing.

b) Kumulierende oder addierende Gruppierungen

§ 218 Kumulierende oder addierende Gruppierungen wären a) die asyndetische Synonymenreihung (EP § 26; hier § 29; *strepitus, crepitus, sonitus, tonitrus* für einen einzigen Donnerschlag bei Plaut. Amph. 1062), sei sie asyndetisch stoßweise formuliert wie hier oder mit Kopula verkoppelt wie in *parce ac duriter* (Ter. Andr. 74, Ad. 45); über die Wort-Gruppierung hinaus geht die im folgenden behandelte b) Mehrfachbeschreibung (EP § 27–31), die linear variiert oder steigern soll.

Mehrfachbeschreibung

§ 219 Doppelbeschreibung: Ein und denselben Sachverhalt doppelt zu sagen liegt seit eh und je im Interesse des nachdrücklich Sprechenden. Einfache Formen wären solche wie Enn. Telam. 278 Joc. *audibo atque aures tibi contra utendas dabo*, was nichts als Füllung zu sein scheint, feierlich und pompös. Sehr viel gesuchter die Doppelbeschreibung der Tageszeit bei Ov. met. 3, 144 f.: *iamque dies medius rerum contraxerat umbras / et sol ex aequo meta distabat utraque*: ein stark verrätselter Text, der auch noch ein Hysteron Proteron (§ 196) enthält; denn natürlicher wäre es, zunächst die abstrakte Positionsangabe zu machen und dann erst auf die Wirkungen zu verweisen. Immerhin hatte dem Dichter seine Raffinesse so gut gefallen, daß er sie 3, 151 f. (im Sachlichen) gleich wiederholte (zur Wiederholung von gleichen Kunstgriffen auf engem Raum s. Verf., Glotta 58, 1975, 224/6).

Bei der Beobachtung von gehäuften Beschreibungen würde es sich lohnen, die Typen zu trennen: Im Falle von zweifacher Beschreibung steht, vergleichbar mit dem Hendiadyoin (§ 28), gern das Raffiniertere an zweiter Stelle: Ov. met. 1, 41 f. *(flumina) in mare perveniunt partim campoque recepta / liberioris aquae*: Das simple *mare* wird durch das raffinierte *liberior aqua* ausgestaltet, oder besser: Das, worauf es ankommt (die freie Weite), wird in der Iteration sinnlich spürbar gemacht. Oder Lukan: Der Kaiser könne sich seinen Ort am Himmel frei aussuchen, denn *tibi numine ab omni cedetur*, und jetzt dasselbe noch einmal, doch anders phrasiert: *iurisque tui natura relinquet* (als Fermate folgt eine Auffächerung), *quis deus esse velis, ubi regnum ponere mundi* (1, 52; zu ihr Verg. Georg. 2, 4–6; 270 f.). Und ebenso wie beim Hendiadyoin gibt es auch hier die Positiv-Negativ-Form: Eine einfache Form ist *certa nullus fuit error in hasta*, Ov. met. 12, 83; das Folgende ist schwieriger: Lukan sagt in der Darstellung des Chaos 1, 76 f.: *tellus extendere litora nolet / excutietque fretum*; 1, 92 f.: *nulla fides regni sociis / omnisque potestas impatiens consortis erit*[231].

Tripelbeschreibung: Dort, wo Vergil die weite Ausdehnung des *imperium Romanum* verkündet (Aen. 6, 795 ff.), betont er das Unerhörte der Ausdehnung über die Grenze der Oekumene hinaus durch eine dreifache Umschreibung: *iacet extra sidera tellus, / extra anni solisque vias*, also außerhalb der vom Tierkreis bezeichneten Zone – eine starke Übertreibung, die dadurch noch anspruchsvoller wird, daß *sidera* hier für die « B a h n der Sterne» synekdochisch (§ 138, 2) gebraucht ist, was Vergil denn auch sogleich verdeutlicht (nicht jedoch ohne noch rasch eine weitere Synekdoché einzuflechten, denn *anni* steht für den U m l a u f der Sonne durch die Zodiakalzeichen, so daß *anni solisque* an die Epexegese erinnert, s. LHS 796 unten). Hier gehören die beiden letzten Glieder enger zusammen als sie, beide zusammengenommen, mit dem ersten verbunden sind. – Besonders raffiniert ist Ovid met. 1, 89 f.: Dort, wo er beschreibt, wie in der glücklichen Urzeit das Leben ohne Hemmung durch Recht und Gesetz von selbst geordnet ablief, sagt er *vindice nullo / sponte sua sine lege* (negativ – positiv – negativ). – Und Ovid liefert auch ein Beispiel für eine Vierfachbeschreibung met. 1, 101: *ipsa – immunis – rastro intacta – nec ullis saucia vomeribus – per se*, eine übervolle Mischung: ein Einzelwort-Hendiadyoin, dann eine Mehrfachbeschreibung durch zwei Kola, am Ende das trockene, prosaische Verbum Proprium[232].

[231] Bemerkenswert hierbei ist, daß eine derartige Auffächerung gern als Fermate benutzt wurde, d. h.: etwas Abschließendes und Definitives an sich hatte (Prop. 1, 1, 33 f.; 1, 4, 27 f.; 1, 7, 19 f.; 1, 13, 11 f., um nur weniges zu nennen); s. § 200, Beschwerung (I 1).

[232] Erwähnenswert ist das Ergebnis von H. Haffter (Kap. 3, bes. S. 62 ff.): Die altlateinische Dichtersprache kennt nur die Zweifachbeschreibung; sie wird in den plautinischen Senaren zurückhaltend und nur bei bestimmten Personentypen angewendet, in den Langversen dagegen dient die Doppelung zur Gewinnung von pathetischem Schmuck, der Kennzeichen dieser Versgattung

c) Manierismen (EP § 36)

§ **220** Es ist hier der Ort, um auf eine manieristische, aller Naturwirklichkeit widersprechende Ausdrucksfüllung zu erinnern (s. § 103), an die Zerteilung, die der «Sprache Gewicht gibt» (Camps zu Prop. 3, 1, 31 f.). Es handelt sich um eine Schein-Hypercharakterisierung, die Eines gewaltsam in Zwei zerreißt. Ein einfachstes Beispiel: *non ullus* für *nullus* (Rothstein zu Prop. 1, 1, 17). Ein schwieriges Beispiel für eine Begriffszertrennung wäre etwa Aesch. Ag. 111: «mit Speer und (Rache einfordernder) Hand», oder ein modernes: «Gleb ist Junggeselle, Iwanowitsch ist unverheiratet» (russisches Hochzeitslied über Gleb Iwanowitsch, welcher ein und dieselbe Person ist: R. Jakobson, Literaturwissenschaft und Linguistik 1, 331).

Ähnlich dann Verg. Aen. 6, 56: *Phoebe, ... qui Paridis derexti* [s. § 212 ba] *tela manusque*, wozu Norden (zu 327) anmerkt, daß hier die «Gesamtvorstellung in die sprachlichen Komponenten zerlegt» werde, vgl. Ov. met. 5, 365 *arma manusque meae*.

In Aen. 6, 24 beschreibt Vergil ein Bildwerk (s. oben § 103, a): *hic crudelis amor tauri suppostaque furto/Pasiphae*; Norden verstand das so (S. 128), daß hier die Hypotaxe *amor Tauri Pasiphaes* vermieden werden sollte. Das ist gewiß richtig, doch muß hinzugefügt werden, daß die Auseinanderlegung in «die grause Liebe zur untergeschobenen Pasiphae» Breite und Fülle erzeugt hat und dazu Finesse (zur Deutung dieser Erzählung bei Vergil vgl. K. Büchner, RE 8A, 1381, 51; F. Klingner, Virgil 496). Und genau dieser Eindruck der Fülle wird auch durch das nachfolgende Hendiadyoin erweckt: *mixtum genus prolesque biformis* (v. 25): Hier mischt sich die Entschwerung des Verses mit Stilistischem.

Zuweilen wird ein schöner Effekt durch derlei Zerlegungen erzielt: Achill überrage alle, schreibt Statius (Ach. 1, 368), *cervice comisque*, «an Nacken und Haar». Platt gesprochen, ist das «Gemeinte» der

ist. – Mehrfachbeschreibungen sind auch im Griechischen geläufig gewesen: Gleich dreimal dasselbe sagt Arat z. B. v. 20: πάντ' ἤματα / συνεχές / αἰεί, und gleich darauf noch einmal: οὐδ' ὀλίγον μετανίσσεται / αὔτως / ἀτάλαντον. Das ist der Stil des geruhsamen Spieles, eines feinen Spiels mit überkommenen Formen und Wörtern. Zuweilen ist derlei auch notwendig, z. B. dort, wo Arat die schwer einzusehende Position der Bärinnen darstellt: Die eine habe ihren Kopf über der Hüfte der anderen, sie drehen sich Rücken an Rücken, zur Schulter der anderen gewandt (28 ff.; Martin 15, vgl. Germ. 20 mit meinem Komm.).

Scheitel, doch durch die seltsame Zertrennung entsteht eine Führung des Blickes vom Nacken hinauf zum Haar und dem Scheitel. Vergleichbar der Effekt von Val. Fl. 1, 110: Hylas, der junge Begleiter des Herakles, konnte dessen gewaltige Keule noch nicht tragen, darum sei er *nondum par oneri clavaeque capax*, worin «Last» und «Keule», eigentlich Eines, zertrennt werden, vielleicht um das Gewaltige des Gewichts durch die Zertrennung, d. h. durch das Verweilen besonders deutlich spürbar zu machen, denn *commoratio una in re permultum movet*, hatte Cicero gesagt (de or. 3, 202). – Derlei Zerteilungen sind zuweilen versteckt angelegt: Manilius preist 1, 32f. den Begründer der Sternkunde so: Wer habe wohl als erster versucht, *sublimis aperire vias imumque sub orbem / et per inane suis parentia finibus astra?* Die Antwort: kein sterbliches Wesen, sondern Hermes: *per te iam caelum interius, iam sidera nota* (31). Die über dem Horizont verlaufenden, sichtbaren Bahnen und die unterhalb des Horizonts verlaufenden, unsichtbaren Wege habe er eröffnet, dazu die Sterne, die ihren Gesetzen gehorchen – was aber sind jene Wege? Doch wohl die Wege der Sterne. Da erscheint denn die Zweiheit «Wege» – «Sterne» als Einheit, die zertrennt ist in zwei, aus *via astrorum* wurde ein *viae et astra* um der verrätselnden Fülle willen.

d) Wechsel von Fülle und Kargheit

§ 221 Nachdem einige Mittel, Fülle des Ausdrucks zu erzeugen, vorgeführt worden sind, ist es – angesichts des übergreifenden Themas «Variation» – angebracht, an den Wechsel von Fülligkeit und Kargheit zu erinnern. Dichtung ist nun einmal nicht zuletzt durch ihre Abwechslung reizvoll (man lese Killy 50). Man kann das hier Angezielte aber auch anders wenden: Besonders im Epos herrscht der Wechsel der Ausführlichkeit, und ausführlich wird das (dem Dichter) Wichtige, das leichter Wiegende kurz behandelt; kurzum, der Dichter eilt zuweilen, manchmal bleibt er schildernd lange bei einer Sache stehen, daher dann der Wechsel von Fülle und Kargheit. Und noch eins: Was «dem Dichter wichtig» ist, das ist keineswegs immer vom Thema her bestimmt.

Vergils Beschreibung einer Bestattung Aen. 6, 212ff. ist durch ein seltsames, stilistisches Widerspiel gekennzeichnet: Einerseits reiht sich fast lapidar Satz an Satz, was den Eindruck der Sachlichkeit erweckt; andererseits sind die Verse beladen mit gefühlserregenden Nuancen, der Tote wird da z. B. auf die Kleider gebettet, die er im Leben zu tragen pflegte (*velamina nota*, d. h. ihm [!] bekannt: 221), eine traurig stimmende Erinnerung an das Leben, das der Tote (umschrieben mit *frigens*, vgl. § 153, 2; Stat. Theb. 3, 127) verloren hat. Doch zu dieser Gedrängtheit des Satzbaus tritt *calidos latices et aena undantia flammis / expediunt* (218) in klaren Gegensatz, was seit langem als Doppelbeschreibung gewertet wird: «heißes Wasser» und «brodelnde Kessel» sind sachlich genau das gleiche. Dieses Detail so zu betonen lag keine Notwendigkeit vor, wir haben es mit einem Stilspiel zu tun.

§ **222** Oder der so arg getadelte Anfang von Ovids zwölftem Metamorphosenbuch, den J. Latacz (WüJb. 5, 1979, 149) «grotesk beiläufig und zufällig» nannte: Eben noch hat Ovid von Aesacus' Selbstanklage, Todessprung und Rettung, von den ewigen Wiederholungen vergeblichen Hinabstürzens in die See so ausführlich erzählt wie einer Nebenfigur irgend angemessen (11, 778–795), da schildert er die Trauer des Vaters Priamus und der Brüder um den verloren Geglaubten aufs dürrste:

Nescius adsumptis Priamus pater Aesacon alis
Vivere lugebat; tumulo quoque nomen habenti
Inferias dederat cum fratribus Hector inani.
Defuit officio Paridis praesentia tristi,
Postmodo qui rapta longum cum coniuge bellum
Attulit in patriam, coniurataeque sequuntur
Mille rates gentisque simul commune Pelasgae.
Nec dilata foret vindicta, nisi aequora saevi
Invia fecissent venti Boeotaque tellus
Aulide piscosa puppes tenuisset ituras.
Hic patrio de more Iovi cum sacra parassent,
Ut vetus accensis incanduit ignibus ara,
Serpere caeruleum Danai videre draconem
In platanum, coeptis quae stabat proxima sacris.
Nidus erat volucrum bis quattuor arbore summa:
Quas simul et matrem circum sua damna volantem
Corripuit serpens avidoque recondidit ore.
Obstipuere omnes, at veri providus augur
Thestorides ‹vincemus›, ait ‹gaudete, Pelasgi!
Troia cadet, sed erit nostri mora longa laboris›,
Atque novem volucres in belli digerit annos.
Ille, ut erat virides amplexus in arbore ramos,
Fit lapis et servat serpentis imagine saxum.

Priamus wußte also nicht, daß Aesacus lebte (*adsumptis alis* ist angesichts von Aesacus' Widerwillen von seinem Leiden am Lebendiggebliebensein überaus kurz), er trauert; von *lugere* geht der Text eilends zur Manifestation des Trauerns über, zum Kenotaph, also dem Hügel, welchem Hektor «mit den Brüdern» die letzte Ehre erweist, dem «leeren» (*inani* ist doch wohl zu lesen, es steht in weitester Sperrung [§ 36 b] schön und stark betont am Ende des Abschnitts); von den Brüdern geht der Text flugs und ohne Adversativpartikel zu Paris über, der «nachher» den Krieg nach Hause brachte. So, als solle der Leser die Eile spüren, als solle er merken, daß dies alles nur Übergang ist, setzt der Dichter das fast ganz unpoetische, sachlichste Wort *postmodo* (Cat. 30, 12, spärlich vertreten bei den Elegikern, bei Horaz einmal in den Sermonen, in den Oden ausgerechnet im ganz frühen Gedicht c. 1, 28, v. 31).

Dann aber schwingt sich der Stil auf, die epischen Beiwörter beginnen (v. 7 und 9), Aulis z. B. ist «fischreich» (v. 10), und dann das affektbetonte (*matrem*, 16) Bild vom Auffressen von Muttertier und Jungen, welche der Altvogel umflattert; erklärende Rede und seltsame Metamorphose, seltsam verrätselt auch in der Formulierung (Bömer S. 20 oben).

§ **223** Eile und Verweilen hier und noch oft; nicht minder dürr und eilig ist ja die Iphigenie-Geschichte erzählt (12, 24–34): ein Meisterstück raffenden Anklingenlassens von Dingen, die als bekannt vorausgesetzt werden. Oder anders gewendet: Mit Buch Zwölf beginnt die «Geschichte» (Troja, Aeneas, Rom). Dieser – sachlich gesehen – sehr tiefe Einschnitt wird dadurch überbrückt, daß vier kurze Geschichten nach der Alcyone- und vor der Cygnus-Erzählung stehen und die Aesacus-Mythe sich über den Buchschluß fortsetzt. Dann führen zwei kurze Geschichten, die dennoch wichtige Vorbedingungen des Troja-Krieges enthalten, zu diesem hin; und stets ist zunächst die Eile, so scheint es, durch eine gewisse Dürre gekennzeichnet und Sparsamkeit, die dann aber verstärkter Emotionalität weicht (wie sonst wäre es möglich, das Transitorische als solches spürbar zu machen?). Das so streng getadelte «Beiläufige und Zufällige» verliert, wenn als Prinzip erkannt, so etwas von dem «Grotesken».

SCHLUSSTEIL

Modelle der Sprachführung: Vom Verklammern zur inneren Spannung

Wie ein Dichter einen Gegenstand darbietet, ist nicht Gegenstand eines Buches über die Sprache der Dichter, sondern der einer Untersuchung von Stil und Manier (s. § 2); wohl aber hat ein Buch wie dieses die Frage zu stellen, wie die Dichter ihre Wörter und Sätze bauen und ordnen, wie sich die Gedanken oder die Motive in ihrem sprachlichen Ausdruck zu Architekturen zusammenfinden, im Anschluß an das bloß theoretische Kapitel «Fügung und Ordnung». Im folgenden werden daher Texte in historischer Reihenfolge danach befragt, wie ihre Gebäude aus Wörtern, Kola und Sätzen angelegt, aufgeführt und vollendet werden.

I. ENNIUS

A. ann. 34–50

Et cita cum tremulis anus attulit artubus lumen.
Talia tum memorat lacrimans, exterrita somno:
«Eurydica prognata, pater quam noster amauit,
Vires uitaque corpus meum nunc deserit omne.
Nam me uisus homo pulcer per amoena salicta
Et ripas raptare locosque nouos. ita sola
Postilla, germana soror, errare uidebar
Tardaque uestigare et quaerere te neque posse
Corde capessere: semita nulla pedem stabilibat.
Exim compellare pater me uoce uidetur
His uerbis: ‹o gnata, tibi sunt ante gerendae
Aerumnae, post ex fluuio fortuna resistet.›
Haec ecfatus pater, germana, repente recessit
Nec sese dedit in conspectum corde cupitus,
Quamquam multa manus ad caeli caerula templa
Tendebam lacrumans et blanda uoce uocabam.
Vix aegro cum corde meo me somnus reliquit.»

Vorausgegangen war dem Fragment offenbar die Erwähnung dessen, daß Ilia aus dem Schlaf geschreckt war und einen Ruf oder Schrei ausgestoßen hatte, auf den hin die bei ihr ruhende Schwester eine alte Dienerin geheißen hatte, Licht zu bringen. «Und schon» (Skutsch bes.

zu fr. 57, S. 207) kam die Alte: «da sprach sie (Ilia) weinend[233], aus dem Schlaf geschreckt, dieses»; es folgt eine unnaturalistisch feierliche Anrede[234] («Tochter Eurydikes, die unser Vater geliebt hatte») von einer Form, die eher dazu angetan ist, Wohlwollen zu gewinnen, die hier aber, etwas wider die Wahrscheinlichkeit, vor dem Eingeständnis völliger Ermattung steht: «Kraft und Leben haben meinen Körper jetzt (nach dem ängstigenden Traum) ganz verlassen» (*omne* ist dem Sinn nach Adverb). Das folgende *nam* gibt nun keine einzelne Ursache an, sondern leitet die gesamte Erzählung des erschütternden Traumes ein, der insgesamt die Wirkung des Ermattens hatte. Also Einleitungs- oder Kopfsatz, dessen Inhalt («Ich bin wie tot») nun expliziert wird.

«Ein schöner Mann und durch schönes Ufergebüsch», so beginnt sie; doch alsbald verdüstert sich die Szenerie, denn er entführte sie durch unbekanntes Land, so daß sie – «danach»[235] – alleingelassen irrte, und dies ängstigende Irren, allein in unbekanntem Gelände, wird durch die erneute Anrede hervorgehoben; es erfährt aber auch eine dreigeteilte Erläuterung (41 f.): zögerliches Fahnden (nach einem Weg), Suchen der Schwester[236] und Unfähigkeit zu begreifen (*te* kann, muß aber nicht Objekt zu *capessere* sein, *corde* widerrät eher). Also Suche des Wegs, eines helfenden Menschen und des Begreifens überhaupt; dann zurück zum Äußeren: Kein Weg gab dem Fuß, d. h. dem Gehen, sichere Zielgerichtetheit (oder auch nur «festen Halt»).

Es liegt außerhalb des Themas, auf die Schwierigkeiten hinzuweisen, die bei dem Versuch entstehen, eine logisch-natürliche Schrittfolge herzustellen; zu behandeln sind die Ordnung der Kola und Sätze und die sprachlichen Mittel. Da fällt die Struktur «Einleitung [zum «Satzvers» v. 38 § 200, s. Abhebungen, 1] und Ausfaltung» auf (v. 3 wird – *nam!* – erläutert, und *errare* in 40 wird durch 41/2, d. h. mittels dreier Details spezifiziert) und die Zusammenfassung in *semita nulla*, die man (mit Killy 39 oben, 48 unten) eine Summation nennen könnte.

Also der Zustand der Rettungslosigkeit; da hörte sie, so schien es ihr wenigstens, die Stimme des Vaters («Leiden jetzt, später Erhöhung durch den Fluß [Anio]»), der darauf sogleich entschwand; erneut be-

[233] Warum sie weinte, wird aus 49 klar.

[234] Die Verschachtelung sollte gewiß den Ton heben (*quam* gehört über *prognata* hinweg zu *Eurydica*).

[235] *Postilla*; *illa* wahrt die Dezenz.

[236] *Te* gibt, angesichts des *sola*, guten Sinn und bedarf keiner Änderung (*iter* Weil).

tont die Anrede (46) das Wichtige, das sofortige Verschwinden des Vaters, obschon er doch «von Herzen ersehnt» war[237]. Und wieder wird dies Allgemeine («ersehnt») durch drei Details ausgefaltet (Händerecken, Weinen, Rufen). Dieses Rufen ließ Ilia erwachen, aber noch ist sie tief im Traum befangen («Kaum noch» hat sie der Schlaf verlassen), sie, die «kranken Herzens» ist und nicht nur körperlich angegriffen (37). So rundet sich der Kreis (*somno* 35 – *somnus* 50).

Aufs Äußere der Textordnung gesehen, ist der Gliederungswille offenkundig: Eine Art Satzvers in 37, Summation in 42, Trikolon 48f., schließender Satzvers v. 50. Ferner ist die Art offenkundig, das Wichtige gleichsam quantitativ hervortreten zu lassen: In 40f. wird *errare* durch drei Kola spezifiziert und in 47 wird *cupitus* wieder mittels dreier Details erläutert, oder anders: Die Art des Gewicht verleihenden Spezifizierens findet sich dort, wo die Hauptsache ausgedrückt ist. Hinzu kommt die Beschwerung des Wichtigen mittels der Anrede. Das «Wichtige» ist zugleich auch das Ge-wichtige.

B. ann. 72–91

Curantes magna cum cura tum cupientes
Regni dant operam simul auspicio augurioque.
In Murco Remus auspicio sedet atque secundam
Solus auem seruat. at Romulus pulcer in alto
Quaerit Auentino, seruat genus altiuolantum.
Certabant urbem Romam Remoramne uocarent.
Omnibus cura uiris uter esset induperator.
Expectant ueluti consul quom mittere signum
Volt, omnes auidi spectant ad carceris oras
Quam mox emittat pictos e faucibus currus:
Sic expectabat populus atque ore timebat
Rebus utri magni uictoria sit data regni.
Interea sol albus recessit in infera noctis.
Exin candida se radiis dedit icta foras lux
Et simul ex alto longe pulcerrima praepes
Laeua uolauit auis. simul aureus exoritur sol
Cedunt de caelo ter quattuor corpora sancta
Auium, praepetibus sese pulcrisque locis dant.
Conspicit inde sibi data Romulus esse propritim
Auspicio regni stabilita scamna solumque.

[237] Zum prägnanten Partizip s. § 139, 1 *(invictus)*; A. 104.

Die Passage, zunächst von den Thronaspiranten aus geschrieben, beginnt in der nun bekannten Art mit der quantitativ betonten Nennung des Wichtigen, dem «Anliegen» und Bestreben *(curantes – cura, cupientes)*, dessentwegen die beiden sich um ein günstiges Zeichen bemühen: *dant operam . . . auspicio augurioque* (73). Das wird jetzt ausgefaltet zu «Wer – Wo – Was», wobei der spätere Sieger hier bereits durch gewichtige Attribute[238] gekennzeichnet und in erneut quantitativer Weise hervorgehoben wird *(pulcer in alto [. . . Aventino])*; am Ende die «Beschwerung des Abschnittendes» (§ 200, Beschwerung II; *genus altivolantum* ist gewichtige Periphrase: §§ 104 und 109). Nun die Vorgeschichte: Die Brüder hatten seit langem gestritten, ob die Stadt «Roma» nach Romulus oder «Remora» nach Remus heißen, d. h., wem sie gehören sollte, und eine *cura* war dies auch allen Bürgern als den künftigen Untertanen. *Cura*, also sind sie gespannt, und diese gespannte *cura* wird in einem Vergleich verdeutlicht, der durch Wortwiederholung eingekreist (vgl. *expectant* in 79 und 82) und dessen Nachsatz (*sic expectabant* usw.) durch eine ebensolche auch an den Einleitungssatz v. 78 angeschlossen ist (*uter* 78 und *utri* 83), so wie die Wiederaufnahme des *regni* aus dem Kopfsatz v. 73 in 83[239] abrunden soll.

Wieder und wieder die Technik von «Ankündigung – Ausfaltung», von Ringbildung und auch von Leitwörtern (hier selbstverständlich *regnum*: 73, 83, s. dann 91), weniger selbstverständlich die Sorge (72, 78; dazu *timebat* 83); hinzukommt der Grundsatz, das Wichtige quantitativ hervorzuheben (72 *curantes – cura*, was durch *atque ore*[240] *timebat* verstärkt wird), und zwar über den Vergleich hinausgehend, in dem die Ängstlichkeit ja keinen Sinn und Platz hat.

Ein gliedernder Zwischensatz, recht schön Hell und Dunkel kontrastierend, überbrückt Abend und Nacht (84: Satzvers). Dann Sonnenaufgang und zugleich (durch Zweimalsetzung betont: 86, 87) das Vogelzeichen. Wahrscheinlich hatte O. Skutsch recht, als er für das nichtssagende *in monte* (74) *in Murco* einsetzte, also den im Südosten des Aventin sich erhebenden Hügel; dann nämlich saß Romulus nördlich davon, und wenn dem morgens naturgemäß nach Ost gen Sonnenaufgang Schauenden die Vögel «von links» (*laeva*, 87) erschienen,

[238] Ferner dadurch, daß dem Remus keine Begleiter oder Zuschauer zugestanden werden: *solus*, v. 75.

[239] *Rebus* in 83 ist schwer verständlich, Skutsch dachte an *dubius*, *mutus* wäre möglich.

[240] Ein generischer Anschauungsanreiz, die ängstlichen Gesichter sich vorzustellen (s. § 17; zur Sache Skutsch S. 230).

erschienen sie dem Romulus zuerst. Also von links mit dem Licht ein herrlichster, günstiger Vogelflug (*avis* kollektiver Singular), und dieses, welches der wichtigste Teil des Textes ist, wird nach nunmehr sattsam bekannter Manier zweimal gesagt mit «spiralförmiger» Steigerung[241] und Erweiterung, also quantitativ hervorgehoben. – Da ersah Romulus, daß ihm die Stadt bestimmt war, ihr «Thron und Herrschersitz» (Doppelung als Fermate: § 200: Beschwerung I, 2).

Das Ergebnis lautet, auf das hier behandelte Thema hin formuliert, etwa so: Ennius' epische Sprache zeichnet sich dort, wo für den Fortgang der Erzählung notwendige, aber nicht Höhepunkte darstellende Elemente vorgetragen werden, durch gedrängte Kürze aus; dort aber, wo die Höhepunkte liegen und Wichtigstes beschrieben wird, ist er durch eine beträchtliche Detailfülle und gewichtvolle Wiederholungsfreudigkeit bestimmt. Diese Detailmenge wird durch Wortiteration (vgl. *servat* in 75 und 76), Leitworttechnik und Figurierung[242] fest zusammengehalten und durch deutliche Fermaten gegliedert. Seine Sprache liebt es, Wichtiges gewichtig, d. h. quantitativ herausgehoben auszudrücken und Wiederholungen nicht selbig, sondern steigernd und anreichernd zu gestalten (s. bes. 88f.: woher – wie viele – heilige, und wohin).

C. ann. 175–179, 183–190

Incedunt arbusta per alta, securibus caedunt,
Percellunt magnas quercus, exciditur ilex,
Fraxinus frangitur atque abies consternitur alta,
Pinus proceras peruortunt: omne sonabat
Arbustum fremitu siluai frondosai.

Nec mi aurum posco nec mi pretium dederitis:
Non cauponantes bellum sed belligerantes
Ferro, non auro uitam cernamus utrique.
Vosne uelit an me regnare era quidue ferat Fors
Virtute experiamur, et hoc simul accipe dictum:
Quorum uirtuti belli fortuna pepercit
Eorundem me libertati parcere certum est.
Dono – ducite – doque – uolentibus cum magnis dis.

[241] W. G. Thalmann, Conventions of Form and Thought in Early Greek Epic Poetry (1984), 22f. Vgl. z. B. ann. 106/8.

[242] Positiv-Negativ-Doppelung (46f.); Antithese (vgl. ann. 183ff.), Chiasmus (44/5) und Parallelismus (74/6), dazu Homoeoteleuta (s. ann. 49 [Versrahmung!]) usw.

Nur kurz und eher zur Bestätigung bereits gewonnener Einsichten seien die frg. IX und X Sk. des 6. Buches erwähnt. In fr. IX wird die Kopfsatz-Ausfaltung deutlich. «Schreiten durch den Wald, fällen» wird ausgefaltet zu einer Liste von gefällten Baumarten, wobei die 5 Details durch Figurierung und Alliteration zusammengefügt und -gehalten werden (176f. zwei passive, variiert-parallele Strukturen), 178 kehrt zum Aktiv, damit zum Anfang (175) zurück, bevor *omne* etc. als Summation Bilanz zieht[243], und zwar unter rundender Wortwiederholung *(arbusta–arbustum).*

Interessanter ist frg. X, die Rede des Pyrrhus, deswegen, weil hier ein Gedankenaufbau deutlich wird: In der Abfolge doppelter, also starker Negation und doppelter Antithese bez. eigenen Tuns (183/5), dann in zweifachem Ausdruck des einen Gedankens an Fortuna wird zugleich die Absicht deutlich, vom allgemeinen *bellum* und seiner Metonymie *ferrum* über *vita* (als das Ziel des Krieges: Es geht um die Lebensweise, d. h. den Status von Sieger oder Besiegtem) zu *libertas* zu kommen, was durch das *regnare* vorbereitet ist. Ein sehr geschlossener Satz-Vers mit eindrucksvoll kurz-kräftiger Parenthese *(– ducite! –)* bildet die Fermate[244]. – Zwei Absichten überlagern sich: die Abwehr des Freikaufs (und die damit verbundene edle Antithetik) und das allmähliche Fortschreiten vom Generellen («Krieg wird nicht zur Kaufware») zum Besonderen («Laßt auch uns unsere Lebensform aus-fechten, nicht aus-handeln!») und weiter zur Bestimmung dieser Lebensform (Herrschen oder Beherrschtwerden, stets aber in [relativer] Freiheit). Es überlagern sich also eine eher statische Antithetik und eine deutlich über drei Stationen voranschreitende Bewegung. – Man wird meinen, daß dieser Gedankengang sehr viel deutlicher hätte ausgedrückt werden können als durch das unklare *vita* und das bloß anreihende *et* in 187; auch der Gedanke «Wer bin ich, einen Gegner nicht zu schonen, den die Götter schonen» ist durch die bloße Wortwiederholung *pepercit – parcere* nur eben nahegelegt. Kurzum: Es ist deutlich, daß eine äußerliche Formalisierung gleichsam auf den Text draufgelegt ist, statt daß er von innen her, von einer klaren gedanklichen Architektonik, geordnet und gegliedert wäre.

243 *Omne* ist die bei Fermaten übliche Hyperbolé (§ 199, Abs. 4); den Beschluß bildet eine Beschwerung (§ 200) mittels Archaismus.

244 Am Ende die stark beschwerte, variierte Formel als Abschlußbeschwerung. – Ein ganz ähnlicher, unterbrochener Schluß-Vers mit schwerem Endkolon findet sich in ann. 252f.

D. ann. 268–286

Haece locutus uocat quocum bene saepe libenter
Mensam sermonesque suos rerumque suarum
Consilium partit, magnam quom lassus diei
Partem fuisset de summis rebus regundis
Consilio indu foro lato sanctoque senatu;
Quoi res audacter magnas paruasque iocumque
Eloqueretur et cuncta malaque et bona dictu
Euomeret si qui uellet tutoque locaret;
Quocum multa uolup
gaudia clamque palamque;
Ingenium quoi nulla malum sententia suadet
Vt faceret facinus leuis aut mala: doctus, fidelis,
Suauis homo, iucundus, suo contentus, beatus,
Scitus, secunda loquens in tempore, commodus, uerbum
Paucum, multa tenens antiqua, sepulta uetustas
Quae facit, et mores ueteresque nouosque tenentem
Multorum ueterum leges diuomque hominumque
Prudentem qui dicta loquiue tacereue posset:
Hunc inter pugnas conpellat Seruilius sic:

Die Eigenart des Ennius, größere Detailmengen äußerlich zusammenzuschließen, den inneren Zusammenhang jedoch im Undeutlichen zu lassen, d. h.: ihn dem Leser zur Erschließung zu überlassen, erkennt man auch in dem langen frg. XII des 8. Buches.

Der Feldherr hat in einer Rede eine wichtige Entscheidung verkündet, und nun will er sich entspannen und ruft seinen Vertrauten. Ennius nennt über 18 Verse dessen Namen nicht[245], er ordnet die ihn kennzeichnenden 24 Eigenschaften vielmehr durch polyptotisch eingesetzte (s. § 34) Relativpronomina (268 *quocum*, 273 *quoi*, 276 *quocum*, 278 *quoi*) und durch variierte Partizipien (282 *tenens*, 283 *tenentem*[246], 285 *prudentem*). Also zunächst ruft er den, «mit welchem er recht oft gern Tisch und Reden, dazu die Beratung über seine Angelegenheiten teilt»; «Tisch und Reden»: Das *-que* verbirgt, daß es sich um ein Abhängigkeitsverhältnis handelt, um die Reden bei Tisch[247]. Er tut dies

[245] Vielleicht tat er es unmittelbar nach 286 (wo des Feldherrn Name fällt) in der Anrede.

[246] Man hat zu *tenens* geändert, aber das verschiebt den Konstruktionsbruch (s. § 193, c) nur um 2 Verse, denn am Akkusativ *prudentem* zu bessern, wie Vahlen vorschlug, ist wegen des folgenden *hunc* bedenklich.

[247] Skutschs *consilium partit* wird man für gelungen halten.

stets, wenn er müde ist «von schweren Geschäften auf dem Markt und im Ältestenrat»; d. h., Ennius faltet die *summae res regundae* spezifizierend aus. – Nun die Charakterisierung.

«Ihm», d. h. in seiner Gegenwart, konnte er ruhig *(audacter)* «große und kleine», also alle Dinge[248] sagen, und an die «kleinen» hängt sich gut «nachbarlich»[249] der Scherz (denn der ist ja ein solch «kleines Ding»); und nun das gleiche, nur auf die Wirkung gesehen: Alles (falls eine Form von *cunctus* sicherbar ist), was «schlecht und gut zu sagen» ist, «spuckte er aus»[250] vor ihm, «wenn er es überhaupt sagen wollte und sicher verschlossen aufbewahren» – womit wir wieder beim *audacter* wären: Der Kreis hat sich gerundet, und in ihm ist dasselbe zweimal, wenn auch variiert, ausgedrückt, wobei der assoziierende «nachbarliche Anschluß» erneut seine Rolle spielte.

Jetzt das Teilen der Freude (276f.; man wird mit Skutsch S. 457 den Text allerdings für lückenhaft halten), ebenso mit Relativ eingeleitet wie der Abschnitt über die Integrität des Mannes (*ingenium quoi*; zur Inversion s. § 35): Kein Entschluß brachte ihn je dazu, eine böse Tat zu begehen; keiner, weder ein leichtfertiger noch ein bös-listiger Entschluß: erneut die Ausfaltung (vgl. zu 271f.).

Und nun (279, bff.) folgt ein wahrer Schauer von Detailkennzeichnungen: Gelehrt, treu, angenehm war der Mann, sympathisch[251], bescheiden, glücklich, wußte das rechte Wort zur rechten Zeit zu sagen, paßte sich an *(commodus)*, von wenig Worten, Vieles wissend, Vergangenes und moderne Sitten und alte im Gedächtnis, die Gesetze vieler Alter, der Götter und Menschen, einen klugen, der Worte sprechen und verschweigen konnte – wie soll man das als sinnvoll verstehen?

[248] *Res* in 273 schließt sich an *rebus* in 271 an.

[249] Damit ist auf eine von J. Blänsdorf erarbeitete Kategorie des altlateinischen Komponierens angespielt (Archaische Gedankengänge i. d. Komödien des Plautus, Hermes, Einzelschr. 20, 1967, 72ff.).

[250] Skutsch S. 450 verweist auf griechische Vorbilder dieses Ausdrucks und auf Ter. Eun. 406 (hierzu meine «Terentiana», Acta Class. 15, 1972, 53f. mit Modifikation des von O. Skutsch, Studia Enniana, 1968, 93 Vorgetragenen).

[251] Skutsch ändert das überlieferte *facundus* in 280 zu *iocundus*, das «fits the context» (S. 459 Mi.); gewiß, aber auch *commodus* in 281 «sits oddly» mitten in der Kennzeichnung des Redens. Behält man *facundus* bei, ergäbe sich (nach der Einleitung *doctus, fidelis, suavis homo*, v. 279/80) «beredt – bescheiden – beredt», so wie sich in 281f. «Sprechweise – angenehm – Sprechweise» findet, also zweimal ein eingesprengter Vor- bzw. Rückbezug. Eine eindeutige Entscheidung scheint unmöglich. Ich folge, mit Bedenken, der Vermutung O. Skutschs.

Zunächst umschließt der Ring *tuto locare* (275) – *tacere* (285) das Ganze; dann stellt man fest, daß es sich von der Nominativ-Reihung über *tenens* (282) zu *tenentem* (283) und *prudentem* (285) hinbewegt, also aufs *hunc . . . compellat* (286) zu: grammatisch ein Konstruktionsbruch (§ 193, c), sachlich aber sinnvoll.

Man kann aber noch weiter eindringen. Offenbar werden 3 Dinge gelobt: Wissen, Verläßlichkeit, Annehmlichkeit *(doctus, fidelis, suavis homo)*. Diese Wörter leiten, in 279 beieinanderstehend, das Folgende ein, das mit *iucundus* beginnt; die *iucunditas* wird begründet mit der Anspruchslosigkeit, aus der Glücklichsein fließt – eine ebenso lebenswahre wie aus der damaligen Popularphilosophie belegbare Kausalkette, deren Verkettung aber gerade nicht ausgesprochen ist, die man vielmehr selber erschließen muß, wie ja auch die Einleitungsaufgabe des *doctus fidelis suavis homo* zu erschließen war[252].

An *suavis* schließt sich nachbarlich *iucundus* und seine Kausalkette an, dann der Punkt «Das rechte Wort, aber kurz»; der ist in *doctus fidelis suavis* nicht deutlich vorbereitet, kann aber unschwer zu *suavis* gestellt werden, so daß sich ergibt: *suavis* ist er, weil er in sich glücklich ist, und dies *suave* zeigt sich in seinem Sprechen. Sehr deutlich wird dann aber, daß nun der Punkt «Wissen» folgt (zusammengehalten durch die Wortwiederholung *tenens – tenentem*). Was weiß er? Altes, Uraltes; daran schließt sich nachbarlich «alte und moderne Sitten», und an Sitten deren Komplement «Gesetze» (man beachte die Klammer *multa* [282] – *multorum* [284]). Danach der kleine Ring (*loqui* in 285 weist zurück auf *loquens* 281) und der große (*tacere* [285] – *tuto* [275], wie bereits gesagt).

Das alte Bild also: anreihende, assoziativ-addierende Detailfülle, deren innere Abfolge sehr wohl bedacht, aber kaum von innen her mittels einer klaren Ordnung der Gedanken verdeutlicht ist, deren äußere Verklammerung jedoch sorgfältig vorgenommen wird. Es herrscht der reihend-nachbarliche Anschluß und das Kopfsatz-Ausfaltung-Prinzip auch hier. Vergleicht man hiermit des Plautus Lieder[253], also die Texte, die er – wie man glaubt – freier gestaltete als die Sprechverspartien, oder das *Virtus*-Fragment des Lucilius[254], erkennt man, daß die ältere lateinische Dichtung generell so verfuhr, wie eben am Ennius dargelegt worden ist.

[252] Im nachhinein sieht man dann, daß *homo* die drei Bestimmungen leicht absetzt.

[253] Vgl. meine ausführliche Erklärung der Alcumena-Arie (Amph. 633/53) in WüJb 14, 1988, 141/50.

[254] Vgl. meine Geschichte der römischen Philosophie, Darmstadt 1989, 22/5, wo die Gedanken- und Satzführung genau nachverfolgt wird.

II. VERGIL

A. catal. 8

Villula, quae Sironis eras, et pauper agelle,
verum illi domino tu quoque divitiae,
me tibi et hos una mecum, quos semper amavi,
siquid de patria tristius audiero,
commendo, in primisque patrem; tu nunc eris illi
Mantua quod fuerat quodque Cremona prius.

Text nach R. Ellis, Appendix Vergiliana OCT (1907) 1955.

Dieses Gedicht, das ich – weil es gegenüber dem älteren Dichten und auch dem Catulls ganz Neues will – für wahrscheinlich vergilisch halte[255], folgt einem neuartigen Kompositionsprinzip.

Zu Beginn die heimelig anmutende Anrede mit dem Lob und der Anerkennung *(quae Sironis*[256] *eras)*, die – obschon grammatikalisch nur aufs Häuschen bezogen – sinngemäß auch für das ärmliche Ländchen gilt. Lob und Anerkennung auch im Pentameter: «doch ihm, weil er hier der Herr war[257], auch du ein Reichtum». Eine Anrede, die das angeredete Gütchen geneigt macht und zugleich dem freundlichen Siro ein Kompliment, als Einleitung; Einleitung worein? Das eigentliche Anliegen wird in einen weiten Spannungsbogen gefaßt*: me tibi . . . commendo*. Zunächst aber *me tibi*: Der Sprechende und das Angesprochene werden hier nach der Einleitung zu einer ersten Kulmination geballt und aufs engste zusammengeführt, eine schon altlateinische Vorliebe, hier besonders sinnvoll, geht es in dem ganzen Gedichtchen

[255] Vgl. Acta Class. (Pretoria/Kapstadt) 12, 1969, 26–46 (im folgenden «AC»).

[256] Zur Gestalt des Siro s. RE 3A, 253 (Siron). Cicero nannte seinen *amicus* (fam. 6, 11, 2) einen *optimus vir* und *doctissimus* (fin. 2, 119).

[257] Gewöhnlich wird *illi* «grad-prägnant» (§§ 138, 1; 139, 2, 2. Abs.; «solch ein») aufgefaßt; dagegen AC 33. Auch G. J. Carlson – E. A. Schmidt, AJPh 92, 1971, 257 übersetzen «for that master», auch sie ohne Absicherung, denn auch S. 257f. wird «that kind of master» nicht gesichert, wie es die gesamte Auslegung S. 258 nicht ist. – Über der Tür zum Hause Lope de Vegas in Madrid: *Parva propria Magna*
Magna aliena parva.

ja nur um Zwiesprache zwischen diesen beiden. Doch das *me* wird sogleich fortgeführt durch « . . . und diese Meinen[258] hier», und diese Seinen werden ihrerseits aufs engste mit dem Ich verbunden (mittels *una* und auch *-cum*), besonders durch die Versicherung nie unterbrochener Liebe (was dies bedeutet, wird in AC 41 geklärt).

Und noch immer keine Erfüllung der mit *me tibi* angelegten Spannung, vielmehr ein *si*-Satz: «für den Fall, daß . . .», und erst hiernach das alles klärende Wort: *commendo*. Und auch hier fügt sich an den Kulminationspunkt eine Ergänzung, «. . . und vor allen den Vater»; in weitem Spannungsbogen zu *hos mecum* ein erneuter Anstieg der Emphase bis zu dem gewichtigen *patrem*. Doch warum «besonders den Vater»? Mit dem letzten Satz wird nun endlich auch die seit Beginn sich stellende Frage nach dem Sinn des Ganzen, nach dem Ziel von günstig stimmender Anrede und bittender Empfehlung beantwortet: Dieses Gütchen wird es sein, das dem Vater (wie auch der ganzen Familie: *hos*) die verlorene Heimat ersetzen soll, Mantua und Cremona[259].

Das Gedicht kennt keine Kopf- und Ausfaltungssätze, es wird nicht mehr durch äußerliche Verklammerungen zusammengehalten, durch Wortwiederholungen, Figurierungen usw.; vielmehr folgen seine Wörter aufeinander gemäß einer inneren Logik, sie werden gelenkt vom Grundsatz der doppelten Spannung. Gemeint ist hiermit zunächst die Wort-Spannung, die hier mittels besonderer Positionierung erzeugt wird; nämlich dadurch, daß die naturgemäß zusammengehörenden Sinn- und Satzträger (*me tibi* und *commendo*) auseinandergerückt sind wie die Pfeiler eines Bogens. Diese Satz- und Sinnträger sind auch als solche Kulminationen deutlich hervorgehoben (auf die Ballung *me tibi* folgt ein *et*-Zusatz wie sich an das – durch Interpunktion bzw. Pause – isolierte und darum betonte *commendo* ein *in primis*-Zusatz anschließt).

Die andere Spannung ist die des Sinnes. Anrede und Anempfehlung – gut, aber jede *commendatio* hat ihr Ziel[260]; dieses wird, übrigens

[258] Es ist fingiert, daß der Sprechende vor der *villula* steht (*hos* zeigt oder stellt vor).

[259] Gabelung (s. § 200, «Beschwerung» I, 1) als Abschluß.

[260] Im genannten Aufsatz AC 37–40. Ich betonte damals den Charakter der Empfehlung sicher nicht falsch. Carlson-Schmidt lasen das Gedicht als «Gebet» (257, nach E. Norden, Agnostos Theos. 1939, 149ff. 168ff.), nicht ohne Gründe. Am Charakter der *commendatio* kann wegen *commendo* kein Zweifel herrschen; daß Elemente der Anrede an Mächtigere nicht fehlten (Du- und Relativ-Stil), ist ebenso unzweifelbar: Das Gedicht ist eben, trotz scheinbarer Simplizität, von hoher Raffinesse (richtig Carlson-Schmidt 256 unten).

völlig natürlich, am Ende gegeben; erst am Ende wird aber auch deutlich, woher die starke Affektbeladung der Anrede rührt: Dies Gütchen ist die neue Heimat. Doch hiermit wird bereits ins Gebiet der sachlichen Interpretation hinübergewechselt, und die ist nicht Anliegen dieses Buches.

B. Aen. 10, 260–275

Aeneas, von den Meernymphen auf dem Schiffe über das Geschehen um sein Lager unterrichtet (228 ff.) und zum Kampfe aufgefordert (*socios . . . vocari . . . in arma iube et clipeum cape, quem dedit . . .* [8, 623–729] *Ignipotens*), nähert sich der Kampfstätte.

Iamque in conspectu Teucros habet et sua castra
stans celsa in puppi, clipeum cum deinde sinistra
extulit ardentem. clamorem ad sidera tollunt
Dardanidae e muris, spes addita suscitat iras,
tela manu iaciunt, quales sub nubibus atris
Strymoniae dant signa grues atque aethera tranant
cum sonitu, fugiuntque Notos clamore secundo.
at Rutulo regi ducibusque ea mira uideri
Ausoniis, donec uersas ad litora puppis
respiciunt totumque adlabi classibus aequor.
ardet apex capiti cristisque a uertice flamma
funditur et uastos umbo uomit aureus ignis:
non secus ac liquida si quando nocte cometae
sanguinei lugubre rubent, aut Sirius ardor
ille sitim morbosque ferens mortalibus aegris
nascitur et laeuo contristat lumine caelum.

Schon kommen die Männer und sein Lager in sein Gesichtsfeld, denn er steht hoch oben auf der erhöhten Popp[261], da[262] reckt er den besagten Schild hoch auf (und somit weithin sichtbar), den «brennenden», gleißenden. *Ardentem* ist weit von *clipeum* getrennt, stark hervorgehoben. Ausgespart ist hier nun, daß die Teukrer das Schiff und Aeneas erkennen, allein ihre sofortige Reaktion wird genannt: Geschrei. Die Unmittelbarkeit ist dadurch angezeigt, daß *clamorem* vorgezogen ist, und wie groß der Jubel ist, wie laut, das zeigt die Hyperbel *ad sidera* (s. § 118). *E muris* – wozu diese scheinbar pedantische

[261] Zu den erhöhten Hinterdecks L. Casson, Ships and Seamanship in the Ancient World, 1971, 227 und fig. 146.

[262] Cum inversum: KS 2, 2; 233 ff.; LHS 623.

Angabe? Vieles, was in einem perfekten Polizeibericht oder Indizienbeweis an Kausal- und anderen Angaben über die logischen Verknüpfungen von Geschehnissen stehen müßte, spart der Dichter aus, aber wie die Dinge geschahen, die er berichtet, das wird dennoch angedeutet – *e muris*: Sie standen erhöht – befinden sie sich doch allesamt in einem verzweifelten Abwehrkampf auf Turm und Mauer (s. 10, 122) – und konnten somit die herannahenden Schiffe erkennen. Und nun die Konsequenz: der Schild (Symbol des Schutzes), Aeneas, neue Hoffnung – und schon neue Energie, neue Kampf- und Wehrlust, die sie (wir verstehen: verstärkt) schießen ließ (*tela manu iaciunt* ist eine Abundanzform, welche die Aufmerksamkeit auf die Hand als das Agens lenkt: Erneut regen sich energisch die Arme).

Seltsam nun, sehr seltsam, daß der im selben Vers, der von solchem Schießen spricht, beginnende Vergleich mit den rufenden Kranichen über Schuß, Kampfeslust und Hoffnungschöpfen zurück den *clamor* kennzeichnet; seltsam ist also der Rücksprung über mehrere Glieder. Beobachten wir einstweilen weiter.

Der Vergleich (264 b – 266) malt den herbstlichen Kranichzug. «Strymonisch»[263] werden die Kraniche genannt, weil es deren gerade dort überaus viele gab, und in riesigen Keilen pflegten sie unterm wolkenschwarzen Himmel von dort im Oktober von dannen zu ziehen; Leittöne ausstoßend *(dant signa)* «schwammen» (vgl. Georg. 4, 59; Luc. 5, 554) sie dahin, laut lärmend[264] auf ihrer Flucht dem Süden entgegen[265] mit Geschrei, das zur Gunst der Stunde gehört *(secundo)*[266]. Mit dieser Wortwiederholung ist der Vergleich auch äußerlich an sein Bezugswort (*clamorem* in 262) angeschlossen. Menschenjubel und Kranichruf – das «Tertium» ist hier der Freudenruf aus dem Empfinden des baldigen Gerettetseins. Die Wortwiederholung rundet ab (§ 200, Abrundung), der Einschnitt ist deutlich genug.

263 Der Strymon, bei Amphipolis zwischen Thasos und der Chalkidike mit flachem Becken ins Thrakische Meer mündend, bildete einen guten Ruheplatz vor dem Weiterziehen (RE 4 A, 392, 53 ff. und zum Ziehen RE 11, 1573, 23; zum Ruf Arist. Av. 233: ein Wohllaut).

264 Des Kranichs Ruf ist sehr laut, entbehrt aber aller Aufregung, wie es z. B. der Gänsezug an sich hat, eigentlich auch des Grellen, obschon er bei Peterson-Niethammer ([10]1973, 122) als «grelles, trompetendes» Rufen bezeichnet ist.

265 *Notos*, Akkusativ der Richtung und der urspr. Bedeutung Süd-W i n d entkleidet.

266 S. Skutsch zu Enn. ann. 244; die Komm. zu Verg. Aen. 8, 90; Bömer zu Ov. met. 8, 420.

Auch der Feind zeigt Reaktion, genauer: eine Reaktion auf die Reaktion, auf die Antwort nämlich, welche die Troer dem Zeichen ihres Führers gaben, als sie auf einmal die Gegenwehr verstärkten; der Feind reagierte mit Verwunderung[267], v. 267. Allerdings nur so lange, bis sie die Hecks erblickten, die – bereits zum Ufer gewendet – von See herabkamen, «massenweise», würden wir sagen; Vergil drückt das so aus: *totum adlabi classibus aequor* (269); auch wenn *classibus* hier (nach Maßgabe von *classe* = «per Schiff») für «Schiffe» steht[268], wird der Ausdruck «die ganze See gleitet heran mit Schiffen» nicht viel verständlicher. Was geschehen ist, läßt sich etwa so beschreiben. Der erschrekkende Anblick: «Die ganze See ist voll von Schiffen» drängt den Eindruck «die ganze See ist voll» an den Beginn der Verbalisierung (*totum* am Anfang), dann der erschreckende Eindruck: «Sie kommen auf uns zu!»; fortfahren kann nun der Dichter, der aus der griechischen wie früheren lateinischen Literatur die «Verkehrung der natürlichen Verhältnisse» (seit Pindar spätestens, s. § 197) gut kennt, mit der widernatürlichen Umkehrung des Erwartbaren, mit «die See (kommt) mit Schiffen». Es ist, als hätte sich die See selber gegen die Ausonier aufgemacht. Man kann sich gewiß auch mit der simplen Feststellung des Tropus begnügen, doch dann und wann meint man noch zu spüren, warum ein Wort an die Spitze drängte, warum ein Wort – gegen alle Natur – sich zu ihm an die zweite Stelle schob usw. (Hillen 169 versteht den Satz so, daß Vergil *mare adlabitur* [10, 292: eine bes. schwere Brandungswelle] mit *rates adlabuntur* [vgl. Aen. 3, 569] verschmolz, und dachte an eine «Strömung». Zunächst handelt es sich nicht um eine Meeresströmung, sondern um das übliche Landemanöver [mit dem Heck voran mittels der Riemen]; weiters dürfte Vergil hier nicht einen Kunstgriff allein um des Kunstgriffs willen angewendet haben.)

Und nun wieder die Seltsamkeit der v. 264ff., erneut überspringt ein Verskomplex (hier 270/5) das vor ihm Stehende und führt etwas weit vor ihm Gesagtes aus: In *ardet apex* usw. wird noch einmal die Licht- und Glanzerscheinung des Aeneas geschildert, gesteigert und gleißender als zuvor, aber – ohne seinen Namen zu nennen. Zweimal dasselbe, «es brennt seinem Haupt die (Helm-)Spitze» und «der Helmzier ergießt sich vom Scheitel die Flamme» (Brennen und Flamme rahmen den Vers). Es hat keinen sachlichen Grund, zweimal durch dazuge-

[267] *Videri* ist Infin. historicus (s. § 84, Abs. 3).

[268] Vgl. Verg. Aen. 1, 379; Hor. c. 3, 11, 48; TLL 3, 1283, 60ff. (seit Verg. Aen. 6, 1).

fügte Dative («Ethicus») den Eindruck des «oben» durch Doppelung (*apex capiti* und *cristis a vertice*) zu verstärken, es hat dies aber wohl nicht nur den Grund spielenden Stils, der an Alliteration und Chiasmus, an variierter Doppelung seine Freude hat und an der Hyperbel «der goldene Schildbuckel 'spuckt' unmäßige Feuermassen», sondern die dreimalige Nennung einer Lichterscheinung betont das Hoffnungszeichen: Aeneas erscheint als eine (den Feinden) Unheil kündende Gluterscheinung.

Nun gut; aber warum der Rückgriff? Der Rücksprung hat eine eigenartige Wirkung. Bevor wir die besprechen, ein Blick auf den Doppelvergleich (§ 158, c). Des Aeneas Flammen wird verglichen mit Kometen, die blutfarben sich «schlimm röten»[269], d. h. Böses kündend rot leuchten (man beachte das dreimalige *-u-* in 271 und 273) und mit dem Hundsstern *(Sirius ardor)*, der Durst und Krankheiten den bekümmerten Menschen bringt, wenn er aufgeht und mit unheilschwangerem Leuchten den Himmel verdüstert – welch ein Oxymoron[270]! Also: Wie ein Komet und wie Sirius die Menschen schreckt und düster stimmt, so schreckt das Strahlen des Aeneas – wen? Natürlich denkt man an die Rutuler und Ausonier, ihr Führer Turnus aber bleibt unbeeindruckt.

Um nun endlich die angesprochenen seltsamen Rück- und Übersprünge zu erklären, sei das Ganze noch einmal nachgezeichnet, jetzt aber mit Unterscheidung auch des Hauptgegenstandes und seiner Auswirkungen. – Da hob zunächst Aeneas, von so hoher Warte aus, daß die Seinen ihn sahen, den Schild, den «brennenden» (*ardentem* positionsbetont). Jetzt die doppelte Auswirkung: Die Teukrer antworten, sie schreien auf *(clamor)* und verstärken ihre Abwehrenergie. Das Gleichnis greift auf *clamor* zurück und macht *spes*, *ira* und *tela iacere* dadurch zum untergeordneten Thema. Die Feinde sind über die verstärkte Gegenwehr verwundert, bis sie auf die nahende Flotte in ihrem Rücken aufmerksam werden; sie schauen zurück, das letzte Wort ist *aequor*, damit wird der Übergang zum Thema «Aeneas» (der ja dort über die See herankommt) vorbereitet. Daß nun (270) wieder Aeneas, also das Hauptthema im Vordergrund steht, daß es gleichsam nie unterbrochen, daß der *clamor*, die intensivierte Gegenwehr, das Erstaunen der Feinde und ihr Erblicken der Flotte eine insofern untergeordnete Thematik darstellt, als sie nur die Auswirkung des Hauptgegenstandes ist, das zeigt sich daran, daß in *ardet apex* usw. nicht gesagt

[269] Zum Neutrumadjektiv § 54.
[270] Man lese zum Kontrast Verg. Georg. 3, 278f.

wird, wessen Haupt und Schild Feuer aussenden; es ist, als werde die Linie *stans – extulit* fortgesetzt:

Hauptgegenstand:	*stans, extulit* . . . *ardet* etc.
	⇓
Erstgradige Auswirkung:	*clamor, spes*
	⇓
Zweitgradige Auswirkung:	*ira, tela iacere*
	quales etc. (Rückgriff zeigt, daß *ira, tela* Zweitauswirkung)
Drittgradige Auswirkung:	die Feinde staunen, sehen dann, der Ursache nachgehend, die Flotte
ardet apex etc.:	Hauptgegenstand fortgesetzt (Beweis: keine neuerliche Nennung des Aeneas, das «er» von v. 260f. ist in v. 270 weiterhin (als «sein») gültig.

Ist auf diese Weise die Satz-Hierarchie festgestellt, ergibt sich für unser Thema, daß der Dichter eine «Satz-Spannung» durch den Hauptbogen von 260f. zu 270 über die dreifach gestufte Mittelpartie hinweg angelegt hat. Diese Satz-Spannung, die man auch eine Spannungs- oder Bogenwölbung nennen kann, ist eine Spannung der Sache oder des Geschehens (von 262 [*ardentem*] spannt sich der Themabogen «Licht» bis 270f.; von *clamor* [Antwort auf das Zeichen der Rettung] wölbt sich ein kürzerer über die Sekundärwirkungen zum Vergleich 264ff.). Verdeutlicht wird diese Struktur durch die Art und Weise, wie die Wörter gesetzt oder ausgespart werden: Ringbildung durch *clamorem – clamore*, überbrückender Rückbezug von *quales* auf *clamore . . . tollunt*; Nicht-Setzung des Bezugswortes («sein» oder «des Aeneas») in *ardet apex* und Rückbezug von diesem *ardet* auf *ardentem* (262).

Anders gesagt: In der klassischen Komposition ist die Figurierung nicht äußerliche Verklammerung von Detailmassen, sondern identisch mit der inhaltlichen Gruppierung, welche durch die Figurierung angezeigt wird. – Doch noch ein anderes hat sich gezeigt: Neben der gleichsam abschnittsinternen Spannung (die nicht zuletzt durch die Rücksprünge bewirkt wurde) entstand durch die Wortgebung eine andere, weit über den Textabschnitt hinausreichende: Wenn das Flammen mit dem unheilverkündenden Leuchten von Komet und Sirius verglichen wird, dann ist solches Unheil angekündigt, und man wartet, wann es hereinbrechen wird.

III. HORAZ

A. carm. 1,4

Solvitur acris hiems grata vice veris et Favoni,
trahuntque siccas machinae carinas,
ac neque iam stabulis gaudet pecus aut arator igni,
nec prata canis albicant pruinis.

iam Cytherea choros ducit Venus imminente luna,
iunctaeque Nymphis Gratiae decentes
alterno terram quatiunt pede, dum gravis Cyclopum
Volcanus ardens visit officinas.

nunc decet aut viridi nitidum caput impedire myrto
aut flore, terrae quem ferunt solutae;
nunc et in umbrosis Fauno decet immolare lucis,
seu poscat agna, sive malit haedo.

pallida Mors aequo pulsat pede pauperum tabernas
regumque turris. o beate Sesti,
vitae summa brevis spem nos vetat inchoare longam:
iam te premet nox fabulaeque Manes

et domus exilis Plutonia, quo simul mearis,
nec regna vini sortiere talis,
nec tenerum Lycidan mirabere, quo calet iuventus
nunc omnis et mox virgines tepebunt.

Ein anderes Prinzip herrscht in horazischen Carmina, nämlich das der gedanklichen Aussparung, besser vielleicht: der Bilderkenntnis. Was meint das kryptische Wort?

Wenn man so will, bedient Horaz sich in c. 1,4,1 noch der Kopfsatz-Technik: *solvitur acris hiems*, die Winterstarre scharfen Frostes löst sich[271], eine «generische Anschauung» (§ 17), auf die – nach dem

[271] Man beachte die weichen Laute nach dem einleitenden Sigmatismus (gut R. M. Nielsen – R. H. Solomon, Pallida Mors and Broken Promises, in: Stud. in Latin Liter., Coll. Latomus 5, 1989, 190). Vgl. *soluto frigore*, Caes. b.g. 7,24,1; Hor. c. 1,9,5 *dissolve frigus*.

Kontrast *grata*[272] *vice veris et* [das *et* heißt: «bewirkt durch . . .»] *Favoni* – eine Reihe von Details folgt: Die Arbeit beginnt (Winden ziehen die gut getrockneten Schiffe[273] ins Wasser, der Bauer denkt ans erste [Verg. Georg. 1, 43 ff.] Pflügen), weder Vieh noch Landmann mögen mehr drinnen sein, und draußen herrscht kein Frost mehr (so rundet v. 4, auf *acris hiems* rückbezogen, die Strophe).

Sie ist mit dem Folgenden fest verknüpft durch Sprache und Sache; im engeren mit Str. 2 dadurch, daß *neque iam* aus v. 3 über die Strophenfuge hinweg wiederholt ist (v. 4 *nec*, v. 5 *iam*); in v. 10 wird ans *solvitur* erinnert und an die Wiesen, auf denen nicht mehr weißer Rauhreif liegt, sondern die ersten Blumen blühen. Also Str. 2: Schon tanzt Venus mit Nymphen und Grazien, und das bedeutet gewiß auch Fruchtbarmachen (NH zitieren die Kyprien fr. 5 ἐπὶ καρπῷ χεῖρας ἔχουσαι), aber vor allem Schönheit *(decentes)* nach dem häßlichen Grau des Winters; sie stampfen den Boden, und das verbindet sich mit der «schweren» Werkstatt ihres Gemahls: Der Frühling kommt schön und gewaltig zugleich, auch mit Donner und Blitz[274].

Jetzt antwortet der Mensch mit Fest (v. 9, s. Hz. und NH[275]) und Opfer, jetzt gehört es sich, jetzt «paßt» es, zu feiern und Faun zu opfern, auf daß er die Herden schütze (das Gedicht ist vom Land her gedichtet[276]). Mit gewaltigem Krachen hält urplötzlich der Tod Einzug (viermal *p*, s. § 210), der alle trifft, auch die Reichen (daher die Anrede *beate Sesti*), und er trifft bald (abstrakt in v. 15, bildlich in 16/7 ausgedrückt): «schon bald bedrängen dich Dunkel, Schatten und die Enge des Pluto-Hauses»; nach dem Schreckbild ein Bild dessen, was man mit dem Tode verliert: Symposiarchie[277] und Liebe. Genial, wie Horaz durch die Erinnerung daran, daß Lycidas «bald» nicht mehr die jungen Männer «erwärmen», sondern zum Schwarm der Mädchen werden wird, wieder an den raschen Lauf der Zeit (*iam*, v. 16) denken läßt.

Wieso nun «Bild-Erkenntnis»? Nur zwei allgemeinere Sätze finden sich in dem ganzen Gedicht (*solvitur acris hiems* und v. 15: *vitae*

[272] *Grata* läßt nach dem Prinzip des Kontrastkomplements (§ 201, c) den Winter als *non gratus* spüren.

[273] Wie Nielsen-Solomon auf die Paraphrase «dried carcasses of boats» (191) kommen, ist unerfindlich: Das Trocknen war doch etwas Wichtiges und Gutes.

[274] Ich sehe keine Notwendigkeit, *visit*, das Kommen, durch *versat* (Wache) zu ersetzen.

[275] S. auch Dodds zu Eur. Ba. 235 (über *nitidum*).

[276] Zur Fermate (Gabelung) s. §§ 198; 200, «Beschwerung» I, 1. Die Anapher des *nunc* schafft nicht Ordnung, sie betont den καιρός, s. § 32.

[277] Zu den NH-Stellen füge man RE 4, 612, 60 ff.

summa[278] *brevis spem nos vetat iuchoare longam*), alles andere ist recht spezifischer Bildanreiz. Die Bilder nun aber legen etwas nahe: Der scharfe Bruch zwischen v. 12 und 13, zwischen Fest und hoffendem Opfer einerseits, finsterem Tod andererseits, spart den Gedanken des *Carpe diem* (ausgeführt bekanntlich in c. 1, 11) aus, bzw. er legt ihn durch den Kontrast nahe. Der Gedanke wird dann ja noch einmal nahegelegt, in v. 18ff. Dies Prinzip des gedankenträchtigen Bildes beherrscht hier aber auch kleinere Einheiten, womit wir bei der Wortsetzung und damit bei dem wären, was in die engere Thematik dieses Buchs gehört.

Gleich v. 1 ist nicht allein durch die Genetivstruktur, sondern auch durch Aussparung und Klangform zusammengehalten, obwohl vom Kontrast «Winter – Frühling» beherrscht: *grata* «färbt» – wie oben (§ 201, c) ausgeführt – auf *acris hiems* (die so zum Gegenteil, zur *non grata* wird) ab, und auf die drei scharfen *s*-Laute folgen drei weiche Labiovelare. Aus dem *neque iam . . . gaudet* erwächst der Gedanke an Freude; und wenn diese nicht aus Stall, Herd und Winterwiese erwächst, woraus dann? Die Antwort geben Str. 3 und 4; sie (in Str. 3) lassen an feine Schönheit der Grazien und der Venus denken und das notwendig mit dem Frühling verbundene Tosen ihres Gatten, wie in Str. 4 an fröhliches Feiern erinnert wird und an dunkles, nicht minder notwendiges Blutopfer. Sprachlich ergänzen sich *quatiunt* und *gravis* erneut gegenseitig: *quatere* mag «auffallend stark» (Hz.) oder «too obstreperous» sein[279]; auf die Vers-Tektonik hin gesehen, gilt *quatere* auch für das Tun des Vulcan (bei Hz. besser erklärt als bei NH), das (für die Menschen) «schwer» ist. Das dumpfe *qu . . . unt* scheint im *dum* und *Cyclopum* (oder *Cucl-*?) aufgenommen; ganz gewiß aber hat der Dichter die hellen *i*-Töne in v. 9 über *myrto* sich in v. 10 zu dumpferen *o*- und *u*-Lauten ändern lassen (*flo-* und *-unt solut-*), so wie er das (junge, darum helle) Grün, das glänzende Haar[280] und die bunten Farben in v. 9f. mit den dunklen Tönen (*umbro-* und *luc-*) kontrastieren ließ.

Aber zurück zu den «Bild-Erkenntnissen». Indem Horaz Sestius mit *beatus*, mit «reich» und «glücklich» zugleich anspricht, bezieht er ihn ein in das donnernde Kommen des Todes, der bei Arm u n d Reich

[278] Nach OLD *summa* 1, a bedeutet *vitae summa* das zusammengerechnete Ganze der Lebensjahre, und das ist insofern «kurz», als es «kleinzahlig» ist.

[279] NH, die fortfahren: «yet cf. Hes., th. 70»; sie hätten auch (mit Hz.) Hor. c. 4, 1, 28 (die *Salii*) nennen können. Die Stellen bei NH sprechen alle vom ländlich-magischen, stampfenden Tanz.

[280] S. Dodds a. a. O.

ans Tor schlägt; auch hier muß die Ergänzung eines (sehr einfachen) Gedankens die Brücke über die scharfe Kluft zwischen Sentenz und Anrede schlagen; eine Ergänzung, die durch den Bezug von *rex* und *beatus* nahegelegt wird; wer *beatus* ist, gehört zur Gruppe der Reichen, und deren Gipfel ist der *rex*; und wenn Arm und auch Reich vom Tode heimgesucht werden, dann ja auch der «reiche» Sestius; das «auch» überbrückt die Kluft.

Am Ende dann noch einmal die Wirkung jenes Grundsatzes des ausgesparten, durch Bildhaftes nahegelegten Gedankens: Lycidas, bei dessen Anblick jetzt die männliche Jugend «heiß wird»[281], bald die Mädchen warm werden. Man kann dieses Ende «offen» nennen (Wili 165 oben), doch muß man sich dorthin leiten lassen, wohin der Text führt, nämlich zur Akzeptanz des Zeitfortschrittes: Aus dem Knaben wird bald ein Mann, die Zeit läuft, also: Genieße jetzt. Aus dem *nunc decet* wird so ein *nunc necessest*. Die Bilder (besser: Bild-Anreize), die in *calet – tepet* liegen, drängen auf eine Erkenntnis hin, eine Erkenntnis nicht im noetischen Sinn, denn das Eilen der Zeit ist kein Neues, aber im Sinn der Anerkenntnis, aus dem ein Tun folgt. Das war mit Bild-Erkenntnis gemeint.

Nielsen-Solomon (s. A. 271) geben S. 187 vor, Niall Rudds Forderung (AJPh 81, 1960, 374), «not to reverse a poems's literal statement» Genüge zu tun, unternehmen dann aber das Gegenteil. Hören wir ihnen einen Augenblick zu: Auf S. 192 erinnern sie an die «rich Hellenistic conventions of spring» (NH I 58ff. liefern die Belege), den reichen Preis des Frühlings, seiner Vogelstimmen, Blüten, Düfte, Liebesregungen usw., vermissen ihn dann aber in Horazens Gedicht, so auf S. 197 («springtime possibilities remain unfulfilled»), vermissen die genaue Kennzeichnung des Opfernden (v. 11f.; S. 197), hören im unterschiedenen Tun von Venus und Vulcan eheliche Zerwürfnisse («de-emphasizes the romantic link», S. 194, 197), spüren in der Nennung nur einer Blume (*flore*, v. 10) eine «general inhibition» (195 unten), eine Anspielung auf «limitations of spring fertility» (196 oben: das in Italien! Sollen sie doch einmal im April dort wandern! Die Möglichkeit, daß die Zurückhaltung des Textes, was die Detailfülle angeht, ein Kunstprinzip dieses Dichters sein könnte, wird nicht einmal erwähnt), kommen zur Folgerung, das Gedicht sei im ganzen pessimistisch (so schon A. J. Woodman, Latomus 31, 1972, 778 [Weiteres dieser Art bei Nielsen-Solomon 188, A. 5]) und «strikes against traditional art» (202 [weil die «springtime possibilities» nicht in breiter Fülle ausgeschöpft seien]), Str. 3f. negierten zudem alle Frühlingsfreuden (200). Ihr Fazit lautet auf S. 197 so: «Man

281 Zur Vorstellung des Brennens der Liebe s. NH I 240, Z. 1ff.; 372 (*torret)*; bes. V. Graßmann, Die erot. Epoden des Horaz, Wiesbaden 1966, 97 und 103.

appears as a nearly disembodied, garlanded head. Even in blood ritual he is will-less, doing the bidding of a preemptory Faunus. In this way humanity is included in the ode's central motif: boats without a seaway; a dance without spontaneity and sensuality; a husband and wife who move separately; Cyclopes without weapons to fashion; a party-goer with no festivity; groves without location or numinous quality; and a favoring Faunus with no function beyond that of dictating the means of sacrifice.» Man glaubt zu träumen. Nun mag jeder sich von Texten zu seinen eigenen Eindrücken anregen lassen, mögen sie noch so absurd oder freudlos sein, nur – er gebe dies sein subjektives Assoziieren nicht als Wissenschaft aus (die Collection Latomus wollte doch wohl Wissenschaftliches drucken?). Warum ist das Referierte das Gegenteil von Wissenschaft? Darum, weil die Argumente erschlichen sind: Mittels der doppelten Methode, einerseits aufgrund sonstiger Dichtung ahnen zu wollen, was Horaz alles hätte sagen k ö n n e n, andererseits zu folgern, daß er das alles nicht habe sagen w o l l e n, wird geschlossen, das Verschweigen habe die Zerstörung der «tradition» zum Ziel gehabt. Z. B. 200 unten: Für diese Scriptorculi hätte Horaz in v. 20 (Woodman 775f.: «they will cool down» [sic!]) statt *tepebunt* auch *ardebunt* sagen können; er sagt aber nur *tepebunt*, also ist das Wort – nach Woodman – eine «ambiguity» und die Liebe somit relativiert, wie auch Sestius, von dem *mirabere* gesagt werde, «will only be an onlooker» (201). Derlei Albernheiten wären zu übergehen, wenn die Fälle sich nicht häuften (s. Verf., Phil. 138, 1994, 83, A. 1 und gleich zu c. 1, 17 unten A. 295).

B. carm. 1, 17

«Ein sehr männliches Gedicht»
H. F. Sentker (Pretoria), mein immer bewunderter,
nie vergessener Freund

Velox amoenum saepe Lucretilem
mutat Lycaeo Faunus et igneam
defendit aestatem capellis
usque meis pluviosque ventos.

impune tutum per nemus arbutos
quaerunt latentis et thyma deviae
olentis uxores mariti,
nec viridis metuunt colubras,

nec Martialis haediliae lupos,
utcumque dulci, Tyndari, fistula
valles et Usticae cubantis
levia personuere saxa.

di me tuentur, dis pietas mea
et musa cordi est. hinc tibi copia

manabit ad plenum benigno
ruris honorum opulenta cornu.

hic in reducta valle Caniculae
vitabis aestus et fide Teia
dices laborantis in uno
Penelopen vitreamque Circen;

hic innocentis pocula Lesbii
duces sub umbra, nec Semeleius
cum Marte confundet Thyoneus
proelia, nec metues protervum

suspecta Cyrum, ne male dispari
incontinentis iniciat manus
et scindat haerentem coronam
crinibus inmeritamque vestem.

Was bedeutet ein Gedicht? Das ist gewiß eine legitime Frage, denn schließlich werden Wörter verwendet, und die Wörter geben vor, daß sie auf einen Sinn hinweisen. Solcher Sinn ist nun oft weder ein besonders tiefer noch ein besonders neuer Gedanke (man denke z. B. an c. 1, 4), und man darf daher auch einmal daran erinnern, daß Dichten Kunst ist. Was Kunst ist, soll hier beileibe nicht diskutiert werden, aber daß Kunst nicht zuletzt etwas mit der Ordnung von Details, daß Dichtkunst viel mit der Ordnung der Wörter und dem Arrangement dessen zu tun hat, was die Wörter an Sinn und Bild erregen, das dürfte zumindest aus Horaz' eigener «Ars Poetica» deutlich genug sein.

In den Bergen, am Straßenrand, halten Maschendrahtkonstruktionen Geröll und Schotterbruch fest, um Steinschläge zu vermeiden; ganz anders selbsttragende Architekturen bis hin zu Kuppeln wie der von St. Peter – so kommt einem zuweilen die alte Klammertechnik eines Ennius-Fragments im Unterschied zur neuen Tektonik seit catal. 8 vor, der Tektonik von lichter Spannung und Aussparung alles zu Schweren. Aber genug solcher immer etwas peinlich zweifelhafter Vergleiche, es sei noch einmal die Neue Kunst gezeigt, und dies unter sorgsamer Auswägung von Gehalt und der eben apostrophierten Kunst der Ordnung.

V. 1–4. *Velox*, ein erregendes «Hurtig», und dann «oft den schönen[282] Lucretilis», als ob es gar nicht rasch genug gehen kann, ihn im Tausche zu erreichen; und noch ein Wort *(Lycaeo)*, dann endlich das

[282] *Amoenus*; man kann an die neueren Zusammenstellungen denken, etwa an die von Vogt, Mus. Helv. 28, 1971, 98 ff.; bes. interessant: W. Adam, Descriptio quatuor temporum anni, Tradition und Deutung, Euphorion 72, 1978, 121 ff., man kann sich auch, über das Papierphilologische hinaus, einmal fragen, was in den Bergen zwischen Monte Gennaro und Monte Mandela bzw.

alles Gewölbe haltende Schlußstein-Wort *Faunus*; er kommt, hurtig[283] und oft, zum Lucretilis-Massiv und seinem Licenza-Tal[284]; nun die andere Hälfte des Gewölbes: Er tut dort etwas, er wehrt nämlich der Sommerglut und dem Regensturm[285], wehrt sie ab von des Dichters Ziegen. Ländlichkeit, draußen, fern vom umtriebigen Rom, im Schutze des Herdengottes; und dies alles nach Kommen und Tun geordnet, beides aus je einem Hauptgliede bestehend *(Lucretilis, capellis)*, um das sich je zwei Nebenglieder legen (oft, Lycaeus; Hitze, Regen).

V. 5–12. Nun die Auswirkung solcher Ankunft. Ähnlich dem Anfang des Gedichts (*velox*, ein affizierender Trompetenstoß gleichsam als Anfang) hier ein nicht minder affizierendes *impune*: Friede breitet sich aus; doch jetzt eine von Str. 1 teils verschiedene, teils auch gleiche Architektur: *capellae*, die Herde, wird geteilt in ein – der Sache nach – Gewichtigeres (*uxores* mit ihrem riechenden Gatten) und die Kleinen, also ein Leichteres; zu den Gattinnen führt der Anstieg über eine Hauptsache *(tutum . . . nemus)* und eine Vierergruppe aus näheren Angaben: (verborgene) Erdbeerbäume[286] und Thymian, der nur von Ziegen erreicht wird, die vom Hauptpfad abweichen. *Impune*, schadlos, und dann die gefahrlose Zerstreuung der Herde, während eine sich gefährdet fühlende Herde sich stets ballt; Akzent und Stimmung setzendes Vor-Wort, dann eine von vier Bestimmungen umspielte Hauptsache (Wald), die auf das erste Subjekt (das in der friedlichen Umgebung leicht und lächelnd vorgetragene *olentis uxores mariti*) hinführt; gefolgt von zwei *nec*-Bestimmungen des zweiten, leichter wiegenden

Colle Prioni so angenehm war: Es sind wohl nicht zuletzt die Farben (weißlichgrauer Kalkstein in sattgrünen Wiesen), schönster Waldbestand, oft aus interessanten niederstämmigen Buchen mit hochaufragenden Ästen, und dazu überall die kleinen, saftig-schattigen Mulden, die, waldumstanden und gut mit Wasser versorgt, die schönsten Wiesen ergeben.

283 Bömer zu Ov. fast. 2,286.

284 Zur Horaz-Villa aus neuerer Zeit: L. Dal Santo, Notizie sulla villa Sabina di Orazio, RStCl 22, 1974, 108–114 (das Museum in Licenza, einst liebevoll eingerichtet, ist jetzt dank der Indolenz der römischen Behörde nicht besichtigbar; auch der Bürgermeister von Licenza hat keinen Schlüssel!). Schön dagegen die Seiten bei Wili, 39ff.

285 Zum Dativ s. TLL 5,1; 294,76ff. (Verg. Buc. 7,47 zuerst).

286 Zur Sache s. die Komm. zu Verg. Buc. 3,82; Bömer zu Ov. met. 10,102; zum Thymian, der auf kärglichem Boden wächst, s. die Komm. zu Men. Dysk. 605. – Zum Pleonasmus *impune tutum* NH: «the pleonasm has point», in der Tat.

Subjekts[287], wobei beide Subjekte Ausfaltungen des Begriffs *capellae* sind.

Ausfaltung und Fortschritt, denn nach der elementaren Bedrohung durch Hitze und Regen nun die durch Tiere, «grüne» Schlangen[288] und martialische Wölfe. Und am Ende wieder Faunus – dieser Friede (*impune*, Furchtlosigkeit) tritt ein, «sobald jeweils» Tal und Fels von seiner Flöte hallen (zu ihr Bömer zu Ov. met. 2, 691; 206 unten). So also baut Horaz: ein Ring[289] um den Mittelteil, der Ring aus des Fauns Tun, Kommen und Wehren einerseits, andererseits schützendes Syrinxspiel weithin durch Tal und Gefels. Und so umfängt Faunus durch sein Tun die Herde[290], die Alttiere und den Nachwuchs, wie der Dichter sie umfangen sein läßt durch die Ringstruktur (sie findet ihren Abschluß ebenso in einer Gabelung wie das Ende von Str. 1 durch eine Gabelungsfermate angezeigt war). Noch sind die uralten Prinzipien in Geltung, als da waren Kopfsatz, Ausfaltung, Ringbildung, aber sie halten nun nicht – *sit venia audaciae* – Geröll äußerlich verklammernd beisammen, sondern dienen einer neuen Strukturidee: der Spannung der Bauglieder untereinander und der Spannung a u f sie. So muß man in Str. 1 vier Wörter lang warten, bis auf *velox* der folgt, der da hurtig ist, muß sich in Str. 2 über zwei ganze Zeilen – in u n s e r e n Texten – bis zu den *uxores* gedulden; in Str. 2/3 kommt das Subjekt mit geringerer Verzögerung, aber ebenfalls am Ende eines Spannungsbogens. Vor allem aber ist auf die viel größere Spannung aufmerksam zu machen, auf die nämlich, welche von *impune* bis *utcumque* usw. reicht. *Impune*, die Schadlosigkeit, ist gewiß durch *defendit* vorbereitet, aber sie

[287] Die *nec*-Sätze sind durch die Verteilung von Prädikat und Subjekt fest verklammert, wobei wie in Str. 2 das Subjekt am Ende steht.

[288] Zu den «grünen» Schlangen s. die zoologische Erklärung im EP S. 188 n. Mi.

[289] *Utcumque* ist hier temporal verwendet, und zwar zum ersten Male (LHS S. 635). Das Wort sagt also «sobald» und meint das sofortige Eintreten des Schutzes wie in einer immer plötzlich geschehenden Epiphanie; es sagt aber auch «jedesmal, wenn» oder auch «wann immer» und zielt damit auf das «oftmalige» Kommen: *utcumque* vereint in sich das *velox* und das *saepe*.

Personare in v. 12 ist intransitiv: Das Tal hallt wieder von der Flöte (falsch EP S. 189 n. Mi.). Ein Wort noch zu den «glatten Felsen» (die heute – am Osthang des Tals – wiederzufinden nicht einfach ist): Echo entsteht nur bei glatten Oberflächen (Ar. an. 419b 25; Lucr. 4, 570ff., vgl. Plin. n.h. 2, 115), wenn sie konkav sind ([Ar.] Probl. 899b 28).

[290] Umfangen sind auch die *haediliae* (v. 9) von Mars und Wolf, doch ohne daß die Räuber schaden könnten.

folgt nicht daraus («wehren» tat Faun den Unbilden der Witterung, er sorgte in Str. 1 nicht für Sicherheit im Walde); vielmehr findet die Frage: «Wieso *impune totum per nemus?*» ihre Antwort erst in v. 10ff.

Nun aber, unmittelbar anschließend, die gedankliche Aussparung. Sehr leicht ist zu sehen, daß zwischen Str. 1 und 2/3 ein einfaches «auch» zu ergänzen ist: Schutz vor den Elementen ⟨und auch⟩ vor gefährdenden Tieren. Schwieriger ist die gedankliche Verbindung von Str. 1–3 und Str. 4. Daß der eine Pan des Dichters Herde schützt, wird verallgemeinert zum Schutze der Götter überhaupt, und der Grund hierfür ist: «⟨Denn⟩[291] mein frommer Sinn und mein ⟨wesentliches, hauptsächliches Tun: mein⟩ Sang ist nach ihrem Herzen.» Dieser Satz *di me tuentur, dis pietas mea et musa cordist* ist nun gedanklich und strukturell die Mitte des Gedichts (Fraenkel, Horaz 245 Mi.; Syndikus 193, A. 32 u. a.). Einen frommeren und zugleich selbstbewußteren Satz kann man sich nicht ausdenken.

Und jetzt ist erneut eine Ergänzung vorzunehmen, denn aus den Gedanken an Fauns Ziegenschutz und dem, daß Pans Schutz Zeichen für den Schutz der Götter überhaupt ist, folgt: «Und darum kann ich Schutz auch weitergeben – an seiner Würdige, versteht sich.» Zwischen *cordist* und *hic* geschieht vieles, das in einem schlichten «Und so» verborgen ist: «Und so wirst du hier, an diesem gottgeschützten Ort genießen, singen und geschützt sein.»

Dreifache Prägnanz der Asyndese also, der Asyndese zwischen Str. 3 und *di me* etc.; zwischen *tuentur* und *di pietas mea* und auch zwischen *cordi est* und *hic*. Und dazu Grad-prägnantes (§§ 138, 1; 139, 2, 2. Abs.) *hic*, denn dieser Ort ist ein besonderer.

Str. 4. In starker Verschränkung, besonders aber mit schwerer Fülligkeit kommt das Verheißen der Früchtefülle[292] daher: gleich zu Beginn *tibi copia*, Dativ des Versprechens und das Versprochene, das nun

[291] So nach EP 191 Mi., wo nach J. Liegle, WdF 34 (Römische Wertbegriffe) 19, 266 gezeigt ist, wie sehr dies alles römischem Denken über *pietas* entspricht, aus der ja *felicitas* und *securitas* folgt.

[292] «Ein bunter Strauß von Wendungen, . . . die in immer neuen Schattierungen die Vorstellung der Fülle ausdrücken», Fraenkel, Horaz 245, A. 2. Zum ungewöhnlichen Genetiv bei *opulentus* s. LHS 77 n. Mi. (in Analogie zu *plenus*). Die Zuweisung des Genetivs *honorum* zu *opulenta* wird in EP 191 Mi. mit metrischen Argumenten verteidigt. Man betrachte hierzu Rubens' «Krieg und Frieden» (London, Nat. Gall. [Chr. White, P. P. Rubens, Belser-Verl. 1988, 228 z. B.]), wo Pan unendlich liebevoll Kindern sein Früchtefüllhorn darreicht, und darunter der Pardel – ein Bild, das in vielem dem horazischen Gedicht gleicht.

bestimmt wird: Fließen, in Fülle, aus freigebigem Füllhorn, und diese reiche Fülle besteht aus dem, was der Stolz des Landes ist (die Früchte, die so gern als Gaben des Bacchus dargestellt wurden). Also eine Art Kopf-Wort *(copia)*, das, selbst ganz allgemein, ausgefaltet wird, und zwar sehr reich ausgefaltet: Wie die *copia* «fließen» soll, so fließen die Worte in Hülle und Fülle: abbildende Wortgebung (vgl. § 206).

Str. 5. Und wieder *hic*, es hält anaphorisch die vielen Details zusammen, schafft Ordnung und verweist zugleich auf eine andere Seite dieses herrlichen Ortes: Tief eingezogen (zum Monte Pellecchia hin, leicht nordwestlich vom Talausgang, in 10 min. zu Fuß zu erreichen), bietet das Tal[293] mit seinem auch sommers fließenden Bach Schutz vor der Hitze (man ermattet nicht), und ⟨darum⟩ kann das Mädchen dort gut musizieren, kann von der Liebe singen, vom kurz hinreißenden Abenteuer und von sichernder Ehe-Treue.

Str. 6/7. Und noch ein *hic*: Hier im Götterschutz kann man den unschädlichen Lesbier genießen, der Gott – daß sein Name nicht direkt genannt wird, bedeutet: «Du weißt schon» – mit zwei Müttern, er wird sich nicht mit der Kampfeslust zusammengießen[294] lassen (wie im Kratér) zu Streitereien, «⟨d. h.⟩ du brauchst den wilden Cyrus nicht zu fürchten, daß er sich in seiner Eifersucht an dir Schwachen vergehen, daß er dir den Blumenkranz vom Kopf und dein Kleid vom Leibe reißen könnte, das doch nichts dafür kann».

Mit einem Lächeln begann das Lied *(olentis . . . mariti)*, hoher Ernst unverschlüsselten Bekennens bildet die Mitte, und jetzt am Ende kann der Sprechende auch über böseste Kränkung seitens eines ἄμουσος mit dem Lächeln des Gesicherten spötteln. Derlei ist an solchem, an so vollkommen geschütztem Orte, möglich.

Weiter soll nicht gefragt werden, und das hat seinen methodischen

[293] Zu *reducta* s. Norden zu Aen. 6, 703; Hor. epo. 2, 11. – *Canicula:* der Sirius ging damals um den 20. Juli auf (C. B. Gain, The Aratus ascribed to Germanicus Caesar, London 1976, 99).

[294] Das *confundere* aus v. 23 wird im OLD (3c) naiv als besondere Bedeutung aufgeführt, im TLL 4, 260, 71 kommentarlos mit recht Verschiedenem zusammengeschüttet, allerdings mit nur diesem einen Beleg; dabei handelt es sich um die Anpassung der Phrase *proelia misceo* (Lucr. 4, 1013; Verg. Georg. 2, 282 usw.); diese entstand aus der Vorstellung des Zusammen-«Mischens» zweier Heere zu einer Schlacht, woraus durch Verkürzung das «eine Schlacht Mischen» wurde. *Confundere* leitet sich von des *Semeleius* eigentlichem Tun her, dem Eingießen ins Mischgefäß: einen Kampf beginnen durch Zusammengießen von Wein und Wut, wobei Bacchus für den Wein, Mars für die Wut sorgt (Hz.).

Grund. Man sah: Die Strophen in sich sind nicht mehr von äußerlicher Figurierung beherrscht, sie leben aus innerem Gespanntsein, sind in sich selbst und untereinander gespannt. Die Spannung untereinander ist auch die der unausgesprochenen Verknüpfung. Ein «darum», ein «denn» und «überhaupt» mußte dazugedacht werden, und vieles mehr. Damit stehen wir unmittelbar vor der Tür zu einer wichtigen Einsicht: Diese Gebilde sagen nicht alles, was wir gern gesagt läsen. Was heißt das? Nehmen wir die (scheinbar) wichtige Frage: Was ist dies für ein Gedicht? Eine «Einladung» (Hz.)? Daran dachten auch NH: «Come, Tyndaris . . .» (S. 215, Z. 6). Oder «Werben» (Klingner 418)? Oder gar die «Wahl» zwischen zwei «Welten» (Syndikus 197)[295]? Aber *hic*? Ist man nicht schon am Ort, und der Dichter weist der Gekommenen sein Land? Wer ist «Tyndaris»? Eine Psaltria (Fraenkel 245, A. 1)? «A dream figure» (NH 216)? Ich denke, es ist eine eminent gewichtige methodische Forderung, Unbestimmtheit als Absicht, als Zeichen dafür anzusehen, daß es hierum (in diesem Falle: um präzise Bestimmung von Ort, Zeit, Zweck und Person) nicht geht. Das Aussparen der Umstände-Präzisierung und das Fortlassen der logischen Verbindungswörter liegen auf derselben Ebene und weisen auf dasselbe: daß es am Wollen dieser Kunst vorbeitrifft, wenn man das absichtlich Ungesagte ergänzt. Das verwirrt nur und verstellt den Ausblick aufs Gewollte. Doch was wäre das?

Es ist der Weg zur Verarmung, wollte man nach Ein-Wort-Etiketten («Werbung», «Einladung» usw.) suchen; nehmen wir die «Werbung» – was geht da nicht alles verloren! Nun ist es nicht das Ziel dieses Schlußkapitels, Interpretationen zu korrigieren, sondern zu untersuchen, wie zu verschiedenen Zeiten Dichtersprache gebildet und eingesetzt wird. Im Falle von Horaz' carm. 1, 17 wirft eine solche Untersuchung aber a u c h Licht auf das vom Dichter Gewollte. Und zwar so: Ganz deut-

[295] Heutzutage liebt man das Demaskieren; da nimmt es nicht wunder, daß man auch c. 1, 17 als Heuchelei eines geilen Voyeurs entlarvte (P. Pucci, TAPA 105, 1975, 259–281), als gefüllt mit Sexualsymbolen (R. Minadeo, The Golden Plectrum, Amsterdam 1982, 57–60), als «ironic reversal» insofern, als Horaz bei Verweigerung im Grunde mit dem drohe, was er «Cyrus» andichtet; so F. M. Dunn, TAPA 120, 203–208 (206); die Editoren der Transactions of the American Philological Association waren also erneut nicht in der Lage, Argumente wie dieses zu durchschauen: Man wisse nicht, wer das Tal erschallen läßt, es kann auch Horaz sein; also ist er wie Faunus, und da der Nymphen verfolgt und auch noch mit Incubo gleich ist, der Frauen vergewaltigt, droht Horaz mit Gleichem – so geschrieben auf S. 208; bei uns hätte ein Proseminarist damit seinen Schein verwirkt.

lich ist, daß er Anschauung an die Stelle von Gedanken – vgl. das Kapitel «Bild und Gedanke», § 202–204 – gesetzt hat, bis auf den Fanfarenstoß im Zentrum (*di me tuentur* usw.). Das hurtige Herbeieilen Pans von Arkadien zum Lucretilis: Gedankliche Nachprüfung dieses Bildes führt rasch in die Sackgasse, kann vom Dichter also nicht angestrebt sein. Wohl aber spürt man noch heute, daß es sich um den anschaulichen Ausdruck einer Gewißheit handelt. Das geruhsame Streifen der Herde, solange Faunus flötet – auch das ist nichts für den nachrechnenden Verstand («Und was ist, wenn der Eilige wieder von dannen zieht?»); es ist etwas fürs Schauen und ein Folgern, das ich mit «gewißheitlich» bezeichnen würde. Die Fülle, die Kühle, der Sang und dann das «Nicht . . . » der Befreiung von allem Wilden: Auch dies ist wundervolle Gewißheit, dessen nämlich, daß dieses oder Gleiches das gemäße und erfüllende Leben ist. Anders: «Bilderkenntnis», das wird immer klarer, wird durch Bildhaftes bewirkt, das nicht beschreibt oder abbildet, sondern etwas nahelegt, etwas, das mehr ist als die Summe der Details: das Glück dessen, der mit der Erfüllung des höchsten Wünschbaren beschenkt[296] ist; und der dieses Geschenk stolz und froh weiterreicht.

Um nun aus dem vielen, das bisher zusammengetragen wurde, ein Übersichtliches zu machen, anders: um zu dem System des ganzen Buches, nach der Zubereitung der Teile zum Ganzen zurückzukommen, ein zusammenfassender Überblick über das zu c. 1, 17 – einem der allerhöchsten Gipfel lateinischer Poesie – Erarbeitete.

Elocutio. Was die Wortwahl anlangt, so ist allgemein zwischen Einfach und Anspruchsvoll zu scheiden und sind im besonderen Semantik, Tonstärke und Fülligkeit bzw. Kargkeit zu trennen.

1. Semantik: Scheinbar anspruchslos ist *ignea aestas* (v. 2f.); abgesehen davon, daß *igneus* für «glutheiß» vom Sommer so zum ersten Mal gesagt ist[297], hat diese Wortsetzung nichts besonders stark Auffallendes an sich, aber: Dadurch, daß *aestas* (Sommerzeit) statt des «mot propre» *aestus* (Hitze, s. v. 18), also das Bewirkende statt des Bewirkten gesetzt ist (§ 155), färbt entsprechend dem Schema Horatianum *aestas* gleichsam auf *pluvios ventos* ab und läßt dort an den Herbst denken: Immer also schützt Faunus. Oder *iniciat manus* (v. 26): Gewiß ist die Oberflächenbedeutung die des Handanlegens; aber die Phrase hat

[296] Die Gottheit, die da schenkt (s. Fraenkel, Horace 205; Horaz 243 hierzu), bleibt ungenannt: Scheu des wirklich Frommen vor den nur allzu rasch sich einstellenden Namen.

[297] TLL 7, 1; 284, 29; erster Beleg vor Sen. Thy. 109.

auch juristischen Klang (EP S. 195 oben: Ogilvie zu Liv. 3,44,6; S. 481) und deutet, wie Pucci (A. 295) 274 sehr gut sagt, auf eine «possessive love» usw. Scheinbare Anspruchslosigkeit, und doch ist das einfache Wort aufs feinste geschliffen und gefaßt[298] und sinnträchtig noch außerdem.

2. Tonstärke: Es ist nichts Grelles in diesem Gedicht; nur einmal gibt der Dichter einem Satz ganz vollen Ton, und das geschieht dort, wo er unverhüllt, aber ganz kurz, stolz und dankbar, von sich spricht: *di me tuentur, dis pietas mea et musa cordist* (v. 13f.). Und ganz anders in v. 22f.: In 13f. war der Ton klar (die Wörter sind ja die allereinfachsten) und stark; in 22f. sind die Backen voll aufgeblasen, Getöse entsteht, wenn Horaz gleich zwei Muttersnamen gibt, d. h. ein scherzendes Getöse, wie man stets empfunden hat (z. B. NH: «Horace is not wholly serious»; Fraenkel, Horaz 245 unten: «leicht spöttisch»; EP S. 194 ZS); so sind halt die Männer, sie machen gern Getöse.

3. Andeuten: Ins Gebiet der Wortwahl gehört auch die Wahl des Andeutenden, nicht voll Aussprechenden. Emotionen aufregende Wörter wie *horribilis* u. ä. gibt es nicht, wohl aber *igneus* (v. 2) – wo liegt der Unterschied? *Igneus* spricht die Sache an, *torrens* (z. B. Lucr. 5,410), *urens* o. ä. nennen die sachliche Wirkung; *horridus, formidulosus* o. dgl. den psychischen Effekt. Horaz beschränkt sich streng auf das sachhaltige Attribut und regt so die Empfindung (etwa der Haut) an, nennt sie jedoch nicht vorwegnehmend bei Namen. Oder *suspecta* (25): Es deutet sich an, daß «Cyrus» doch wohl Grund hatte zum Verdächtigen – «ein rascher Anklang, eine windschnelle Andeutung, und vorbei. Ein guter Beleg für das Andeutende dieses Gedichtes» (EP 194 n. Mi.)[299]. – Geht man vom Einzelnen zum Ganzen, so muß man sagen: Allein sich selbst meinen auch die Großteile (5–12, 14–28) nicht, denn das Streifen der Herde ist nur e i n Zeichen des Schutzes (die Fruchtbarkeit wäre z. B. ein weiteres), und als e i n e s und ausgewähltes ist es Stellvertreter und weist über sich hinaus auf ein höheres, hier auf den Schutz überhaupt, in dem der Dichter steht und den er weitergibt. Die Ziegen – eine Allegorie. Auch die Nennung dessen, was Tyndaris tun (und nicht erleiden) wird, weist über sich hinaus; man kann getrost sagen: All das geschieht auch mit dem Eigner dieses Ortes selber; und

[298] Zum interessant geneuerten *confundere* in v. 23 vgl. oben A. 283.

[299] *Suspecta* läßt Wili 44 wie auch Syndikus S. 197 unkommentiert, bei Hz. nur «denn Cyrus ist eifersüchtig», wie sogar Dunn 208 nur von «jealous» spricht – er hätte das Wort in seinem Sinne ausschlachten können; nichtssagend auch NH.

wenn man so denkt, wird das Tun des Cyrus auch zur Allegorie: Es steht für das Maß- und Zügellose, das der ungemäßigte Genuß des Bacchus aufregt (das gleich folgende Lied c. 1, 18 hat eben dieses zum Thema)[300].

C o m p o s i t i o. Was die Ordnung der Wörter angeht, so kann man die Syntaxe von der Anordnung der Motive (die den Übergang von den *verba* zu den *res* einleiten) unterscheiden.

1. Figuren: Sie werden nicht verstreut, sind auch keine Haltestricke, die notdürftig eine Fülle von außen zusammenhalten. Man erinnere sich des simplen Hyperbatons in v. 1 und 5: Dadurch, daß die erste Zeile der Proömiumstrophe (das Gedicht ist in 1+2 | v. 13–14a Zentrum | 2+2 einzuteilen) und die erste des Hauptteils gleich strukturiert sind (Einleitungwort – Hyperbaton), ist ein Gleichklang bewirkt, der den Einschnitt überbrückt (s. § 201, b). Oder die Anapher, doppelte in 13f., dreifache in 14, 17, 21[301]: Das sind keine bloß Zusammenhalt schaffende Iterationen, sondern Stolz und Jubel[302].

2. Bezüge: Ordnung schaffen eher die weit gespannten Bezüge, z. B. *meis – me* (alles Folgende – «dieser Ort, um meinetwillen von den Göttern geschützt und gesegnet» – geht ja vom Ich aus und bedarf keiner weiteren Nennungen des *ego*). Oder der Wechsel von Ja und Nein, von Beschenken und Beschützen, Geben und Wehren: Faunus kommt und wehrt den Elementen; die Herde streift und fürchtet nicht; Fülle der Frucht – Meiden der Hitze – Sang; Genießen des ἄλυπος οἶνος[303] ohne Angst vor Bacchus/Mars und Cyrus. Spannung herrscht zwischen den scherzenden und ernsteren Partien (der «riechende Gatte» steht vor der Nennung einer tödlichen Bedrohung, der scherzhaft so genannte «Semeleer, der Thyonier – Du weißt schon» kommt vor dem wilden Cyrus), vor allem die gedankliche Spannung zwischen den Großteilen «Herde – *di me tuentur* – *hic*» usw.: Sie scheinen wie unver-

[300] Vgl. mein «Horazens Bacchusoden» im Philol. 138, 1994, 83–100.

[301] Troxler-Keller 114, A. 37, angeregt von ihrem Lehrer H. Haffter, versuchte nicht ohne gewisse Überzeugungskraft, das *hinc* der meisten Handschriften in v. 14 zu verteidigen, doch kann man sich dem Argument von Bentley (bei NH) nicht entziehen, daß *hinc* dann nicht auf den Ort, sondern zu stark betonend auf *pietas* zielen würde; doch vielleicht ist solche Bescheidenheit gar zu modern – *haereo*.

[302] Auch der Pleonasmus wird sehr bedacht dort eingesetzt, wo er am rechten Platz ist: *impune tutum* (NH S. 219 unt.: der Pleonasmus sei sinnvoll).

[303] Dies steht hinter *innocens* (21), vgl. ἄλυπος bei Eur. Bacch. 423 (S. 127 unten [Soph. fr. 172 Radt dagegen bedeutet das Wort «von Leid befreiend»]); zu *duco* vgl. ἕλκω, Eur. Ion 1200; Arist. Equ. 107.

bunden hergesetzt, und ein A. W. J. Holleman (Ant. Class. 41, 1972, 567) hat sich denn auch bemüßigt gefühlt, von «very abrupt» zu reden. Eine Gespanntheit, die immer zu prägnanten Asyndesen[304] gehört, ist vorhanden, so wie sie zwischen Frühlingsfeier und bleichem Tod in c. 1, 4 herrscht, und eben dies gehört zum Reiz des Andeutungsstils.

Solches Andeuten kennzeichnet nun aber auch das Gedicht insgesamt: Es schwebt ja zwischen Idealität und Realität, es schwebt auch zwischen den Welten, der griechischen (Tyndaris, Cyrus, oder: *Teia fides* am Lucretilis, Faunus auf dem Lykaion) und der römisch-ländlichen des Licenza-Tals. Die Bildanreize (§ 16) sind sehr genau (wie viel ist da über den Wald – gemeint der dichte, unübersichtliche Buschwald des Licenza-Tales – gesagt, über die Gefahr für die Zicklein, über das Thema des Lieds der Tyndaris[305] und das Wüten des trunkenen Cyrus), genau bis zum Esoterischen (nur wenige Ortseingeweihte wußten, was die *Ustica cubans* war), und wie wenig ist über *mea musa* gesagt, über die *Art* der *opulenta copia*, über den Gehalt des Anakreon-Liedes, ja auch über die Art der *umbra* (22)[306]. Und hieraus ergibt sich erneut der am Ende der Behandlung von c. 1, 4 erarbeitete, wichtige Grundsatz: Der Pleonasmus in 14 ff. belehrt darüber, daß es falsch wäre, nach der Art der *ruris honores* zu fragen, daß vielmehr allein die Feststellung richtig ist, daß es um F ü l l e geht, um den «Stolz des Landes» – um Fülle und das Beste von dem, was die Landschaft zu bieten hat. Da soll man nicht nach Einzelnem fragen, sonst geht die beglückende Empfindung (die Fülle, das Beste) verloren. Um Eindruck, Gewißheit und Empfindung geht es, nicht um Präzision im Detail. Man lasse also einen solchen Text auf sich einwirken, und was klar und stark hervortritt, das war dem Dichter wichtig; das übrige ließ er verschwimmen und zurücktreten wie auf einer guten Photographie nach Scharf und Unscharf oder auf einem interessanten Relief nach Hoch und weniger Hoch unterschieden ist.

304 S. § 144 und schon EP 190 n. Mi.

305 Relativ viel hört man über die Weise und das Thema (anakreontisch, Circe, Penelope) und wenig über die Ausführung. Man soll da auch nicht spintisieren; immerhin gibt es zu denken, daß ausgerechnet Kirke sich um Odysseus härmt, den sie ebenso leicht fortließ (Hom. Od. 10, 480 ff.) wie sie ihn aufnahm (ebd. 330 ff.); gab es eine Sagenversion, die der Kirke das Leid der Kalypso beilegte (Od. 5, 119 f., 135 f., wo sie von ihrer Liebe spricht; 181, wo sie sie zeigt)? Zu Kirke bes. Bömer zu Ov. met. 13, S. 471.

306 Baum oder Laube, ja Dach, besser Vordach? Laub ist *umbra* bei Catull (64, 41) und Vergil (Georg. 1, 157); Baum bei Val. Fl. 7, 55 usw. Horaz läßt offen, was den Schatten spendet: Nur auf diesen kommt es an.

IV. STATIUS

Theb. 10, 160–169

ecce repens superis animum lymphantibus horror
Thiodamanta subit formidandoque tumultu
pandere fata iubet, sive hanc Saturnia mentem,
sive novum comitem bonus instigabat Apollo.
prosilit in medios, visu audituque tremendus
inpatiensque dei, fragili quem mente receptum
non capit: exundant stimuli, nudusque per ora
stat furor, et trepidas incerto sanguine tendit
exhauritque genas, acies huc errat et illuc
sertaque mixta comis sparsa cervice flagellat.

In v. 167 bevorzuge ich (mit R. D. Williams, P. Papini Stati Thebaidos L. X, 1972, 54ff.) die Lesart *tendit*. *Reddit* ist, rein quantitativ, reicher überliefert; es kann kaum auf *trepidas* bezogen werden, da man sich nicht vorstellen kann, daß *sanguis* beim Zittern mitspielt; man kann auch nicht *genas reddere* im Sinne von «zurückgeben» auffassen, denn dann müßte man (allenfalls) *sanguini* erwarten. *Tendit* («spannt», «bläht») setzt den Effekt des zu erwartenden *implet* für die Ursache, ist somit in den Grenzen der Dichtersprache eine *leichte* Verrätselung.

ecce repens: ecce unterbricht mit seiner Hinwendung zum Leser den Fluß der berichteten Handlung, das Plötzliche wird wirkungsvoll durch den Appell ausgedrückt, und unterstrichen ist es durch das orientierende Wort *repens*: Aus dem Nichts, «aus heiterem Himmel» kommt das, was nun geschieht.

superis animum lymphantibus: Es sind also die Götter, welche den Geist verwirren. *Lymphaticus* war ein Fremdwort für Plautus gewesen, dann wurde das metrisch etwas bequemere *lymphatus* vorgezogen (Hor., Verg.), und hieraus wird das Verbum geformt worden sein (Val. Fl. 3, 46; Plin. n. h. 24, 164): eine raffinierte Neubildung, ob von Plinius erfunden oder bei ihm nur zum ersten Male bezeugt, muß dahingestellt bleiben. – Der Besessene springt vor, seine Sinne wirbeln, die Gottheit läßt ihn wahrsagen.

sive hanc Saturnia mentem sive novum comitem bonus instigabat Apollo: ἀποκοινοῦ (§ 125) des *instigabat*, das sich auf beide Gottheiten erstreckt. *Hanc mentem:* diesen «Entschluß» (TLL 8, 725, 46ff.: seit Cic., Verg. Aen. 8, 400). Das bedeutet wohl, daß hier der Ursprungsort eines Entschlusses *(mens)* für das Bewirkte gesetzt wird, doch wird man angesichts der Prosastellen nicht gern mit einer gewollten Raffinesse rechnen, sondern lieber eine Ambivalenz annehmen wie in *funus* und *crimen* (Anm. 125), eine urtümliche Ungeschiedenheit von Vermögen und seinem Produkt.

Novum comitem: Ersatz also für Amphiaraus, d. h.: «ihn als, zum neuen Begleiter»; hierbei ist Ellipse des Personalpronomens festzustellen.

Bonus Apollo: bonus scheint seltsam leer («kindly Apollo», Mozley in der Loeb-Übersetzung), vielleicht eine Neubelebung der alten Vorstellung von *bonus* als *obsequens* im Sinne von «wohlgesonnen» (Plaut. Rud. 231, 261 usw.): Den Griechen wohlgesonnen, gibt Apoll dem Ergriffenen einen Rat ein, der die Argiver fördert.

Nach dieser einigermaßen breit angelegten Vorerzählung setzt nun ein Furioso ein aus drei Kola, gefolgt von zwei gedrungen formulierten Partizipialergänzungen, worauf ein paradoxer Relativsatz und wieder gedrungene, gehetzt aneinandergereihte Kurzsätze stehen, bis der Absatz mit einem erneuten Paradoxon endigt: parataktische, pathoserregende Kurzsatzreihung (s. § 191).

impatiens dei: Nach Verg. Aen. 6, 77 sucht die *mens* des Befallenen den Gott, der doch schon in ihr ist *(receptum)*, loszuwerden, daher die entsetzlichen Gebärden (164). Der Genetiv ist hierbei eine vergilische Ausweitung des Gebrauchs in *patiens frigoris* (z. B. Aen. 11, 639 *vulneris*; *dei* z. B. bei Sen. Ag. 719, s. Norden zu Aen. 6, 77 *Phoebi nondum patiens*). Der Sinn wäre demnach: Der Mann ist so entsetzlich anzuschauen, weil er den Gott, der ihn ergriffen hat, abzuschütteln sucht: das *-que* scheint kausal-prägnant (§ 143).

Interessant ist, daß vor dieses Bild eines Schreienden, mit erschrekkenden Gebärden sich gegen den Gott Wehrenden die ruhigen *sive-sive*-Sätze gestellt sind: Kontrastmittel.

receptum non capit: Zwar hat er den Gott (wider Willen) empfangen, aber er will ihn nicht «fassen», nicht behalten. Es handelt sich um eine Art Oxymoron mit Klangspiel *(capt-/recept-)*. *Fragili* scheint kausalprägnant, denn es enthält die Angabe des Grundes für den Widerstand (§ 139): «weil sein Geist doch allzuschwach» («Thiodamas' mind is too small», Williams).

exundant stimuli: «überschäumen» oder «überkochen» kann nicht der Anstoß zum Wahn, sondern nur der Wahn selber oder die Wahnvorstellung sein: *stimuli* (eig. «Anstoß») scheint für das zu stehen, was sie bewirken (§ 154, 5 Ende). *Nudus (furor)*: «clear to see», eine Weiterbildung des Wortes *nudus* gemäß der *nuda veritas* (Hor. c. 1, 24, 7; Val. Fl. 5, 498), vielleicht: «nackte Angst im Gesicht», d. h. nichts als Angst, schiere Angst. Das *-que* scheint erneut ein «und daher» zu bedeuten. – *Per ora stat: per* wie κατά, vgl. § 58, von einem «im Gesicht» kaum mehr unterscheidbar. Durch diese seltsame Wortverbindung (statisches *stat* mit einer Präposition, die eigentlich eine Seh-Bewegung, die eines «all über . . . hin», enthält) wird das Allerweltswort *stare* raffiniert (s. § 142). Williams Verweis auf Verg. Aen. 6, 300, durch den er *stat* erklären wollte, ist unangebracht, dort nämlich bedeutet es «starren». – Es ergibt sich auch ein reizvoller Kontrast zwischen dem wild-bewegten *exundare* und dem statischen *stat*.

(furor) trepidas (= trepidantes) . . . tendit exhauritque genas: tendit steht hier für *extendit, distendit*, «distends», Mozley: Simplex pro Composito (§ 141, 3). *Exhaurit* könnte auf ein Konträrkomplement wie *replet* warten lassen, so daß *tendit* in die Nähe von «Aufblähen» gerät: Der *furor* «bläht» die Wangen (für «Gesicht») und saugt sie auch wieder aus, so daß Blut kommt und geht, und zwar unregelmäßig *(incerto)*: *sanguine* ist, mit *tendit* verbunden, Abl. instrumenti, mit *exhaurit* verknüpft dagegen limitationis bzw. separativus (wenn man *nudare muros defensoribus* zugrunde legt). Also nicht unbedingt «the interruption of the *certus ordo* of the blood's circulation» (Williams), sondern wild-unregelmäßiges Wechseln von Leichenblässe und der Hochröte des wütend sich Wehrenden.

Bis *genas* in v. 168 war wohl *furor* das Subjekt; jetzt wechselt es von *furor* zu *acies*, dann zu demjenigen, was da *flagellat*, «peitscht»; das ist schwerlich erneut *furor*, sondern gewiß Thiodamas selber (so auch Williams): also zweimaliger Subjektwechsel, was die zunehmende Raserei darstellen hilft.

(furor) serta . . . flagellat: Gemeint war vielleicht: «der Besessene peitscht die Kränze», d. h. «den Kranz», denn man trägt wohl nur einen zur Zeit: Plural für Singular (s. § 121). Der Kranz ist nun «vermischt» (d. h. verflochten) mit den Haaren auf dem Nacken, der (von Haaren: *comis* nur einmal gesetzt, obzwar zweimal zu verstehen) überstreut ist (hierzu Hor. c. 3, 20, 14). Oder: «as his hair flies loose, he [der Besessene] makes the garlands entwined in it beat on his neck» (Williams). Doch diese Übersetzung bringt nicht das Gemeinte zur Gänze ins Bewußtsein: Da sind zunächst die Kränze, die mit Haaren vermischt sind; eigentlich würde man eher die Haare als das Primäre erwarten: Er schleudert seinen Kopf, die Haare fliegen, und mit ihnen der Kranz. Daher sagt Statius, er «peitsche» den Kranz», d. h., er

peitscht mit dem Kranz. Und dieser Kranz ist mit Haaren vermischt. Dieses «Gemisch» peitscht Thiodamas *cervice* – «*vermittels* des Genikkes» oder «um sein Genick»? *Sparsa* gibt die Auskunft: Das Genick ist «bestreut», doch wohl mit jenem Gemenge aus Haar und Kranz. Also läßt der Wahnsinnige Haar und Kranz auf das Genick klatschen – und jetzt wird das intendierte Bild deutlicher: Der Gepeinigte wirft das Haupt entweder in den N a c k e n, so daß sein Haar mit dem Kranze auf die *cervix* klatscht, auf den oberen Teil der Schulterblattpartie («shoulders», Mozley); oder aber er wirft sein Haupt nach links und rechts hin (so faßte die Stelle der Scholiast Lactantius auf); dann sausen die Haare, die lang vorgestellt sind, links und rechts – doch wohl um den K o p f, und nicht so sehr auf das Genick oder die ‹shoulders›. Vielleicht könnte man aus *acies huc errat et illuc* eine Stütze für diese zweite Auffassung gewinnen: Die Augen gehen nach links und nach rechts, und nun folgt der Kopf dieser horizontalen Bewegung. Andererseits könnte man an die wohlbekannten Darstellungen von Mänaden denken, die ihren Kopf nach hinten, «ins Genick» werfen, wodurch die Haare dann die Schulterpartie vertikal treffen, eben «peitschen».

Man wird Statius zugestehen, daß dieses Crescendo von Wortverdrehungen mit dem Crescendo der Raserei gut übereinstimmt. Dazu paßt auch das Crescendo der Bewegungen: Nachdem er in die Menge gesprungen ist, findet sich kein Verb der körperlichen Bewegung mehr, das *flagellare* ist wohlberechnet für die Klimax aufgespart. Nicht ganz zu Unrecht nannte Wilamowitz ihn «einen wirklichen Künstler». Wohlberechnet auch die Haltepausen (162f.: *sive–sive*; 168: Parenthese), wohlberechnet auch der Aufbau aus gehetzten Kurzsätzen. Und trotz allem Rasen liest man einen Text voll ausgeklügelter Raffinessen bis hin zu schwierigsten Wendungen und Drehungen. Zu diesen extrem zu nennenden Verrätselungen gesellen sich die Pathos-hervorlockenden Reizwörter wie *tremendus, formidandus, trepidus, furor* als unüberbietbare Kennzeichnung: Es ist ein ausgesprochen «lauter» Text.

INDIZES

I. SACHINDEX

ab: A. 56
Abbildung
  durch Wortfügung: § 34
  durch Wortstellung: § 206
Ablativ: §§ 75 ff.
  als Akkusativersatz: § 71 Ende
  compar., ersetzt: § 75
  des Ursprungs: § 57
  instr., ersetzt: § 76
  mit ungewöhnl. Präpos.: § 76
  purus: § 77
  qual., ersetzt: § 75
  «resultativer»: § 97
  statt dat. auct.: § 77
Abstractum
  für Konkretes: § 154, 1; A. 33
ad: A. 56
Adjektiv
  mit Inf.: § 87
  Neutrumadj. statt Adverb: § 54; § 123, 2
  possessiv: § 64
  substantiviert: § 110
Adverb
  ersetzt: §§ 53 f.
  Nomina: § 55
adversum: § 60
Adynaton: § 158, d
aeneus: § 26
aer: § 123, 2
aes: § 155
Agens-Vertauschung: A. 203
agere: § 110
Akkusativ: §§ 71 ff.
  bei Trennung: § 92
  der Richtung: § 57; § 72
  der Zeiterstreckung: § 71
  des inner. Obj.: § 72
  ersetzt durch Abl.: § 71
  Graecus: §§ 73 ff.; § 91; § 119, 1; A. 61
  seltene Rektion: § 72
ales: A. 143
Allerweltsverba
  ausgetauscht: A. 115
  ersetzt: § 142, 3
  interessant gemacht
    semantisch: § 142, 2
    syntaktisch: § 142, 3 Anf.
  prägnant: § 142, 1
Alliteration: § 207; A. 212
amor: § 154 Anfang
Anachronismus: § 196
Anapher: §§ 32 f.
  eingerückt: A. 40
  Scheinanapher: A. 89
  versrahmend: A. 41
Anschauliches: § 3
Anschauung
  dreiteilige: § 19; A. 29
  gebrochene: § 25
  gemischte: § 24
  generische: § 17
  spezifische: § 18
Anschauungsanreiz: § 16
Anschluß
  nachbarlicher: A. 249
Antithese: § 195, a
ἀπὸ κοινοῦ: §§ 126 ff.; A. 85
  doppeltes: § 127
  Formen: § 126; A. 86
  Frühsetzung: § 127
  Spätsetzung: § 128
Aposiopese: § 193, b
Apposition
  allgemein: A. 162

doppelte: § 163, 2 Ende
gleichsetzende: § 163, 2
Wirkweise: § 163, 3
Archaismus: § 88; § 122; A. 83
bewußt: § 122
unbewußt: § 122
ardeo: § 62
ast
Stellung: § 40
at
Stellung: § 40
Attribute
zwei A. eines Substantivs: § 46
Aufschwung
des Stils: § 101; A. 220
Ausfächerung: § 204; § 219; A. 231; S. 236
Aussparung
verteilte: A. 89

Beschreibungen: § 20
Bild: § 5
Rätselbild: § 27, 1
scheinbares: A. 24
unklares: § 27, 2
Bildanregung: § 16
Bildliches
frei u. unfrei: § 14
Bildlichkeit: § 4

caecus: § 140 Ende
caedes: § 154, 5
Caelum
metonymisch: § 8
Callida iunctura
nominale: §§ 95ff.
verbale: §§ 97f.
caput: § 109
carpe diem: § 98
Chiasmus: § 201, c Ende
comminus ire: § 142, 1
condere: § 97
cum
Stellung: § 40

damnum: A. 136
dare: § 110
= machen: A. 115
prägnant: § 86
Dativ: § 57; §§ 67ff.
auctoris: § 70; § 77; A. 60
commodi: § 69; § 70
ersetzt: § 67
ersetzt Abl. comp.: § 75; A. 58
Richtung: § 69; A. 58; A. 59
statt gen. poss.: § 68
statt *in* + Akk.: § 57
de: § 60; § 76
Deminutiva: § 101
Distributiva: § 56
dixerat et: § 82

Einrückung s. Inversion
Einschnitte im Text
durch Fermaten: §§ 200f.
überbrückt: § 201, b
Ekphrasis: § 2; § 20
Ellipse: § 125, 4; § 131
des Partizips: § 136
doppelte: § 133 Ende
verteilte: A. 89
von *esse*: § 131; § 133
Enallagé
Arten: § 44
attributkumulierende: § 46
doppelte: § 49
kalophone: § 48
metrische: § 47
personifizierende: § 45; A. 80; A. 184
spielende: § 50
von Appositionen: § 51 Ende
von Verba: § 51
zunehmende: § 50
Entschwerung: § 37; § 61; §§ 89f.; § 123, 2; § 131; § 137, 2; § 143 Ende; A. 67
Epanalepse: § 31
Epitheta: A. 129
nichts- u. vielsagende: § 22 Ende; A. 164

esse
  Ellipse von esse: § 131, § 133
  prägnant: § 142, 3 Ende
et
  Stellung: § 39
etsi: § 101
Euphemismus: § 147; A. 121
ex: § 76

Farbadjektiv: A. 27
  ortsbedingt: A. 103
fer: § 123, 2
Feuer
  lebendig: § 165, 1
  der Liebe: § 170; § 174
Figura Etymologica: § 214
Florentiner Amazonensarkophag: § 18
fluctuat: § 159, c; § 163, 1
frigens: § 154
fuit: § 142
«Fuß»
  für Gehenden: A. 223
Futurum
  historisches: § 80
  höfliches: A. 65
  konzessives: § 80
  vorwegnehmendes: § 80

Gemination: § 30
geminus: § 56
Genetiv
  abundans: § 66 Ende
  def.: § 66
  des Sachbetreffs: § 65
  ident.: § 66; § 103, 3; § 215, 3
  qualitativ.: § 65
  separat.: § 123, 2
genus: § 109; § 119; § 154, 1
-ger: § 123, 2
gerere: § 142
Gleichnis
  Defin.: § 157; § 160; A. 158
Gräzismus: § 54 Ende; § 57; § 72 Ende; § 154, 1 Ende; A. 60; A. 61
  «atmosphärischer»: § 123, 1
  gestützt durch Analogie: § 123 Ende
  lexikalischer: § 123, 2
  syntaktischer: § 123, 2
  übersetzender: § 123, 1 u. 2
Grausiges: § 2

Haplothese: § 125, 1
Haus
  für Grotte: § 166 Ende
  verlebendigt: § 179; § 181; § 182; A. 164
Hypallagé: § 197
Hyperbaton: § 36
  besonders weites: A. 47
  verschachteltes: A. 47
Hyperbolé: §§ 118f.; § 121; A. 81
ὕστερον πρότερον: § 196

Imperfekt
  konstatierendes: § 79
  statt Perf.: A. 64
in
  abl.: § 62
  c. abl. für *ad*: § 59
  final: § 61
in-: § 123, 2
indirekte Frage
  im Indikativ: § 83
Individualisierung: § 154, 6
induere: § 154, 2
Infinitiv: §§ 84ff.
  credere est: § 86 Ende; § 123, 2
  final.: § 86
  histor.: § 84
  indign.: § 84
  nach Adj.: § 87; § 123, 2
  nach Verba: § 88; § 123, 2
  nach Verba der Gemütsbeweg.: § 86 Mi.
  Nom. m. Inf.: § 84; § 123, 2
  prohib.: § 85
  statt Gerund.: § 84

ingemino: § 137, 2
Inversion
der Konjunktion: § 35, ba
der Kopula: § 39
des Relativs: § 35, ba
Gründe der I. : § 42
ire: § 142, 1
Irrealis: § 83

Kardinalia
Zerlegung: § 56
Kernbedeutung: § 142, 2
Kurzsatzhäufung: § 191

Lachen: § 182
leoninischer Vers: A. 215
Liebe
als Feuer: § 170; § 174
als Krankheit: § 174
als Wunde: § 170
Lied
lebendig: § 176
Litotes: § 130; § 145; A. 119; A. 121
Formen: § 146
lux: § 154, 5

male: A. 119
Mehrfachbeschreibung: § 219
Metapher: A. 24; A. 122; A. 146
Begriff: § 148; § 149 Ende
tote: § 26
Metonymie: §§ 148 ff.; A. 122
Begriff: § 148 Mi.; A. 123; A. 125
Sinn der Meton.: A. 144
Ursache (Anschauung): § 153 Ende; § 156
Konkret, Abstrakt: §§ 153 f.
fünf Arten: §§ 154 ff.
Götter-Metonymie: § 148 Ende
Mensch für Ort: § 150, 3
Teil: § 151
Teil-Vorgang: § 152
von Ort, Zeit: § 150
Mehrstufen-Metonymie: A. 143 Ende
Signifikanz des Teils: § 151, 2; § 152, 3; § 153 Anf.; A. 127
meus: § 138, 3

nam
Stellung: § 40
nec
Stellung: § 39
nec + Pos. = *et* + Neg.: § 130 Ende
nec non: § 120
Nom. c. Inf.
statt A.c.I.: § 84
non
Stellung: § 39
Nuancenanreicherung: § 142, 2

omnis: § 118
Optativ: § 83
Oxymoron: § 195, b

paene (irreal)
ausgelassen: § 83
Parabel: § 161
Patronymikon
statt Eigennamens: § 123, 2
per: § 58; § 76
Perfekt: § 81
als Markierung: A. 66
des «Sofort»: § 81
des «Vorbei»: § 81
gnomisches: § 81
Inf. perf. statt. inf. praes.: § 81
PPP bei Gleichzeitigk.: § 82 Ende
Periphrase
s. Umschreibung
Phrasen
geneuert: § 96; § 136 Mi.
Pleonasmus: §§ 214–219
Bedeutung: § 216
dreifach: § 217
Formen: § 214
P. der Beschreibung: § 219
P. der Negation: § 217, Abs. 3
P. durch Zerteilung: § 220

Plural
  poetischer: § 121, 1
  soziativer: § 121, 2
Plusquamperfekt
  des «längst vorbei»: § 82
  statt Perfekt: § 82
postquam
  Stellung: § 40
Praesens
  historicum: § 78
  hymnisches: § 78
  registrierendes: § 78
«prägnant» heißt nicht «genau»: A. 77
Prägnanz: §§ 138ff.
  der Adjektive
    bedingende: § 139, 2
    Bezugsprägnanz: § 139, 2
    elative: § 139, 2
  konzessive/kausale/kausative: § 139, 1
  temporale: § 139, 2
    der Allerweltsverba: §§ 142ff.
    der Asyndese: § 144
    der Kopula: § 143
    der Partizipien: § 139, 1; A. 104
    der Verba: §§ 141 ff.
  zu ergänzen:
    Determination: § 141, 1
    Kausalität: § 141, 2
    Modalität (Simplex pro composito): § 141, 3
Präposition
  prägnant: A. 116
  Stellung: § 41
  unerwartet: § 59
  vertauscht: § 58
Priamel: § 33; A. 43
  positive: A. 43
Prosa und Dichtung: § 52, 2
purpureus: A. 161

quando
  Stellung: § 40
-que
  adversativ: § 150, 2
  Stellung: § 39
quod
  Stellung: § 40
quoniam
  Stellung: § 40

ramus: § 154, 5; § 155
Reflexiva
  Stellung: § 43
Relativa
  Stellung: § 43
Rücketymologisierung: § 120

Scheinanapher: A. 89
Scheinbild: § 26; A. 24
Schema Horatianum: § 201, c; Schlußteil, III
Schiff: § 172
sed
  Stellung: § 40
sepultus
  vino oder *somno:* § 188 Ende
Sermo Amatorius: § 92
Sermo Castrensis: § 93
Sermo Plebeius: § 120
si: § 110
  adversativ: A. 116
  Stellung: § 40
Simplex pro Composito: § 141, 3
Spaltung
  der Kardinalia: § 56
  hypotaktische: § 103, 3
  parataktische: § 103, 1
  tautologische: § 9; § 25; § 103
Speziesvertauschung: § 149 Anf.; § 195, b
Stein
  für Dummkopf: § 168, a
  für Hartherzige: § 168, a
Stimmung: § 15
Substantiv
  als Attribut: § 52, 1
  Genus: § 52, 3
  Kongruenz: § 52, 2; § 194, a

super: § 58
Superlative: § 119
suus: § 138, 3
Syllepse: § 125, 2

tamen
Stellung: § 40
tamquam: § 101
Textfluß (Kohärenz): § 201, c
Alliteration: § 207
Bildreihung: § 201, c
durch Satzparallelismus: § 201, c
Schema Horatianum: § 201, c
Wortwiederholung: § 201, c
Tmesis: § 37
der Präposition: A. 48
des Präfixes: A. 48
von *cumque*: § 37
totus: § 118
Transitivierung: § 91

ubi
Stellung: § 40
Übertreibung
s. Hyperbolé
Übliches
Meidung: A. 49
Umgewichtung: § 38
Umschreibung: §§ 105 ff.
Formen des Umschreibenden: §§ 111 ff.
Formen des Umschriebenen: §§ 108 ff.
nominal: §§ 108 f.
verbal: § 110
Funktion: §§ 105 ff.
mehrstufig: § 116
Mehrwortperiphrase: § 117
Typen: § 104
Unpoetische Wörter: § 101
ut
Stellung: § 40
Ut pictura poesis: § 5; A. 17

Variation: §§ 211 ff.
in Wortwahl: § 211; § 212, ba
von ernst und heiter: § 212, bb; § 213
Verbum proprium (auch «mot propre»): § 2
Vergleich: Def.: § 157; A. 148
Aufgaben: § 159; A. 156
Doppel-V.: A. 153
Dreifach-V.: A. 153
Formen: § 158; A. 154
Mehrfach-V.: § 158, c; A. 155
Verkürzung: § 91; § 134, 2; § 140; § 156, 2; A. 69
Verteilte Aussparung: A. 89
Verwandlung: § 153, Vorbemerk.; A. 165
Verwandtschaftsfelder: A. 123
vis: § 108
Vokativ-Perseveration: § 195, b

Waffe: § 165
Weg
auf der See: § 164
des Liedes: A. 170
Wiederholung desselben Kunstgriffs: § 219
Wolke: § 171
Wortverschränkung: §§ 205 f.
mehrfache: A. 210 Ende

Zahlen
zerlegt: § 56
Zerlegung
s. Spaltung
Zerteilung eines Identischen: § 66; § 103; § 220
Zeugma: § 125, 3
Zuschreibung: § 163, 1

II. STELLENINDEX

Accius
praet. 5 R.: § 138, 2
trag. 559 R.: § 138, 2

Boethius
Cons. 1, c. 3: A. 29

Catull
1, 4: § 138, 1
2, 4: § 134, 2
4, 2: § 84; § 123, 2
4, 11: § 151, 2
4, 14: § 193, a
4, 24: A. 222
7, 3 f.: § 158, b
7, 5: § 50
8, 13: § 139
11, 22: § 158, a
12, 5: § 28
14 a, 3: § 86
14, 18 f.: § 29
16, 13: A. 119
17, 15: § 158, d
23, 22: § 83
29, 5: § 143
34, 18: § 142, 3
35, 7: A. 112
36, 7: § 107; § 116
42, 8: § 123, 2
45, 12: A. 161
48, 2: § 83
48, 5: § 158, d
51, 5: § 54; § 123, 1 u. 2
51, 11: § 50
55, 2: § 154, 2
60, 1: § 123, 2
61, 2: § 154, 1
61, 20: A. 143
62, 39 ff.: § 158, a
62, 42: § 81
62, 64: § 123, 2
63, 6: § 156, 2
63, 16: § 38; § 123, 2
63, 64: § 151, 2
64, 7: § 185
64, 9: § 5
64, 19/21: § 34
64, 22: § 66
64, 41: § 154, 5
64, 46: § 182
64, 50: § 50
64, 60: § 151, 2
64, 62: § 163, 1
64, 73: A. 83
64, 79: § 113
64, 88: § 184
64, 96: § 111
64, 102: A. 141
64, 111: § 69; A. 54
64, 119: § 123, 2
64, 145: § 141, 3
64, 158: § 82
64, 162: § 154, 5
64, 224: § 154, 2
64, 229: § 123, 2
64, 239 f.: § 158, b
64, 256: § 52, 2
64, 284: § 182
64, 291: § 23
64, 305 ff.: A. 18
64, 322: § 80
64, 324: § 148
64, 360: § 154, 5
64, 370: § 151, 2
64, 387/90/94: § 32
66, 5 f.: § 116

66, 28: § 139
66, 40: § 123, 2
66, 55: § 78
68: § 199
68, 3 f.: A. 165
68, 13: § 163, 1 Ende
68, 53: § 159, a
68, 79: A. 174
68, 97 f.: § 64
68, 98 f.: A. 165
68, 111: § 141, 3
68, 115: § 152, 2
68, 131: § 87
76, 3: § 217 Ende
95, 1: § 150, 2
107, 6: § 154, 5
109, 5: § 71
116, 4: A. 222

Cicero
Arat. 57: § 108

Ennius
Achill. 6 Joc.: § 72
Andr. 88 Joc.: § 151, 2
ann. 14 Sk.: § 113; § 154, 5
ann. 18 Sk.: § 66, A. 10
ann. 22 Sk.: § 46
ann. 41 Sk.: § 141, 3
ann. 48 Sk.: § 54
ann. 54 Sk.: § 163, 1
ann. 66 Sk.: § 52, 1
ann. 69 f. Sk.: § 52, 2
ann. 79 ff. Sk.: § 159, a
ann. 84 Sk.: § 38; § 123, 2
ann. 88 Sk.: § 56
ann. 120 Sk.: § 123, 1
ann. 134 Sk.: § 122
ann. 139 f. Sk.: A. 197
ann. 145 Sk.: § 151, 2
ann. 171 Sk.: § 155
ann. 185 Sk.: § 141, 3
ann. 221 Sk.: A. 134
ann. 228 Sk.: § 152, 2
ann. 229 Sk.: § 108
ann. 236 Sk.: § 204
ann. 245 Sk.: A. 29
ann. 247–253 Sk.: § 191
ann. 266 Sk.: § 167
ann. 267 Sk.: § 185
ann. 275 Sk.: § 119
ann. 287 Sk.: § 189
ann. 288 Sk.: § 188
ann. 293 Sk.: § 184
ann. 304/8 Sk.: A. 165
ann. 309 Sk.: § 36; § 189
ann. 311 Sk.: § 56
ann. 315 Sk.: A. 174
ann. 333 Sk.: § 194, a
ann. 334 Sk.: § 123, 2
ann. 343 Sk.: A. 165
ann. 371 Sk.: § 37
ann. 376 Sk: § 24; § 151, 2; A. 10; A. 22
ann. 377 Sk.: § 185
ann. 378 Sk.: § 194, a
ann. 384 f. Sk.: A. 29
ann. 391 Sk.: § 69; § 157 B; § 158, a; A. 151
ann. 404 Sk.: § 51
ann. 451 Sk.: A. 212
ann. 461 Sk.: § 40
ann. 522 Sk.: § 123, 1
ann. 546 Sk.: § 151, 2
ann. 583 Sk.: § 73, 1
ann. 584 Sk.: § 34
ann. 587 Sk.: § 123, 1
ann. 606 Sk.: § 97; § 154, 5
Cresph. 138 f. Joc.: § 194, a; § 196
Iphig. fr. 190 f. Joc.: § 142, 3
Med. 208 Joc.: § 64
Med. fr. 209 Joc.: § 106
Med. 237 Joc.: § 109
scaen. 60 Joc.: § 172
scaen. 61 Joc.: § 67
scaen. 92/4 Joc.: A. 214
scaen. 222 Joc.: § 84; § 123, 2
scaen. 270 f. Joc.: § 109
Telam. 276 Joc.: § 69

Telam. 278 Joc.: § 219
Thy. 293 Joc.: § 134, 1
Var., scip. 3: § 138, 2
Var. 14 Vahl.: § 185

Furius Bibaculus
fr. 10 Morel[2]: A. 45

Germanicus
Arat. 44: § 154, 5
Arat. 128: § 76
Arat. 208: A. 46
Arat. 351: § 40

Horaz
c. 1, 1, 1 ff.: A. 23
c. 1, 1, 3: § 123, 2
c. 1, 1, 3–6: § 19
c. 1, 1, 8: § 88; § 131
c. 1, 1, 11: § 149
c. 1, 1, 11 f.: § 4
c. 1, 1, 14: § 154, 6
c. 1, 1, 21 f.: § 18
c. 1, 1, 23: § 22
c. 1, 1, 27 f.: § 20
c. 1, 1, 29 ff.: § 32; § 152, 4
c. 1, 1, 36: § 118; § 153
c. 1, 2: § 18; § 213
c. 1, 2, 2 f.: § 4, A. 12
c. 1, 2, 6: § 19
c. 1, 2, 13/20: § 24
c. 1, 2, 17 f.: § 35
c. 1, 2, 21: § 192
c. 1, 2, 25 f.: § 189, 2; A. 52
c. 1, 2, 29: A. 218
c. 1, 2, 31: § 18
c. 1, 2, 33 f.: § 213; A. 28
c. 1, 2, 39 f.: § 18
c. 1, 2, 51: § 5
c. 1, 3, 9: § 168, a
c. 1, 3, 17: § 27, b
c. 1, 3, 21 ff.: § 144
c. 1, 3, 27: § 119; § 154, 1
c. 1, 3, 36: § 64
c. 1, 4, 2: § 18
c. 1, 4, 13: § 139; § 177; § 207
c. 1, 4, 16: § 52, 1
c. 1, 5, 2: § 106
c. 1, 5, 5 f.: § 129
c. 1, 5, 11: § 165
c. 1, 6, 1: § 76
c. 1, 6, 2: § 168, b
c. 1, 6, 3: § 37
c. 1, 6, 6: § 87
c. 1, 6, 12: § 138, 1
c. 1, 7: § 33
c. 1, 7, 1: § 80
c. 1, 7, 12: § 166
c. 1, 7, 25: § 37
c. 1, 7, 26: § 142, 1
c. 1, 8, 3 ff.: A. 21
c. 1, 8, 4: § 139
c. 1, 8, 8: § 151, 2
c. 1, 8, 13 f.: A. 87
c. 1, 9: § 7; §§ 11/12
c. 1, 9, 13: § 85; § 123, 2
c. 1, 9, 21 f.: § 182
c. 1, 9, 21 ff.: § 206
c. 1, 9, 24: A. 119
c. 1, 10, 6 ff.: § 32
c. 1, 11, 8: § 98; § 189
c. 1, 12, 21: § 146, 2
c. 1, 12, 26 f.: § 87
c. 1, 12, 39: § 139
c. 1, 13: § 201, b
c. 1, 13, 1 f.: A. 40
c. 1, 13, 10: § 123, 2
c. 1, 13, 13: A. 191
c. 1, 13, 16: § 106
c. 1, 15, 22: § 123, 1
c. 1, 15, 27: § 119
c. 1, 15, 33 f.: § 139
c. 1, 17, 8: A. 103
c. 1, 17, 13: § 32
c. 1, 18, 3: § 40
c. 1, 18, 5: § 141, 3
c. 1, 18, 7: § 138, 5
c. 1, 18, 9: § 146, 2
c. 1, 18, 16: § 158, d

c. 1, 19, 6: § 158, d
c. 1, 20: § 211
c. 1, 20, 1: A. 65
c. 1, 23: § 15
c. 1, 23, 3: § 146, 1 u. 2 Ende
c. 1, 23, 6f.: § 18
c. 1, 28, 10: A. 59
c. 1, 28, 15–20: § 197
c. 1, 28, 24: A. 16
c. 1, 32, 6: A. 104
c. 1, 33, 6: § 170
c. 1, 33, 11: § 26
c. 1, 34, 16: § 81
c. 1, 35, 26ff.: § 87
c. 1, 35, 38f.: § 83
c. 1, 37: § 205
c. 1, 37, 8: A. 125
c. 1, 38, 3: § 85
c. 2, 1, 23: § 38; § 123, 2
c. 2, 3, 15: § 147
c. 2, 4, 22: § 85
c. 2, 9, 17: § 123, 2
c. 2, 11, 3: § 85
c. 2, 12, 11f.: § 109
c. 2, 13, 38: A. 121
c. 2, 14, 24: § 139
c. 2, 16, 13: A. 6
c. 2, 16, 38f.: § 145
c. 2, 17, 4: § 168, a
c. 2, 18, 22: § 149
c. 2, 18, 38: § 154, 1
c. 2, 19, 6: § 54
c. 2, 19, 17: § 78
c. 2, 19, 17/29: § 34
c. 2, 20: A. 174
c. 2, 20, 1: § 145
c. 2, 20, 10: § 80
c. 2, 20, 20: § 152, 4
c. 3, 1, 9f.: § 153
c. 3, 1, 9–14: § 150, 2
c. 3, 1, 14/6: § 177
c. 3, 1, 16: A. 185
c. 3, 1, 25/8: § 204
c. 3, 2, 24: A. 25
c. 3, 3, 12: A. 129
c. 3, 3, 43: § 90
c. 3, 3, 65: A. 36
c. 3, 4, 22f.: A. 129
c. 3, 4, 29/32: § 154, 6
c. 3, 8, 18ff.: § 179
c. 3, 8, 21f.: A. 165
c. 3, 9, 18: § 26
c. 3, 9, 21ff.: § 158, d
c. 3, 10, 1: § 152, 4
c. 3, 10, 5f.: § 27, a
c. 3, 10, 10: § 27, b
c. 3, 10, 15: § 139
c. 3, 11, 39ff.: § 158, b
c. 3, 11, 48: § 151, 2
c. 3, 12, 3: § 184
c. 3, 13, 1: § 66; § 158, d
c. 3, 13, 2: § 146, 1
c. 3, 13, 4/6: § 16
c. 3, 13, 9f.: § 16; § 17
c. 3, 13, 14–16: A. 28
c. 3, 14, 18f.: § 165
c. 3, 14, 19: § 184
c. 3, 15, 6: § 186
c. 3, 16, 15f.: § 181
c. 3, 16, 22ff.: A. 165
c. 3, 17, 7f.: § 27, a
c. 3, 17, 9: § 55
c. 3, 17, 16: § 123, 2
c. 3, 18, 1: § 24
c. 3, 20, 1: § 141, 3
c. 3, 20, 3: § 123, 2
c. 3, 22, 5: § 22
c. 3, 22, 7: A. 126
c. 3, 23, 10: § 41
c. 3, 23, 13: § 80; § 150, 4
c. 3, 24, 10: § 25
c. 3, 25, 2: § 127
c. 3, 25, 8: § 158, d
c. 3, 25, 9–14: § 159, d
c. 3, 29, 6ff.: A. 31
c. 3, 29, 16: § 153
c. 3, 29, 17: § 195, b
c. 3, 29, 21/4: § 150, 2
c. 3, 29, 32–41: § 160
c. 3, 29, 33/41: § 210

c. 3, 29, 43/5: § 150, 2
c. 3, 29, 49: § 195, b
c. 3, 29, 57 ff.: § 168, c
c. 4, 2, 5/8: § 158
c. 4, 2, 50: § 194, a
c. 4, 3, 1/3: § 209 Ende
c. 4, 4, 1–16: § 158, c
c. 4, 4, 4: § 209 Ende
c. 4, 6, 16 ff.: § 83
c. 4, 6, 17: § 30
c. 4, 6, 21 ff.: A. 69
c. 4, 6, 33: § 111
c. 4, 7, 13: § 139
c. 4, 8, 31: § 51; § 163, 3
c. 4, 9, 13: § 92
c. 4, 11, 6: § 181
c. 4, 11, 8: § 151, 2
c. 4, 11, 19: § 154, 5
c. 4, 14, 20 f.: § 158, a
epi. 1, 1, 4: § 161, 2
epi. 1, 1, 20/2: A. 153
epi. 1, 1, 53: § 30
epi. 1, 1, 60 f.: § 204
epi. 1, 1, 74 f.: § 60
epi. 1, 1, 76: § 17 Ende
epi. 1, 1, 87: § 152, 4
epi. 1, 16, 5 ff.: A. 19
epi. 1, 2, 42: § 187
epi. 1, 2, 48: § 81
epi. 1, 2, 66: A. 177
epi. 1, 3, 3: § 184
epi. 1, 4, 6: § 79
epi. 1, 4, 12: § 41
epi. 1, 6, 17: § 154, 5
epi. 1, 7, 29–33: § 161, 2 Ende
epi. 1, 7, 46–95: § 161, 2 Ende
epi. 1, 8, 5: A. 182
epi. 1, 11, 20: § 143
epi. 1, 18, 94: § 171
epi. 1, 20, 24: § 65; § 75
epo. 1, 20: A. 22
epo. 1, 24: § 61
epo. 1, 24 ff.: § 152, 3
epo. 2, 43: § 36
epo. 5, 13: § 109
epo. 5, 58: A. 177
epo. 6, 6: § 108
epo. 11, 7: § 193, b
epo. 13: §§ 7–10
epo. 13, 1: § 17
epo. 14, 9: § 62
epo. 16, 17 ff.: § 159, d
sat. 1, 1, 92–116: § 212, bb
sat. 1, 5, 95: § 142, 3
sat. 1, 6, 74: § 73, 1
sat. 1, 9, 11: § 65
sat. 1, 9, 32: § 139
sat. 1, 9, 72 f.: § 84
sat. 1, 10, 44 f.: A. 69
sat. 2, 1, 13 f.: § 185
sat. 2, 3, 27: § 123, 2
sat. 2, 7, 38: § 73, 2
sat. 2, 7, 43: § 85
sat. 2, 8, 24: § 87

Juvenal
1, 117: § 154, 2
2, 65: § 132
2, 120: § 156, 2
5, 153 ff.: § 107
10, 318 ff.: § 80
14, 25: § 187

Lucilius
55 Marx: § 196
416 f. Kr.: § 123, 2

Lukan
1, 52: § 219
1, 76 f.: § 219
1, 92 f.: § 219
1, 95: § 118
1, 131: A. 137
1, 162: § 64
1, 164 f.: § 89
1, 292/3: § 127
1, 306: § 61
1, 348: A. 115
1, 357: § 130
1, 388: A. 110

1, 452: § 28
1, 466/8: § 138, 4
1, 469 f.: § 138, 4
1, 494 f.: § 217
1, 544: § 142
2, 547: § 70
3, 347: § 87
3, 468: § 136
5, 200 f.: § 189
5, 358: § 138, 1
7, 290 f.: § 51
7, 295: § 61
7, 298 f.: § 138, 2
7, 306: § 66
7, 277: § 142, 2
7, 683: § 148
9, 255: § 141, 2
9, 563: § 194, c
9, 809/814: § 191 Ende
10, 58: § 116

Lukrez

1, 6/8: § 34
1, 62: § 40
1, 284: § 151, 2
1, 475: § 45
1, 533: § 56
1, 663: A. 143
1, 835: A. 39
2, 16: § 84
2, 656: § 148; § 154, 5
2, 934: § 28
3, 8: § 108
3, 171: § 82
3, 362: A. 141
3, 404: § 77
3, 434: § 193, c
3, 510–18: § 211
3, 567 f.: § 127
3, 895: § 88
3, 1004: § 143
4, 177: A. 10
4, 886 ff.: § 29
5, 33: § 123, 2
5, 326: A. 125
5, 385: A. 116
5, 481: § 141, 3
5, 739 f.: § 38; § 123, 2
5, 1037: § 103, 1
5, 1223: § 73, 1
5, 1371: § 55
5, 1392 f.: § 122
6, 387 ff.: § 67
6, 742: § 72
6, 974: § 123, 2
6, 1222: § 108

Manilius

1, 10: A. 115
1, 827: § 110
2, 461: § 154, 5
2, 632: § 61

Ovid

am. 1, 8, 47: § 62
am. 2, 1, 38: A. 161
am. 2, 16, 41 f.: A. 41
ars am. 1, 524: A. 119
ars am. 1, 539: § 141, 2
ars am. 1, 611: § 170
ars am. 3, 345: § 139
epi. 15, 32: § 149
fast. 1, 15: A. 110
fast. 1, 130: § 154, 5
fast. 1, 228: § 111
fast. 1, 543 f.: § 111
fast. 2, 386: § 80
fast. 4, 678: § 150, 3
fast. 6, 173: § 70
fast. 6, 663: § 142, 3
her. 1, 87: § 114
her. 4, 99: § 62
her. 11, 20: § 138, 3
her. 15, 181: § 155
her. 16, 198: § 115
Ib. 5 f.: § 37
met. 1, 19 f.: § 194, d
met. 1, 41 f.: § 219
met. 1, 81: § 154, 5
met. 1, 82: § 107

met. 1, 89f.: § 219
met. 1, 101: § 219 Ende
met. 1, 111: A. 110
met. 1, 123f.: § 196 Ende
met. 1, 187: § 150, 3
met. 1, 212: § 131
met. 1, 228f.: § 106
met. 1, 258: § 147
met. 1, 266: § 57
met. 1, 272f.: § 217
met. 1, 346: § 154, 5
met. 1, 349: § 110
met. 1, 408: § 66
met. 1, 450f.: § 60
met. 1, 451: § 76
met. 1, 458: A. 111
met. 2, 515: § 51
met. 2, 709: § 112
met. 3, 15: § 142, 1
met. 3, 17: § 142, 3
met. 3, 56: § 65
met. 3, 70: § 137, 2
met. 3, 128: § 64
met. 3, 143: § 154, 5
met. 3, 144f.: § 219
met. 3, 151f.: § 219
met. 3, 152: A. 143
met. 3, 197: § 77
met. 3, 340: § 138, 2
met. 4, 76: A. 116
met. 4, 111: § 154, 5
met. 4, 341: § 194, b
met. 4, 343: § 38
met. 4, 401: § 140 Ende
met. 4, 528: A. 115
met. 5, 134: § 91
met. 5, 281: A. 143
met. 5, 363: § 194, b
met. 5, 365: A. 78
met. 5, 578f.: § 142, 3
met. 6, 118: § 74
met. 7, 22: A. 105
met. 7, 47: § 173
met. 8, 376: § 123, 2
met. 8, 395: A. 47
met. 8, 527: § 119
met. 8, 571: § 154, 5
met. 9, 13: § 123, 2
met. 9, 199: § 138, 2
met. 9, 661: § 54
met. 10, 89: § 149
met. 10, 494: § 77
met. 10, 563: A. 141
met. 11, 618f.: A. 174
met. 12, 1–23: § 221
met. 12, 30: A. 111
met. 12, 75f.: § 137, 1
met. 12, 99f.: § 142
met. 12, 103f.: § 51
met. 12, 126: § 143
met. 12, 134f.: § 206
met. 14, 226: § 114
met. 14, 832: A. 41
pont. 1, 4, 20: § 39
trist. 1, 1, 44: § 30
trist. 1, 3, 13: § 171
trist. 3, 10, 48: § 149
trist. 5, 14, 44: A. 110

Pacuvius
trag. fr. 335f. Ribb.: § 210

Petronius
124, 271: § 119

Plautus
Amph. 551: § 209
Merc. 82: § 209
Poen. 134: § 122
Poen. 394: § 208
Pseud. 965: § 208
Truc. 178: § 208

Properz
1, 1, 4: § 153 Ende
1, 1, 7: § 71
1, 1, 11f.: § 194, c
1, 1, 13: § 155
1, 2, 15: § 33
1, 2, 29: § 130

1, 3, 6:	§ 59	2, 5, 21:	A. 116
1, 3, 16:	§ 125, 3; § 130	2, 6, 1 ff.:	§ 158, d
1, 3, 17:	§ 82	2, 6, 3:	§ 39
1, 3, 32:	A. 104	2, 7, 13:	§ 122
1, 3, 37:	§ 138, 3	2, 8, 22:	§ 73
1, 3, 38:	A. 143	2, 8, 31:	A. 105
1, 3, 41 f.:	§ 194, c	2, 9, 7:	§ 84
1, 3, 44:	§ 76	2, 9, 47:	§ 141, 3
1, 4, 2:	§ 57	2, 10, 9:	§ 25
1, 4, 7:	§ 66	2, 12, 7:	§ 17
1, 4, 10:	A. 110; A. 111	2, 13, 1:	§ 158, d
1, 5, 22:	§ 119	2, 13, 19 ff.:	§ 83
1, 6, 31:	§ 141, 3	2, 13, 19–22:	§ 25
1, 7:	§ 144	2, 14, 1:	§ 158, d
1, 7, 10:	§ 142, 1	2, 15, 3:	§ 78
1, 7, 17 f.:	A. 109	2, 15, 9:	§ 78
1, 8, 7 f.:	§ 121, 1	2, 16, 21:	§ 59
1, 8, 12:	§ 134, 2	2, 16, 29 f.:	§ 194, c
1, 8, 18:	§ 146, 1	2, 17, 6:	A. 116
1, 8, 43:	§ 118	2, 19, 22:	§ 142, 1
1, 10, 15 ff.:	§ 32	2, 19, 27:	§ 147
1, 10, 25:	A. 109	2, 19, 32:	§ 81
1, 11, 11 f.:	§ 103, 3	2, 20, 15:	A. 50
1, 11, 18:	§ 72	2, 21, 13:	§ 114
1, 11, 30:	§ 51	2, 22, 7:	§ 170
1, 13, 22:	§ 111	2, 23, 22:	§ 45
1, 13, 23:	§ 156, 2	2, 26, 45:	§ 70
1, 13, 34:	§ 79	2, 28, 32:	§ 52, 3
1, 14, 9:	A. 143	2, 28, 56:	§ 165
1, 15, 8:	§ 69	2, 34, 1:	§ 138, 1
1, 16, 1 ff.:	A. 164	2, 34, 15:	A. 143
1, 16, 19:	§ 156, 2	2, 34, 19:	A. 104
1, 16, 35:	A. 89	2, 34, 25:	§ 72
1, 19, 1:	§ 154	2, 34, 45:	A. 110; A. 111
1, 19, 8:	§ 139	3, 1, 25:	A. 64
1, 19, 9:	§ 156, 2	3, 1, 31 f.:	§ 28
1, 20, 5 f.:	§ 193, c	3, 2, 7 f.:	A. 198
1, 20, 7:	§ 142, 3	3, 4, 2:	§ 149
1, 20, 34:	§ 166	3, 5, 4:	§ 76
1, 21, 4:	§ 154, 1	3, 5, 25 ff.:	§ 194, c
2, 1, 28:	§ 66	3, 7, 4:	A. 127
2, 1, 31 ff.:	§ 109	3, 7, 20:	§ 103, 2
2, 3, 47:	§ 186	3, 7, 40:	§ 150, 1
2, 4, 3:	A. 33	3, 7, 43:	A. 64
2, 4, 13 ff.:	§ 161, 1	3, 7, 52:	§ 154, 3

3, 9, 23: § 127
3, 9, 23 f.: § 136
3, 10, 11: A. 143
3, 12, 23 ff.: § 193, a
3, 13, 13: § 127
3, 21, 16: § 39
3, 24, 11 f.: § 132
3, 25, 5: § 59
4, 1, 52: § 109
4, 1, 77: § 78
4, 5, 9: § 80
4, 6, 44: A. 110
4, 7, 38: § 197
4, 8, 49: § 53
4, 9, 15: § 155
4, 10, 70 f.: § 134, 2
4, 11, 3: A. 125
4, 11, 55: § 109
4, 11, 101: § 81

Prudentius
Psych. 88: A. 95

Rutilius Namatianus
1, 322: § 154, 4

Seneca
Ag. 8: § 68
Ag. 22: § 194, b
Ag. 38 f.: § 78
Ag. 39: § 119
Ag. 65: § 17; § 119
Ag. 91: § 138, 3
Ag. 99 f.: § 61
Ag. 125: § 119
Ag. 138 f.: A. 156
Ag. 166: § 154, 5
Ag. 192: § 173
Ag. 211: A. 165
Ag. 215: § 23
Ag. 217 f.: A. 29
Ag. 228: § 173
Ag. 238: A. 174
Ag. 247: § 163, 1 Ende
Ag. 327 Zw.: § 155
Ag. 365 Zw.: A. 70
Ag. 422: § 194, a
Ag. 423/6: A. 29
Ag. 434: § 27, b
Ag. 449 ff.: § 107
Ag. 457: § 140 Ende
Ag. 461: § 154, 5
Ag. 469: A. 104
Ag. 491: § 70
Ag. 541 f.: § 194, a
Ag. 563 ff. Zw.: § 193, a Ende
Ag. 567: § 139
Ag. 630: § 172
Ag. 656: § 30
Ag. 812: § 56
Ag. 823/5: A. 29
HF 1284: § 121, 1
HO 79: § 136
HO 1184: § 151, 2
Med. 43: § 154, 2
Med. 45 f.: § 118
Med. 999: § 141, 3
Oed. 21–27: § 200
Oed. 37/9: § 33
Oed. 180 f.: A. 45
Oed. 280 f.: A. 33
Oed. 513: § 25
Phdr. 376: A. 161
Thy. 240: § 179
Thy. 885: § 118
Thy. 1049: § 154, 2

Statius
Ach. 1, 4: A. 110
Ach. 1, 8: § 110
Ach. 1, 142 f.: § 133
Ach. 1, 144: § 154, 2
Ach. 1, 170: § 134, 2
Ach. 1, 323: § 54
Ach. 1, 372 f.: § 116
Ach. 1, 425: § 92
Ach. 1, 433: § 165
Ach. 1, 747: § 142, 3
Ach. 2, 1 ff.: § 154, 5
Silv. 1, 2, 75: § 151, 2

Silv. 1, 2, 128: § 155
Silv. 1, 2, 202: § 142, 3
Silv. 3, 1, 41: § 116
Silv. 4, 2, 48: § 115
Silv. 5, 1, 58: § 114
Silv. 5, 3, 107: § 112
Theb. 1, 7f.: § 154, 5
Theb. 1, 8: § 154, 4
Theb. 1, 17ff.: § 195
Theb. 1, 20: § 45; A. 184
Theb. 1, 165: § 108
Theb. 1, 173: § 154, 2
Theb. 1, 257: § 134, 2
Theb. 1, 301: § 134, 2
Theb. 1, 310f.: § 142, 3
Theb. 1, 371: § 154, 5
Theb. 1, 410f.: § 136
Theb. 1, 417: A. 109
Theb. 1, 447: § 132
Theb. 1, 538: § 197
Theb. 1, 554f.: § 116
Theb. 1, 573f.: § 130
Theb. 1, 577: § 139
Theb. 1, 711f.: § 62
Theb. 2, 8f.: § 118
Theb. 2, 9: § 139
Theb. 2, 32f.: A. 110
Theb. 2, 98: § 154, 2
Theb. 2, 134: § 116
Theb. 2, 248: § 151, 2
Theb. 2, 280ff.: § 194, b
Theb. 2, 295: § 154, 4
Theb. 2, 321: § 171; A. 109
Theb. 2, 382: § 194, b
Theb. 2, 389f.: § 131
Theb. 2, 392: § 134, 1
Theb. 2, 403: § 110
Theb. 3, 9: § 133
Theb. 3, 16: § 143
Theb. 3, 26: § 132
Theb. 3, 36f.: § 51
Theb. 3, 38: § 86; § 142, 1
Theb. 3, 47f.: § 194, d
Theb. 3, 62f.: § 31
Theb. 3, 74: § 46
Theb. 3, 99: § 65; § 194, b
Theb. 3, 109: § 151, 2
Theb. 3, 127: § 154, 2; § 221
Theb. 3, 129: § 76; § 185
Theb. 3, 179ff.: § 58
Theb. 3, 139: § 118
Theb. 3, 324: § 142, 3
Theb. 3, 325: § 142, 3
Theb. 3, 548: § 38
Theb. 4, 416: § 93
Theb. 4, 455: § 156, 1
Theb. 4, 512: § 151, 2
Theb. 5, 95: A. 141
Theb. 5, 270: § 91
Theb. 5, 381ff.: § 84
Theb. 5, 462: A. 105
Theb. 6, 97f.: § 92
Theb. 6, 722: § 151, 2
Theb. 7, 793: § 115
Theb. 8, 69ff.: § 30
Theb. 8, 219: A. 143
Theb. 9, 103: § 165
Theb. 10, 25ff.: § 191 Ende
Theb. 10, 165: § 139, 1
Theb. 10, 927: § 138, 5
Theb. 11, 7f.: § 91
Theb. 11, 18: A. 105
Theb. 11, 38: § 142, 1
Theb. 11, 113: § 72
Theb. 11, 122: § 141, 1
Theb. 11, 139: A. 114
Theb. 11, 627: § 141, 3 Ende

Terenz
Eun. 406: A. 250

Tibull
1, 3, 4f.: § 31
1, 3, 35: § 20
1, 3, 47f.: § 204
1, 4, 45: § 142, 2
1, 5, 3: § 122
1, 6, 49: § 73
2, 5, 33f.: § 103, 2

Valerius Flaccus
1, 51: § 133
1, 97: § 135
1, 186f.: § 194, b
1, 283: § 138, 3
1, 402: § 73, 1; § 154, 5
1, 438: § 142, 2
1, 472: A. 110
1, 561 f.: § 108
1, 566: § 130
1, 582: § 74
2, 16: § 154, 5
2, 67: A. 143
2, 90f.: § 134, 2
2, 104: § 139
2, 168: § 137, 2
2, 171: § 141, 3
2, 212: A. 69
4, 371: § 142, 3
5, 35–7: A. 89
6, 526: § 154, 5
7, 11: § 136
7, 55: § 154, 5
7, 648: A. 105

Vergil
Aen. 1, 20: § 141, 3
Aen. 1, 21: § 55
Aen. 1, 37: § 84
Aen. 1, 71: § 56
Aen. 1, 83: § 81
Aen. 1, 87: § 210
Aen. 1, 166f.: § 166
Aen. 1, 174: Vorbem. zu §§ 207ff.
Aen. 1, 246: § 103, 3
Aen. 1, 328: § 156, 2
Aen. 1, 335: § 132
Aen. 1, 455: § 154, 5
Aen. 1, 461: A. 141
Aen. 1, 509 ff: § 191
Aen. 1, 561: § 73, 1
Aen. 1, 580: A. 69
Aen. 1, 588ff.: § 163, 1
Aen. 1, 589: § 74
Aen. 1, 747: § 137, 2
Aen. 2, 12f.: § 86
Aen. 2, 48: § 154, 5
Aen. 2, 51: § 206
Aen. 2, 53: § 210
Aen. 2, 62: § 69
Aen. 2, 97f.: § 84
Aen. 2, 100: A. 194
Aen. 2, 129: § 141, 2
Aen. 2, 131: § 37
Aen. 2, 207f.: § 142, 3
Aen. 2, 265: A. 181
Aen. 2, 302: § 77
Aen. 2, 347: § 61; § 136
Aen. 2, 353: § 196
Aen. 2, 482: A. 115
Aen. 2, 522: A. 109
Aen. 2, 591: § 134, 2; § 156, 2
Aen. 2, 610f.: § 137, 2
Aen. 2, 619: § 201, c
Aen. 2, 660: § 135
Aen. 2, 780: § 149
Aen. 3, 127: § 142, 3
Aen. 3, 342: § 207
Aen. 3, 567: § 118
Aen. 3, 594: § 123, 2
Aen. 3, 630: A. 181
Aen. 4, 2: § 140; § 170
Aen. 4, 19: § 201, a Ende
Aen. 4, 130: § 142, 1
Aen. 4, 131 f.: § 191
Aen. 4, 143ff.: § 194, c
Aen. 4, 172: § 201, a Ende
Aen. 4, 231: § 118
Aen. 4, 233: § 58
Aen. 4, 244: A. 176
Aen. 4, 245f.: A. 10
Aen. 4, 310: A. 110
Aen. 4, 324: § 40
Aen. 4, 370: A. 111
Aen. 4, 385: § 197
Aen. 4, 407: § 201, b
Aen. 4, 430: § 141, 1
Aen. 4, 482: § 151, 2
Aen. 4, 585: § 116

Aen. 4, 468: § 142, 1
Aen. 5, 158: § 149
Aen. 5, 418: § 135
Aen. 5, 436: § 154, 5
Aen. 5, 512: § 127
Aen. 5, 781/4: § 154, 2
Aen. 6, 4: § 184; A. 185
Aen. 6, 5 ff.: § 106
Aen. 6, 24: § 103, 1; § 220
Aen. 6, 56: § 220
Aen. 6, 57: § 122; A. 78
Aen. 6, 68: § 211 Ende
Aen. 6, 133: § 211 Ende
Aen. 6, 152: § 211 Ende
Aen. 6, 159: § 142, 1
Aen. 6, 219: § 154, 2
Aen. 6, 222: § 163, 2
Aen. 6, 255 ff.: § 125, 2
Aen. 6, 274 ff.: § 182
Aen. 6, 275: § 139
Aen. 6, 282: § 164
Aen. 6, 283 f.: § 129; A. 196
Aen. 6, 291: A. 127
Aen. 6, 310: § 216
Aen. 6, 325: § 28
Aen. 6, 370: § 134, 2
Aen. 6, 386: § 142, 1
Aen. 6, 398: § 116
Aen. 6, 424: § 188
Aen. 6, 429: A. 125
Aen. 6, 458 ff.: § 194, c
Aen. 6, 461: § 142, 2
Aen. 6, 461 ff.: § 122
Aen. 6, 467: § 123, 2; § 142, 1
Aen. 6, 516: § 172
Aen. 6, 580: § 52, 2
Aen. 6, 596: § 86
Aen. 6, 615: § 83
Aen. 6, 620: A. 107
Aen. 6, 638 ff.: § 211 Ende
Aen. 6, 660: § 52, 2
Aen. 6, 683: § 154, 5
Aen. 6, 784: § 138, 1
Aen. 6, 788: A. 141
Aen. 6, 795: § 138, 2
Aen. 6, 795 ff.: § 219
Aen. 6, 800: § 93
Aen. 6, 836: § 90
Aen. 6, 842: A. 165
Aen. 6, 847: § 80; § 155
Aen. 6, 847 f.: § 51
Aen. 6, 852: § 154, 4
Aen. 6, 865: § 121, 1
Aen. 7, 17: § 123, 2
Aen. 7, 27: § 93
Aen. 7, 73 f.: § 73, 2
Aen. 7, 160: § 142, 3
Aen. 7, 248: § 154, 5
Aen. 7, 450: § 56
Aen. 7, 796: § 73, 1
Aen. 8, 19/25: § 159, c
Aen. 8, 20 ff.: § 188
Aen. 8, 110: A. 107
Aen. 8, 222 f.: § 22
Aen. 8, 224: § 181
Aen. 8, 257: A. 174
Aen. 8, 294: § 78
Aen. 8, 351: § 204
Aen. 8, 401 ff.: § 193, c
Aen. 8, 674: § 185
Aen. 9, 12: A. 89
Aen. 9, 266: § 78
Aen. 9, 392 f.: § 142, 3
Aen. 9, 446 ff.: § 193, a
Aen. 9, 455 f.: § 77
Aen. 9, 478: § 119
Aen. 9, 794: § 54
Aen. 10, 10: § 28
Aen. 10, 35: § 141, 3
Aen. 10, 55 f.: § 53
Aen. 10, 81: § 78
Aen. 10, 90: § 84
Aen. 10, 230: § 49
Aen. 10, 242 f.: § 138, 2
Aen. 10, 260 ff.: § 158, b
Aen. 10, 351: A. 164
Aen. 10, 361: § 96; A. 45
Aen. 10, 441: § 123, 2
Aen. 10, 453 f.: § 142, 1
Aen. 10, 467: § 52, 3

Aen. 10, 503: § 80
Aen. 10, 584f.: § 40
Aen. 10, 733: § 140
Aen. 10, 740f.: § 176
Aen. 10, 781: § 139
Aen. 10, 793: § 146, 2
Aen. 10, 794: § 37
Aen. 10, 838: § 73, 1
Aen. 11, 35: § 45
Aen. 11, 417: § 65
Aen. 11, 551: § 135
Aen. 11, 595f.: § 134, 2
Aen. 11, 750: A. 114
Aen. 11, 755: § 53
Aen. 11, 785ff.: § 110
Aen. 11, 804: § 165
Aen. 12, 5: § 73
Aen. 12, 51: § 139
Aen. 12, 115: § 154, 5
Aen. 12, 329: A. 105
Aen. 12, 335ff.: § 182
Aen. 12, 409: A. 110
Aen. 12, 436f.: § 110
Aen. 12, 481: § 142, 3
Aen. 12, 709: § 141, 3
Aen. 12, 952: A. 143
Buc. 1, 24f.: § 158, d
Buc. 1, 27: § 134, 1
Buc. 1, 62: § 201, c
Buc. 1, 64: § 72
Buc. 2, 1: § 92
Buc. 2, 29: § 91
Buc. 3, 75: § 141, 3
Buc. 3, 80: § 194, b; § 201, c
Buc. 3, 106f.: § 73, 1
Buc. 5, 16f.: § 158, d; A. 153
Buc. 5, 20: A. 125
Buc. 5, 60f.: § 181
Buc. 5, 70: § 150, 2
Buc. 5, 82/4: § 22; A. 153
Buc. 6, 74/6: § 114
Buc. 7, 37: § 158, d
Buc. 8, 7: § 142, 3
Buc. 8, 80: § 208
Buc. 8, 87: § 122
Catal. 8, 1: A. 164
Georg. 1, 1: A. 143
Georg. 1, 29: A. 111
Georg. 1, 59: § 119
Georg. 1, 70: § 139
Georg. 1, 284: § 87
Georg. 1, 344: § 148
Georg. 1, 423: § 62
Georg. 1, 456f.: § 142, 2
Georg. 2, 71: § 216
Georg. 2, 193: A. 145
Georg. 2, 506: § 76
Georg. 2, 510: § 123, 2
Georg. 3, 33: § 90
Georg. 3, 381: A. 48
Georg. 4, 83: A. 109
Georg. 4, 384: § 150, 3